KB108188

합기도는 왜 한국무예 인가?

합기도는 왜 한국무예인가?

발행일	2017년 9월 22일		
지은이	이 호 철		
펴낸이	손 형 국		
펴낸곳	(주)북랩		
편집인	선일영	편집	이종무, 권혁신, 송재병, 최예은
디자인	이현수, 김민하, 이정아, 한수희	제작	박기성, 황동현, 구성우
마케팅	김회란, 박진관, 김한결		
출판등록	2004. 12. 1(제2012-000051호)		
주소	서울시 금천구 가산디지털 1로 168, 우림라이온스밸리 B동 B113, 114호		
홈페이지	www.book.co.kr		
전화번호	(02)2026-5777	팩스	(02)2026-5747

ISBN 979-11-5987-753-7 03690 (종이책) 979-11-5987-754-4 05690 (전자책)

이 도서의 국립중앙도서관 출판예정도서목록(CIP)은 서지정보유통지원시스템 홈페이지(http://seoji.nl.go.kr)와
국가자료공동목록시스템(http://www.nl.go.kr/kolisnet)에서 이용하실 수 있습니다.
(CIP제어번호 : CIP2017024551)

북랩 무술 총서 ❷

합기도는 왜 한국무예 인가?

엄격한 무예에 반한 한 무예연구가의 합기도 예찬론

HAPKIDO IS AN EXCELLENT KOREA MARTIAL ART

| 이호철 지음 |

북랩 book Lab

머리말

　한국의 근대무예 중에서 합기도만큼 대중적인 인기를 누려온 동시에 거센 비난과 비판의 논란 속에 무예로서 가치에 대해서 평가 절하되어 온 무예는 없을 것이다. 양적으로는 합기도는 어느 다른 무예보다도 괄목할 만한 빠른 성장과 발전을 이룩해 왔다. 합기도는 실용성과 효율성을 갖춘 호신술로 해방 이후로 태권도 다음으로 많은 도장과 수련생을 확보했다. 국민생활체육 전국합기도연합회 등에 등록된 합기도 도장의 전체 수는 현재 줄어든 도장 수를 고려한다 하더라도 약 2,500여 개 이상에 이른다. 이는 대한민국 전체 무예도장의 15% 또는 17% 정도를 차지하고 있다. 합기도 단체는 경기단체의 성격을 띠고 있는 사단법인 대한합기도경기연맹(구 한국대학합기도연맹)과 국민생활체육회에 등록된 국민생활체육 전국합기도연합회(16개 시도연합회)가 있다. 단증을 발급하는 법인체는 51개(재단법인 1개, 사단법인 50개) 등의 합기도 단체들이 있다. 그리고 정부의 경호기관과 군대, 경찰, 특수수사기관, 사설경호업체 등에도 합기도 종목이 편성되어 있다. 또한 전 세계지역에서 다양한 협회 소속의 많은 도장들이 합기도를 수련하고 있다. 따라서 국내외에서 합기도 수련 인구는 수백만 명에 다다른다.

　하지만 합기도는 질적인 발전을 저해하는 많은 문제점을 양산하였다. 이러한 비난의 주된 이유는 합기도 단체들의 난립으로 인한 내부 갈등과 불협화음으로 균형적인 발전을 이루지 못한 점, 일본 아이키도와 한자어가 동일한 무명으로 인해 유사성에 관한 끊임없는 시시비비 논쟁, 역사 왜곡이나 학문연구의 미비로 인한 역사 왜곡과 철학의 부재로 인한 정체성 확립 실패, 많은 유파로의 분열, 그리고 합기도 기술에 뿌리를 둔 수십 종에 이르는 유사무예들이 생겨나는 현상으로 초래된 합기도 기술의 체계성 부재 등을 들 수 있다. 이러한 문제점들 때문에 합기도의 대한체육회에 정회원으로 가맹되려는 노력은 두 차례나 좌절되었다. 그리고 전통무예진흥법에서 전통무예가 아닌 외래무예로 분류되는 아픔도 겪어야 했다.

　최근에는 합기도가 무예에서 차지하는 위상의 중요성이 떨어지고 있다. 특히 대중성 있는 신생 무예로 등장한 주짓수나 종합격투기를 지도하는 도장들에게 합기도 도장들이 잠식당하면서 합기도 수련 인구는 급속하게 줄어들고 있다. 해결의 기미가 보이지 않는 단체들 사이의 분열 때문에 일선 합기도 관장들은 소속 단체들에 대한 실망을 금하지 못하고 신뢰성까지 상실하였다. 이로 인해서 합기도 단체들의 결속력을 다질 수 있는 중심을 잃어버렸다. 또한 무예학계가 합기도를 무시하는 풍토 속에서 합기도 연구는 제대로 이루어지지 않고 있다. 그 결과 합기도는 한국 무예로서 공헌도 및 위상이 추락하고 과소평가되어 나아질 전망이 보이지 않는다. 이러한 상황을 더 악화시킨 것은 한국의 아이키도 지부가 대한체육회 가맹에 대한 의욕을 드러내면서 합기도 명칭에 대한 대표성에 이의를 제기하며 혼란을 가중했다. 하지만 합기도 문제점들에 대해 지적만 하고 타개해 나갈 수 있는 해결 방안에 대한 구체적인 움직임은 거의 나타나지 않고 있다. 오히려 합기도에 대한 부정적이고 비관적인 편견과 고정관념이 더 만연하게 퍼지고 있다. 합기도가 더 이상 희망이 없는 무예로 여겨지는 심각한 상황까지 치닫고 있는 안타까운 현실이다.

합기도가 당면한 문제점들을 해결하기 위해서 단체 통합, 합기도 기술 보존과 발전을 위한 체계성 확립, 무명의 정착이나 개명, 학문적인 연구의 강화 등의 방안들이 지속해서 제기되어 왔다. 그러나 여전히 실행 단계에 이르기까지는 현실적으로 풀어야 할 어려움들이 많다. 그리고 해결 방안을 제공한 사람들은 대부분이 합기도를 이론적으로만 연구하는 학자들이다. 현실적으로 고통과 어려움을 겪고 있는 일선 도장이나 경호 관련 기관 합기도 지도자들은 거의 없다. 무예 학자들이 연구 분석하여 제시한 합기도 문제점들과 해결 방안들이 학계와 연관된 일부 협회나 소수 지도자에게만 전달되고 있다. 즉 현장에서 합기도를 지도하는 관장이나 사범들에게 구체적으로 전달하거나 홍보하는 통로가 제대로 되지 않아 실용적으로 적용이 안 되고 있다. 일선 합기도 지도자들과 소통을 통해서 추진할 수 있는 통합적 성격을 지닌 조직이 부재하기 때문이다. 따라서 합기도 학자들이 고민하고 연구해서 제기한 건설적이고 효과적인 방안들이 학계에서만 탁상공론으로 끝나버리고 있다.

둘째는 필자의 소견으로는 합기도 수련의 경력이 미천하거나 일선 도장을 장기간 운영한 경험이 없는 무예학자들이 석박사 학위 논문이나 학술지에 게재되거나 발표된 내용만을 통해서 너무 이론적으로만 접근해 온 경향이 짙다. 이로 인해 현장감과 현실성을 제대로 반영하지 못한 해결 방안을 제공하여 온 것이 아닌가 하는 우려의 목소리가 크다. 가령 분열된 합기도 단체들 사이의 불협화음으로 어떤 정책을 총괄적으로 시행하기가 현실적으로 어렵다. 그리고 합기도가 직면한 문제들을 너무 거시적이고 포괄적으로 진단하여 이상적인 해결책을 제안하고 있다는 자성의 목소리가 적지 않다. 합기도 지도자들이나 특정 단체에 의하여 집필되고 출간된 기존의 대부분의 합기도 서적들은 합기도의 문제점들과 현안들에 대한 논의 부분은 전혀 없다. 그 대신 단지 기술에 대한 사진과 그림만으로 체계성이 부족한 백화점식 나열만을 하고 있는 점도 문제이다. 더욱이 이러한 저서들은 합기도 역사나 수련원리 등의 이론적인 부분을 언급하는 과정에서 역사적으로 왜곡된 내용들을 비판 없이 인용하였다. 학문적으로 검증되지 않은 편파적이고 편협한 의견이나 주장 등을 합기도의 보편적인 사실인 양 다루고 있어 문제점들을 더 키워오는 면도 적지 않았다.

따라서 합기도에 대한 잘못된 편견과 고정관념에서 벗어나기 위해 지난 반세기 동안 합기도가 이룩해온 발전과 연구 성과에 대해서 올바르게 종합적으로 정리하는 작업이 우선 선행되어야 함을 절감한 필자는 본 저서를 집필하게 되었다. 물론 집필의 가장 큰 동기는 필자의 합기도에 대한 사랑과 열정으로 일관된 경력 때문이다. 대학교 시절에 미국 대사관을 경호하는 미 해병들에게 합기도를 지도한 것을 시작으로 직장생활을 병행한 사범생활을 하였다. 호주 유학 시절에는 30여 국 출신의 외국인들에게 6년간 합기도 지도를 통해 합기도 세계화의 현장을 체험하였다. 귀국해서는 영어 학원을 경영하면서 겸업으로 합기도 도장을 운영해 왔다. 또한 대학교에서 합기도 관련 주제로 논문과 학술지를 발표하여 박사학위를 받았다. 무예 관련 신문에 꾸준하게 합기도 관련 칼럼도 썼다. 지금은 대학에서 스포츠 교육학을 강의하고 무예 저서를 집필하는 등의 이론적인 노력도 같이 하고 있다.

본 저서의 출판목적은 세 가지이다. 첫째, 합기도가 일본 무도가 아닌 독자적인 한국 무예임을 밝혀야 하는 사명감이다. 현재 합기도가 직면한 가장 심각한 문제점들은 무명 논쟁과 더불어 지속하고 있는 역사, 수련이념과 원리 그리고 기술 등에 관련하여 일본 아이키도와 끊임없는 정체성에 대한 논란이다. 이로 인해 합기도를 아이키도와 동일시하여 일본 무도로 여기는 잘못된 관념들이 여전히 만연해 있다. 가장 큰 이유는 그동안 합기도의 양적인 발전과 더불어 합기도 정체성 확립의 이론적인 노력이 미천하고 대중을 위한 홍보가 부족했기 때문이다. 따라서 본 저서를 통해서 논리적이고 합리적인 설명으로 합기도에 대한 올바른 정보를 전하려고 한다. 둘째, 합기도에 대한 부정적 비관적인 관점에서 벗어나 합기도가 이룩한 공헌뿐만 아니라 잘못에 대해서 냉철하게 비판과 분석의 필요성이다. 왜냐하면 합기도에 대한 올바른 인식을 높이는 한편 긍정적인 관점들도 규명해야 하는 절실함 때문이다. 괄목할 만한 성장과 발전을 이룬 태권도와 늘 열등한 비교 대상이 되는 합기도에 대한 냉소적인 비난은 합기도에 대한 부정적인 관점에서 비롯되고 있다. 합기도의 긍정적인 관점을 통해 잘못 알고 있거나 평가절하되고 있는 합기도의 공헌과 잠재성을 대중들에게 알려서 합기도는 올바른 평가를 받아야 한다.

마지막으로 본 단행본이 합기도를 수련하고 연구하는 일선의 합기도인들과 무예학자들에게 합기도에 대한 자부심을 고취하고 더 발전적인 합기도 연구에 자극이 되고 도움이 되기를 바란다. 다행히 1990년대 이후로 논문이나 학술지를 통한 합기도의 질적인 연구물들이 꾸준하게 양산되어 오고 있다. 하지만 합기도에 대한 전반적이고 구체적인 내용에 담은 책들은 여전히 미흡한 편이다. 그러므로 필자는 일반 대중들이 쉽게 읽을 수 있는 서술방식과 더불어 학문적인 연구 기술방식을 같이 적절하게 사용하기 위해 고민하면서 이 책을 집필하였다. 본 저서는 총 20장으로 구성되어 있다. 1장은 여전히 진행 중인 합기도와 아이키도의 주요한 쟁점들, 2장에서 5장은 현대사회에서 무예에 대한 인식과 성찰 및 전환적 인식 태도의 필요성, 6장은 도장 경영난을 타개하기 위한 조언, 7장은 중국의 맨몸무예에 대한 고찰, 8장은 일본 무도에 대한 올바른 이해, 9장은 합기도 무명 개명 논란, 10장에서 13장은 합기도의 3가지(정통성, 독자성, 생산성) 가치, 14장은 합기도의 올바른 역사적 정립 방향 제시, 15장은 합기도 형성과 발전에 공헌한 합기도 사범님들, 16장은 합기도의 호신술기 체계의 확립, 17장은 합기도의 수련 이념과 원리의 올바른 정립, 18장은 합기도의 세계화, 19장은 합기도의 미래지향적인 방안들, 20장은 합기도 수련의 현대적 의미 등을 담고 있다. 각 장의 서술 방식은 단순히 사실을 전달하는 것이 아니라 관련된 현안들에 대해서 관련된 참고 문헌들로부터 적절한 인용도 하고 논리적인 비판과 합리적인 분석적 설명으로 이루어져 있다.

차 례

1장.
합기도와 아이키도의 논쟁

아이키도

합기도

'합기도는 한국 무예인가 아니면 일본 무도인가?'에 관한 논란은 안타깝게도 여전히 진행 중이다. 일부 다른 무예인들과 소수의 아이키도인들은 합기도를 한국합기도, 짝퉁합기도, 사이비합기도라고 폄하하면서 여전히 비난을 퍼붓고 있다. 더욱 가관인 것은 합기도를 한국 무예라고 주장하는 사람들을 반일 민족주의에서 헤어나지 못하는 비논리적이고 감정적인 수구주의자로 치부해버리고 있다. 게다가 1990년대 이전의 왜곡되고 잘못 서술된 합기도의 역사와 수련이념을 서술한 무예서적들만 비판하고 학술적으로 바로잡은 최근까지의 연구 문헌들을 읽어보지도 않거나 무시하고 있다. 오히려 오래전에 합기도 역사를 왜곡했던 사실만을 계속해서 들추어내어 비방하고 있다. 왜 이런 현상이 해결의 기미를 보이지 않고 계속되고 있는가? 여러 가지 이유 중에서 다섯 가지 주요한 이유가 있다.

첫째, 아이키도의 한국지부인 대한아이키도회가 아이키도를 합기도로 개칭하여 부르기 시작한 것이다. 이로 인해서 合氣道 한자어가 일본의 아이키도와 같다는 이유로 합기도의 정체성이 일본무도라는 혼란을 야기하였다. 둘째, 합기도 수련원리와 기술마저도 아이키도와 동일하게 여기는 잘못된 정보이다. 이로 인해 합기도에 대한 부정적 인식이 확산되어 왔다. 다행스러운 점은 페이스북이나 인터넷의 유튜브와 같은 동영상 등의 SNS를 통해서 합기도와 아이키도가 기술이나 수련방법적인 면에서 확연히 다르다는 사실이 널리 알려지고 있다는 것이다. 셋째, 난립한 합기도 단체들 사이의 분열로 인한 단증장사와 같은 합기도 상업화이다. 이러한 무예계의 상업화는 정도의 차이는 있지만 거의 모든 무예계가 겪고 있는 공통적인 문제이기도 하다. 그런데 유독 합기도만이 고질적인 문제로 드러나고 있다. 넷째, 신생 무예를 창시한 합기도인들의 합기도에 대한 부정적인 발언과 태도이다. 이들 중에는 합기도의 진정한 발전을 위한 건설적인 비판과 조언을 하는 사람들도 있지만, 자신들의 신생 무예를 부상시키기 위해 합기도를 부정적인 측면으로 몰아가는 사람들도 있다. 다섯째, 아이키도에 대한 적극적인 홍보에도 불구하고 외국에 비교해서 국내에서 여전히 수련 인구가 미천한 아이키도인들의 촉박함이다. 해방이후 괄목할 만한 양적인 성장과 국민생활체육으로서의 질적인 발전을 거듭해 온 것이 합기도이다. 반면 아이키도는 지난 20여 년 동안에 적극적인 홍보를 해 왔음에도 여전히 검도나 유도처럼 국민생활체육에도 들지 못하고 도장 수도 극히 미약한 상황이다. 더욱이 최근의 가라테의 올림픽 종목화로 인해 아이키도는 대중성이나 수련 인구에 있어서 상대적인 박탈감을 더 느끼는 상황이 되었다.

합기도에 대한 올바른 지식과 인식은 위에 언급한 부정적인 상황들 속에 묻혀버리고 있다. 엎친 데 덮친 격으로 아이키도를 수련하고 있는 것 같은 몇몇 익명의 사람들이 잘못된 내용으로 합기도를 비방하는 글들을 지속적으로 인터넷에 올리고 있음은 안타까울 따름이다. 특히 상대방과 수련에서 조화와 화합을 추구하는 훌륭한 아이키도 수련이념과는 상반되는 적대감과 반감을 느끼게 하는 공격적인 태도와 생각들을 노골적으로 드러내고 있다. 이러한 글들을 보면서 왜 아이키도가 지향하는 '평화와 조화의 무도 철학'을 저런 식으로 저버리는가에 하는 의구심을 떨쳐 버릴 수가 없다. 가장 문제가 되는 것은 객관적으로 검증된 학술지나 서적들이 아닌 감정적이고 근거 없는 글로서 권위성이 없는 개인의 블로그에 잡담하듯이 합기도를 비방하는 글을 꾸준하게 올리고 있다는 것이다. 여기서는 일부 아이키도 인들이 주장하는 합기도의 네거티브 음해성 글들에 대해서 지면상으로 일일이 대응하기 어려운 현실성이 있다. 따라서 문제성이 있다고 판단한 내용만 발췌하여 항목별로 조목조목 따져보기로 하였다. 일단은 하기 내용들은 본 저서에 수록된 일본 무도와 중국 무예에 대한 내용들과 합기도의 가치, 역사, 세계화의 내용을 읽고 숙지했음을 전제로 하였다. 그동안 근거 없이 합기도에 대한 음해성 비방만 일삼고 있는 아이키도 인들과 근거에 입각한 합기도와의 논쟁은 환영한다고 밝혔다. 따라서 일부 아이키도 인들의 주장(아래의 내용들은 대한합기도회의 홈페이지에서 윤대현칼럼(http://www.aikido.co.kr/xe15/blog/91898)과 《合氣道新聞》(http://aikidonews.co.kr/archives/2164)에 있는 내용에 대해 논박의 글을 반일감정을 배제하고 이성과 합리성에 입각하여 다음과 같이 서술하였다.

1. 의견 하나

"모든 무예는 한 나라의 역사 속에서 적자생존 과정을 겪으며 천재적이거나 뛰어난 한 명의 인물에 의해 그가 원하는 전략과 기술적 체계가 만들어지고 무명(武名)이 완성되면서 그 나라의 문화가 되는 것이다."

1-1. 의견 하나의 반론

모든 무예가 한 명의 인물에 의해서 창시되고 체계화되었다? 무예의 창시자란 개념이 본격화된 것은 근대무예부터라고 할 수 있다. 뒷장에서 기술한 한국, 중국, 일본의 3국의 맨몸무예의 역사를 살펴보면 무예의 정체성은 그 무예의 기원, 시작한 사람, 무명, 기술체계, 수련체계 등의 관련된 가치들이 변증법적으로 관련 국가의 사회문화적 환경에 접목되어 정립되면서 고유성과 독자성을 인정받는 것이다. 한 무예의 형성에서 부분적인 것으로 창시자를 모르거나 없어도 어떤 무예가 그 나라의 신체문화가 되는 것에 전혀 문제가 없다. 가령 고대에서 근대 이전에 형성된 한국과 중국의 수많은 맨몸무예들 중에서 창시자를 가진 무예는 과연 몇이나 되는가? 이는 근대에 형성된 창시자를 가진 일본식 검술과 유술의 유파들로 전체의 무예에 적용하는 일반화의 오류를 범하고 있으며 무예의 올바른 정의를 간과한 것이라 볼 수 있다.

2. 의견 둘

"합기도의 정체성에 관해서 이야기하다 보면 논리적이기보다는 감정적으로 적대감을 드러내며 편 가르기를 하려는 사람들을 많이 보아왔다. 근거 없는 비난만 있고, 진실도, 염치도 없다. 일본의 무도인 유도는 올림픽에서 국위선양을 하고 있고, 올림픽 종목은 아니지만, 전국적인 수련 인구를 갖추고 있는 검도에 대해서는 일본 무술이라고 폄하하지 않는다. 평화를 지향하며 한국인의 감성에 잘 어울리는 아이키도가 편견 없이 유도나 검도처럼 한국에서 정착되는 길은 전국적인 수련 인구를 늘리는 길밖에 없다."

2-1. 의견 둘의 반론

합기도인들의 주장은 비논리적, 감정적, 적대적이고 게다가 진실도 염치도 없다고 비판하는 과격한 표현을 보면서 과연 누가 이성을 잃은 감정적인지는 객관적인 팩트에 의해서 판단하면 답이 나온다. 본서의 14장의 합기도의 역사, 16장의 합기도 술기, 17장의 합기도의 수련이념과 원리를 읽어보면 합기도는 감정적이지 않은 합리적인 논리성을 가지고 있음을 인식할 것이다. 그렇다! 우리는 유도나 검도, 아이키도를 훌륭한 일본의 근대무예로 여기는데 주저하지 않는다. 그런데 왜 갑자기 아이키도를 합기도라고 우기면서 그릇된 비방을 하는 태도로 돌변했는가? 이러니까 아이키도가 비판을 받는 것이다. 유도나 검도처럼 아이키도도 전국적으로 수련 인구를 늘이는 데 정진할 힘을 왜 지난 반 세기 동안 축적해 온 합기도의 시장을 건드리면서 힘을 빼고 있는 것에 대해서 합기도는 감정적이 될 수밖에 없다. 사람이든 동물이든 남의 밥그릇을 아무런 이유 없이 낚아채는 행위에 그 누가 가만히 있겠는가?

3. 의견 셋

"합기도는 한국 문화인가 일본 문화인가라는 사실 하나만 놓고 판단해 보아도 합기도가 일본의 문화에서 시작됐다는 출처는 분명할 수밖에 없다. 하지만 사이비 합기도에서 그동안 보여준 작태는 그 시작부터 논쟁거리일 수밖에 없다. 그것은 출처가 불분명한 기술에서도 얼마든지 확인이 가능하다."

3-1. 의견 셋의 반론

당연히 아이키도는 일본의 신체 문화이다. 그런데 합기도를 일본 문화에서 비롯된 사이비 아이키도라고 명명하고 있는 어처구니 없는 주장에 대해 다음과 같은 반박에 대해서 묻고 싶다. 일본의 국보 1호인 목조미륵반가상은 신라의 미륵보살반가사유상의 자태와 거의 흡사하다. 따라서 목조미륵반가상을 사이비 보살반가사유상이라고 부르면서 신라 시대의 한국 문화가 출처라고 우기면 일본의 국보 1호의 정체성은 어떻게 되겠는가? 합기도는 아이키도처럼 일본에서 발전한 대동류유술에 기술의 바탕을 지니고 있다. 하지만 대동류유술의 근본은 삼국시대의 무예가 될 수 있다는 구체적인 설명은 14장의 합기도 역사 부분에서 상세히 하였다. 대동류유술에 한국의 신체문화에 적합한 발차기와 타격기의 강술이 접목된 합기도는 유술의 특성만 가지고 있는 아이키도와 완전히 다른 한국의 근대 무예로서 탄생하였다는 사실에 주목해야 한다.

4. 의견 넷

"합기도라는 이름을 먼저 사용한 곳에서 배타적 권리를 갖는 것이 당연하다. 지금까지 나온 회전 무술과 용무도, 그리고 특공무술 등 그 외에도 새롭게 시작한 무술들이 잡음이 없는 깨끗한 방식을 선택한 것은 배타적 권리를 갖는 조치라고 볼 수 있다. 그것은 태권도와 같이 더 나은 발전을 위한 현명한 선택이었다고 판단할 수 있다. 뭐든지 처음 시작은 어려울지 모른다."

4-1. 의견 넷의 반론

아이키도가 합기도와 무명에 대한 논란은 우물 안 개구리식의 편협한 시각을 지닌 불필요하고 소모적인 논쟁이다. 한일관계에서의 미시적인 관점이 아닌 다른 아시아의 무예들의 무명도 보는 거시적이고 실증적인 관점이 필요하다. 가령, 실랏 무명으로 인도네시아와 말레이시아가 국가적 개념으로 대립의 날을 세운 경우는 전혀 없었다. 또한 다양한 무예를 창시한 필리핀도 '쿤타오'라는 무명이 인도네시아의 쿤타오 무명과 동일하다고 해서 같은 무예라고 고집하거나 무명을 바꾸라고 떼를 쓰지 않는다. 또한 본서 6장의 중국의 맨몸무예를 다룬 부분에서 고대 중국에서 만들어진 맨몸무예인 시앙보(相搏)란 용어는 근대 이전까지 수 세기 동안을 한국에서는 상박(相搏)으로, 일본에서는 스모(相搏)라고 불리면서 각국에 맞는 맨몸무예를 형성한 실증적 사실을 밝히고 있다. 그런데 상박(相搏)이라는 한자어가 동일하다고 해서 중국에서 트집을 잡으면서 상박이 중국의 맨몸무예를 나타내는 용어이니 한국 상박이나 일본 상박이라 부르라고 요청한 사실이 오랜 역사 동안 한번이라도 있었는가?라고 묻고 싶다.

한·중·일 삼국의 상박(相搏)은 각국의 신체문화에 맞는 맨몸무예로 발달하여 향후 중국에서는 소림사 무술이나 태극권과 같은 무예로, 한국은 택견이나 씨름으로, 일본은 주짓수 등으로 발전되어 왔다. 조선 시대의 권법(拳法) 또한 중국의 취엔파(拳法)와 한자어를 같이 사용했지만, 『무예도보통지』나 『무예신권』 등의 무예서에서 나타나듯이 그 당시 조선 군사에게 적합한 한국형의 다양한 권법이 만들어졌다. 회전 무술이나 용무도 같은 신생무술의 탄생도 이러한 관점에서 이해되어야 한다. 그런데 이러한 무예들이 생겨나는 과정을 '잡음이 없는 깨끗한 방식을 선택했다'는 표현은 너무 형이상학적으로 들리는 이유는 무엇인가? 무엇이 잡음이 없다는 것이며 깨끗하다는 것인가? 아! 회전무술이나 용무도의 이름이 합기도라는 이름을 벗어났기 때문에? 논리적이고 설득력 있는 글을 쓰기 위해서는 그 주장을 뒷받침하는 논증과 논거가 있어야지 잡음이 없다. 깨끗한 방식이라는 주장은 아무런 근거도 없이 그냥 기분대로 뱉는 말과 차이가 없다. 일본무예사만 파고들지 말고 중국과 다른 나라의 무예사도 공부해야 함을 절실히 권고하고 싶다.

5. 의견 다섯

"한국무예를 지정하는 과정에서 한국화 합기도를 시도했다가 이단아로 몰렸던 회전무술, 한풀 등은 지금 어찌 보면 합기도에서 완전하게 독립한 무예로 한국의 무예로 인정받아가고 있다. 한국화된 합기도가 인정받을 수 있는 길은 무예명을 새로운 이름으로 변경하고 독창적인 표준체계를 완성해 체계화한 표준교본을 완성해야 가능할 것이다. 이를 두고 학자들은 합기도의 독립을 말하는 것이다. 합기도란 명칭을 그대로 사용하고 체계화되지 않고 제각각 실체를 알 수 없는 형태로는 절대 본래의 合氣道에 종속된다."

5-1. 의견 다섯 반론

회전무술과 한풀을 합기도의 아류라고 보는 이유는 이 두 무술을 창시한 명재옥과 김정윤이 합기도를 수련한 사람들이기 때문이다. 본 책의 15장에서 합기도 사범님들에 관한 내용에서 회전무술과 한풀이 만들어진 계기를 알 수 있다. 이단아가 아닌 합기도와는 차별화된 무예를 만들려고 하는 신생 무예들 중의 하나라고 보는 관점이 더 정확한 표현이다. 또한 '합기도는 무명을 새로운 이름으로 변경하고 독창적인 표준 체계를 완성해 체계화한 표준교본을 완성해야 한다'는 어느 아이키도 인의 주장은 합기도에 대한 무지에서 비롯된 것이다. 본 책의 16장의 합기도의 호신술기 체계의 확립 내용을 보면 합기도는 술기 체계가 이루어져 있음을 알 수 있다. 다만 이러한 술기 체계를 따르지 않고 수련하는 방식이 문제점이 된다. 아이키도를 포함한 모든 무예들은 이러한 문제점들을 가지고 있지 않은가? 또한 17장의 합기도 수련이념과 원리의 올바른 정립에 대한 내용을 보면 수련원리의 정립화가 진행 중임을 필자는 피력하였다. 어떠한 무예의 수련이념과 원리는 절대적일 수 없다. 예를 들어 무예가 전쟁무예에서 놀이 무예 그리고 스포츠 무예의 세 단계의 과정을 겪으면서 각 단계에 맞춰 수련이념과 원리가 달라져야 했다. 마찬가지로 어떠한 무예도 생명력을 지닌 미래 발전적인 무예로 존재하기 위해서는 그 무예의 수련이념과 원리가 수정되고 첨가되는 과정을 겪는 것은 필수이다. 예를 들어 올림픽 종목으로 스포츠화된 태권도는 이전 호신의 실전성을 추구하는 태권도의 수련이념과 원리를 수정할 수밖에 없었다.

6. 의견 여섯

"국제아이키도연맹(IAF)에서 공식적으로 인정하고 있는 국내 합기도 조직은 사단법인 대한아이키도회(회장 윤대현)뿐이다. 이와 관련해 현재 합기도라는 명칭으로 대한체육회 정회원으로 등록될 예정인 종목과 단체는 위에서 말한 국제아이키도연맹(IAF)과 전혀 관계가 없다. 철학과 기술 체계도 아이키도와는 전혀 다른 무술 종목이다. 다시 말해 合氣道라는 명칭을 도용 또는 차용한 종목과 단체가 대한체육회의 정회원으로 등록되는 일이 진행되고 있는 것이다. 이 단체가 현재의 수순대로 대한체육회 정회원이 될 경우, 국내에서는 합기도의 정체성에 대한 심각한 혼란과 논란이 야기될 것으로 보이며, 국제적으로도 적지 않은 혼란과 오해를 불러일으킬 것으로 예상된다. 특히 국제아이키도연맹(IAF) 측은 이 같은 국내 상황을 '合氣道'라는 명칭에 대한 권리의 침해로 해석할 수 있으며, 한국 내에서 합기도의 저변 확대를 방해하는 행위로 해석할 수 있다는 점을 대한체육회는 인식해야 할 것이다."

6-1. 의견 여섯 반론

스포츠화 되어가는 무예를 지양하며 순수무도를 추구하는 아이키도가 수련이념을 저버리고 스포츠 행정 원칙에 따라 국제아이키도연맹만이 한국의 합기도를 대표한다고 주장하는 것은 이율배반적이고 어이가 없어 합기도인들은 분개함을 감추지 못하고 있다. 대한아이키도회가 합기도의 대한체육회 정회원가맹에 대해서 민감하게 반응하고 저지하려는 이유는 분명하다. 그동안 국민생활체육의 공헌도가 전무하고 수련인구도 아주 미미한 아이키도가 대한체육회 가입 기회를 통해 인지도와 수요 확대를 노리려는 속셈과 의도임이 확실하다.

합기도의 대한체육회 정식회원 가맹은 단순히 합기도의 한국무예로서 정체성 확립이라는 상징적인 의미 이상의 문제이다. 대한체육회의 정회원이 가질 수 있는 여러 혜택들, 이를테면 대내외적으로 대규모 합기도 시합 유치에서의 행정적이고 재정적인 지원의 증가. 도장 운영에서 부가세 감면 등의 면세 이익, 학교체육종목 또는 생활체육 종목으로서의 위상 강화로 인해 합기도 저변 확대 등으로 일선 도장에 많은 도움이 될 수 있는 현실적으로 매우 중요한 안건이다. 아이키도가 이러한 대한체육회의 정식회원으로서 받는 혜택을 얻기 위해 왜 그토록 비난을 감수하며 몸부림치는지 자명해진다.

7. 의견 일곱

'합기도(合氣道)'가 한국이 종주국이라고 말하는 주장도 그렇다. 한자 '合氣道'를 쓰지 않으면 합기도가 한국무예가 된다고 말하는 것은 거의 개그 수준이다. 만약 합기도가 한국이 종주국이라고 한국 정부에서 인정한다면, 당장은 국내용으로 좋을지는 모르지만, 국제적으로는 배타적 권리를 가질 수 없는 한계를 드러내게 된다. 사이비 합기도는 무명(武名)을 바꾸지 않는 한 종주성에 대한 국제조직의 문제 제기와 비웃음은 피할 길이 없다. 세계본부(Aikikai)와 국제합기도연맹(IAF)의 국제 체육계의 위상과 영향력을 고려하면 앞으로 어떤 결과를 가져올지는 불을 보듯 뻔하다. 한자 합기도만 쓰지 않으면 된다고 말하는 사이비 단체들의 행보가 앞으로도 주목된다.

7-1. 의견 일곱 반론

'합기'라는 단어의 의미에 대한 관점이 1940년대에만 머물고 그 이전의 합기란 용어의 원래 의미에 대해서는 왜 간과하는가? 여기서 한 걸음 양보한다 하더라도 "한국 정부가 합기도가 한국이 종주국이라 인정하더라고 국내용이다?" 이 무슨 망발인가! 합기도 종주국이 한국이라는 사실명제를 한국 정부가 인정한다 하더라도 받아들일 수 없다는 주장은 도대체 무슨 말인가? 세계아이키도본부가 한국 정부보다 더 공신력 있는 상위조직이라는 말인가? 왜 전통무예의 속성을 유지하려고 하는 합기도를 행정적인 스포츠 무예 구조에 매몰시키려고 하는가?

본서의 17장에 언급한 '합기의 개념에 대한 올바른 이해의 필요성'을 인식해야 한다. 기술용어 중의 하나에 지나지 않았던 합기에 철학적인 의미를 부여했다는 역사적 실증들을 객관적인 입장에서 서양의 무예학자들이 조리 있게 잘 밝히고 있다. 이제 한자어 동일 운운하는 지긋지긋한 비생산적이고 소모적인 논쟁은 그만하자. 그리고 사이비, 짝퉁 등의 근거 없는 감정적인 호칭을 사용하면서 스스로 품격을 떨어뜨리지 말자. 아이키도를 평화와 조화의 무도라고 승격시킨 아이키도 창시자의 취지를 저버리면 안 될 것이다. 아이키도의 합기도에 대한 공격적이고 부정적인 비판 태도는 조화와 평화를 지향하는 아이키도 철학에 위배되는 것이 아닌가? 차라리 근대무예로서의 합기도와 아이키도와 기술적인 특수성 또는 각 무예의 현대화 및 미래지향성 등과 같은 조화롭고, 또 선의에서 비롯된 논쟁을 통한 경쟁이 낫지 않겠는가?

2장.
현대사회에서 무예의 자화상

실전 종합격투기

무예가 우리 생활에서 차지하고 있는 위치와 비중은 어떠한가? 특히 요즘처럼 지식정보화 사회에서 무예의 뛰어남은 무슨 의미가 있는 것인가? 등의 무예 회의론적인 관점이 커지고 있다. 무예를 배우는 목적 중엔 생계유지를 위한 직업군, 이를테면 사범, 군경, 무술영화 액션배우, 경호원, 무예스포츠 전문선수 등이 되기 위함이 있다. 또는 대중들은 건강증진을 위한 여가활동으로 무예를 선택한다. 그리고 컴퓨터 첨단 그래픽 기법의 발달로 영화나 게임을 통해 직접 신체로 행하지 않는 가공적이고 비현실적인 무예 동작을 보고 즐기는 무예 문화도 생겨나고 있다. 이러한 상황은 무예 수련을 삶의 원동력이나 생활철학으로 여겼던 전통적인 무예 수련 방식에 대한 인식에 큰 변화를 가져왔다. 한편에서는 심신 수양과 같은 무예의 전통적인 본질 등이 유희성 오락으로 변질되었다고 한탄하는 전통무예인들의 우려도 들린다. 그러나 오늘날 무예 전통성이 완전히 상실된 것은 아니다. 문화는 시대가 지남에 따라 사람들의 삶의 양식과 의식이 변화하는 흐름을 따라간다. 무예 문화도 이러한 시대에 맞게 진화되고 적응되고 있다. 가령 신체의 심미적인 움직임이나 강인한 체력을 바탕으로 한 뛰어난 대중문화로서의 다양한 무예들 역할과 기능이 증대되고 있다.

주목할 만한 현상은 무예 사회의 큰 지각변동이다. 전통적인 무예 수련 비중이 감소된 반면, 복고적 무예 수련과 경기화 현상이 두드러졌다. 고대사회의 종합격투기와 유사한 자극적인 대회 방식이 인기를 얻으면서 타격기와 유술 등으로 종목별 구분이 뚜렷했던 근대무예들이 MMA나 UFC와 같은 종합격투기로, 고대무예와 유사한 형태의 무예로 회귀하고 있다. 창시자나 계보를 통해 형성되고 전승되기보다는 경쟁적인 시합을 통해 스포츠무예로 발전하고 있는 것이 현재 종합격투기의 특성이다. 따라서 종합격투기를 지도하기 위해서 일부 합기도나 유도 도장들이 킥복싱이나 주짓수를 같이 지도하는 '종합무술체육관'의 성향을 띠는 현상도 나타나고 있다.

무예 복고 현상은 바람직한 현상만은 아니다. 일부에서는 무예가 고대 로마사회의 격투기처럼 야만적인 저급 문화로 전락하는 것이 아닌가라는 염려가 늘고 있다. 왜냐하면 종합격투기는 무예 정신수양적인 측면이나 건강적인 가치보다는 오직 승패를 위한 기교나 경기력 향상에만 집중하기 때문이다. 종합격투기 대회 우승자들 중에 소양을 갖춰서 존경받을 만한 사람이 몇이나 있겠는가? 오직 신체적으로만 강한 투사를 가려내는 야만적인 형태인 고대사회 종합격투기로의 복귀는 무예를 저급문화로 전락시킨다는 우려의 목소리가 커지고 있다.

고대 무예는 격투 위주의 체계화되지 않는 방식으로 신체의 모든 수단을 이용하는 싸움 형태였다. 이론적이고 체계적인 수련이나 지도 방식이 부재했기 때문에 그저 상대방을 물리적으로 제압하는 것이 목표의 전부였다. 이러한 싸움 형태가 각 사회의 물리적인 생활환경과 삶의 방식에 적합하게 진화하면서 고유의 독특한 신체문화를 형성하여 왔다. 이를테면 중국에서도 유목문화가 강한 북방에서 발차기가 발달한 북소림 무예와 농업문화인 남방에서 권법이 발달된 남소림 무예를 들 수 있다. 북방적인 문화성향이 강한 한국에서는 발차기 위주인 태권도나 택견이 발달하고, 남방권 문화의 성격이 짙은 섬나라인 일본에서는 손위주인 가라데나 검술이 발달해왔다. 환경 문화적이고, 생활 문화적 특성을 지닌 무예는 고대의 투박한 싸움 형식인 종합격투기 형태에서 벗어나 각각 타격이나 유술의 특성을 강조하면서 진화해왔다. 또한 예절 및 인성 함양과 건강과 양생을 위한 무예의 이론과 철학이 형성되고 정립됐다. 이론적 체계성을 지닌 무예는 근대에 들어서 대중문화의 하나인 스포츠로 자리잡는 과정에서 수련 방식과 지도이념이나 철학의 체계성이 변화하였다. 그러한 결과로 각각의 무예가 고유한 스타일을 지니면서 신체문화에만 한정시키지 않고 인간의 정신문화 발달을 추구하는 바람직한 모습을 지니게 되었다.

그러나 실전적인 격투기술만을 강조하는 종합격투기가 인기를 얻는 것은 무예를 자극성과 도박성을 부추기는 주변적인 저급문화로 떨어뜨릴 위험성이 있다. 또한 종합격투기의 전문스포츠적인 성격 때문에 참여스포츠로서의 무예의 기능은 약화되고 있다. 종합격투기는 전통무예가 지녔던 수련이념이나 철학이 없다. 이로 인해 오랜 세월을 거치면서 무예가 사회문화적으로 이룩해온 교육적이고 도덕적인 공헌들이 평가절하되거나 사라지고 있다는 한탄의 목소리가 여기저기서 들리고 있다. 따라서 현대사회에서 무예의 자화상에 대한 발전적인 성찰과 각성이 요구된다. 이러한 맥락에서 현대인들의 요구에 부응하는 종합무예식 발전적 모델을 개발하고 제시하면서도 전통무예들을 계승하며 발전시켜 나가야 하는 작업도 병용해야 함을 인식하고 시행해야 한다.

3장.
21세기 무예의 위상에 대한 재조명과 성찰

전통 검술

　급속도로 첨단화되는 과학기술로 무장한 정보화시대에 무예의 개념은 우리에게 어떻게 다가오는가? 우리 삶에 큰 변화를 가져온 혁신적인 디지털 문화의 대표적인 산물이 스마트 폰이다. 다른 예로 3D 프린터의 출현으로 엄청난 실물 경제에도 대변혁이 예상되고 있다. 3D 프린터는 의류, 신발, 차량, 집까지 원하는 디자인의 제품을 짧은 기간 안에 저렴한 가격으로 언제든지 생산과 재생까지 가능하게 한다. 이렇게 엄청난 인간의 인지 능력 발달에 비해서 전통적인 무예 수련을 통한 인간의 신체 능력 발달에 대한 한계가 있는 것은 무예인들에게 상대적 박탈과 열등감을 느끼게 하지는 않는가?라는 성찰을 불러일으킨다.

오늘날 무예는 여전히 사회생활을 하는 데 경제적, 문화적으로 관심을 끌지 못하는 주변문화이다. 특히 전통의 맥을 이어가려고 하는 동양무예 수련은 시대에 뒤떨어지고 비생산적인 삶의 방식으로 전락해 버렸다. 무예 동작의 이치를 깨닫기 위한 장시간에 걸쳐 수련하는 방식은 시대착오적이며 심지어는 무모한 일로 인식된다. 왜냐하면 과학적으로, 실증적으로 검증되지 않은 전통무예의 오랜 수련의 효과는 변화가 심하고 단기간에 신속한 결과를 요구하는 현대사회에 맞지 않기 때문이다. 따라서 오랜 수련을 통해 심신발달과 정신수양을 추구하는 전통적인 무예관은 더 이상 의미를 잃어가고 있다고 무예학자인 알렌 백(Allan Back)은 비판하였다. 무예 수련을 통해 호신능력의 극대화가 가능하지만 그러한 경지에 이르기까지 장기간의 수련을 요구한다. 수십 년을 수련한 무예 대가와 수련 경력은 짧지만 기량이 뛰어난 실력을 가진 젊은 무예인과의 생각에는 큰 괴리가 생기기 마련이다. 격투 효율성과 효과성에만 치중하는 젊은 무예인은 오랜 수련을 시간 낭비로 여긴다. 현실적으로 무용한 성취감이나 정신적 경지를 주장하는 늙은 무예인은 존경의 대상이 아닌 허상으로 보일 뿐이다. 게다가 오랜 세월동안 반복동작 수련을 통해 고수의 경지에 이르는 전통 무예방식은 바쁜 생활의 현대인들에게 흥미를 끌지 못하며 심지어 외면을 당하기 일쑤이다. 단기간의 무예 수련을 통해 가시적인 효과 및 결과와 즉각적인 만족감을 기대하는 현대인들에게 장기간에 걸친 고통과 인내 끝에 얻는 개인적인 성취감은 경제적, 사회적으로는 큰 의미가 없다.

옛날 전쟁에서의 격투술로 효용성을 지녔던 무예는 이제는 유사시에 효과적인 자기방어가 가능하다는 실용성 이외의 매력은 더 이상 가지고 있지 않다. 전통의 중요성을 고집하면서 여전히 원시적이고 시대에 뒤떨어진 기술과 훈련도구를 사용하고 있는 무예의 비현대성은 비판받고 외면받고 있는 실정이다. 따라서 현대사회의 복잡성과 효과성, 그리고 효율성을 고려하지 않거나 무시하는 동양무예의 지나친 보수성과 전통성에 대한 비판이 대두되었다. 이러한 동양무예에 대한 비판을 극복하기 위해 무예를 해부학, 운동 생리학, 운동 역학, 스포츠 심리학의 개념체계로 설명하는 서구적 세계관에 의한 무예 재해석이 부각되었다. 서양의 체육학을 통해 동양무예의 사회적 효용 가치를 재정립하려는 시도는 무예연구에 새로운 방향을 제시하였다는 점은 고무적인 일이다. 그런데 체육학의 범주에서 이러한 무예 과학화가 주요한 이슈로 부각되는데도 일선의 무예지도자들이 여전히 무예 전통성의 유지와 복원 등을 시급한 과제로 인식하는 경향은 안타까운 일이 아닐 수 없다.

1990년대에 국내에서는 무예 관련 연구물들이 주목할 만큼 양적으로 증가했다. 하지만 무예 연구 대부분이 '무예전통에 대한 관심'과 '전통무예'에 대한 논쟁을 통해 전통성을 찾는 내용이 주를 이루었다. 그런데 이런 연구들 대부분이 객관성이 결여된 연구자의 자의적 해석이 개입되는 경향이 많았다. 가령 한 특정 무예인을 지나치게 부각해 영웅화하는 무협지 사관에 매몰되어 타당성과 공정성이 결여되는 경우가 아직 많다. 게다가 무예의 전통성을 논할 때는 실증 문헌 자료의 빈약으로 고증과 실증의 어려움에 당면하고 있다. 이를 극복하기 위해 근대화 이전에 거의 존재하지 않았거나 있었더라도 매우 사소하고 변방이었던 무예 문화를 그 당시의 주류로 위조하는 역사 왜곡의 과오에서 벗어나지 못하고 있는 과오도 만연하였다.

이러한 무예 역사의 문제점들을 극복하기 위해 허건식을 비롯한 몇몇의 진보적인 무예 연구가들이 제시한 올바른 무예 역사 연구의 두 가지 방향성은 설득력이 있고 의미가 있다. 첫째, 근대 이전의 무술은 태권도, 합기도, 유도, 검도와 같은 종목별 무예 역사가 아닌 총괄적인 한국 무예사로 접근해야 한다는 주장이다. 이들은 중국과 일본무예의 전파 및 유입, 보급 등을 통한 한·중·일 삼국 무예의 상호작용으로 총괄적인 한국 무예사로서의 접근방식이 더 합리적임을 주장하고 있다. 둘째, 태권도나 합기도 등의 종목별 무예사 정립은 실증적인 자료와 사실 근거가 가능한 근대 이후부터 이루어져야 한다는 것이다. 기술적 특성에 따라 종목별로 구분된 태권도, 합기도, 검도, 유도 등은 근대에 형성된 무예들임을 인정해야 한다. 따라서 실증적인 역사적 자료들을 기반으로 근대무예들에 대한 올바른 역사의 정립이 이루어져야 한다고 주장한다.

또 하나의 주목할 만한 현상은 동양무예를 서구 체육 전체에 대한 대항적 개념으로 해석하려는 움직임이 나타나고 있다는 점이다. 달리 말하면 동양무예를 교육적 입장에서 서구 체육이 가지고 있는 문제점과 한계를 극복하기 위한 대안으로 여기기 시작한다는 이야기이다. 이는 동양무예 수련의 역할을 신체 단련뿐만 아니라 수련자의 인격 조화와 도덕, 사회성 교육에 두는 관점을 전제로 한다. 따라서 서구식 스포츠가 안고 있는 승리지상주의로 인해 발생하고 있는 도덕성과 인성 문제에 대한 대안을 동양무예에서 찾으려는 노력으로 볼 수 있다. 기술적인 측면만을 강조하고 문화적, 정신적 측면을 무시하는 풍조의 승리지상주의에 매몰되지 않기 위해 전통무예 정신수련의 중요성이 부각되고 있다. 특히 수련연령이 낮아지면서 무예 수련이 신체기능적인 단련에 그치지 않고 인성교육까지 담당해야 할 필요성을 강조한다. 전통무예 수련을 통해 전인적인 인격 형성에 기여함으로써 무예의 교육적 역할을 다해야 한다고 강조하는 경향이 커지고 있다.

오늘날 무예의 다양한 문화적 역할을 생각할 때, 전통성과 역사성만 강조하는 데서 벗어나는 적극적인 노력과 전향적 시각이 요구되고 있다. 이러한 맥락에서 무예를 오늘날 시대적 상황에 맞게 좀 더 세련되고 전문화된 형태로 발전시키려는 무예의 현대화 시도들이 많이 행해져 오고 있다. 예컨대, 무예 대련을 스포츠 형태로, 형을 무용이나 기타 예술 형태로, 명상을 종교적 수행 혹은 카운슬링으로 대체하는 방법 등이다. 이러한 경향으로 인해 무예를 세분화하고 전문화한 무예 스포츠, 가라테 댄스, 에어로빅 킥복싱, 검도 같은 명상무예나 치료요법무예 등이 등장했다.

현대사회에서 무예의 위치는 단순히 격투술과 호신술에 치중한 제한적이고 주변적인 신체문화에만 머물러 있지 않음을 인식해야 한다. 현 시대가 요구하는 무예의 역할성 기능을 동양무예철학자 김부찬은 다음과 같이 세 가지로 규명하여 제시하고 있다. 첫째, 승패 중심의 서구 스포츠와는 달리 경쟁적 놀이문화로 발전하지 않고 심신수양을 통한 수행문화로서 체육교육적 기능이다. 둘째, 도덕성을 기르기 위한 실천적인 단련의 장을 제공하는 윤리적 기능이다. 마지막으로 개인 차원이 아닌 사회 차원에서의 공동체 화합과 사회문화적 번영을 위한 기능과 원만한 사회생활을 할 수 있도록 인간을 변화시키는 사회교육적인 기능이다.

이렇게 21세기가 요구하는 무예의 역할과 위상에 부응하기 위해서 무예지도자들과 특히 무예 관련 협회 관계자들은 국수적이고, 전통 지향적이며, 자기 무예를 보호하려는 의식에서 과감히 탈피해야 한다. 더 나아가서 명예와 물욕의 집착을 버리는 환골탈태의 의식개혁과 함께 자구적인 성찰과 개선의 노력을 해야 할 것이다.

4장.
무예인의 현대적 개념에 대한
올바른 인식

일선 도장의 사범으로서의 무예인

"현대 사회에서 무예인은 누구이고 무엇을 하는 사람인가?"라는 무예인의 정체성에 대해서 고민하고 성찰해볼 필요가 있다. 사실, 무예를 하는 사람은 흔히 무술인, 무예가, 무도인, 무인 등 다양하게 불린다. 일반적인 통념으로는 무술인이라 하면 무술의 기능적인 면이 뛰어난 사람을 일컫는다. 무예가는 무술을 예술적 차원으로 끌어 올린 사람을, 무도인은 정신적인 측면, 즉 철학적이고 예의를 중히 여기는 무술을 수련한 사람을, 무인은 전쟁을 준비하는 무술에 뛰어난 직업 군인으로서의 사람을 일컫는 경향이 강하다.

한국에서는 무예가라는 용어를 좀 더 즐겨 쓰는 경향이 있는 반면 중국에서는 무술인, 일본에서는 무도인으로, 서양 국가들에게는 Martial artist(마샬 아티스트)로 사용되고 있다.

그런데 유의해야 할 점은 무술인, 무예인, 무도인이란 용어들은 근대 이전에는 존재하지 않았다는 것이다. 그래서 일본의 무도, 중국의 무술, 한국의 무예 등과 같은 국수적이고 편협한 용어의 개념에서 벗어나야 할 필요가 있다. 혹자는 '술'은 너무 기능적인 편향을 가진 의미이고 '예'는 고대 중국이나 한국에 있던 '곡예'나 '기예인'에서 보듯이 천시되는 이미지 때문에 무도라는 말을 사용하자고 하는데 이는 시대착오적인 사고라고 할 수 있다. 가령 이전에는 '딴따라'라고 업신여김받던 연예인들은 이제 한류문화의 공헌자들로 세계화의 중심에 서 있고 미래에 되고 싶어 하는 선망의 직업인으로 부각된 사실 등이 이를 잘 반증하고 있다.

무도란 용어에 너무 숭고하고 중엄한 의미를 부여하고 있지는 않은지 성찰이 필요하다. 왜냐하면 철학적, 종교적인 색채로 인해 무예 본질인 신체문화의 특성을 희석하는 오류를 범할 수 있기 때문이다. 따라서 동양의 무술, 무도의 보편적 가치를 통합하여 세계화할 수 있는 방향을 지닌 무예라는 용어가 현대적 개념에 적합하지 않을까?라고 필자는 생각한다. 국제어인 영어도 Martial Technique(무술)이나 Martial way(무도)라고 하지 않고 Martial art(무예)로 통용하고 있는 사실도 이를 잘 반영하고 있는 것이 아니겠는가? 따라서 무예라는 용어가 세계화의 시대에 한국적인 아닌 동양무술의 보편적 가치를 지닌 현대적 개념적인 의미로 더 적합하다고 할 수 있다.

본 저서에서는 무예를 수련하는 사람을 무예인으로 정의하고 사용하고자 한다. 일반적으로 현대사회에서 무예인은 다섯 부류로 나뉠 수 있다. 첫째, 속세를 떠나 도를 닦듯이 무예 수련을 하는 사람. 둘째, 경기와 시합을 위해 무예를 수련하는 스포츠 무예인, 셋째, 영화의 액션배우로서의 무예인, 넷째, 무예 관련 단체나 기관에서 행정이나 연구를 하는 무예행정가나 무예연구가, 마지막으로 수적으로 주류를 이루고 있는 일선 도장의 사범들이나 관장들이다. 물론 경찰학교나 군대에서 무예를 가르치는 무예사범이나 교관 등도 여기에 포함된다.

고대에서 조선 중반까지의 시대에는 사회 엘리트층들 대다수가 무예인이었다. 우리들이 흔히 일컫는 역사상 유명한 무인들 이를테면, 주몽, 김유신, 왕건, 이성계, 이순신과 같은 사람들은 무예만 뛰어난 것이 아니라 문무를 갖춘 엘리트들로서 사회지도층이었다. 그러나 문을 숭상하고 무를 멸시하는 유교 사상이 고려 말기부터 득세하기 시작하여 조선을 거치면서 고착화되어 무예인은 배우지 못한 낮은 계급의 사람들이나 하는 기능인으로 전락했다. 더욱이 오랜 기간 동안 힘들게 무예를 수련한 사람들을 열심히 학업에 정진한 사람들만큼 사회, 경제적으로 인정해 주지 않는 사회적 풍토 또한 무예인의 질적인 하락을 초래하였다.

무예인의 기능화로 상대적으로 사회의 주요 직업군에서 밀려나면서 엘리트층의 외면 속에서 낮은 사회적 인식과 취급을 받게 되었다. 이러한 현상은 사회적인 분위기도 원인이지만 일부 일선 도장의 사범들과 관장들의 자질 부족과 경거망동도 주요인이 된다. 진정한 무예교육의 본분을 잊어버리고 장사꾼처럼 경제적인 이익을 위한 돈벌이 행위에 매몰되어 도장 운영을 악용하거나 무협지적인 개인의 공명심을 위한 수단으로 활용한 그릇된 무예인들이 나타났다. 꾸준한 무예 수련과 올바른 제자 육성 등과 같은 무예지도자의 본질적인 사명감을 망각한 이들의 행동이나 처신으로 인해 무예인을 폄하하는 사회의 부정적 인식의 악순환이 계속되고 있는 것 같아 안타까울 따름이다.

무예인으로서 경계하고 지양해야 할 가장 부작용들 중 하나가 잘못된 무예 수련에서 오는 성격과 태도의 산성화이다. 지나친 승부욕을 가진 격렬한 육체적 활동에만 치중하고 지식 습득이나 정신수양을 소홀히 함은 생리적으로 인간의 혈액과 체질을 산성화시킨다는 사실이 과학적 실험을 통해 밝혀졌다. 육체의 산성화는 정신의 산성화로 이어져서 자기 아집과 독단을 유발해서 다른 무예나 무예인들을 비방하고 모독하는 태도를 초래했다. 어찌 보면 유난히 분란과 분열이 많은 무예계의 끊임없이 발생하는 문제들은 산성화된 무예인들 때문이라 할 수 있다. 서양의 스포츠 세계에서는 신체의 산성화를 예방하기 위해 알카리성 음료인 스포츠 드링크를 권장하고 요가와 같은 명상식 운동이 인기를 끌고 있다. 동양 무예도 전통적으로 격렬한 수련 뒤의 부작용인 심신의 산성화를 예방하기 위해 수련 전후에 단전 호흡과 같은 다양한 복식 호흡법을 통한 정신 수련을 해 오고 있다. 그런데 문제는 승부를 위한 무예 기교를 위한 수련에만 치중하고 이러한 정신 수련들은 대부분 사라지고 있다는 것이다.

열심히 무예를 수련하고 지도하면서 무예계 전반적인 분야에서 나름대로 장점과 능력으로 공헌을 하고 있는 사범들에 대한 올바른 평가나 판단이 필요하다. 즉 경제적, 학문적 또는 사회적 위치에 따른 잣대로 무예인을 평가하는 전근대적이고 편협한 생각에서 벗어나야 한다. 또한 무예인 자신도 사회적으로 존경받고 인정받기 위해 저마다의 역량을 기르고 화합과 조화를 보여주는 자정의 노력을 해 나가야 한다. 현대사회에서 주류를 이루는 무예인은 사설도장을 운영하며 무예를 지도하는 일선의 관장과 사범들이다. 이들은 무예 수련 연령이 낮아지면서 아이들에게 예절이나 인성을 가르치는 주요한 교육자로서의 역할도 병행하고 있다. 그런데도 무예인은 단지 싸움을 잘하는 데 필요한 기술만을 갖춘 사람으로만 보는 고정관념에서 아직도 완전히 벗어나지 못하고 있다.

현대적 개념의 무예인들은 자신들을 교사, 의사, 공학도, 회사원 등과 같이 개성이 있고 각자 전문적인 영역이 있는 직업인이라는 인식을 가져야 한다. 즉 시범이나 시합을 잘하는 무예실력이 뛰어난 사범, 아이들을 잘 지도하는 사범, 무예행정에 뛰어난 사범, 도장 마케팅이나 비즈니스에 능한 사범 등, 각자의 능력과 전문 분야를 존중해주는 긍정적인 시각이 요구된다. 따라서 현대 사회에서 각 국가나 지역에서 발전적인 사회 문화를 만들기 위해 노력하는 다양한 전문 직업군 중 하나로서 무예인을 인정하는 사회적 인식과 풍토가 정착되어야 한다.

5장.
무예에 대한 전환적 인식과
태도의 필요성

　전통적인 무예 가치는 오늘날처럼 일반대중들의 참여와 노력이 아닌 상위층 귀족들에 의한 '무예의 귀족화'에 기반을 두고 있었음을 우리는 종종 간과하고 있다. 근대에 들어 총포의 발달로 전쟁 무예의 비중은 급격하게 떨어졌다. 하지만 종교적 색채를 띠고 학문화된 무예는 조직적이고, 의식적인 동질감을 주입하기 위한 수단이 되었다. 이러한 무예의 동질화 기능은 일본은 귀족 계급이었던 사무라이들에 의해서 주도된 반면 한국은 조선 후기에 문인 유학자들에 의해서 무예의 귀족화가 이루어졌다. 동양무예의 귀족화는 동양 각국의 역사와 전통의 특성들에 따라 성장 발달했는데 통치자와 지배계급들이 무예에 불교, 도교, 유교의 종교적 의식 등을 주입하여 정신 수양적인 의미를 부여하기 시작했다. 무예의 귀족화는 총과 화약의 발명으로 인해 전쟁무예의 필요성이 쇠퇴하면서 가속화되었다. 19세기말부터는 스포츠, 교육, 건강 등과 같은 비격투적인 목적들이 무예의 큰 비중을 차지하게 되면서 '무예의 고급화'적인 발전을 이루었다. 군사무기가 발달함에 따라 군사교육과 살상을 위한 전쟁수단으로서의

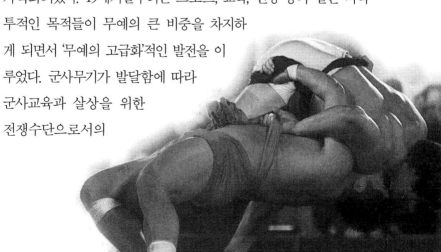

역할을 상실한 무예는 실전성을 급격하게 잃어갔다. 이러한 상황은 무예의 실전성을 '호신'이라는 성격으로 축소시켰다. 그 결과 무예 수련의 교육은 직업적인 민간 무예가들이 담당하게 되었다. 이들에 의해서 유파가 생겨나고 도장 수련 기술과 경기 기술의 양식화 등으로 근대무예의 틀이 형성되었다. 또한 실전적 효용성에 대한 필요성이 약화되면서 정신 수련, 또는 교육적 가치로서의 무예 수련으로 변화되어 왔다.

무예를 정의 내릴 때는 '무(武)'라는 어원이 창을 들고 나아간다는 뜻이 있기 때문에 무기술을 반드시 포함해야 한다고 전통무예 연구가들은 주장한다. 즉 무예는 맨몸무예와 무기무예를 모두 포함해야 한다는 것이다. 가령 중국의 각저, 수박, 고구려의 각저희, 수박희, 고려의 수박, 상박, 백타, 권박, 권술, 탁견희 등과 같은 맨몸무예들은 구체적인 동작의 기록이나 어떤 정형화된 법식이 남아있지 않다. 또한 무기격투술 위주였던 전쟁무예에서 맨몸무예는 병장기를 다루기 위한 기초적인 신체 단련이 주요 목적이었기에 무예의 정의에서는 필요조건이지 충분조건이 되지 못한다는 것이다. 특히 고대 중국의 국가들과 우리나라의 삼국시대 또는 고려시대에 맨손무예는 무예 문화 전체에서 매우 빈약한, 제한적인, 그리고 주변적인 형태로 존재했다. 그럼에도 불구하고 맨몸 무예 위주로 무예의 전체 개념을 해석하려는 잘못된 인식이 일반 무예계에 팽배해 있다.

근대무예의 주류를 차지하고 있는 가라데, 태권도, 유도, 아이키도, 합기도 등은 맨몸무예이다. 무기술은 더 간편해지거나 배제되고, 맨손 위주의 무예들이 급속하게 발전하였다. 근대이전과는 반대로 무기술들은 맨몸 무예의 보조적이거나 부가적인 도움만 줌으로써 무예의 비중에서 주변적 위치가 되어버렸다. 이러한 현상을 양진방 교수는 근대무기의 출현으로 무예의 실전적인 측면의 상실을 가져 온 반면 맨손무술로서 새로운 변혁이 이루어진 '동양 무도의 근대성'이라고 표현하였다. 무기무예에서 맨손무예로의 중심 이동은 단지 무예의 형태만 바뀐 것이 아니다. 즉 살상 위주의 실전적 무기술은 투박하고 단순한 기술체계를 지녔다. 그런데 맨손무예 기술 체계의 발전은 더 복잡한 신체적 기능의 활용뿐만 아니라 인지적이고 문화적인 다양성이 포함된 무예로의 변형을 가져왔다. 이러한 측면에서 근대 무예가 가지는 다양한 사회문화적이고 교육적인 역할들을 생각해 볼 때 무예가 단순히 격투성을 지닌 신체문화의 일부라는 편협된 시각에서 벗어나려는 적극적인 노력과 전향적 시각이 필요하다.

세계 각국의 무예들이 관련 국가 또는 지역 환경이나 사회문화에 따른 특성을 지니면서 어떻게 형성되고 변형되면서 발전해 왔는가에 대한 실증적인 변증법적인 연구는 무예학자들의 시대적 소명이 되어야 한다. 그런데 이러한 연구 이전에 현대적 개념에 맞는 무예의 정의에 대한 전환적 인식과 태도가 선행되어야 한다. 이러한 맥락에서 무예의 현대적 개념은 전통무예, 스포츠무예, 그리고 무기무예의 세 가지 타입으로 범주화될 수 있다. 전통무예(Traditional Martial Arts)는 전쟁의 상황에서 사용되는 무예들은 적군을 살해하거나 무능하게 만들며 제압하기 위한 기술들이나 기법들로부터 비롯되고 발달되었다. 가령 일본의 사무라이가 사용한 주짓수, 중국의 고대 검술들뿐만 아니라 이탈리아 검술인 La Scuola Spada

Italiana 등의 전통 서양무예도 전장훈련 교수과목으로부터 진화해온 것이다. 스포츠무예(Sport-based Martial Arts)는 생명을 위협하는 실전적인 측면에서 벗어나 경기(시합)를 위해 무예가를 준비시키는 훈련체제를 포함하고 결합한 무예이다. 무예타이, 서양복싱, 유도, 태권도 등이 주요 사례들이다. 무기무예(Weapon-based Martial arts)는 특히 무기의 사용에 집중한다. 습득된 무기술들은 전통무예나 스포츠 무예 종목에 적용될 수 있다. 검도, 에스크리마 그리고 크라비 크라봉 등이 있다.

무예의 스타일, 유파, 지도자에 따라서 이 무예의 세 가지 유형의 비중과 강조 또는 수련 스타일 등이 융합되고 체계화된다. 그런데 현대 사회에서 무예 수련 가치의 가장 큰 주목할 만한 변화는 심화되고 있는 무예의 스포츠화이다. 사실 근대화 과정을 통하여 스포츠되지 않은 무예는 거의 없다고 해도 과언이 아니다. 가령 일본의 고류 검술들은 검도로, 고대 유술들은 유도로, 중국의 우슈는 산타 등으로 스포츠 무예로 거듭났다. 한국은 태권도와 전통무예로 지정받은 택견도 스포츠무예로 변화하고 있다. 전통 무예를 고집했던 합기도 또한 경기화에 대한 시대적 요구를 받아들인 지 오래이다. 이러한 무예의 스포츠화는 무예의 기본적 정체성이자 목적이었던 군사적 유용성이 떨어지면서 대중화를 통해 국민체육으로 보급될 만한 무예로 전환하는 과정 중 필연적인 수순이라고 할 수 있다. 유도와 태권도 등의 스포츠무예가 올림픽 정식종목으로 채택되면서 무예종목으로서 커다란 발전을 거둔 것은 대표적인 사례들이다. 다른 스포츠무예들 이를테면 가라데, 우슈 등도 스포츠화를 통해 올림픽과 같은 세계적인 스포츠무예로 발전하기 위해 많은 노력을 기울이고 있다.

그런데 재미있는 현상은 무예스포츠가 국가 간의 갈등을 유발하였다는 것이다. 이는 고대의 뛰어난 무예기술로 무장된 군사력 우위를 얻기 위한 국가들 사이의 경쟁과는 다른 성격을 지닌다. 국적보다는 창시자와 계보를 따지고 중시하는 근대 초기의 무예의 특성과는 달리 근대 후반기부터 무예스포츠화를 통해 세계화되어가는 과정에서 관련 국가의 스포츠 경쟁력 강화를 위해 국가적인 기획과 후원이 확대되고 있다. 승패를 중히 여기는 무예스포츠의 등장은 동북아시아 한, 중, 일 간의 국수적이고 민족주의적인 특성을 지닌 무예 간 경쟁의 모습으로 나타나고 있다. 그 결과 무예의 스포츠화로 증폭된 국가들 간의 경쟁이 국수주의적인 성격을 띠는 무예 정체성에 대한 갈등을 불러일으켰다. 전통적으로 내려온 기술과 교수 방법 등을 계승, 유지하는 전통무예의 가치를 어느 국가가 가지고 있느냐를 따지는 무예의 국가적 정체성에 대해 논쟁이 격화되었다.

무예의 국가적 정체성을 강조하는 추세에 따라 각국의 전통무예 복원에 대한 관심과 열기는 한층 거세어졌다. 이런 영향은 택견이 한국전통무예로 입지를 굳히는 데 큰 계기가 되기도 하였다. 태권도는 이론적, 실기적으로 가라데와 차별화하여 독자성을 확립하는 긍정적인 성과를 이루었다. 반면 태권도가 중국의 전통무술에 기원을 두고 있다는 웃지 못할 중국의 국수주의적 망발이 나오기도 했다. 한편 합기도는 아이키도와 동일한 한자어 무명과 대동류유술과의 연관성으로 인해 아이키도의 아류인 것으로 여겨지는 문제점들을 양산하는 부작용을 초래하기도 했다.

일각에서는 무예의 국가적 정체성 갈등의 해결방안으로 세계화 시대를 맞이하여 일본의 무도, 중국의 무술, 한국의 무예 등과 같은 협애한 국가별 해석의 논리에서 벗어나야 한다고 주장한다. 즉 한국적이란 특수성에 대한 집착에서 벗어나 동양적 보편성을 바탕으로 한 동양무예의 가치를 창출하자는 방향으로 나아가야 한다는 몇몇 무예연구가들의 주장은 일리가 있어 보인다. 하지만 국가적으로 개별성의 색채가 강한 무예의 현실을 외면하기에는 너무 이상적인 의견으로 취급되어 폭넓은 공감과 관심을 받지 못하고 있다. 소모적이고 비생산적인 무예의 국가 간의 전통성에 대한 역사적 논쟁은 현시대에서 어떠한 의미가 있는가? 요즘 세간의 핫이슈가 알파고와 같은 최첨단 인공지능의 등장인 것처럼 갈수록 첨단화되는 과학기술과 정보화 기술로 인간의 인지영역은 예측할 수 없을 정도로 급격한 발전을 거듭하고 있다. 이러한 상황에서 오늘날의 신체적 영역인 무예의 모습은 어떠한가? 여전히 전통성을 고집하면서 고대무예와는 크게 다르지 않는 원시적이고 시대에 뒤떨어진 기술과 훈련도구를 사용하고 있을 뿐이라고 무예학자 존 도나휴(John Donahue)는 날카롭게 지적하고 있다. 현대사회의 복잡성과 과학 기술, 그리고 효율성에 맞춰진 무예체계의 모습을 볼 수 없다. 여전히 장시간의 숙달 기간을 요하는 비효율적이고, 전근대적인 무예의 현대 자화상은 의식 있는 무예인들이 심각하게 성찰하고 고민하게 만들고 있다.

무예의 전근대성과 낙후성을 극복하는 방안으로 무예의 발전지향적인 연구를 위해 스포츠교육학을 적용하자고 필자는 건의한다. 스포츠교육학은 기존의 신체활동 위주 체육의 영역에 인류학,

사회학, 심리학, 교육학 등의 연구분야를 접목하고 응용함으로써 단순한 스포츠 활동을 넘어서 스포츠의 기능, 지식, 정서, 문화를 통합하여 삶의 의미를 추구하는 학문으로 발전해 오고 있다. 무예 연구의 범위에 이러한 스포츠교육학의 발달적인 측면을 응용하여 신체적인 기술적인 면에만 국한하지 않는 무예교육학의 정립이 필요하다. 또한 특정한 무예가 형성되고 발전되어 오는 데 영향을 끼친 해당 국가의 물리적 환경과 사회문화적인 특성들을 고찰하여 한국무예들의 연관성들을 비교 분석할 필요가 있다. 아래 〈표 1〉이 보여주듯이 무예의 올바른 연구를 위해서는 각 무예와 관련된 실증적 자료들을 분석하고, 과장된 주장들을 추려내며 뒷받침하는 내용들을 토대로 경험주의적 관점에 따라 무예 연구를 해야 한다. 각 국가의 무예에 관련된 물리적, 사회문화적으로 관련된 방대한 자료들을 읽고 분석하며 무예 전문가나 학자들의 검토와 의견 수렴을 거치는 장기간의 과정이 필요하다. 더 나아가서 이러한 연구 분석한 자료들을 비판적으로 분석하고, 해석하여, 재구성하는 최대한 객관성을 지닌 연구자의 직관과 추리력이 수반되어야 한다. 본 연구는 무예가 주변적이고 사소한 분야에서 벗어나 주류 문화로 거듭나는 데 일조하는 계기가 될 수 있다.

<표 1> 세계무예의 스포츠교육학 적용 연구

연구할 무예지역	연구할 내용들
1. 인도와 남아시아	
2. 중국과 일본과 오키나와	
3. 동남 아시아	
4. 유럽 국가들	1. 각 국가나 지역들의 물리적 환경의 특성과 사회, 문화, 교육 등에 영향을 받은 무예들의 특징에 관한 연구
5. 아프리카	
6. 중동아시아	2. 각국의 무예와 한국무예와의 비교연구
7. 중앙아시아	
8. 한국	

6장.
도장 경영난을 타개하기 위한 조언

도장 수련 모습

(1) 도장 운영을 어렵게 만드는 내외적인 상황적 요인들

최근 들어 무예 도장 경영난이 더욱더 심화되고 있다. 그동안 무예 도장 운영의 어려움의 주된 요인들로는 국내외 경기불황, 지나친 과열경쟁, 상대적으로 영세적인 도장, 지나친 상업화 등을 들 수 있다. 그러나 무엇보다도 가장 민감하게 영향을 미치는 요인은 경기침체이다. 경기가 어려워지면 사람들은 긴축재정의 일환으로 우선 체육, 문화 생활에 대한 지출을 줄이기 때문이다. 반면 경제가 활성화되고 경기가 좋아지면 다른 문화예술 사업들과 더불어 도장 사업도 다시 살아나는 현상을 반복해 왔다. 그런데 최근 몇 년 전부터 가속화되는 도장 운영난의 요인은 비단 경기불황 때문만은 아니다. 전례가 없었던 무예 수련에 대한 사회문화적 인식 하락과 상황의 변화에서 오는 여러 요인들이 포함된 총체적인 문제점들에도 기인하고 있음에 주목해야 한다. 이러한 맥락에서 태권도, 합기도, 유도, 검도 등을 지도하는 일선 도장의 운영을 어렵게 만드는 외적 요인과 내적 요인을 살펴보도록 하자.

우선 외적 요인들로는 첫째, 낮은 출산률로 인해서 운동 가능한 경제적 인구의 수가 급감하고 있다는 것을 들 수 있다. 어린이 수련생들이 대부분을 차지하는 무예도장에게 가장 큰 타격을 주는 구조적 요인이다. 둘째, 체육의 무게중심이 기존의 학교체육 위주에서 서서히 축구, 농구, 마라톤, 배드민턴, 테니스, 무용 등과 같은 다양한 스포츠가 활성화되는 생활체육으로 옮겨가고 있다는 점이다. 따라서 무예가 생활체육에서 차지하는 비중이 상대적으로 급격히 떨어졌다. 이러한 상황은 이미 공급과잉이 되어버린 도장의 운영난을 악화시키고 있다. 셋째, 무예의 사회적 기능이나 경제적 기능이 약화되면서 무예 관련 직업의 경쟁력과 필요성이 급락했다는 점이다. 이전에는 특출한 무예실력이 경제적 안정을 보장하는 외국에서의 도장사업을 열거나, 또는 사범경찰이나 고급 공무원급인 경호원이 되는 지름길이었다. 그러나 지금은 뛰어난 무예의 실력만으로는 선택할 수 있는 직업은 거의 없다.

내적 요인으로는 첫째, 첨단적인 과학기술과 정보산업의 발달이 체육의 본질에 큰 변화를 가져왔다는 것이다. 즉 실기 위주의 체육활동보다 인지적으로 스포츠를 즐기는 체육의 유희적 성격이 짙어 가고 있다. 가령 중독성 있는 스포츠 관련 컴퓨터 게임의 인기는 이러한 오락적인 체육활동을 가속화하고 있다. 둘째, 무예에 대한 일반적인 인식의 변화이다. 수련 연령이 낮아지면서 또한 무예의 현대적 기능이 놀이 활동이나 스포츠 여가활동으로 바뀌었다. 따라서 무예의 전통 수련방식은 단기간의 무예 수련을 통해 가시적인 효과 및 결과와 즉각적인 만족감을 기대하는 현대인들에게 시간 소모적이고 비생산적인 문화적 삶의 방식으로 여겨지고 있다. 무엇보다도 무예 동작의 이치를 깨달으며 수련하는 전통 무예 수련방식은 외면당하고 있다. 과학적 실증적으로 검증되지 않는 불명확한 무예 효율성이나 관련 동작들을 이해하는 데 많은 시간이 요구되는 무예의 전통 수련은 시대착오적이며, 심지어는 무모한 일로 인식되기 때문이다.

(2) 도장 운영의 발전에 가장 큰 걸림돌인 관장들의 '도장문화 지체현상'

내외적인 구조적 요인들 속에서 아래의 〈표 2〉에서 알 수 있듯이 급변하는 사회문화적 환경은 도장문화의 큰 변화를 초래했다. 특히 도장 운영을 위한 시설, 기법, 수련생들의 특성 등은 급속하게 변하고 있는데 일선 도장을 운영하는 대부분 관장이나 사범들은 이러한 변화에 대해 적절하게 대응하는 의식과 태도를 가지지 못하고 있다. 이러한 '도장문화지체현상'은 일선 관장들의 도장 운영을 더욱 어렵게 만들고 있다. 특히 군사문화에 가깝게 엄격한 수련을 하는 전통 방식의 도장 운영에 익숙한 나이가 든 관장들은 이러한 도장 운영의 딜레마를 극복하지 못하고 있는 실정이다.

<표 2> 변화된 도장 문화의 비교

	이전의 도장 문화	현재의 도장 문화
수련 시간	1시간에서 2시간	거의 1시간
소통 방식	명령식/강제식	설득/타협
수련 목적	호신강화/진학이나 취업 준비	체력 향상, 스트레스 해소, 자기 방어
주요 수련생	성인부와 중고등부	초등 저학년
수련생(부모님) 기대감	유단자가 되기 위한 높은 동기부여 및 진지성	고학년이 되기 전에 체력향상과 단체 수련을 통한 협동심과 자제심

　현실적인 또 하나의 문제점은 관장들의 역량부족이라기보다는 그들이 시대의 흐름과 상황적 변화에 대응하는 체계적인 운영방식을 제대로 배울 기회를 가지지 못하는 한계에 있다. 무예 기능적인 교육에만 치우쳐 있는 기존 수련 방식에는 사범들이 도장경영을 체계적으로 배울 수 있는 시스템이 없다. 게다가 관장이 된 후에 도장 경영 업무에 대해 회사 조직과 같이 지속적이고 체계적으로 가르쳐 줄 상사 또는 선배가 부재한 상황에서 주먹구구식으로 독자적인 도장 운영을 해야 하는 환경도 큰 걸림돌이 되고 있다.

(3) 도장 운영의 활성화 이전에 SWOT분석법으로 자가진단의 필요성

도장 운영난 타개를 위한 여러 노력들이 그동안 전개되어 왔다. 지난 몇 년간 주로 성공적인 도장 운영을 해온 몇몇 태권도 관장님들이 생산적인 세미나 형식의 설명회나 공청회 등을 개최하고 있는 현상은 고무적이다. 하지만 성공적인 도장사업의 활성화 방안들이 각 도장의 상황이나 특성을 고려하지 않은 절대적이고 표준화된 방향만 제시하는 경향도 있어 많은 일선 관장들이 공감을 하면서도 적용하는 것이 쉽지 않다고 토로한다.

관장들과 도장들은 각자의 특성과 형편이 다르기 때문에 자기 자신과 운영 중인 도장에 대해서 철저한 자기 분석과 성찰을 하고 난 뒤에 최적의 방안을 고려하는 것이 매우 중요하다. 이러한 목적을 위해 경영학의 조직행동론에서 조직 분석할 때 유용하게 쓰는 SWOT 분석법을 적용해 보고자 한다. 각 조직이 지닌 Strong point(장점), Weak point(단점), Opportunity Point(기회), Threat Point(위협)의 네 가지 요소로 조직의 내외적 상황을 찾아내고 파악하는 자가진단 분석법이다. 이 SWOT 분석은 도장의 경영난을 벗어나기 위해 자신의 도장의 상황과 형편에 맞는 최상의 방법들을 선택하고 적용하는 데 아주 적합하고 유용할 수 있다.

아래의 〈표3〉은 필자가 운영했던 합기도 도장의 발전을 위해 사용했던 SWOT 분석법의 한 사례이다. 우선 관장인 본인뿐만 아니라 도장의 장단점들을 심각성의 순위대로 목록화하였다. 그런 다음 도장의 현재의 어려움을 극복하고 발전하는 데 도움이 될 수 있는 가능성 있는 기회들뿐만 아니라 반대로 도장사업에 저해가

되는 잠재적인 위협들도 필요성의 우선 순위에 따라 목록화하였다. 순위를 정할 때는 본인의 주관적인 판단으로 사실과는 다르게 설정될 위험성을 최소화하기 위해서 학부형들이나 동료관장들에게 설문지 형식으로 문의하거나 대화를 통한 협조로 객관적인 결과가 나오도록 노력했다. 일선의 관장님들이 효율성 있는 도장 운영 시스템과 효과적인 도장 홍보 전략을 세우기 이전에 SWOT 분석법에 따라 자신과 도장에 대해 진단을 해 볼 수 있는 시간을 가져보기를 필자는 권한다. 그런데 유의할 점은 이 분석법을 사용할 때 관장들 각자의 특성과 도장의 상황에 따라 위의 〈표 3〉과는 다른 내용으로 짤 수 있다는 점이다. SWOT 분석법의 최고 효과는 해당 내용의 순위를 통해서 관장 자신과 운영하는 도장의 상황과 위치를 객관적으로 볼 수 있다는 데 있다. 게다가 주요 요인들의 순위로 목록화된 분석결과는 각자의 상황에 맞는 최적화되고 차별화된 도장경영의 발전된 방안들을 선택하고 수립하는 과정에 적지 않은 도움이 될 수 있다.

<표 3> L 관장과 K 합기도 도장의 SWOT분석에 따른 자가진단

SWOT 분석 내역	내용들	해당내용들 순위
장점(Strong Points)	(1) 뛰어난 합기도 술기 (2) 사범의 스펙(외모, 학력, 영어 구사능력, 자격증) (3) 설득력과 호소력 있는 대화능력 (4) 도장의 좋은 시설 (5) 수요창출에 유리한 도장 입지 (6) 안정적인 경제력	1순위 → (1) 2순위 → (2) 3순위 → (3) 4순위 → (5) 5순위 → (4) 6순위 → (6)
단점(Weak Points)	(1) 영세한 경제력 (2) 좋지 않은 도장 시설 (3) 주변에 너무 많은 도장들로 인한 경쟁력 약화 (4) 관장의 수련생 관리체계의 부족 (5) 도장 운영 경험의 미숙 (6) 체계성이 없는 운동 프로그램	1순위 → (4) 2순위 → (5) 3순위 → (3) 4순위 → (2) 5순위 → (6) 6순위 → (1)
기회(Opportunity)	(1) 현 도장의 입지 발전 가능성 높음 (2) 경쟁력 있는 수련 프로그램 접목 및 개발 (3) 합기도와 타 무예의 통합적 교육방식 가능 (4) 사범 개인의 발전을 추구하는 성실성 (5) 도장 경영 이외의 사생활 관리 능력 좋음	1순위 → (4) 2순위 → (5) 3순위 → (3) 4순위 → (2) 5순위 → (1)
위협(Threat)	(1) 사범의 게으름과 불성실 (2) 군대명령식 도장문화 (3) 학부모들과 제자들에 대한 교육애 부족 (4) 흡연과 과다한 음주 (5) 합기도관장이라는 직업에 부정적이고 자부심이 없음	1순위 → (2) 2순위 → (3) 3순위 → (1) 4순위 → (4) 5순위 → (5)

7장.
중국의 맨몸무예에 대한 고찰

중국 무예

(1) 중국무예에 관한 개괄적인 설명

우리는 액션영화 또는 무협 소설을 통해서 중국무예를 쉽게 접할 수 있다. 하지만 정작 중국 무예를 수련할 수 있는 도장은 거의 없는 관계로 중국무예를 직접 수련해 보는 경험 없이 피상적으로만 알고있다. 하지만 중국무예는 동양무예들의 본거지이며 수많은 무예 스타일의 원산지이다. 그리고 고대부터 오랜 세월을 거쳐 한국 무예의 형성과 변천과정에 결정적인 영향을 끼쳐왔다. 그러므로 여전히 일본색채를 벗어나지 못하고 있는 한국무예에 대한 균형 있는 올바른 연구를 위해서 중국무예 역사에 대한 이해는 필수적이다.

중국 고대 시대의 사냥기술로 시작하여 부족들의 전쟁에서 침략과 방어를 위한 필요성에 의해 사용된 격투형태들은 시간이 지남에 따라 발전하였다. 맨몸격투술뿐만 아니라 다양한 무기술들도 결합되어 갔다. 중국 무예들의 개괄적인 범주들은 다음과 같이 이해할 수 있다. 첫째는 고대에서 근세까지 끊임없이 치러진 전쟁에서 사용된 무예 기술들이 있다. 둘째로 불교와 도교와 관련되어 발달해 온 소림사 무술 또는 태극권 등이 있다. 그리고 마지막으로 중국의 혼란스러운 시대마다 등장한 도적이나 민병대, 비밀 조직들, 암살자들, 해적들이 사용한 많은 격투 기술 등도 포함하고 있다.

중국에서 무예의 형태가 처음 나타난 시기는 기원전 2,698년의 황제(黃帝) 시대로 황제가 군사들로 하여금 뿔을 사용하여 서로 부딪치며 싸우는 형태(여기에서 '각력(角力) 또는 각저(角抵)'란 용어가 생겨났다)의 수련을 시켰다는 사료가 있다. 인도인 승려 달마대사가 중국에 도착하여 소림무술을 창시하기 1,000년 전인 기원전 5세기에 공자는 이미 무술을 언급하였다. 또한 기원전 4세기에 도교 문헌에는 무술에 적용되는 원칙들이 기록되어 있다. 기원전 500년 이후로 태극권과 유사한 육체적 운동들이 수행된 것을 암시하는 증거들도 나타났다. 이와 대조적으로 소림무술의 초기 문서 증거들의 시기는 728년경이다.

중국무예의 발달은 의문의 여지없이 군사들과 연결되어 있다. 무예는 군인들의 전쟁기술을 테스트하기 위한 수단화된 격투기술로 활용되었다. 최초의 군사무술 시험이 702년에 시행되었다. 군사무술의 시험 종목들은 군사의 육체적 강인함, 승마술, 창과 검을 다루는 기술, 활쏘기 기술 등이 포함되었다. 맨손 격투기술과 무기술, 특히 검술의 능력과 용맹이 뛰어난 정규 군인들에게 상의 수여, 진급 등의 특권을 주었다. 가령, 13세기경에는 중국대륙을 포함하여 남아시아를 정복한 몽골의 징기스칸은 몽고레슬링을 최상의 군대를 만드는 최고의 기술로 여겼다. 명·청 시대에는 단순히 몇몇 단일 동작 기술 수준에 머물러 왔던 다양한 무예 기술 동작들이 이론화되고 체계화를 이루어졌다. 그런데 만주족이 한족을 다스렸던 청나라 때에는 한족의 무술 연마를 금지하자 청 왕조 몰래 비밀스럽게 무예를 가르치고 전수하면서 중국무예의 문파가 생겨났다. 이러한 시대적 상황에서 눈에 띠는 창이나 검으로 하는 무기술보다 은닉하기 쉬운 맨몸격투술이 선호되었다.

20세기 초에 이르러 중화민국이 되어서야 무예의 대중화가 본격적으로 이루어졌다. 중국 정부는 국가 무술이란 의미의 '우슈(國術)'라는 이름하에 모든 무예들을 분류시켰다. 이로 인해서 다양한 중국 무예들을 우슈나 쿵푸라고 하는 하나의 무예로서 해석하는 문제점이 생겨나기도 했다. 하지만 중국의 전통무예 연구가 적극적으로 권장되고 해외 시범단이 세계 순방을 통해 중국무예를 알리기 시작했다. 중국무예의 세계화를 위한 첫 디딤돌은 1936년 베를린의 올림픽 게임의 개회식에서 보여준 중국무예 시범이었다. 하지만 1949년 10월 1일에 중화인민공화국이 출범하여 1966년과 1976년

사이의 문화혁명하에서 중국은 문화의 암흑기를 맞이하였다. 이로 인해 전통무예도 수련이 금지되었고 무예 체계는 국가적인 권력수단을 위해 변형을 강요당했다. 그 결과 많은 뛰어난 무예인들이 잠적하거나 해외로 도피하였다. 그런데 무예인들의 해외 탈출은 아이러니하게도 중국무예 세계화의 길을 여는 계기가 되었다. 즉 타 민족에게 배타적이었던 중국의 전통무예들을 세계 각지의 차이나타운에서 비중국인들도 배우게 되어 본격적인 중국무예의 세계화가 이루어졌다.

(2) 중국의 시대별 맨몸무예사 및 한국의 맨몸무예사에 끼친 영향

중국맨몸무예

중국무예는 모든 무예의 범주와 마찬가지로 무기무예와 맨몸무예로 구성되어 있다. 여기에서는 맨몸무예의 역사에 대해서 알아보기로 한다. 중국 맨몸무예는 상고시대부터 근대이전까지 무기무예의 비중과 비교해 볼 때 아주 제한적이고 주변적인 위치를 차지하고 있었다. 중국 맨몸무예는 송나라 때부터 발전의 기틀을 마련하였고 명나라와 청나라에 이르러서는 유파들이 생겨나면서 체계화되고 이론화되면서 일본과 한국의 맨몸무예 위주 근대무예의 형성에 지대한 영향을 끼쳤다. 하지만 고대에서 근대에 이르기까지 중국의 왕조가 바뀔 때마다 중국과 수많은 전쟁을 치른 한국은 이 전쟁들을 통해 중국 맨몸무예의 기술들에 지속적이고 절대적인 영향을 받아 왔다. 이러한 역사적 사실은 근대 이후에 많은 영향을 받은 일본보다는 중국의 맨몸무예와의 상호관련성을 고찰하고 분석하는 작업이 한국의 맨몸무예의 역사 연구에 있어서 더 중요하고 필요한 사명임을 일깨워준다.

이러한 취지에서 본 장에서는 중국 시대별로 맨몸무예의 역사를 추적하였다. 또한 시대별로 한국의 맨몸무예에 영향을 끼쳤으리라 추론이 가능한 역사적 사실을 기술하였다. 중국무예에 관한 선행연구들의 참고가 실증과 논증적 설명을 하는 데 적지 않은 도움이 되었다. 김용수, 박기동, 윤대중의 「중국 맨손무술의 변천과정과 유형에 대한 스포츠 인류학적 탐색」, 심승구의 『중국무술의 어제와 오늘』, 송일훈의 『한·중·일 격투무예연구』, 존 드래그의 『아시아 격투술의 이해(Comprehensive Asian Fighting Arts)』, 송형석의 『태권도사 강의』, 김부찬의 『한국 전통무예의 체육철학』, 심승구의 『태권도를 통해 본 한국역사와 정신』, 나영일의 『조선시대의 수박과 권법에 대하여』 등의 무예관련 연구지인 학술지와 논문들을 참고하였다. 더 나아가서 이러한 실증적인 사실들을 바탕으로 필자의 비판적인 연구 분석을 토대로 한 논리적인 담론도 병행해서 전개하였다.

1) 상고시대에서 춘추전국시대(기원전 1세기까지: 한국은 고조선 시대에 해당)

① 상고시대에서 춘추전국시대까지의 맨몸무예

중국무예는 상고 시기를 거쳐 하(夏)나라 시대(기원전 약 16세기)에 이르는 동안 무예의 원시적인 모습을 서서히 띠기 시작하였다. 고대 황제와 치우의 전쟁에 관한 문헌에는 싸움기술이 묘사되어 있어 격투무예의 원류를 엿볼 수 있다. 기원전 2세기인 춘추전국시대에 이르자 개인 무예와 전체 군대 무예가 분화되기 시작하였다. 이때부터 무예경기의 형태가 생겨나고 무예의 이론화가 시작되었다. 대표적인 예증으로써 장자(莊子)의 「설검(說劍)」에 묘사되어 있는 검술 시합에 대한 설명과 함께 격검이론이 등장했다. 고대 문헌 『예기(禮記)』에는 주나라 시대에는 동계 군사훈련이나 무사의 선발을 위해 격투무예의 각력을 사용하였다는 기록이 있다. 권법의 권(拳)자의 용어가 시경(詩經)에 나타나고 수박의 박(搏)자가 『맹자』에 최초로 기록되어있다.

춘추시대(기원전 722~481)에 일어난 전쟁들은 상층 계급 귀족이 주도권을 잡고 보병보다 마차로 이루어진 군대를 이용하는 기마전이 주를 이루는 전투방식이었다. 이 시기 춘추오패나 전국 칠웅들 사이에 전쟁이 많아서 군사적 기술과 격투 무예, 그리고 전쟁무기들에 대한 경쟁이 치열하게 행해졌다. 수많은 전쟁으로 이어지는 전국시대(기원전 481~221)에는 전투가 치열해지고 살벌해지면서 기마전을 보충하는 보병 수가 증가하면서 평민들의 전쟁 참여가 크게 늘어나는 전쟁의 양상으로 바뀌었다. 전국시대 순자(기원전 313~238)의 저서인 『순자(荀子)』에서 '제나라 사람들이 기격(技擊)을 숭상했다'는 표현에서 무예를 뜻하는 기격이라는 용어가 처음 등장했다. 증가하는 보병을 이용하는 전쟁터에서 단거리 격투 비중이 높아지면서 치고 때리는 기격술(技擊術) 같은 개인 격투술 맨몸무예가 강조되기 시작했다. 특히 손발과 발로 가격을 위주로 하는 입신타격기 형태가 유행하였다. 뛰어난 격투기술을 지닌 군사 선발을 위해 매년 봄과 가을에 격투기술로 군사를 선발하는 '각시(角試)'라는 제도를 실시하였다고 전해진다.

② 상고시대에서 춘추전국시대의 맨몸무예는 그 당시 한국에 어떤 영향을 끼쳤는가?

중국의 상고시대부터 춘추전국시대까지 한반도는 고조선 시대에 해당한다. 청동기에서 철기시대를 거치는 시기로 무기가 발달하면서 부족 간의 투쟁이 빈번히 일어나 자신의 가족공동체를 보호하기 위해서 신체훈련을 하고, 칼, 활, 창 등의 무기를 사용한 시기였다. 고대 무예는 개인의 격투술보다는 국가를 방어하는 집단적인 전술을 포함하는 개념이 강했기 때문에 국가체제를 유지하기 위한 군사체계로 발달하였다. 그런데 영토 정복을 위한 전쟁으로 규모가 커지면서 전투기술 습득에 필요한 격투술이 장려되기 시작하면서 특히 정복을 위한 수단과 전투적인 목적을 위한 검술이 강조되었다. 이 시기에 중국인들에게 한국민족은 맨몸무예보다는 검술과 궁술 같은 무기무예에 뛰어난 민족으로 비쳤다. 가령, 활을 잘 쏘는 민족이란 '동이족'이란 명칭이 이를 잘 반영하고 있다.

그리고 정치와 종교가 결부된 제정일치 사회였던 고조선 시대의 무예 수련은 종교행사와도 밀접한 관계가 있었다. 가령 그 시대의 유물인 비파형 동검은 고조선 지배계층의 종교적 권위를 나타내고 세형동검은 종교적인 지배자가 들고 다니는 장식용으로 사용되었다. 이 시기에 중국은 끊임없는 내전을 치르느라 한국과의 전쟁은 거의 일어나지 않았기에 중국의 격투술을 경험할 기회가 한국에겐 거의 없었다고 볼 수 있다. 게다가 활과 칼 등의 무기 사용이 전쟁 승패를 가르는 절대적인 요소였기에 맨몸으로 벌이는 격투는 아주 원시적이고 투박한 싸움 형태로서 전쟁에서 극히 비중이 적었던 이유로 인해 관련 기록은 거의 없다.

2) 진(秦)과 한(漢) 시대(기원전 1세기에서 기원후 1세기 중반까지로 고조선에서 삼국시대 초기까지)

① 진한 시대의 맨몸무예

중국대륙을 통일하여 제국 진나라(BC 221~206)를 세운 진시황제는 민란을 저지하기 위해서 모든 무기를 수거하여 궁궐 안에 보관하고 민간에서의 격투무예를 금지하였다. 하지만 군사력 증강을 위해서 군대에서 격투무예활동은 크게 장려했다. 맨몸 격투술인 '각저(角抵)'가 군대무예로 사용되었는데 각저는 상당히 실전 격투술로의 기능을 인정받았다. '빗과 동한묘' 벽화에는 그 시대의 각저 동작을 보여주는 그림이 그려져 있다. 하지만 진나라는 20년도 채 안 되어 멸망하였기에 무예를 발전시킬 시간이 없었고 특히 한국과는 전쟁도, 정치적, 문화적 교류도 없었기에 진나라의 무예가 한국에 미친 영향은 극히 미약했다.

한나라 시대에 들어와서 중국무예는 유목민족인 흉노족과의 치열한 전쟁을 치르면서 말 위에서 칼을 용이하게 사용하는 유목민족 검법의 영향을 받아 찌르기 위주의 검(劍)보다는 내리치면서 벨 수 있도록 한쪽 날을 가진 도(刀)의 사용이 권장되는 검술의 변혁을 맞이했다. 이는 향후 일본의 사무라이 검법의 형성에 절대적인 영향을 끼쳤다. 또한 단거리 격투술의 비중이 늘어나면서 맨몸격투술도 발전하였다. 그 시대 문헌인 반고의 『한서(漢書)』, 「예문지(藝文志)」에는 무예, 수박, 육편, 검도, 삼십팔, 포저지, 익법, 사편 등의 단어가 들어간 기록이 나오는데 이는 권법이나 근거리 격투무예에 대한 내용을 잘 묘사하고 있어 전쟁에서 격투무예가 중요시되었음을 알 수 있다.

한편 이때부터 기존의 각저나 각력 등을 상박(相搏)이라 칭하기 시작했다. 수박(手搏)에 대한 문헌상의 첫 번째 기록도 지금은 원본이 손실된 후한의 반고(32-92 BC)가 지은 「수박육편(手搏六篇)」에서 나왔다. 수박이란 손발을 공수(唐手)와 같이 사용하며 박(縛)은 흉악범이나 적병을 얽어서 붙잡는다라는 의미가 있는 점으로 보아 수박육편은 격투기법을 해설한 것이 아니고 죄인을 체포할 때의 요령집의 성격을 가지고 있었던 것으로 추정된다. 한나라의 소제는 수박, 각저 등 스포츠성 격투형식의 경기활동인 각저희를 외국사절들에게 보여주는 행사를 자주 주관하였다. 이 행사에 참여한 일본의 사신들이 일본에 각저희를 전래하여 일본의 고대 스모의 출현에 결정적인 영향을 끼쳤음을 알 수 있다.

그런데 주목할 점은 이 시기의 수박이나 각저는 규칙이 없이 신체 모든 부분을 사용하여 때리고, 잡고, 차고, 던지고, 꺾고, 밀고, 넘기고, 조르고, 막는 기법들이 혼합된 종합격투기 형태였다는 점이다. 동한시대에는 넘어뜨리는 놀이 형식인 상박(相搏)이 유행했다. 또한 처음엔 주먹으로 치고 나서 수박으로 공격한다는 것을 뜻하는 각력이 민간에서 인기가 있었다. 수박의 그림이 2~3세기의 후한시대의 한묘의 고분벽화에 있으며 반고가 기술한 『한서(漢書)』의 「형법지(刑法志)」 문헌에는 각저가 주로 오락용인 동시에 상대와 겨루기로 민간 및 궁궐에서 유행했다고 서술하고 있다. 각저가 또한 상저촉(相抵触), 각력(角力), 각기예(角技藝)라는 이름으로 불린 점으로 보아 춘추전국시대의 각력이 계승되면서 다양한 명칭들이 생겨났음을 알 수 있다. 한나라에는 맨몸무예가 시범 형식으로 보고 즐기는 각저와 시합성질을 띤 수박의 두 가지 형태로 분화되어 존재하였다.

또 하나의 흥미로운 사실은 한나라에 이르러 크게 바뀐 무예 기능과 역할이다. 기존의 전쟁터에서 살상용 기술로 사용되었던 맨몸 무예 말고도 후한 시대에는 건강과 양생을 강조하는 '오금희'라는 무예가 출현했다. 오금희는 한의사인 화타가 인간 호흡과 심리 그리고 생리적 기술을 강조한 형식을 띠며 일종의 유희(遊戲) 형태로 호랑이, 사슴, 곰, 원숭이, 새 등의 다섯 가지 짐승의 움직임을 모델로 창시한 무예이다. 이러한 양생에 목적을 둔 무예의 등장은 그 당시에 인도 승려들이 중국에 소개한 땅(地), 물(水), 불(火), 바람(風)의 네 가지 요소의 균형 상태를 무예에 접목한 논의가 활발하게 전개된 배경이 크게 작용하였다.

② 진한 시대의 맨몸무예는 그 당시 한국에 어떤 영향을 끼쳤는가?

　한나라가 고조선을 멸망시키고 한반도 내에 한사군을 설치하였다는 역사적 사실이 중국과 일본에 의해서 왜곡된 허구냐, 아니냐에 대한 논쟁이 뜨겁다. 사실 잦은 왕위교체와 환관의 발호로 혼란스러운 상태에서 220년에 일어난 황건적의 난으로 한나라가 망하고 위·오·촉 삼국으로 나누어진 상황에서 한반도에 한사군을 설치했다는 것은 이치에 맞지 않을 수도 있다. 특히 고조선 멸망을 목격한 사마천의 『사기』에는 사군을 두었다는 내용만 있지 사군의 이름과 위치는 어디에도 없다. 따라서 한사군은 한반도가 아닌 중국 지역에 있었다는 실증적 주장이 거세지고 있다. 이로 인하여 중국이 고조선을 중국 역사로 편입시키려고 주장하는 동북공정의 만행에 대응하기 위해 고증적 연구의 필요성이 부각되고 있다. 한국 무예사의 입장에서 보면 그 당시 고조선의 영토는 지금의 한반도가 아닌 북서쪽으로 중국의 영토까지 걸쳐 있었기에 인접한 한나라와는 문화교류가 왕성하게 이루어지고 있었다고 본다. 또한 국경을 서로 접하고 있는 관계로 고조선 몰락까지 한나라와는 크고 작은 전쟁을 끊임없이 치루면서 상호간에 치열하게 전쟁무예를 주고받았음에 틀림없다.

　때문에 한나라 시대에 사용했던 맨몸무예의 용어인 수박, 상박, 각저, 각력과 같은 용어들이 고구려, 백제, 신라의 삼국에서 똑같이 사용되었다. 이는 한나라와의 문화적인 교류를 통해서든 아니면 크고 작은 전쟁들을 통해서든 중국의 맨몸무예가 한반도로 유입되었다는 결정적인 증거들이다. 삼국시대 초기에 수박 또는 상박의 쌈박질이 널리 행해졌다는 문헌의 기록이 이를 뒷받침한다.

그런데 여기서 꼭 짚고 넘어가야 할 점은 무예 용어들에 대한 올바른 인식이다. 그 당시 사용했던 수박, 상박, 각저와 같은 무예 용어들은 오늘날의 태권도, 합기도, 유도, 검도처럼 무예종목별의 개념이 아니었다. 중국 우슈, 일본 가라데, 한국 태권도와 같이 국가에 따라 다르게 사용되는 의미가 아니라 격투술이나 싸움을 뜻하는 총체적인 일반명사의 의미로 쓰였음을 인식해야 한다. 그러한 이유로 동일한 한자권인 한국과 일본에서는 수박이나 상박과 같은 용어가 아무런 거부감이나 저항 없이 발음만 다를 뿐 글자는 동일하게 사용되었다. 예를 들면 한국의 '상박(相搏)'은 중국에서 '시앙포(相搏)', 일본에서는 스모(相搏)라고 불리었다. 그런데 상박이나 수박, 각저, 각력 등의 용어를 공통적으로 사용하면서도 어떠한 기술들이 전해지고 전파되었는지는 사료가 없기에 전혀 알 길이 없다. 다만 그 시대에 발굴된 한국과 한나라의 고분 벽화나 조각상들을 통해서 공통적으로 사용된 동작들이 있었음을 유추할 수 있다. 한국 맨몸무예는 한나라부터 본격적으로 용어를 비롯하여 수련 방식뿐만 아니라 각저희와 같은 경기나 행사 등을 포함해서 전반적인 영향을 받았다.

3) 위·촉·오의 삼국시대, 16국 시대, 위진 남북조 시대(AD 220~AD 581: 한국의 삼국시대에 해당)

① 삼국시대에서 남북조시대의 맨몸무예

중국의 삼국시대는 진(晉)나라가 통일을 이루기까지는 국가들 간에 잦은 전쟁을 일삼던 혼란의 시기였다. 『삼국지연의』라는 소설을

통해 말 위에서 칼과 창 등을 다루는 마상무술에 뛰어난 무인들인
여포, 관우, 조자룡 등은 우리와 친숙하다. 중요한 사실은 이 시기
에 '무예'란 용어가 문헌상에 처음 나타났다는 점이다. 서진(西晉) 진
수(AD 233~297)의 『삼국지』, 「촉지(蜀志)」, 〈유봉전(劉封傳)〉에 '유봉이 무
예가 있어 기력이 남보다 뛰어났다(劉封有武藝氣力過人)'라는 기록이 있
다. 또한 상박(相搏), 상복(相扑), 교력(校力) 등의 명칭을 가진 맨몸무예
도 유행했다는 사실이 사료들에 서술되어 있다. 관련 내용들을 보
면 촉나라의 수도 성도에서 격투술을 겨루는 경기성 행사인 상복
(相扑)을 민간인들이 구경하는 장면이 자주 나온다. 또한 오나라 손
호가 오락과 유희성을 지닌 상박을 궁궐에서 즐겼고, 조조의 아들
조비는 수박의 고수로 백병전과 같은 난투에 뛰어들기를 좋아했다
고 한다. 또한 오늘날의 여자 레슬링과 같이 여성들이 겨루는 솔
각, 상박도 있었다. 요약하면 각력이 지역에 따라 다양한 이름들로
불리었고 후기에 가서는 실전을 강조한 격렬한 형태의 격투인 상복
도 생겨났다.

　삼국을 통일한 진나라가 멸망하고 16국 시대를 거쳐 남조와 북
조로 나누어지는 분열과 혼란의 시대를 겪으면서 군사무예는 더
발전해 나갔다. 특히 오호의 침략 등과 같은 다른 민족들과의 잦
은 전투는 격투기술들이 널리 전파되는 계기가 되었다. 이 시대
에 '북주감숙돈황 290' 벽화에 묘사된 상박과 같은 격투동작을 취
한 전사들의 옷차림이 현대의 MMA나 UFC의 이종격투기 선수 또
는 레슬링 선수들의 반바지와 매우 유사함은 흥미롭다. 반면 이민
족 침략으로 남쪽 지방으로 밀려간 한족들의 사치스러운 생활환경
의 영향을 받아서인지 미리 짜맞춘 동작으로 겨루기 시범을 즐기

는 유희성 상박이 유행하기도 하였다. 또한 이 시기에 불교 부흥의 시대적 배경에서 무예가 불교와 도교와 결합하면서 종교적인 색채를 띠는 흥미로운 변화가 생겨났다. 소림사 무술을 창건한 달마 대사의 제자들인 승조, 혜광, 각회 등의 승려들이 무술을 수련한 것도 이 시기였다.

② 삼국 시대에서 남북조 시대의 맨몸무예는 그 당시 한국에 어떤 영향을 끼쳤는가?

중국이 혼란과 분열의 삼국시대와 남북조 시대를 겪는 시기에 한반도도 신라, 백제, 고구려가 서로 자웅을 겨루던 분란의 시대였다. 초기에는 내전과 내홍을 겪느라 분주했기에 한국과 중국 양국이 군사적인 충돌을 일으킬 여유가 없는 시대적 상황에서 전쟁을 통한 무예의 직접 교류는 거의 일어나지 않았다. 하지만 이 시기는 불교가 전파되고 번성함으로써 중국과 한국의 승려들이나 학자들이 서로 왕래하는 문화교류를 하면서 불교와 도교적인 특성을 지닌 중국의 무예 문화가 한반도에 유입되었다. 또한 삼국 간의 잦은 전쟁으로 고구려, 백제, 신라 각국의 특색을 지닌 호국 무예 문화가 형성되었다. 고구려는 무예와 학문을 갈고닦아 문무를 겸비한 '선배'를 양성하였다. 동수묘, 삼실총, 각저총, 무용총 등의 고분벽화에 나타나는 택견과 씨름의 경기장면과 유사한 동작들은 당시 고구려 사회에서 맨몸 무예가 성행했음을 나타내고 있다. '백제의 사인(使人) 대좌평, 지적 등을 일본조정에서 초청하여 일본무사들과 상박(相撲)을 하였다.'는 『일본서기』의 기록에서 보듯이 백제는 맨몸무예를 일본과 국제적 교류의 수단으로 활용할 만큼 맨몸무예 문화가 왕성하였고 고구려의 선배와 유사한 호국무예인인 '산무사'라는 제도가 있었다. 신라는 호국무예인의 성향이 강한 화랑들을 양성하기 위한 수박, 격검, 사예, 기마 등의 다양한 무예가 있었다.

4) 수(隋), 당(唐), 송(宋), 원(元) 시대(AD 581~AD 1368로 삼국시대에서 고려시대까지)

① 수나라 시대에서 원나라 시대까지의 맨몸무예

중국대륙을 재통일한 수나라와 당나라 시대에도 맨몸무예는 각저, 각력, 상박, 수박, 수권, 등의 다양한 명칭으로 불리었다. 궁궐 안에 설치한 각저대(角觝隊)에서 시행한 맨몸격투시범인 각저희가 너무 사치와 오락성을 조장한다는 이유로 수나라 문제가 금지시킨 반면, 양제는 오히려 좋아하여 미복을 하고 각저희를 보는 것을 즐겼다는 기록이 남아있다. 수나라를 멸망시킨 당나라의 황제들은 이러한 유희성 각저희를 좋아하여 헌종이나 목종은 삼일 간격으로 각저희를 관람할 정도였다. 돈왕 막고굴에는 당대의 각저희를 묘사한 상복도(相扑圖)가 그려져 있다. 흥미로운 점은 당나라의 『각력기(角力記)』의 기록에 보면 그 당시의 각저 형태가 오늘날의 그래플링을 포함한 종합격투기기술과 동일하게 신체의 전 부분을 사용하여 잡고 넘기기 기술 위주였다. 게다가 현대의 박치기와 유사한 '졸수'라는 머리 박기 기술, 그리고 유도와 합기도에서 보여주는 팔뚝 꺾기 등의 기술도 있었다. 당나라 시대에는 맨몸무예 교육기관이 더욱 전문화되는 양상을 보여주었다. 예컨대 각저나 상박의 인재를 양성하는 반자(班子) 극단, 맨몸무예 인재들이 모여 있는 기구인 상박붕(相搏朋), 전문무술조직인 금표사, 영략사, 살박사 등이 존재했다고 역사문헌에서 상세히 기술하고 있다.

송나라 시대에도 각저, 상박, 수박, 쟁교, 각력 등의 맨몸무예 명칭 등이 계속 사용되었다. 그런데 맨몸무예는 잡고 넘어뜨리는 기술뿐만 아니라 팔과 손으로 가격하거나 발차기를 사용하는 종합무술적인 성격이 강화되었다. 따라서 당시의 상박 경기는 몸무게에 따른 체급으로 분류되지 않았다는 특성이 있었는데 승부를 결정하는 주요 요인을 체급보다는 교묘함과 지혜, 용력을 이용한 방법과 기술에 두었기 때문이었다. 그리고 모든 잡기관련 무예는 포괄적 의미의 각저에서 각력이란 용어로 제한을 두는 등의 명칭의 변화 현상도 나타났다. 주목할 현상은 '십팔반무예(十八般武藝)'라는 말이 처음 생겨났으며 무예인을 선발하는 내등자(內等子)라는 무예 수련 단체, 궁정이나 기타 장소에서 시범을 보이는 상박부대가 있었다.

남송시대의 남안호국사(覽安護國寺)와 남고봉의 노대쟁교(露臺爭交)에는 강한 무사들이 각저 활동에 참가한 증거들이 현존한다. 또한 송나라 태조는 32가지 형식을 지닌 장권(長拳)을 만들고, 첸시이에는 육합권법을 고안했고, 악비는 형의권이라는 무예를 창시했다. 또한 태극권의 원조인 무당파의 장삼풍이 활동하였다. 이렇게 송나라 시대에는 무예 종목들이 다양해지고 농촌과 도시에 각종 민간 무예단체가 생겨나면서 군대무예와 민간무예의 구별이 뚜렷하게 나타나기 시작했다. 송대에 만들어진 벽화 그림이나 조각상들인 충의수호전 삽도의 격투무예 그림, 하남성 발문관의 격투 조각상, 그리고 여자 격투무예를 그린 산서진 성남사의 벽화 등은 다양해진 무예활동들을 잘 보여주고 있다. 특히 북송시대의 산서진 성남사의 벽화에는 상반신을 벗은 여자 격투기 선수의 그림이 있는데 이에 대해서 사마광이 왕에게 부녀자들이 남들 앞에서 옷을 벗고 하는 경기의 금지를 요구하는 장계를 올렸다는 흥미로운 기록도 전해진다.

또한 송나라 시대는 한동안 전쟁이 없는 평화 시기를 맞이하여 전쟁을 위한 무예 수련의 필요성이 줄어들었다. 그 결과 맨몸무예가 격투성보다는 연희적인 성향을 더 많이 가지면서 백성들이 즐겨하는 구경거리로 전락하여 관람용의 경기 스포츠화 현상이 심화되었다. 가령 위에서 언급한 상반신을 벗은 여성의 격투무예 참여는 그 당시의 각저희와 같은 맨몸무예가 유희적이고 오락적인 성향으로 얼마나 대중적인 인기를 누렸는가를 보여주는 좋은 사례이다. 더욱이 '와사'와 '구란' 등과 같은 오락극장이 생겨나면서 이곳에서 무예시범을 보이는 등 상업적으로 무예를 배우거나 팔 수 있는 무예 직업화가 가속화되었다. 오늘날 일선 도장의 관장이나 사범들처럼 무예를 직업적으로 연구하고 교습하면서 생계를 이어가는 직업무예인이 처음으로 등장하기도 했다. 이러한 무예의 전문직업화로 다양화된 무예기술들이 체계화되고 이론화되어가는 기틀을 마련하게 되었다.

송나라 이후에 몽고족이 통치한 원나라 시대의 맨몸무예를 이해하기 위해서는 한족이 아닌 이민족들의 무예 문화에 대해서 알아볼 필요가 있다. 중국은 모든 시대를 통해서 끊임없이 여러 이민족들(흉노, 돌궐, 말갈, 거란, 여진, 몽골 등)과 투쟁을 벌여왔다. 중국역사에서 이민족이 대륙을 통치한 시대를 보면 10세기부터 14세기에 걸쳐서 거란족의 요나라(916년~1125년)와 여진족의 금나라(1115년~1234년), 몽골족의 원나라(1271년~1368)년, 그리고 17세기의 만주족(여진족)의 청나라(1616년~1911년)이다. 기후, 지형 등의 물리적 환경과 생활방식은 그 지역의 대중적인 무예의 형태에 지대한 영향을 끼쳤다. 이러한 맥락에서 날씨가 무덥고 농경생활환경을 지닌 한족은 신체적인 접촉을 꺼려서 손발로 차고 때리는 타격기 위주의 소림사 무예와 같은 권법이 발달한 반면, 날씨가 추운 환경에서 유목생활권 속 이민족들에게는 서로 붙잡고 엉켜서 하는 레슬링이나 씨름과 같은 맨몸무예가 발달하였음을 알 수 있다. 또한 유목민들은 주로 말 위에서 서로 넘어뜨리거나 말 위의 상대방을 끌어내리는 형태로 기마전에 이은 육탄전에서 활용할 수 있는 씨름형태의 격투술이 적합하였다.

몽골씨름은 거란족의 요(遼)나라의 거란족에서 비롯되어 여진족의 금나라를 거치면서 형성되었다. 1931년 요나라 시대의 동경지역에는 8면으로 이루어진 벽에 씨름하는 장면이 그려져 있는 팔각형 백색 도관(陶罐)이 발굴되었다. 이 씨름은 요나라를 이어 금나라에서도 크게 유행하였고 원나라의 유명한 몽골씨름까지 이어졌다 그런데 금나라 때는 피지배층 한족들도 즐기게 된 씨름을 전투무술로 사용하여 한족들이 반란을 일으킬 것을 우려한 금나라 장종(章宗 : 1189~1208)이 '여진인만 씨름을 하라'는 칙령을 반포하여 한족들에게 씨름을 금지시키면서 씨름은 급격히 쇠퇴하였다. 한족에 대한 무력통제는 원나라에 와서는 더 강화되어서 원나라는 한족의 무기 소지를 완전히 금하였다. 가령 요리용 칼도 10가구 중에 한 가구만 가질 수 있게 할 정도로 엄격히 통제하였고, 무예 수련과 사냥까지도 금지되었다. 이러한 상황에서 중국 무예는 전반적으로 쇠락하는 암흑기를 겪어야 했다.

금나라 씨름이 고구려 수박(手搏)과 관련이 있음은 서로 붙잡고 엉켜서 하는 씨름 장면이 세밀하고 구체적으로 그려져 있는 고구려 고분 벽화를 통해 알 수 있다. 또한 『신동국여지승람(新東國與地勝覽)』의 '충청도 은진현에 매년 7월 15일 인근의 사람들이 모여 수박을 즐기고 승부를 다투었다'는 기록은 한반도에도 요나라의 씨름이 고려 시대에도 광범위하게 퍼졌음을 알 수 있다. 원나라에서 유행한 몽골씨름은 향후 일본의 스모나 한국의 씨름에도 영향을 끼쳤다. 포악하고 격하다의 의미인 몽골어인 '쉬룬'이 한국에서 씨름으로, 일본에서 스모라고 발음된 사실을 박원길은 몽고문화의 연구를 통해서 밝혀내었다. 그런데 흥미로운 사실은 이전의 나라들과는 다르게 원나라 시대에 상박의 개념에 대한 변화가 일어났다는 것이다. 원나라 시대에 들어 상박은 본래 종합무예 성격을 띠는 각저 및 각력의 의미가 아니라 주먹으로 치고 발로 차는 타격기를 의미하게 되었다. 원나라의 저명한 시인 호지휼은 『상박이수(相搏二首)』란 문헌에서 상박을 '매섭고 노련한 주먹(毒手老拳)'이라 표현하고 있다. 이처럼 기존의 종합무예 성격이 강했던 맨몸무예를 가리키던 상박이나 수박이 타격기술로 축소되는 의미의 변화는 피지배 민족에게 씨름을 금지했기에 상박이나 수박이 타격기 위주로 행해졌던 시대적 상황에서 비롯되었음을 어렵지 않게 유추할 수 있다.

② 수나라에서 원나라 시대의 맨몸무예는 그 당시 한국에 어떤 영향을 끼쳤는가?

중국은 왕조가 바뀔 때마다 거의 매번 한국을 침략한 전쟁사를 가지고 있다. 한국은 역사적으로 장기간 동안 약소국이라고 깔봤던 일본에게 임진왜란을 기점으로 추월당해 근대에 이르러 식민지가 되는 수모까지 당하면서 국가적인 자존심에 크게 상처를 입었다. 이로 인해 유난히 일본과의 관계에 있어서 민감하고 국수적인 입장이 강하다. 무예사의 측면에서도 일본의 체계화된 근대무예의 영향을 많이 받은 관계로 무예에 대한 정체성을 따지는 논쟁의 대부분이 일본무도와의 관계 규명에 집중되어 있는 경향이 심하다.

하지만 고대부터 근대까지 중국이 한국을 침략하여 벌어진 전쟁은 100회 이상으로 중국 무예가 한국에 끼친 영향이 훨씬 지대하다는 사실을 간과하면 안 된다. 중국이 수, 당, 송, 원의 네 왕조를 거치는 동안 한반도는 삼국시대에서 통일신라, 후삼국과 발해, 고려시대라는 격변을 겪으면서 어떤 다른 시대보다도 중국과 한국의 전쟁이 빈번이 발생했다. 대표적인 전쟁으로는 수나라와 고구려의 고수 전쟁, 삼국통일 후 신라와 당나라의 나당 전쟁, 거란의 3차 침입, 그리고 고려와 몽골의 7차 전쟁 등이 있다. 당나라의 협조를 통해 이룬 삼국통일의 과업은 고구려의 광개토왕이 장악한 한반도 이북의 광활한 만주 벌판을 잃어버리고 영토적으로 약소국이 되는 아픔을 수반했다. 또한 몽골의 원나라와 전쟁에서 패배한 후 100여 년간 간접지배를 당하는 수모를 겪으면서 인종이나 사회문화적인 면에서 한국의 정체성에도 엄청난 혼란과 변화를 겪어야 했다. 그런데 이러한 역사적 사실에 대해서 우리는 심각하게 인식하지 않는다. 예를 들면 인종적으로는 고려 왕비부터 일반 백성에 이르기까지 몽골족과의 결혼으로 몽골반점이 생기는 신체적 특징이 보편화될 정도로 두 민족은 섞이게 되었다. 문화적으로는 대표적인 한국음식인 갈비는 마른 고기를 불에 지펴서 먹는 몽골민족의 음식문화에서 비롯되었다. 지금도 중국에서 한국식당뿐만 아니라 '몽쿠로우'라고 쓰여진 몽고 고기 식당에서 갈비를 먹을 수 있다는 점이 그 대표적인 사례이다.

중국 여러 왕조들과 치른 끊임없는 전쟁들 속에서 승패를 좌우했던 양국 간의 전쟁무예의 무기술이나 맨손격투술들을 생사를 위해서 치열하게 주고받았다는 사실에 우리는 주목해야 한다. 전쟁마다 승리를 이끈 중요한 전략들과 과정에 대한 역사 자료는 있다. 하지만 전투에서 어떠한 격투기술들을 사용했는가에 대한 상세한 실증적 기록은 없다. 그렇지만 상대방과 격투 공방을 통해 맨몸무예의 어떠한 치명적인 기술로 부상이나 죽음을 당하는 경험을 통해 그러한 기술들을 인식하고 습득하는 필연적인 과정이 있었음은 의문의 여지가 없다. 마치 성능이 뛰어난 핵폭탄이나 미사일 등에 대응하기 위해 더 뛰어난 무기개발이 이루어졌듯이 그 당시에도 상대방을 제압하기 위한 맨몸무예의 격투기술들이 지속적인 전쟁을 통해 발달되었을 것이다.

그런데 삼국시대부터 통일신라를 거쳐 고려 초기까지 수박과 관련된 문헌이나 사료의 근거가 전혀 나타나지 않는다. 단지 고구려 고분벽화에 묘사된 그림이 동시대의 중국의 수박의 동작과 비슷하다는 점으로 비추어서 수박이란 용어가 사용되었을 것이라는 추측만 있을 뿐이다. 하지만 고구려, 백제, 신라가 통일할 때까지 수나라와 당나라의 계속되는 침략 전쟁과 서로간의 크고 작은 전쟁을 통해서 전쟁무예를 이용한 살벌한 전투를 치렀음은 역사적인 사실이다. 이러한 역사적 근거에서 고구려가 수나라와 여러 차례 전쟁을 치르고 신라는 당나라와 전쟁을 통해서 창이나 검의 무기술뿐만 아니라 맨몸무예 격투술을 주고받는 과정에서 중국무예의 기술들이 한반도에 지속적으로 유입되었을 가능성에 대한 주장은 설득력이 있다. 그러한 과정에서 중국의 상박이나 수박, 각력과 같은 맨몸무예는 고구려의 선배제도, 신라의 화랑제도와 같은 무예 수련기관들에게 무기무예와 더불어 수련의 내용에 영향을 끼쳤을 것이다.

당나라 이후인 송나라 시대는 예술과 문화의 꽃을 피운 평화의 시기였다. 따라서 실전적이고 살벌한 전쟁무예가 잠시 주춤하면서 각저희와 같은 무예가 예술화되고 공연화되어 관람용으로 유희적인 성격이 더 권장되고 대중화되었다. 이러한 구경거리용 무예시범의 대중적인 인기로 인해서 신설된 오락용 극장에서 무예시범을 보이고 개인 도장에서 무예 지도로 생계를 삼는 직업무예가들이 등장하였다. 또한 향후 내가권의 시초가 되는 건강과 양생을 위한 형의권의 악비와 태극권의 장삼풍과 같은 무예의 창시자도 나타났다. 이러한 분위기속에서 무예의 여러 가지 허황된 신화나 전설로 가득 찬 같은 신비주의적인 무협소설 등도 인기를 끌었다. 『수호전』과 같은 무협지들은 사적(事蹟)을 과장하고 특정 무예인을 영웅화 시킨 위인으로 거짓으로 꾸며 날조하여 송대의 무예사는 허위와 거짓이 많았다. 송나라의 무예 예술화와 사설직업화가 그 당시의 고려시대와의 다양한 문화교류를 통해서 사회에도 영향을 끼쳤다는 추측이 가능하다. 하지만 고려시대에 무예를 직업으로 하는 전문무예인이 생겨나면서 수박이나 상박의 시범용 경기가 유행했다는 구체적인 역사적 자료가 없다.

맨몸무예에 관한 문헌이 부재한 이유는 무신이 집권하기 전까지의 문벌귀족사회의 성향이 강했던 한반도의 시대적 상황 때문이었다. 귀족중심 정치에서 광종 때부터 시행한 과거제도에 무과시험이 정례화되어 있지 않았다. 맨몸무예는 하급무관이 주로 수련하였고 천민이 군인으로 지원할 때 선발적 기준이 되는 관계로 천시했다. 『고려사』 문헌에서 무장인 두경승의 '수박이란 천한 무예이니 장사가 할 일이 아니다'라는 언급은 이러한 맨몸무예의 경시풍조를 잘 반영하고 있다. 그런데 무신정권기에 접어들면서 맨몸무예의 중요성의 비중이 커지게 되는 두 가지의 계기가 생겼다.

첫째로 무신의 난 이후로 이의민 장군의 예에서 보듯이 무예능력이 출중하면, 계급이동이 가능해서 천민출신도 집권층이 될 수 있는 큰 변화가 일어났다. 또한 무신정권의 친위군 조직에 수박을 잘하는 무인들의 집단인 대오(隊伍)가 생겼다는 『고려사』의 기록도 있다. 둘째로 외세에 대한 항전과, 민란과 같은 빈번하게 발생한 내전들에서 수박이 자주 활용되었다. 당시의 전투는 산악이 많은 지형적인 조건 때문에 활을 쏘거나 창을 던지는 원거리 위주 공격보다는 근접전의 기회가 늘어나면서 맨몸격투술이 많이 사용되었다. 이러한 근거로서 매우 제한적인 내용이지만 『익제집』의 문헌 중 김경손 장군이 민란을 평정하는 묘사에서 검으로 베면서 단련된 발차기 기술로 공격하는 장면이 묘사되어 있다. 고려시대 맨몸무예인 수박은 타격기와 유술기를 포함한 종합무예였다. 이에 대한 근거는 고려사 문헌에서 잘 나타난다. 이의민이 의종의 허리뼈를 부러뜨렸고 최충헌의 부하들이 이의민 일파들을 손으로 비틀어 죽였다는 기록이 있다. 또한 검을 사용하면서 상대방을 넘어뜨리거나 꺾어서 제압하는 육탄전을 사용했던 왜적의 격투술에 대적하기 위해서는 수박도 치고 때리는 타격동작과 함께 던지고 꺾는 유술기법을 같이 사용하였다는 기록들이 이를 뒷받침한다.

그런데 흥미로운 점은 유목민족인 거란의 요나라와 몽고의 원나라와의 전쟁을 통해 이전의 수나라나 당나라와는 완연히 다른 맨몸격투술들도 경험하면서 고려시대의 맨몸무예 기술이 변화하고 변용되었음을 유추할 수 있다. 예를 들어 그 당시의 고려 군인들은 뛰어난 몽골씨름의 격투기술에 속수무책으로 당한 후에 학습하였을 것이다. 몽골씨름은 전투에서의 백병전을 주목적으로 만들어진 맨몸무예 기술이었다. 스포츠성향이 강한 한국의 전통씨름 경기와 다르게 몽골씨름의 경기규칙은 여전히 일정한 형태의 경기장이 없이 초원이나 맨땅에서 체중구분과 제한된 시간도 없이 단판으로 승부제인 사실이 잘 반영하고 있다. 그런데 지배계층인 여진, 거란, 몽고왕조들이 민란이나 반란의 여지를 없애기 위해 고려인에게 전투무술성이 강한 그들의 전통 맨몸무예인 씨름 수련을 금지하면서 한국 무예는 급격히 쇠락하고 퇴보했다. 게다가 중국은 원나라 이후인 명나라와 청나라 시대에 맨몸무예체제가 다양화되고 이론적인 체계화되어가는 맨몸무예의 번성기를 맞이하는 반면 한국은 고려왕조를 이은 조선왕조에 와서 무예를 천시하는 숭문천무(崇文賤武)사상이 더 강화되었다. 이러한 상황에서 맨몸무예는 급격하게 퇴보하고 거의 역사에서 사라졌다가 조선 중후반기에 이르러서야 다시 등장하는 쇠퇴기를 겪었다.

5) 명(明)과 청(淸) 시대(AD 1368~AD 1911로 조선시대에서 대한제국 초기까지)

명·청 시대는 수백 개에 이르는 무예와 유파들이 형성되어 성숙하고 다양한 특색을 갖추게 된 중국무예의 집대성기라 할 수 있다. 명·청 시대는 전쟁무예가 호신무예로 되어가는 전환기이자, 맨몸무예가 주류가 되는 근대무예의 기틀을 마련하여 무예사에 있어서 큰 혁신적인 발전을 이룩한 시기였다. 이 시기엔 기존의 몇몇 단일 동작 기술에 머물러 있던 무예의 동작들이 다양한 기술 동작들로 개발되었다. 즉 무예동작들이 세(勢), 로(路), 투로(套路), 본(本), 형(形) 등의 이론적 구조로 종합화되고 체계화를 갖추게 되었다. 또한 전통문화와 신체문화인 무예가 융합되어 중국의 전통문화와 철학이 녹아있는 무예이론 연구가 활성화되었다. 그리고 유교의 윤리도덕 관념이 각종 무예 유파의 이론적인 체계화의 기본사상이 되었다. 이러한 무예의 다양화와 이론화로 무예의 가치는 기존의 전투무예의 실전적 기능성 가치 중심에서 수신, 건강, 오락, 교육 등의 다양한 사회문화 가치 중심으로 이동하였다. 이로 인해 무예의 사회문화적인 역할과 기능에 대한 인식의 큰 변화를 가져오는 계기가 마련되었다.

① 명나라 시대(AD 1368~AD 1644)의 맨몸무예

명대에는 일본해적인 왜구의 한국과 중국 남해안에 잦은 침략과 7년간의 임진왜란 그리고 정유재란과 같은 큰 전쟁이 있었다. 이

과정에서 한·중·일 간에 무력충돌이 빈번하게 발생하여 삼국 간 무예접촉이 가장 활발하게 이루어졌다. 주목할 만한 사항은 일본과 전쟁을 겪으면서 군사무예 훈련의 필요성을 절감한 명나라 장군 척계광(戚繼光)이 1584년에 발간한 『기효신서(紀效新書)』란 무예이론서의 등장이다. 『기효신서』는 왜구의 진압에 활약했던 척계광이 전투 경험을 통해서 왜구의 전법이나 중국 각지의 각종 무예를 조사한 내용으로 18편에 달하는 실용 병서이다. 전쟁무예에서 활, 창, 검과 같은 무기무예가 여전히 주를 이루었지만 화약, 조총과 같은 화기의 발명으로 전투에서 무기술의 비중이 상대적으로 줄어들기 시작했다. 반면 근접전에서는 맨몸격투술의 중요성이 증가되었다. 그래서 명대에 이르러 맨몸무예의 용어가 이원화되는 변화가 일어났다. 즉 이전부터 사용해 왔던 상박, 각력, 각저, 수박 등 맨몸무예의 일반명사와는 다른 권법(拳法)이란 용어가 사용되기 시작하였다. 척계광의 『기효신서』에서는 '권법은 전쟁을 대비하는 기술로는 부족하지만 수족을 움직이고 몸을 훈련할 수 있어서 기술(기예)을 처음 배우는 문'이라고 기술하고 있다. 또한 명나라 말기 모원의 유원의(茅元儀)가 1621년에 출판한 『무비지(武備志)』라는 병학무예 문헌에서는 『기효신서』의 권법의 내용을 그대로 옮겨 기술하면서 '권(拳)은 옛날의 수박이다'라며 권법의 정의를 설명하였다.

손(주먹)과 팔의 동작을 강조하는 권법은 근접전에서 적군의 타격기술과 유술기술을 피하기 위해 최적의 거리를 유지할 것을 강조한다. 상호 간 공방이 어려운 중간거리에서 상대방을 향해 길게 내민 손과 팔을 끊임없이 움직이며 상대방이 다가오지 못하게 하는 견제기술과 방어기술, 그리고 받아서 공격하는 기술들이 발전하면서 다양한 권법들이 창시되었다. 상대방이 공격하는 손과 팔을 막거나 묶으면서 안으로 바짝 들어가는 권법의 동작들은 검술에서 서로의 검을 맞대 상대의 검을 봉쇄하고 움직임을 예측하는 방법에서 고안되고 응용돼서 만들어졌다. 명나라 시대에 나타난 권법들은 32식 육보권, 원숭이권, 파자권, 와권, 소림권 등이 있다. 특히 동물의 동작과 특징을 모방해 고안한 소림오권은 용권(神), 호권(骨), 표권(力), 사권(氣) 학권(淸) 등으로 구분되었다.

② 청나라 시대(AD 1644~AD 1911)의 맨몸무예

청나라 시대에는 지역과 기술에 따른 권법 구분이 이루어졌다. 지역적 구분은 양자강을 경계로 하여 광동성과 복건성을 중심으로 한 지역에서 성행했던 권법은 남파권법 또는 남파무술로 불렸다. 단련 목적이 주로 근육력, 주먹, 골, 손가락 끝 등의 단련강화이다. 보폭이 좁은 자세로 힘센 손과 팔의 기법중심인 무예로 홍가문, 이가문, 채가문, 불가문, 영춘권, 오조문, 채이불문 등이 있다. 반면 양자강보다 북방지역인 황하 지역 주변인 하북성과 산동성에서 유행한 권법은 북파권법 또는 북파무술이라고 칭하였다. 근육 강화보다는 부드러운 동작과 호흡법, 발경을 통해 내장을 강화하는 수련방식을 취하는 권법으로 탄퇴, 사권, 팔변, 소임, 장권, 이랑, 홍권 등의 종류가 있다. 북파권법은 태극문, 당랑문, 형의문, 태조문 등으로 권술(권법), 공수탈기, 금나술, 솔각으로 구분되기도 하였다. 물리적인 환경에 따라 북소림무술과 남소림무술로 구분되기도 하였다. 유목이나 수렵위주 생활로 인해 소나 말을 타거나 산악지역이 많은 북부지역에서는 점프력이나 회전동작을 강조하고 발차기 기법이 다양한 북소림 무술이 발달한 반면, 하천과 강이 많은 남부지방은 벼 농사 등의 경작문화와 더불어 노를 젓거나 낚시 등 어업 위주 생활환경으로 인해 손을 다양하게 쓰는 권법 위주의 남소림무술이 발달했다는 주장이다.

또 중국 권법은 기술적 성질에 따라 외가권(外家拳)과 내가권(內家拳)의 두 계통으로 대별되기도 한다. 외가권과 내가권을 구별한 옛 기록을 보면 황리주(黃梨州: 1610~1694)라는 청국 조정의 학자가 아들의 권법 스승인 왕정남의 묘석에 '내가권은 정(靜: 柔)으로써 동(動: 剛)을 누른다. 그러므로 소림 외가권과 구별된다'라고 새겨 놓았다. 외가권은 몸의 외부에 있는 피부, 근육, 골격 등의 외공 단련 때문에 움직임이 활발하고 빠른 위력을 지닌다. 외가권은 소림 나한권, 소림 금강권, 소림 당랑권 등의 종류가 있다. 반면 내가권은 몸 내부의 내장 여러 가지 기관을 단련하는 공법으로 기혈의 흐름을 원활하게 하기 때문에 내장을 강화하고 신체의 노화현상을 막는 효과도 있다. 부드러우며 천천히 행하는 수련방식 덕분에 노인이나 여성도 단련할 수 있는 내공법도 있다. 내가권의 종류로는 태극권, 형의권, 팔괘장, 면장권(綿掌拳), 태조장권(太祖長拳), 비종권(秘宗拳) 등이 있다.

만주족이 집권한 청나라 시대에는 격투무예에 관한 다양한 신체 기법을 묘사하는 그림들이 많이 발굴된 점으로 보아 지배층인 만주족과 몽고족의 격투무예 활동도 성행한 것으로 보인다. 이에 관한 흥미로운 사실은 포고(布庫), 포극(布克), 복호(扑虎)와 같은 몽고어와 만주어로서 각저의 음역을 나타내는 맨몸무예 용어들이 사용되었다는 것이다. 복호(扑戶)라고 불리는 격투 무예를 잘하는 사람들로 구성된 팔기군이라는 집단도 있었다. 그런데 청대부터 맨몸 무예의 용어 사용의 이원화 현상이 나타났다. 즉 수박은 손과 발로 차고 때리는 입식타격무예를 의미하고, 각저는 전신을 사용하여 붙잡고 던지고 꺾는 유술 중심의 격투무예를 의미하는 용어로 쓰이기 시작했다. 청대에도 금나라나 원나라와 같이 피지배층인 한족들이 왕조 전복을 위한 반란을 일으킬 것을 우려하여 한족들에게 전투성격을 띤 무예활동을 금하였다. 특히 반청운동인 태평천국 운동(1841~1864)과 의화단(義和団)의 난(1899) 때 주동세력의 상당수가 소림사 출신임이 밝혀지면서 소림사무술은 철저하게 탄압받고 한족들의 무예활동은 급격하게 쇠퇴하였다. 하지만 이러한 군사무예가 쇠퇴한 반면 명대부터 형성되기 시작한 다양한 민간무예로서의 권법이 도시지역으로 전파되면서 오히려 발전하는 양상을 띠었다. 특히 주목할 만한 현상은 태극권(太極拳), 형의권(形儀拳), 팔괘장(八卦掌)과 같은 내가권의 부상이었다. 내가권은 명나라 무예와 구별하기 위하여 청나라가 차별화시킨 권법으로 알려져 있다. 당시 내가권은 격투성을 배제한 유희에 가까워서 도가의 양생술과 접목되면서 건강식 놀이 체조와 같은 동작을 띠었다. 내가권 무예인 태극권, 팔괘장, 형의권 등이 체조나 무용의 동작을 지닌 투로(표현무술) 형식을 강조함에 따라 처음에 창시했을 때의 실전적인 격투 무예의 속성들을 잃어버렸다는 비판이 일었다. 따라서 근대에 이르러서 격투성을 회복한 무예로 실체복원하려는 노력이 많았다.

오늘날 중국에서 체육무예로 성행하는 태극권은 도교 사상과 도인, 토납(吐納)을 합친 불로장수법으로 여겨져 양로선(楊露禪)이 청나라의 귀족들에게 가르치기 시작했고, 수련목적을 정신수양과 건강법에 중점을 두면서 일반인 사이에서도 유행하였다. 그러나 시간이 지나면서 태극권이 노인이나 부녀자에게는 어울리지만 혈기 왕성하고 실전적 승부욕이 넘쳐나는 젊은이에게는 너무 유약한 무예로 여겨지면서 만족을 못하고 회의하는 이들이 늘었다. 이로 인해 격투기법을 가미한 형의권이 만들어졌다. 명대에는 없던 강력한 무예 기법을 가진 형의권은 태극권의 입문과정을 마친 사람에게 적합했다. 팔괘장은 이전에 음양팔반정, 팔반정의 형태가 있었지만 쇠퇴하여 거의 사라졌다가 동해천(董海川)이 내가권의 형태로 복원하였다. 번자권과 육합권에 능했던 명장 유덕관(劉德寬)이 긴 창으로 동해천의 짧은 창과의 겨루기에서 패하고 난 후에 동해천의 제자가 되어 팔괘장을 배우면서 더욱 활성화되었다는 일화가 전해진다.

청대에 이르러 중국무예는 무기무예과 맨몸무예의 구체적인 종류들이 체계화되어가는 모습을 띠기 시작했다. 무기무예는 장병기, 단병기, 암기, 좌조기라는 네 종류의 범주를 구성하고 있었다. 장병기는 창(槍), 극(戟), 곤(棍), 모(矛), 쌍수대(雙手帶) 등이, 단병기는 검(劍), 도(刀), 도끼, 단봉(短棒), 쌍중(双鍾), 쌍구(双鉤), 구절편(九節鞭) 등이, 암기는 수리검(手裏劍), 표도(標刀), 비차(飛叉), 비도(飛刀), 비과(飛抓), 아미자(峨嵋刺) 등, 좌조기는 방패와 포승 등이 포함되어 있었다. 그런데 이들 중에는 현재로는 실제로 쓰였던 것인지 여부도 판명되지 않고 심지어는 그 사용법이 전혀 밝혀지지 않고 있는 것도 상당히 많다.

맨몸무예는 솔각(摔角), 금나(擒拿), 권법(拳法)으로 구분되었다. 솔각은 붙잡고 밀기와 당김, 또는 들어서 던지기 등으로 넘어뜨리는 씨름이나 레슬링의 형태로 주로 중국 북부지방에서 활발히 행해졌다. 솔각은 진나라 이전에는 각지(角觝)라 불리며 군대의 필수체육이었고, 위나라 이후에는 상박(相搏 또는 相撲), 당나라는 교력(校力), 송나라는 쟁교(爭校), 명나라 이후에는 솔각이나 관교(貫跤) 등으로 시대마다 다른 용어로 사용되었다. 금나(擒拿)는 오늘날의 관절기, 꺾기 기법들을 의미한다. 기효신서에 '응과왕지나'로 기술되어 있으며 '금(擒)'은 맹금의 발톱으로 다른 동물을 잡는다는 뜻이고, '나(拿)'는 손바닥을 의미하며 양손으로 맹금처럼 적의 근육, 관절, 신경, 급소 등을 포착하는 기술로서 분근착각법(分筋錯角法), 마근술(麻筋術)이라고도 불리었다. 권법은 주먹을 사용하는 체술로 찌르기, 치기, 잡기 등의 기법들로 구성된 기술들이었다. 소림파권법의 별칭들로는 외가권(外家拳), 강권(剛拳), 경권(硬拳) 등이 있다. 힘을 빼고 몸을 부드럽게 움직이는 권법을 유권(柔拳) 또는 면권(綿拳)이라 칭했는데 별칭은 내가권(內家拳)으로 태극권, 형의권, 팔괘장을 내가권법삼대문파라고 일컬었다.

청나라 말기에 접어들면서 요즘처럼 상업화된 무예의 도장문화가 형성되기 시작하였다. 무예가인 지방 호족이나 향리 등의 신분계급이 경제적 수입의 어려움으로 생활이 불안정지면서 무예교습을 하며 생계를 이어나가게 되는 방안들을 찾기 시작했기 때문이다. 일부는 뛰어난 무공으로 유명세를 타면서 부유한 신흥계급에게 개인교사로 고용되거나 군대의 훈련교관이나 궁궐의 경비무사가 되는 길을 택했다. 하지만 대부분 무예가들은 생계를 위해 일정한 장소에서 가문의 비전인 무예를 가르치고 교습비를 받는, 요즘으로 말하면 일선 도장의 관장이 되었다. 그 당시의 일본에도 사무라이들이 생계용 검술도장을 개업하는 무예의 사설도장화 비슷한 현상이 일어났다. 우후죽순처럼 생겨난 도장들로 인해서 갑자기 기존에는 알려지지 않았던 신생 중국무예들이 등장하기도 했다. 근대 일본무예의 도장 문화였던 '관' 중심이 아니라, 중국의 무예도장은 문파를 중심으로 스승과 제자 간의 상업적 도제관계가 형성되었다.

교습비에 의존해야 하기에 전통적인 소수 정예식 지도보다 대량의 인원을 교습해야 하는 필요성으로 여러 사람을 가르치기 위한 간단하고 쉬운 투로(표현무술)와 형에만 집중하는 수련방법으로 변환하였다. 또한 장기간 가르칠수록 더 많은 수입을 얻을 수 있기에 무예의 기술 종류를 다양화하고 지도 속도를 고의적으로 늦추었다. 시간이 지나면서 상업적으로 성공한 각 문파들은 기득권을 유지하기 위해 새로 등장하는 문파와 빈번하게 갈등을 일으켰다. 특히 무공 대결에서 패배함으로써 수입이 줄어들 우려가 있는 공개적인 교류, 시합, 대련 등을 철저하게 금지하는 폐쇄성을 유지하며 시장을 갈라먹는 상태를 유지하였다. 이러한 시대적 상황에서 팔극권의 이서문, 형의권의 곽운심과 상운상, 홍가권의 황비홍, 연청권의 곽원갑, 태극권의 양로선, 팔괘장의 동해천, 영춘권의 엽문 등의 전설적 무예고수들이 한꺼번에 출몰하는 기현상이 벌어졌다.

③ 명·청시대의 맨몸무예는 그 당시 한국에 어떤 영향을 끼쳤는가?

다양화와 체계화를 통해 부흥기와 번성기를 맞은 명·청시대의 맨몸무예는 그 당시의 조선시대의 무예에도 지대한 영향을 끼쳤다. 조선시대에 가장 두드러지는 특징은 맨몸무예를 지칭하는 일반명사가 이전의 수박에서 중기 이후로는 권법으로 바뀌어서 사용되었다는 사실이다. 그 당시 명나라의 권법을 수용하게 된 결정적인 계기는 일본의 침략전쟁인 임진왜란의 발발이었다. 사실 왜란 전에는 전투의 대상이 주로 북방 기마민족인 여진족이나 거란족이었다. 이들과 전쟁은 주로 활쏘기나 화포 위주의 장거리 전술에 치중하였기에 창이나 검으로 싸우는 단거리 전투의 비중이 크지 않았다. 따라서 실전용 격투를 위한 맨몸무예는 더욱 소홀히 취급되었다. 그러다 보니 맨몸무예는 창과 검술 연마를 위한 기초체력을 키워주는 보조 수단 또는 유희성 놀이로서 주변적인 기능으로 전락하였다. 그러나 임진왜란과 정유재란으로 일본과 7년간 전쟁을 하면서 조선군은 일본군의 창과 검의 단병기술과 맨몸무예인 유술에 무기력하게 당하는 수모를 겪어야 했다. 그런 상황에서 전쟁을 승리로 이끄는 데 결정적인 역할을 했던 명나라의 군인들의 무기술과 권법을 경험하면서 전쟁 이후에는 중국무예기술들을 절실하게 받아들였다. 이런 이유로 중국 권법은 대권, 타권, 권투 등으로 불리면서 군사무예기술로 크게 장려되었다.

17세기 초반에 권법을 도입한 것은 맨몸무예를 대거 부활시키는 계기가 되었다. 그런데 이전의 맨몸무예 기법들을 총괄적으로 포함하는 수박과는 달리 권법은 종류가 다양해지면서 수박, 권법, 대권, 타권, 시박, 졸교, 백타(白打), 권척(拳踢), 변(卞), 권박(拳搏) 등의 여러 가지 명칭들이 생겨났다. 그리고 각 지역에 따라서 택견, 덕기연, 착견, 퇴견, 슈벽(치기), 축적법, 날파람, 씨름, 돌단, 압단, 재비, 까기, 깔래기, 박치기, 날치기 등의 다양한 맨몸무예의 용어들이 사용되었다. 이렇게 민간에서 사용되었던 명칭들은 20세기 초반까지 전국에서 간헐적이지만 지속적으로 사용되다가 일제시대에 와서는 거의 쓰지 않으면서 사라졌다. 또한 17세기 중반부터 몸의 자세를 낮추고 동작의 숙련도를 평가하는 방식과 손으로 상대를 타격하여 승부를 가리는 평가하는 방식의 권법겨루기 시합 형식도 나타났다. 시합기술에 따라서 다르게 불린 4종류의 맨몸무예 용어가 아래와 같이 있었다고 심승구는 언급하고 있다.

(1) 수박(변, 권박): 손기술보다 발기술 위주=발기술 위주 타격무술 (태권도와 유사)

(2) 시박(신교): 손기술을 사용하되 씨름적 요소가 가미=몸기술 타격무술(합기도와 유사)

(3) 권법(슈벽, 수박치기): 몸을 사용하되 발기술보다 손기술을 위주로 사용한 권법=손기술 타격무술(복싱과 유사)

(4) 각저: 온 몸을 사용하되 씨름으로 승부를 냄=유술(씨름)

최초의 전문무예서인 명나라 장군 척계광의 『기효선서』에 등장한 권법에서 보여주듯이 명나라는 상박, 각력, 각저, 수박 등의 맨몸무예 용어와 다른 권법이란 용어를 사용한 이유는 시대적 상황의 영향을 직접적으로 받았기 때문이다. 그런데 유의할 점은 그 당시 권법이 수박과 관련이 없는 외래무예로 인식되는 현상이 생겼다는 것이다. 이는 명나라 무예서인 기효신서나 무비지를 참고로 하여 조선의 무예서가 국가 차원인 왕실 주도로 지속적으로 편찬되었기 때문이다. 이러한 『무예권보(1604)』, 『무예신보(1759)』, 『무예도보통지(1790)』 등의 발간은 중국권법의 대중적인 도입과 사용을 활성화시켰다. 그런데 중국식 권법을 무차별적으로 수용하기보다는 아래의 표와 같이 조선군인에게 알맞은 권법기술과 수련방법이 각 무예서에 접목되고 응용되었다.

<표4> 조선시대 각 무예서의 권법부분의 변화된 내용들

해당 왕	무예서 명(편찬연도)	내용상의 특징
선조	『권보(拳譜:1604)』 <조선 최초의 권법서>	1. 조선의 군사들에 맞게 무술연마를 위해 기효신서의 권법 32세(형태)를 50세(형태)로 확대 조정함. 2. 새로운 투로(형)가 만들어짐
광해군	『무예제보번역속집 (武藝諸譜飜譯續集:1610)』의 권보	1. 중국의 새보전서(塞寶全書)의 권법을 보완, 수정하여 권법 42세 체제로 정비 2. 발차기 기술을 받아들임: 『기효신서』에 없는 하늘을 향해 높이 발차기를 하는 축전세(蹙天勢) 기술을 만듦.
사도세자	무기신식(武技新式) = 『무예신보(武藝新譜:1759)』의 권법	1. 권법의 다양한 기술 체계들을 하나의 훈련 방식으로 통일하기 위한 목적으로 기존의 42세를 38세로 축소 조정 2. 장수와 병사들의 권법수련이 정밀하지 않은 문제점들을 개선하고 권법의 훈련체계를 재정비
정조	『무예도보통지(武藝圖譜通志:1790)』의 권법 * 동아시아 최고 수준의 권법서	1. 우수한 세법을 추가하여 무기신식의 권법 38세에 10세가 더해져 48세로 확대 조정 2. 기존의 연마하고 있는 권법에 『기효신서』와 무비지의 권법서를 참고하여 새롭게 정비. 3. 38세의 세법을 글로 정리한 총보(總譜)와 그림으로 정리한 총도(總圖)를 제작

출처: 『심승구의 태권도를 통해 본 한국역사와 정신』

청대에 이르러 기존의 맨몸무예를 통틀어서 지칭한 수박이란 용어 대신에 기능에 따라 더욱 구체적으로 분류되어 씨름형태의 솔각, 관절기 형태의 금나, 손과 팔의 타격기 형태인 권법 등으로 구분되었다. 그런데 권법은 종류를 셀 수 없을 정도로 수많은 이름들이 파생되었다. 사실 고려시대까지 중국의 상박이나 수박과 같은 일반명사격인 맨몸무예를 그대로 가져다 사용하였지만 조선시대부터 무예 기능이 국방무예와 민속무예로 양분되면서 새로운 민속무예 이름들이 등장하였다. 예를 들어 수박, 택견, 수벽치기, 날파름, 비각술 등의 민속 무예들이 등장했다. 그런데 명칭은 다르지만 오늘날의 태권도, 유도, 합기도처럼 종목별 이름을 갖춘 것이 아니라 여전히 주먹지르기, 잡아 넘어뜨리기 등의 종합격투기술 체계를 포함하고 있었다는 점에 유의해야 한다. 따라서 조선시대에는 수박과 권법이란 두 가지의 맨몸무예가 존재한 것이 아니라 조선초기의 수박이 중기이후부터는 권법이란 용어로 바뀌어서 사용되었다고 볼 수 있다.

조선시대에 맨몸무예 용어 전문화와 구조화가 이루어진 관계로 수박과 권법은 상호간 연관성이 전혀 없는 각자의 무예라는 오류를 범하기도 한다. 조선 초기의 어떠한 문헌에도 수박이란 용어가 나타나지 않는다고 해서 수박은 1500년대 전후로 사라진 무예라고 여기면 안 된다. 수박과 권법은 수련형식이나 기능에서 차이가 있지만 조선 시대에도 민간에서 행해지는 맨몸무예이며 무관을 선발하는 시험 종목이었다는 공통점을 가지고 있다. 수박은 백병전과 근접용 무기를 사용하는 전투를 위한 군인 무사들의 선발 시험 종목이었다. 또 수박은 군인들의 사기진양을 위해 활용되었다. 그리고 고려시대를 살았던 조선왕인 정종과 태종 생일날에 수박 경기가 관람용으로 개최되기도 했다. 한편 임진왜란을 계기로 명나라 병사들 권법이 도입되면서 권법 또한 초기의 수박처럼 무예의 능력을 시험하는 수단으로서 군인계급의 진급에 필요한 종목이 되었다. 또한 권법은 직접적인 살상용 무예라기보다는 무기술을 익히기 전에 터득해야 하는 기초기술로서 수련 목적이 구체화되기도 했다.

명·청 시대의 중국에서 맨몸무예 발전은 절정을 이루었다. 다양한 권법이 출현하고 체계화된 이론적 구조가 갖추어지는 괄목할 만한 발전을 가져왔다. 더욱이 전문직업무예가들이 지도하는 사설도장이 건립되는 등 근대 무예 수련방식의 기틀을 마련하였다. 하지만 같은 시대의 조선에서는 이렇게 풍부한 중국의 선진적인 맨몸무예를 받아들이지 못하고 오히려 조선의 맨몸무예는 쇠락의 길을 걸었다. 이러한 주된 이유는 문을 숭상하고 무를 천시하는 유교이념을 따르는 사회문화에서 기인한다고 볼 수 있다. 양반층 귀족들은 사냥이나 정신수양을 위한 궁술은 즐겼지만 맨몸을 쓰는 무예는 하급계층이나 천민들이 하는 기예로 여겼다. 또한 세종대왕 시절을 제외하고 끊임없는 사색당파의 정치적 분열 속에서 민생은 자주 도탄에 빠졌고 더욱이 임진왜란과 잦은 민란들을 겪으면서 불안정해진 사회·경제적 상황 때문에 중국의 풍부한 맨몸무예의 다양한 체계들을 받아들일 받아들일 여유가 없었다. 일본의 침략전쟁을 겪은 후에야 무예의 필요성을 절감하고 국가적인 차원에서 무예를 정리하고 체계화한 『무예도보통지』라는 명서를 발간하는 등의 무예발전의 움직임이 있었지만 시대적 한계성을 극복하지 못했다. 결국 고조선에서 삼국시대를 거쳐 고려시대에 이르기까지 꾸준히 발전을 거듭했던 맨몸무예는 조선시대에 이르러 침체기에 빠졌다. 급기야는 일제 식민 시대에 접어들면서는 일본무도가 강제적이고 무차별적으로 유입되면서 한국무예는 중국의 맨몸무예와의 관련성이 단절되고 오랜 기간 동안 구축해온 전통성의 명맥이 끊어지는 안타까운 위기를 맞이하였다.

6) 중화민국시대(AD 1911~AD 1949로 한국은 일제시대부터 해방 초기까지에 해당)

① 중화민국시대의 맨몸무예

청나라가 멸망한 후 열린 중화민국 시대는 서양체육이 유입되면서 과학화와 현대화라는 변혁과 발전의 명분 아래 전근대적인 무예 요소들인 폐쇄성, 보수성 및 신비적인 요소들이 어느 정도 제거되어가는 현상이 일어났다. 이러한 상황 속에서 중국무예는 3단계의 근대화 과정을 거치게 되었다.

1단계는 청나라 말기인 아편전쟁 이후부터 신해혁명까지의 기간이다. 이 시기는 서양외세의 영향으로 유입된 서양체육이 전통무예의 혁신을 촉진하면서 전통적인 무예교육과의 충돌이 동시에 일어났다. 특히 아편전쟁 이후에는 민족주의 성향을 띤 무예의 발흥으로 중국무예사에 큰 전환점을 맞이하였다. 중국무예계는 전통성을 수호하자는 취지하에 서구연합군과 전쟁을 벌인 의화단의 호국성 무예활동이 일어나면서 군대무예와 민간무예가 같이 흥기하는 양상을 띠었다. 권법으로 무장한 도적이라는 뜻인 '권비(拳匪)'의

난(亂)'이라고 불렀던 의화단 운동은 한정된 지역성을 가졌던 중국의 민간무예들이 중국 전역으로 퍼지면서 발전하는데 결정적인 기여를 하였다. 예를 들어 지역 권법인 매화권이 신권(神拳)이라 불리는 배외사상과 농민층의 저항을 위해 만들어진 의화권(義和拳)의 기초가 되었다. 하지만 전통성을 유지하려는 과정에서 미신, 신비주의, 보수주의 등 민간무예의 우매함과 시대적 낙오성의 문제가 발생하기도 하였다.

2단계는 북양정부 시기(1911~1927)로 군국사상이 만연하던 시기로 서양식교육으로 개편된 신식무예가 학교체육으로 보급되었다. 서양식 군사체조의 훈련법에 따라 무술의 동작을 구령에 맞추어 구분 동작으로 재편성한『중화신무술』이라는 교재가 편찬되기도 하였다. 서양식 무예교육에 대항하여 민간무예인들이 1916년에 최초의 민간 무예교육기관인 정무체육회(情武體育會)를 세웠다. 정무체육회는 중국무예의 여러 문파 간 갈등을 해소하고 편견을 배제하기 위해 각 문파의 장점을 융합한 체계적인 구조화를 시도하였다. 이들 내용에는 다양한 무기를 사용하는 50여 가지의 대련무기술과 50여 가지의 단련권법기술과 20여 가지의 대련 권법기술 등이 있다.

3단계는 국민정부시기(1929~1949)로 중국무예 근대화가 구체적으로 시행되는 시기이다. 중국무예들을 통칭하며 체육기술 위주의 기능성을 강조하는 우슈(무술)란 용어가 국가적인 차원에서 제정되었고, 1928년에는 중국정부가 모든 무예를 '국술(國術)'을 공식용어로 지정하였다. 당시에 중앙국술관(中央國術館)의 관장이었던 장지강(張之江)이 중국의 국보이자 정수라는 뜻으로 국술로 개칭을 주장하고 건의하였는데 중화민국정부는 이를 받아들여 통용하도록 하였다. 중앙국술관은 강종구국(强種救國), 즉 중국민족의 강인한 정신과 체질로 나라를 구한다는 의미의 국술중국의 전통무술의 발전과 보존을 위한 목적으로 건립된 최초의 국립근대 무술체육학교였다. 이 시기는 많은 유파소속인 민간 무예인들이 자유롭게 상호교류하고 활동하면서 무예의 교육적, 학술적 가치들이 제고되고 여러 유파 기술들이 통합되었다. 그러나 일본 침략과 국민당 민국정부와 공산당과의 내전으로 1949년 중화인민공화국의 성립이전까지 중국무예는 급격하게 쇠퇴의 길을 걸었다. 이러한 시대적 상황으로 일본무술이 반 강제적으로 유입되면서 무도(武道)라는 용어가 처음으로 도입되었다.

1949년 중화인민공화국에 무예를 체육종목에 포함함으로써 기술적인 측면이 강조되면서 공식어는 국술에서 다시 우슈(무술)로 변경되어 통칭하였다. 아래 표에서 보듯이 우슈는 경기우슈과 전통우슈로 분리되었다. 맨몸무예는 권술이라는 명칭 아래에서 장권, 남권, 태극권으로 구분되었다. 중국무예 근대화는 맨몸무예인 권법의 운동형식과 연습법에도 변화를 가져왔다. 근대이전에는 이전의 유파나 문파의 비전으로 여기며 엄선된 제자들에게 개인교습을 통한 지도방식으로 기술전수 위주였다. 하지만 이러한 전통 수업은 단체수업으로 바뀌면서 수련방법도 투로(형)와 격투의 두 범주로 나뉘었다. 무예 공방동작에 일정한 순서를 정하여 배분하여 연습하는 투로식 수련과 일정한 규칙에 의해 자유거루기 형태로 경기화한 것이 격투(산타)수련이다.

<표 5> 1949년 이후인 중화인민공화국에 변경되어 정착된 중국무예의 용어와 개념

	구분	명칭	비고
우슈(武術, Wushu)	광의의 의미	전통무술(전통우슈)	- 서양: 쿵푸(kungfu, 功夫) - 대만: 국술, 우슈
		경기무술(경기우슈)	- 권술(장권, 남권, 태극권) - 무기술(도술, 검술, 창술, 곤술) - 산타(散打=散手, 체급별 자유대련)
	협의의 의미	경기무술(현대무술)	- 권술(장권, 남권, 태극권) - 무기술(도술, 검술, 창술, 곤술) - 산타(散打=散手, 체급별 자유대련)

출처: 제2장. 중국무술의 어제와 오늘: 「중국무술현지보고서」

중국의 근대무예들

② 중화민국시대의 맨몸무예는 그 당시 한국에 어떤 영향을 끼쳤는가?

일제 강점기 시기의 한국은 일본 식민지로 전락하는 과정에서 중국무예와 교류가 단절되고 한국의 전통무예 문화가 말살되는 맨몸무예사의 암흑기에 접어들었다. 무예 수련은 식민지체제에 대한 반항의 수단으로 인식되어 한국의 전통무예보급과 확산을 철저하게 감시하며 금지했다. 대신에 유도와 검도와 같은 일본 근대무예가 유입되어 학교 체육교육과 사회체육기관, 무술도장을 통해 반강제적으로 전파되었다. 특히 1936년에 가라데를 배워서 귀국하여 지도한 도일 유학생들에 의해 무예도장이 형성되었는데 이들 중에는 중국 권법을 배운 사람도 있었다. 문제는 상호간의 문화교류의 방식이 아닌 한국 침략을 위한 수단으로 일본무도들이 일방적이고 강제적으로 유입되었다는 사실이다. 이러한 과정에서 중국의 권법(삼십육기), 십팔기, 쿵푸, 서양의 복싱, 인도의 봉술, 오키나와의 가라데 등이 민간에 부분적으로 전파되었다.

　이러한 시대적 상황 때문에 중국의 명·청시대의 번성했던 다양한 중국의 맨몸무예를 접할 수 있는 통로가 차단되면서 지난 2천여 년 동안 시대별로 지속되었던 한국의 전통무예와 중국무예의 활발한 교류는 막혀버렸다. 대신에 일본색채가 짙은 일본무도가 한국의 맨몸무예계를 장악하는 전환이 일어났음을 인식하고 숙지해야 한다. 태권도와 합기도의 일본무도와 전통성 논란은 이렇게 아주 단기간에 일본무도가 한국에 급속하게 유입된 상황에서 비롯되었다. 해방이후에 일본무도 수련이념과 방식에 따라서 한국 맨몸무예들은 근대화되어 갔다. 반면 남북한으로 분단되면서 남한과 공산화된 중국의 무예교류 회복은 60년대에 가서야 서서히 가시화되었다.

<표6> 중국과 한국의 맨몸무예의 용어(명칭)

중국		한국	
시대	맨몸무예 용어	시대 (해당 중국 시대)	맨몸무예 용어
상고시대에서 춘추전국시대 (기원전 1세기까지)	각력, '박' 용어 처음 등장	고조선	상박
진한(漢) 시대 (BC 1세기~ AD 1세기)	권박, 상박	고조선에서 삼국시대 초기	수박, 상박, 각저, 각력
위·촉·오의 삼국시대와 16국과 위진 남북조 시대 (AD 220~ AD 581)	각력, 각저, 수박	삼국시대	수박, 각저, 덕견이, 깨금질,
수, 당, 송, 원 시대 (AD 581~ AD 1368)	상복, 상박	삼국시대에서 고려시대	수박, 수박희, 각력
명·청 시대 (AD 1368~ AD 1911)	각저, 각력, 수박, 상박, 교력, 쟁교, 포고(布庫), 포극(布克), 복호(扑虎)	조선시대	수박, 권법, 수박, 권법, 대권, 타권, 시박, 졸교, 백타(白打), 권척(拳踢), 변(卞), 권박(拳搏) ** 지역성 용어들: 택견, 덕기연, 착견, 퇴견, 슈벽(치기), 축적법, 날파람, 씨름, 돌단, 압단, 재비, 까기, 깔래기, 박치기, 날치기, 수벽타, 비각술
중화민국시대 (AD 1911~ AD 1949)	권술(권법), 공수탈기, 금나술, 솔각, 외가권(강권, 경권) 내가권(유권, 금권)	대한제국시대-해방초기	태권, 합기, 유술, 수박, 당수, 택견

8장.
일본무도에 대한 올바른 이해

일본의 고대 전사들

(1) 일본문화의 특징

한 국가의 무예는 그 나라의 고유한 신체문화와 정신문화를 담고 있다. 이러한 맥락에서 일본 무도를 이해하려면 우선 일본무도 형성과정과 그에 관련된 일본 국민성과 문화 특징들을 알아야 한다. 일본인과 일본 문화에 관한 참고할 여러 저서들과 연구논문들이 많지만 그 중에서도 미국의 문화인류학 교수 루스 베네딕트가 저술한『국화와 칼』이 일본에 대해서 가장 잘 설명하고 있는 최고의 저서로 꼽힌다. 그 이유는 이 책 집필의 목적이 일본을 이해하기 위한 일본 문화 분석에 관한 연구보고서 특성을 띠고 있기 때문이다. 물론 이 책 집필시기가 2차 대전이 끝난 직후인 1940년대 후반이기에 시대적으로 다소간 거리감이 느껴진다는 문제 제기를 할 수 있다. 하지만 루스 교수는 이 책을 통해서 이상과 현실에 대한 일본인의 양면적인 심리상태와 생활방식을 보여주기 위해서 일본사회를 정치구조, 사회계층, 유흥, 처세술, 교육 등의 다양한 문화 영역을 가지고 심층적으로 분석하여 논리정연하게 기술하고 있는데 현 시대에도 그 본질은 크게 다르지 않다. 따라서 이 책 내용을 바탕으로 다른 관련 자료를 참고하여 필자는 일본무도에 간직접적으로 영향을 끼쳤던 일본문화의 특징들을 자국중심주의 문화, 이중성을 가진 국민성, 자기 분수를 지키려고 하는 집단주의 문화, 천왕에 대한 무조건 복종의 종교성문화, 의리 문화, 기록 집착문화 등의 6가지로 규명해 보았다. 이러한 일본문화 특성을 이해함으로써 일본무도를 편향되지 않고 객관적으로 이해하는 데 부분적이라도 도움이 되기를 바란다.

1) 자국중심주의 문화

일본은 섬나라라는 지리적 여건으로 인해서 근대 이전에는 외국과 상호작용이 거의 없었기에 국민중심주의라는 강력한 문화 동질성을 지니게 되었다. 이러한 자국중심주의 경향은 일본인이 외국인 (이방인, gaijin이라 불린다)을 대하는 사고방식에서 극명하게 나타난다. 심지어 일본에서 태어나 성장한 한국인과 같은 다른 인종들도 일본인이라고 여기지 않는다. 오늘날까지도 여전히 일본 시민권을 얻기 위해서는 거쳐야 하는 까다롭고 엄격한 규정은 가능한 한 일본인만으로 인구를 유지하려는 일본의 의도를 잘 보여준다. 자국민중심주의는 강한 협동심과 단결심을 고취하는 긍정적인 면도 있지만 다른 민족을 무시하고 경멸하는 부정적인 면도 있다. 가장 대표적인 사례가 최근 심화되고 있는 '혐한론'이다. 신뢰성 있는 한 공인기관의 연구에 따르면 한국인에 대한 좋은 인식을 가진 일본인은 15% 정도뿐이고 싫은 감정을 가진 일본인이 60% 가까이 이르는 반면, 한국의 일본에 대한 호감도는 50% 이상을 보여주고 있다. 일본의 편향된 자국중심주의 문화의 심각성을 반영하고 있다고 볼 수 있다.

2) 이중성을 가진 국민성

친절하고 예의 바르기로 정평이 나 있는 일본인의 모습과 상반되게 다른 아시아 국가들을 침략한 제국주의의 모습, 자기 것을 고집스럽게 지키려는 배타적인 모습과 외국 문물을 거침없이 수용하는 모습 속에서 외국인들은 일본인의 이중성 성향을 쉽게 발견한다. 이러한 이중성을 루스는 '일본인은 호전적이면서 온화하다. 사납고 고집스러우면서 예의 바르다. 미련하고 사리에 어두운 것 같으면서 시세를 잘 살핀다. 순정적인 반면 타인에 의해 좌지우지되는 것을 싫어한다. 용감한 것 같으면서 나약한 면도 있다. 보수적이면서 새로운 것을 받아들이는 데 거부감이 없다"라고 구체적으로 묘사하고 있다. 중국인보다 호불호에 대한 태도가 확실치 않고 속을 잘 드러내지 않는 점도 있다. 특히 일본과 근접해서 오랜 역사를 통해 좋고 나쁜 많은 관계를 경험한 한국인에게 일본인은 자기보다 강한 자에게 비굴하게 약하고, 약한 자에게는 강하다는 부정적 시각이 팽배하다.

3) 자기분수를 지키려고 하는 집단주의 문화

개인보다 조직을 중시하는 집단주의는 서양 개인주의에 상반되는 개념으로 아시아 국가에서 나타나는 공통적인 문화이다. 하지만 일본 집단주의는 한국이나 중국과는 다른 특징을 가진다. 즉 소속집단의 목적을 개인보다 우선시하는 일반적인 집단주의의 특성보다는 각자의 분수를 지키면서 조직의 조화를 유지하려는 특성이 강한 측면을 보여주는 일본식 집단주의 문화이다. 일본인은 계층(계급)에 따라 자기 분수를 지키는 데 충실하다. 따라서 '각자에게 알맞은 자리를 찾는다'의 생활원칙을 중시한다. 이는 계층에 따라 나타나는 불평등을 광범위하게 인정하고 이것을 조직적인 생활원칙으로 기꺼이 받아들임을 의미한다. 서로 간의 인사, 접촉을 통해 상대방의 사회적 지위를 짐작하며, 예의범절을 통해 사람 간의 계급 차이를 확인하고, 예의를 행할 때 쌍방의 성별, 연령, 가족관계, 과거의 친분 등을 고려하는 성향이 있다.

이러한 분수 지키기는 개인을 독립적인 개체가 아닌 조직이나 그룹의 일원으로 여기는 집단주의를 형성한다. 조직에서 체면과 위엄의 유지는 어떠한 상황에도 절대적으로 중요시한다. 또한 개인의 진실과 정직을 희생해서라도 조직의 조화를 유지해야 한다는 강력한 신조를 가지고 있다. 따라서 조직 내에서의 다양성과 개개인의 특성이 대립하는 상황을 원치 않는다. 의사결정을 내릴 때는 만장일치의 합의를 선호하지만 여의치 않으면 최상급자의 의사결정을 따른다. 이러한 집단주의 의식으로 사회적으로 추방되거나 외면받는 사람이 되는 위험을 감수하려 하지 않고 나이 든 연장자, 사회적 정치적 위치 또는 직장 상사에게 순종하고 복종하는 경향이 강하다.

4) 천왕에 대한 무조건 복종의 종교성 문화

대부분 일본인들은 종교적이라기보다는 세속적이다. 자신들을 종교적 신앙심을 가지고 실천하는 종교인이라고 규정짓지 않는다. 따라서 매일 또는 매주 사원이나 절 또는 교회에 정기적으로 가서 예배를 드리는 신앙생활문화를 가지고 있지 않는 일본인들이 대부분이다. 그 대신 각자의 집에 조그만 제단과 같은 장소를 마련하고 규칙적으로 기도를 한다. 그런데 특이한 점은, 지금은 많이 사라졌지만, 천왕 숭배에 대한 병적인 집착을 보이는 종교성이다. 일본인들의 천왕에 대한 의식과 태도는 서양의 기독교인들의 하느님에 대한 태도와 일맥상통한 모습을 보여준다. 우선 절대유일신으로 여기는 하느님의 존재와 같이 일본의 황실은 수없이 바뀐 중국이나 한국의 왕조와는 다르게 혈통이 한 번도 단절된 적이 없다는 사실은 매우 흥미롭다.

이러한 천왕에 대한 절대적 신뢰와 충성을 보여주는 대표적 사례가 2차 세계대전에서 패배했을 때 일본인들이 보여준 모습이다. 천왕이 2차 세계대전에서 항복을 선포하자마자 전쟁은 놀랍게도 한 순간에 종식되었는데 이 과정에서 국내외에 있던 사령관과 병사들까지 누구 하나 불만을 제기하지 않고 따랐다. 이들에게 황실에 대한 충성과 군국주의 침략 전쟁은 별개라는 의식이 깊숙이 잠재되어 있기 때문이다. 참전 군인들은 천왕의 인도로 전쟁에 참여했다고 주장한 반면 천왕을 평화 애호주의자이며 전쟁반대 자유주의자로도 여겼다. 그런데 유의할 점은 이러한 일본인들의 천왕에 대한 무조건적인 복종문화는 그들이 저지른 잘못된 과오나 실수들을 정당화하고 합리화하는 데 이용될 수도 있다는 것이다.

5) 의리 문화

일본 의리문화는 중국 유교문화 또는 동양 불교문화와 관련이 없는 일본의 독특한 문화이다. 한국에서 의리란 소중한 인연이나 관계를 맺은 사람들에 대해 변치 않는 우정이나 사랑의 태도를 지속하거나 은혜를 입거나 신세를 진 사람들에게 잊지 않고 보답하는 의미가 강하다. 예를 들어 늘 의리라고 외치는 연예인 김보성의 폭발적인 인기는 의리를 한결같고 보답하는 사회적인 미덕을 가진 규범이라 여기는 한국인의 인식을 잘 반영하고 있다. 그런데 일본인에게 의리는 반드시 따라야 하는 정도이며 세상에 대한 체면 때문에 원하지 않아도 반드시 해야 하는 일이다. 일본인은 두 종류의 의리를 지켜야 한다는 강박관념이 있다. 하나는 다른 사람이 베푼 은혜에 보답하는 의무인 사회적 의리이고 다른 하나는 자신의 명예가 더럽혀지지 않도록 지키는 일종의 책임을 의미하는 명예에 대한 의리이다. 그런데 명예에 대한 의리는 보복행위를 포함하기도

한다. 우리는 이런 보복행위를 암흑가의 조직폭력배의 의리를 연상하는 부정적 시각이 있다. 또한 서양인은 감사와 보복을 상반되는 개념으로 분류하는 반면 일본인은 덕을 베푸는 것을 타인의 호의에 대한 대한 반응뿐만 아니라 타인이 보여주는 악의 또는 멸시에 대한 반응도 의미한다.

6) 기록 집착문화

일본인들은 사회적 상황이나 비즈니스 상황에 접근할 때 조직적이고 세밀하고 꼼꼼한 걸로 정평이 나있다. 이러한 세밀한 본성으로 인해 달리 무엇이든 기록으로 남기는 것을 좋아한다. 과거에 대해서 실용적이고 덜 감상적이어서 오랜 기간에 걸쳐서 새로운 상황이나 아이디어를 점차적으로 채택하는 일본인의 속성 때문이기도 하다. 개인의 일상의 소소한 일들뿐만 아니라 일본사회의 경제, 사회, 문화 나아가서 세계적으로 확장하려는 제국주의적 포부까지 일일이 기록으로 남겨오고 있다. 이러한 기록집착성은 규정된 절차를 따르고 변경하거나 수정된 규칙을 꺼리게 하기도 한다. 이러한 세밀함과 기록중심주의의 일본인들의 특성 덕분에 고품질 제품의 제조나 생산에 우수성으로 경제 강대국이 되는 데 큰 기여를 하였다. 일본인들은 과거에 대해서 실용적이고 덜 감상적이다. 항상 조용히 그들은 오랜 기간에 걸쳐서 새로운 상황이나 아이디어를 점차적으로 채택하는 기꺼움을 보여주기도 하였다.

(2) 일본 무도의 특성

일본의 사무라이

　한국 근대무예가 정체성을 확립하고자 할 때는 일본무도와 정통
성 논쟁을 피해갈 수가 없다. 왜냐하면 한국근대무예들 상당부분
의 용어 또는 수련체계가 일본의 근대무도들에 영향을 받았다는
것은 부인할 수 없는 실증적 사실이기 때문이다. 그러다 보니 무예
정통성과 정체성을 논할 때마다 한국무예인가, 일본무도인가?라는
이분법적 논란은 여전히 진행 중이다. 이는 역사적으로 민감한 한
일 간의 정치와 사회문화적 관계 때문에 일본에 대해 적대시하고
배척하는 감정 때문에 비합리적이고 배타적인 국수주의적 관점이
무예계에 팽배한 이유이기도 하다. 무예학자 나영일은 일본무도를
대하는 한국의 무예인들의 유형을 보수파, 자기 우월적 개혁파, 그
리고 신개혁파 등으로 구분하였다. 보수파는 훌륭한 일본무도 수
련이념과 체계는 그 자체로서 긍정적으로 받아들여야 한다고 주장

한다. 자기 우월적 개혁파는 반일과 극일의 강박관념과 콤플렉스에서 벗어나 한국적인 전통과 특성을 지닌 무예를 연구하고 개발해야 하는 당위성을 주장한다. 신개혁파는 기존의 왜색 논란이 있는 무예를 완전히 탈피하기 위해서 완전히 새로운 무예를 창시하여야 한다고 주장한다.

그런데 일반적으로 일본무도에 대한 무예인들 태도는 보수주의와 진보주의로 두 가지로 나뉜다. 보수주의는 한국무예가 일본무도로부터 영향을 받은 점을 인정하고, 국가주의적 시각에서 벗어나 무예자체에 의미를 두어야 한다는 입장이다. 반면 진보주의는 일본색채를 탈피한 한국 고유의 신체문화를 담고 있는 한국전통무예의 정립이 필요하다는 입장이다. 이러한 무예계의 두 입장의 첨예한 대립과 마찰로 인하여 태권도는 전통론과 가라데 유입론의 논쟁을 불러일으켰고 합기도는 아이키도와 정체성에 대한 시시비비를 가지고 끝없는 논란을 초래하였다.

1) 무술에서 무도란 개념으로 변화

일본은 오늘날 수련되고 있는 무예 대부분의 원조인 국가 중의 하나이다. 그래서 그런지 일본은 중국과 한국처럼 이러한 동양무예의 진원지로 자부심을 가지는 경향이 강하다. 일본은 근대 무예 수련의 체계성 정립에 지대한 공헌을 하였다. 아마도 가장 잘 알려지고 널리 채택된 일본식 무예시스템은 수련인의 등급과 경험에 따라 심사를 하기 위한 수단으로 하얀 띠부터 검은 띠까지 색깔별로 있는 벨트(띠) 시스템이다. 무지개 색깔을 따른 각 색깔은 수련 수준을 의미하며 검은 띠부터 '단'이라 등급이 부여된다. 급과 단의 구분 체계는 2가지 설이 있다. 하나는 일본의 바둑체계인 급과 단에서 왔다는 것이다. 다른 하나는 수영팀의 숙련도를 표시하는 것에서 급과 단의 아이디어를 얻었다는 것이다. 19세기의 유도 창시자 가노 지고로가 고안한 이 벨트 시스템은 많은 무예에서 쓰고 있다. 또한 무예 수련장을 '도조: Dojo(한글은 도장: Dojang)'으로 부르게 된 것도 가노 지고로부터이다. 그는 중국 수나라 시대에 불교 사원(절)을 도장이라 부른 것에 착안하여, 강도관을 세운 장소도 절이었기에 도장이라 명명하였다.

일본 무도의 또 하나 두드러지는 특징은 기존 무술의 이미지를 바꾼 무도란 용어 사용이다. 이를 통해 일본 근대 무술들이 이전의 살육적인 격투기술에 치중한 하위적인 속성을 벗어나 이념과 철학으로 포장하고 고급화되어가는 현상이 일어났다. 따라서 기술적 의미가 강한 무술이란 용어의 개념에서 초월하여 심신수련을 통해서 도덕성 함양, 수련의 원리를 사회생활에 응용하는 무술을 이념화의 개념으로 승화시킨 무도란 용어가 생겨났다. 이진수는 일본 무도화를 중세의 종교적이고 철학적 배경을 갖고 있는 예도적 사상과 불교와 유교 중심의 문무 사상이라는 두 가지 교육성이 혼합되어 이론화된 것이 무도 용어의 탄생 배경이라고 설명했다. 이를테면 가노 지고로는 전통적으로 전해지던 유술유파의 장점을 받아들여 체계화시켰다. 더 나아가 그는 지, 덕, 체의 교육 수련 목적과 극기 정신, 상대를 존경하는 예의 정신, 승부의 원리의 사회생활의 적용화 등의 수련 목표들을 정립하면서 유술을 유도라고 명명하였다. 이를 기점으로 검술은 검도로, 아이키술은 아이키도로 바뀌면서 무술도 무도로 개칭되었다.

2) 사무라이에 대한 올바른 이해

일본무도의 속성과 본질을 잘 나타내는 상징적인 용어가 모신다는 의미(侍)를 지닌 사무라이(武士)이다. 일본은 8세기 말부터 귀족이 일하는 농민들로부터 연공을 받는 사유지화된 토지인 장원을 운영하였다. 장원을 지키고 보호하기 위해 호족과 지주들은 활과 검으로 무장하기 시작했는데 이것이 일본의 사무라이의 기원이다. 사무라이는 처음에는 말을 타고 활을 쏘거나 검술을 하는 기마무사였다. 사무라이는 초창기에는 신분이 낮은 계급으로 자기 주인인 영주에게만 복종하는 특수한 무사 집단이었지만 영주들 간의 권력 투쟁에서 크게 공헌함으로써 신분이 점차 상승하였다. 그런데 시간이 지남에 따라 대규모 장원을 독점 소유하게 된 다이묘들이 사무라이들을 고용하기 시작하였다. 사무라이들은 농민, 공인혹은 상인의 일에 종사하는 것이 금지되고 오직 다이묘를 보호하기 위한 경호원 역할만 담당하였다. 따라서 사무라이의 칼은 특권이자 계급의 상징이 되었다. 이러한 환경 속에서 사무라이들은 무예 훈련과 수련에 더 열중할 수 있었다. 특히 수많은 내전들을 겪은 사무라이들의 무예실력이 향상되면서 실전적인 검술과 유술의 체계적인 발달을 가져왔다.

임진왜란 후 도쿠가와 이에야스에 의해 천하가 통일되고 도쿠가와 시대부터 전쟁이 없는 긴 태평성대가 이어지면서 사무라이들은 실제로는 무장해제를 당하고 신분의 상징으로만 칼을 휴대하였다. 이에 따라 사무라이의 사회적 역할과 기능이 변화되었다. 사무라이들은 단순한 경호에서 다양한 예술 분야에 대한 지식을 쌓고 고전음악과 다도 등으로 활동영역이 확대되었다. 더 나아가서 다이묘의 재산을 관리하고 정책과 계획을 수행을 돕는 행정가 역할도 담당하게 되었다. 이로 인해서 사무라이가 칼을 사용하는 기회가 적어지고 사무라이의 전통적인 실전적인 무사도 정신이 퇴색된 반면 예술이나 철학으로 변이되는 무예의 이론적인 고급화를 창출하는 계기가 되었다. 앞서 12세기 후반에 관동 지방 무사 집단이 군사권력 기구인 가마쿠라 막부를 설립하여 중앙정권을 통제하는 세력으로 성장하였다가 17세기에 이르러서는 법적으로 공인된 신분으로 농업과 상공업에 이르기까지 경제의 모든 분야에 걸쳐서 지배 계급이 되면서 일본 사회의 주요한 통치 계층으로 부상했다.

주목할 점은 일본의 사무라이는 서양의 봉건시대의 장원제도하의 중세 기사와는 확연히 다르다는 것이다. 영주로부터 하사받은 토지와 농노를 소유할 수 있었던 서양 기사와는 달리 토지의 양도가 영구적으로 금지된 제도 아래에서 사무라이들은 토지를 소유할 수 없었다. 따라서 농민들로부터 징수한 연공미의 일부를 다이묘로부터 봉록으로 받아 살아야 했고 그 액수도 사무라이의 지위에 따라 차이가 있었다. 사무라이 평균 봉록은 농민 수입과 비슷해서 최저 생계비에 불과했고 때로는 영구 토지 소유권을 가진 농민들보다 수입이 적기도 했다. 이러한 경제적 어려움을 극복하기 위한 방편 중 하나로 절약과 검소의 미덕이 사무라이의 신조가 되기도 하였다. 이러한 사무라이의 사회경제적 위치적 위치는 다이묘에 대한 사무라이의 강력하고 독특한 충성과 의리문화를 형성하였다. 칼(무)로써 문까지 포용하려는 사상과 윤리적 가치를 지닌 무사도(사무라이) 문화는 일본문화의 주요한 위치를 차지하게 되었다.

3) 일본 맨몸무예의 역사

우리는 고조선으로부터 삼국시대를 거쳐 고려와 조선왕조에 이어 대한민국에 이르기까지의 한국 무예의 역사에 관해서는 국내 양질의 무예관련 서적들을 통해서 배우는 것이 어렵지 않다. 반면 한국의 무예사에 가장 밀접하게 영향을 주고받은 일본의 무예사에 대해서는 한정된 자료나 교육의 제한성으로 인해 배울 수 있는 기회가 거의 없어서 잘 알지 못한다. 합기도의 근원적 기술을 제공한 일본의 대동류유술을 올바르게 이해하기 위해서 일본의 무예사를 필수적으로 알아야 한다. 따라서 대동류유술의 상세한 기술을 하기 전에 대동류유술의 형성의 배경인 일본의 무예의 간단한 역사적 흐름을 살펴볼 필요가 있다.

시대적 흐름에 따른 일본 전투방식은 전쟁의 상대국이었던 중국이나 한국과 별반 다르지 않았다. 일본의 고대시대(AD 538~1185: 야마토시대, 나라시대, 헤이안시대)의 전쟁은 양쪽 진영이 화살로 먼저 공격하여 기선을 제압하고 그 다음에 창과 칼을 이용한 보병전 전투 방식으로 이루어졌다. 보병들 간의 백병전에서 검이나 창을 사용할 수 없는 경우에는 치고, 때리고, 꺾고, 던지는 맨몸무예를 사용하였다. 고대시대의 전투에서 활과 창검, 그리고 마지막에는 맨손격투와 같은 종합적인 기술을 사용하였는데 거의가 투박하고 거친 기술수준으로 검술이나 유술과 같은 기술의 체계화는 이루어질 수 없었다. 중세와 근세시대(AD 1185~1868: 막부시대, 남북조, 전국시대와 에도시대) 동안에 무기의 발달로 말을 타고 강한 활과 도검 등의 병장기를 기술적으로 사용하는 기마전 중심의 전투형식이 성행했다. 활, 검, 창 등을 다루는 뛰어난 무기술은 일본의 계속되는 내전을 통해서 끊임없이 사용되면서 다양한 실전적인 기술들로 발전해갔다. 이처럼 고대에서 근세에 이르기까지 무기술 위주의 전쟁에서 맨몸무예들은 매우 제한적이고 주변적이었기에 체계성이 없는 단편적인 기술로 취급되어 비중이 극히 낮았다. 그런데 흥미로운 사실은 철로 만든 대포와 총포가 등장하기 시작한 16세기와 17세기인 무로마치 막부를 거쳐 근세에 접어들면서 전투방식에 변화가 일어났다는 것이다. 기존의 기마전 중심에서 보병전을 중심으로 하는 집단전투형태로 다시 바뀌었다. 고대전쟁의 백병전에서 사용했던 투박하고 거칠었던 개인의 격투술들은 수많은 전쟁을 통해서 훨씬 더 실전성이 강한 발전된 기술들이 축적되었다. 게다가 유입된 중국의 맨몸무예인 솔각(씨름), 권법(타격기), 금나술(꺾기) 등도 큰 영향을 끼쳤다.

기술 체계를 지닌 맨몸무예의 중요성이 부각된 시기는 큰 전쟁이 없는 평화시대를 이끌었던 근세말기인 에도시대에서 근대시대(1868~1945: 메이지시대, 다이쇼시대, 쇼와시대)였다. 이 시기에는 종합무예적 성격을 가졌던 무예 기술들이 궁술과 검술, 유술 등으로 나누어졌다. 일본 전역을 통일한 도쿠가와 막부 시대에 들어와 생겨난 검술과 유술의 각 유파는 오랜 기간의 체험을 바탕으로 전쟁에 필요했던 격투술을 가타(형) 형식으로 체계화하여 전승하였다. 메이지시대 이후로 기존의 살상목적이었던 무예가 예술화되고 이론화되면서 일본의 무예는 무도란 개념으로 변화해갔다. 특히 주목할 점은 총포류의 무기가 발달하면서 전쟁에서 기존의 창이나 검을 쓰는 무기술의 중요성과 비중이 약화되었다는 점이다. 반면 맨몸무예 기술들이 활성화되고 발달되는 이른바 무예의 근대화 현상이 나타났다. 따라서 대동류유술도 이러한 무예의 근대화의 시대적 상황에서 등장하였다.

4) 일본 유술의 특징

중국에서는 이전의 수박이나 각저와 같은 맨몸무예들이 중세후반에 들어와 주먹과 발을 쓰는 권법과 레슬링 형태의 솔각, 꺾고 내치는 금나와 같이 구분되며 체계화되어간 반면, 일본에서는 유술(주짓수)이란 용어가 주를 이루고 있었다. 현대적 의미의 유술과는 달리 근대 이전 일본의 고류유술은 타격, 던지기, 메치기, 굽히기, 꺾기, 조르기 기술 등을 총망라한 종합무예였다. 하지만 주로 칼을 쓰는 전투방식에서 주먹이나 발로 가격하는 타격기술의 비중이나 완성도가 낮은 것이 일본유술의 특징이다. 일본유술이 체계화되는 시점을 2가지 관점으로 다음과 같이 최종균은 밝히고 있다. 첫 번째는 일본씨름인 스모 기술 중의 하나인 도리데(取手) 기법에서 비롯되어 8세기경에 때리고 치고 차는 타격기술을 배제한 스모의 48수 기법들로 재정립한 시점으로 보는 관점이다. 두 번째는 1600년대 초에 명나라에서 일본으로 건너 온 진원윤이란 무인이 중국의 유술 기법들을 전수하면서 일본 고유의 격투유술에 접목하여 체계화시켰다는 관점이다. 진원윤이 중국 맨몸무예를 전수하는 과정에서 인체의 급소나 경락을 사용하는 기법이 도입되었고 그 당시 일본에는 존재하지 않았던 족격, 활법, 체포술과 같은 중국의 금나술 기법 등이 기존의 일본의 고구소쿠와 고시노마리, 야와라와 같은 일본의 고류유술에 접목되었다. 진원윤에게 유술을 배운 세 명의 제자들이 각자 유파를 형성했다는 명백한 실증적 기록에서 볼 때 일본만의 독자적인 기술이 아니라 중국의 맨몸무예인 권법의 타격기술과 솔각의 던지기 기술, 그리고 금나의 꺾기 기술 등을 전수하는 과정에서 일본유술의 체계화가 이루어졌다는 것이 정설이다.

일본의 고류유술

일본유술은 사무라이 계급의 등장으로 인하여 12세기부터 부각되기 시작하였다. 사무라이들은 활, 창, 칼, 마술, 구미우치 5가지 기술을 익혔는데 특히 실전의 백병전에서 맞붙어 싸우는 격투술인 구미우치(組討)가 유행하여 유술 기술의 원류인 먼저 걸어, 꺾고, 굳히고, 타격하여 상대를 제압하는 기법인 도리테의 사용을 시작으로 상대방을 던져서 쓰러뜨린 후에 굳히기나 조르기로 완전히 제압하는 기술 등으로 발전하면서 유술의 여러 분파들이 형성되었다. 가장 오래된 유파인 데이호 산류 야와라를 시작으로 타케노우치류(竹內流), 세이고류(制剛流), 오구리류(小栗流), 세키구치류(關口流), 기도류(起倒流), 야규신간류(柳生心眼流), 천신진양류(天神真楊流柔術), 그리고 대동류합기유술(大東流合気柔術) 등의 다양한 유술의 분파가 생겨났다. 대표적인 일본 유술의 분파의 특징은 다음 표와 같다.

<표 7> 대표적인 일본 유술들의 특징

타케노우치류(竹内流)	(1) 가장 오래된 유술 유파로 알려져 있으며, 거의 대부분의 유술 파에 영향을 미쳤다. (2) 실제로는 유술 이외에 코구소쿠(小具足)라고 하는 단병기술로 매우 이름이 높으며, 병기술을 다수 포함하고 있다.
세이고류(制剛流)	(1) 도쿠가와 이에야스(1543~1616) 초기에 세이고류가 창시. (2) 야와라, 이아이, 나와를 한 초기 유술로 손잡는 기술, 뒤에서 잡는 기술, 서서 하는 기술, 고구소쿠, 가타메, 나와, 야와라데 등 총 117개 기술. (3) 야와라를 기본으로 도리테, 고구소쿠, 나와 등을 포함한 종합 무예.
오구리류(小栗流)	(1) 1615년에서 1624년에 창시됨. (2) 지도이념: 만물의 부드러움이나 약함, 강하고 굳셈, 느리고 빠름, 변화의 이치를 가진 몸의 동정에 따라 가르침. (3) 먼저 손발 관절의 모양새부터 익히는 일을 시작해야 한다고 가르침.
세키구치류(關口流)	(1) 기도류와 함께 에도 시대 가장 저명한 유파 중 하나이다. (2) 야와라로 불리던 종래의 무술에 야와(유)란 명칭을 최초로 사용. (3) 몸을 다루는 법과 기술, 기합, 해당 시기의 무예를 모아 사용하는 유술.
기도류(起倒流)	(1) 급소 지르기와 역기라는 여러 기술 외에도 허리 기술, 메치기 등 포함. (2) 유도의 모체로 알려짐.
대동류합기유술 (大東流合気柔術)	(1) 계열에 따라서는 대동류합기무도(大東流合気武道)라 부름. (2) 아이키도의 모체로 알려짐. (3) 현재는 다케다 소가쿠(武田惣角)가 자신이 배운 일도류, 직심영류 등의 무술을 종합하여 창시하였다는 것이 정설. (4) 고류무술이라고 보기에는 다소 이견이 있다.

출처: 「일본무도의 형성과정과 특징에 관한 연구」, 최종균

(3) 대동류유술(DAITO-RYU JUJITSU)

합기도와 아이키도의 기원이 되는 대동류유술의 역사적 고찰은 각각의 무예사의 비교를 통해 역사적 정통성을 정립하는 데 절대적인 요소이다. 대동류유술이 한국 고대 왕국인 신라의 고대무예로부터 유래된 것인지 아닌지에 대한 역사적 고증은 합기도의 정통성 확립에 중요하다. 우선 대동류유술이 어떻게 형성되어서 발달해 왔는가에 대한 역사적 기록을 자세히 고찰함으로써 대동류유술이 일본의 무예사에서 어떻게 형성되고 발달해 왔는가에 대해서 명확하게 알아야 할 필요성이 있다. 왜냐하면 대동류유술에 대한 구체적인 실증적 지식 없이 합기도의 근원이 된 대동류유술은 한반도의 신라에서 일본으로 전래된 고대 무예라는 피상적인 주장을 되풀이하는 것은 오히려 합기도의 올바른 역사적 정통성 정립에 도움이 되지 않기 때문이다. 이러한 취지에서 대동류유술과 한국 고대무예의 연관성을 분석하고 설명하기 이전에 가장 대동류유술관련 역사에 대해서 자세히 알아야 한다. 이러한 취지하에 여전히 논쟁의 연장선상에 있는 일본의 신라삼랑원의광이 한반도로부터 건너온 신라인임에 대한 밝혀주는 사실과 대동류유술의 뿌리가 한국무예에 있음을 강하게 추정할 수 있는 역사적 배경에 관한 내용들이 구체적으로 기술되어 있는 문헌의 내용들을 여기서 기술하려고 한다. 합기도 원로이신 김희영 박사님(사범님)이 영문으로 집필하신 『History of Korea and Hapkido』에서 대동류유술의 형성 이전의 역사적인 사실들과 대동류유술의 설립자인 다케다 소가쿠에 대해서 소상하게 기술하고 있다. 필자는 이 책의 번역을 하면서 합기도의 근원이 된 일본의 대동류유술이 고대 한국무예에서 비롯되었다는 역사적 사실들을 고증하려고 노력하셨던 김희영 박사님의 노고에 숙연해질 수밖에 없다. 사실적인 전달을 위해서 번역내용에 충실하면서도 필자의 비판적, 분석적 의견도 가미하였다.

1) 대동류유술의 형성 배경과 역사

① 미나모토(清和源氏) 가문의 기원(The Origin of the Minamoto Family)

한국이 고려시대였던 814년에 일본의 역사에서 미나모토 가족이 첫 등장한다. 당시에 후지와라 가문이 왕조를 통제하고 있었는데 이 가문이 정치적 위기를 맞을 때마다 미나모토 가문의 군사들이 개입하여 도와줌으로써 그 공을 인정받아서 천왕으로부터 '사가 미나모토'라는 이름을 부여받으며 미나모토 가문이 탄생했다. 일본의 주요 부족들의 중에 하나가 된 후지와라 가문의 조상들은 한반도의 신라 출신들로 또한 신라 전사들의 자손들인 미나모토 가문과 긴밀한 가족 관계를 유지했다. 814년에 사가 천왕은 미나모토란 성을 33명에게 수여했다. 842년에 후지와라 요시후사가 그의 권력을 굳히기 위해 천왕 모노토쿠를 내쫓고 손자인 세이와를 왕좌에 앉히려고 쿠데타를 일으켰다. 이 쿠데타에서 병사들과 무력을 제공했던 집단은 북쪽 규슈에 거주하는 신라 후손들이었다. 쿠데타의 성공을 도운 이 집단에게 세이와 천왕은 '세이와 미나모토'라는 이름을 부여하였는데 이들이 신라삼랑원의광(시라키 사부로 미나모토 요시미츠: 1045~1127)의 조상이다.

팔본신은 일본으로 이주한 신라의 조상 숭배를 하는 의미로 알려져 있다. 8세기 중반에도 규슈 지방에서는 신라신을 숭배했고 이 신은 교토까지 내려와 왕실에게 숭배받았다. 신라 후손인 일본의 45대 쇼무 천왕이 이러한 신라신의 숭배 관행을 일본 전역으로 전파하였다. 주목할 점은 이 시기에 지역의 전사들은 거의 대부분 신라 이주자들로 구성되었다는 것이다. 50대 천왕 고닌은 수도를 나라에서 쿄토로 옮겼는데 그의 어머니는 신라 출신이었고 나라에는 백제에서 온 사람들이 거주했던 지역이 있었다.

② 신라 선신당(Siraki Zenshindou)

신라 선신당은 교토 근처의 오슈시에 있는 온조지 사원 근처의 신라신을 모시는 성지이다. 고명한 엔닌 스님은 838년에 불교를 공부하기 위해 중국으로 가서 10년 동안 수도생활을 하면서 여러 사원들을 옮겨 다니다가 일본으로 돌아갔다. 엔닌 스님이 중국에 있는 동안 여러 번 태풍과 거친 파도를 만나 그가 타고 있던 배는 여러 번 가라앉을 뻔했다. 그는 무사하기를 기도할 때 신라신이 나타나 그를 태풍으로부터 구해 준 것에 대한 보답으로 일본으로 돌아온 이후, 847년에 방치되어 폐쇄 위기에 있었던 온조지 사원을 복원했다. 이 시대에 일본에서는 소년이 남자로 여겨지는 나이가 될 때 치르는 전통적인 성인식이 있었다. 성인식은 또한 그 당시 한반도의 일부지역에서 수행되는 가장 강력한 전통 중 하나였다. 역사가들은 이 전통이 부족사회로부터 시작되어 삼국시대에 발달했다는 것에 동의한다. 그 시대에는 성인식을 끝낸 남자들은 대개 전쟁터에 나갈 수 있거나 결혼을 할 수 있었다. 가령 신라 화랑도들은 이 의식을 마친 소년들 중에서 선택되었다. 이러한 성인식 관습들이 한국인들의 이주를 통해 일본으로 유입되었다. 성인식의 자격은 각 소년들의 나이에 따라 달랐는데 보통 11살에서 16살까지의 나이 범주에서 성인식을 치렀다. 소년은 신라화랑 전사 복장의 새 옷을 입고 처음으로 머리 위로 머리를 묶고 모자를 쓰며 어린 시절 사용했던 이름을 버리고 부족과 가족에 대한 관계에 대해 큰 소리로 발표했다. 그러면 그는 권리와 혜택과 책임감을 갖춘 성숙한 남자로 인정받았다.

성인식은 다음과 같이 진행되었다:

1. 성인이 될 후보자는 전통적 성지의 광장에 입장한다.
2. 의식의 사회를 보는 임원(전통적 사제)들이 그 다음으로 입장한다.
3. 후보자는 임원들에게 고개를 숙여 인사한다.
4. 임원들은 후보자의 머리를 머리 꼭대기까지 묶고 모자로 덮는다.
5. 임원들은 후보자가 새로운 성인 옷을 입는 것을 돕는다.
6. 임원들은 발표한다, "이제 너는 성인이 되었다. 어린아이의 마음을 버리고 '도'에 따라 생활하도록 노력해라."
7. 후보자는 대답한다, "네, 그러겠습니다."
8. 임원은 성인이 된 것을 축하하기 위해 차 한 잔을 권한다.
9. 그러고 나서는 말한다, "이제 이 차를 마시고 너의 몸과 마음을 정화한 후 남자가 되어라."
10. 후보자는 말한다, "네. 최선을 다하겠습니다." 그는 차를 세 모금 마신다. 첫 번째는 차의 색을 관찰하고 두 번째는 차의 향기를 느끼기 위한 것이다. 세 번째는 그 맛을 느끼기 위해

서이다.

11. 임원은 말한다, "이제 너는 성인이다. 너의 몸은 너의 조상들로부터 온 것이다. 나는 너에게 "靑心(파란 마음)이라는 새로운 이름을 부여하겠다. 이 이름은 미래의 희망을 나타낸다. 파란색은 다른 사람들의 행복을 반영한다. 그러니 이 이름에 따라 미래를 살도록 하여라."

12. 성인이 된 남자는 맹세한다, "이제 저는 새로운 이름을 얻었습니다. 저는 저의 부모님, 형제들, 이웃들과 함께 현명하고 조화롭게 살 것이며 새 이름의 명예를 떨어뜨리는 행동은 하지 않을 것입니다."

13. 성인남자는 임원들에게 고개 숙여 인사한다.

14. 의식이 끝난다.

15. 성인이 된 남자는 사당을 방문하기 위해 고향으로 돌아간다. 사당에 들어가자마자 그는 조상들에게 절을 하고 그들에게 그가 성인이 된 사실을 알리며 불명예스러운 행동은 하지 않겠다고 맹세한다.

16. 집에서 그는 부모에게 술을 대접하면서 감사함을 표시한다. 부모는 이웃들을 초대해 먹고 마시는 축하행사를 한다. 이러한 성인식은 한국에서 진행되는 멋진 관습들 중 하나였다.

신라명신 앞에서 원의광은 "나는 신라의 후손이다. 나는 신라삼랑원의광으로 영혼의 전사이다."라고 선언했다. 이 신라신의 성지는 대중에게 공개되지 않았는데 일본 역사학자들은 신라명신은 부처도 일본신도 아니고 한국을 건국한 단군과 더 닮아있다고 말한다. "신라삼랑" 구절은 신라의 영적인 전사와 사제를 의미했다. 사제로서 남자들은 멀리 떨어진 곳에 혼자 지내면서 자신들만의 기술과 지식에 의지하며 살아갔다. 이 독립 정신적인 개념의 기원은 한국사상의 설립으로 거슬러 올라간다. 고조선의 단군 왕검은 정신적 지도자뿐만 아니라 정치적 지배자였다. 하지만 나라가 성장함에 따라 정치 개념과 종교성을 띤 정신적인 일들은 분리되었다. '단군'은 정치적인 측면을 나타냈고 '왕검'은 종교적 측면들과 연관이 있었다. 삼랑은 환인, 환웅, 환검의 삼신을 보호하는 사제이다. 환검은 고조선의 설립자이고 나머지 두 명은 그의 조상으로 여겨졌는데 국가의 신 역할을 하는 세 명의 신의 숭배가 한국의 조상 숭배의 시작이었다. 시간이 흐르면서 삼랑의 사제계급은 세습 작위를 받고 자신만의 병사들을 훈련시킬 수 있는 권력을 가지게 되었다. 삼랑 병사들의 탁월한 군사기술은 전설이 되었다.

심지어 오늘날에도 북한의 월산과 남한의 태백산과 마이산에 이들을 숭배하는 장소들이 있다. 마이산 기슭에는 오늘날까지 존재하는 삼랑성이 있다. 삼랑 전사들은 전통적으로 그곳에서 머무르며 무예를 수련하며 종교적 의식들을 연습했다고 전해진다. 오늘날에도 한국 정부는 매년 10월 3일 개천절에 단군의 건국을 기념하기 위해 이러한 형식의 의식들을 여전히 수행하고 있다. 이 전통은 고조선 이후부터 삼국시대 내내 지속되었다. 많은 신라의 일본 이주자들이 삼랑 유산에 대한 그들의 자부심을 나타내기 위해 이 의식들을 수행했다. 고려시대 동안에는 단군 숭배와 그의 명예와 축복을 기리는 의식이 인기리에 정기적으로 열렸고 축하가 끝나면 무예 대회가 열렸다.

역사서에는 이러한 무예대회들을 통해 백 가지가 넘는 다양한 무예 기술들이 입증되었다고 쓰여 있다. 신채호는 여러 가지 무예 시합들에 대해 구체적으로 다음과 같이 묘사했다. '한명' 경기는 그룹이 두 쪽으로 나눠서 물로 들어가는 것이다. 그들은 그러고 나서는 물속으로 들어갔다. '수박' 경기는 참가자들이 무기 없이 오직 발차기, 주먹질, 관절기 그리고 던지기만을 사용하여 싸우는 것을 의미한다. 이는 일본에 전파되어 유술(주짓수)로 불렸다. '검술'은 고구려 선비와 신라 화랑 전사들에게 중요한 훈련이었다. '궁술'은 중국이 한국을 위대한 궁수들의 나라로 불렀던 활쏘기 대회였다. '격구'는 돼지의 방광을 공으로 사용하는 공 게임이었다. '검환'은 반달 모양의 무기를 사용해 상대방을 공격하는 것을 의미했다. '주마'는 경마 시합이었다. 사냥 시합 또한 이러한 행사들에 포함되었다.

③ 신라삼랑원의광의 등장과 간토 전사들(Tokyo Samurai)

신라삼랑원의광 그림

1051년에 아베노 요리도키가 무세우 지역에서 일본 정부의 명령에 반항하여 6년간의 반란과 폭동을 일삼았다. 이에 대하여 원내의 미나모토 요리요시와 그의 두 아들인 요시이에와 요시미츠(원의광)는 이 폭동을 진압하라는 명령을 받으며 요시이에는 그의 성을 팔본으로 바꾸었고 원의광은 신라로 바꾸었다고 전해진다. 폭동을 성공적으로 진압한 원의광은 가이 지역의 땅을 보상으로 받으며 '가이 미나모토' 가문의 가장이 되었다. 이때부터 신라삼랑원의광은 일본에서 '시라키사브로 미나모토 요시미츠'로 알려졌다. 그 이후로 신라삼랑원의광 가문은 노부나가 오다와 대응해서 싸웠던 다케다 신겐, 그리고 대동류유술을 퍼뜨린 다케다 소가쿠와 같은 유명한 후손들을 배출했다.

간토는 현재 도쿄 지역으로 10세기와 11세기 동안에는 덜 개발된 상태였다. 이 시기에 신라와 고구려로부터 새로운 이주자들이 간토로 들어와 비단과 가축을 기르는 데 종사했다. 세루오카 교수는 그의 저서인 『A Study of Old Temples in Kanto Area』에서 한반도에서 온 이주민들에 대한 상황을 다음과 같이 자세히 설명하고 있다. "이주자들이 처음 이주한 시기는 660년으로 거슬러 올라간다. 약광과 그의 추종자들은 고구려로부터 탈출하여 일본에 도착하여 일본 왕실의 허락을 얻어 건설 기술과 다른 공예를 지역 사람들에게 가르쳤다. 그들 중에 다꾸앙은 덕이 있는 사람이어서 정부로부터 50번째 왕이라는 직함을 얻었다. 그리고 약광이 고구려에서 일본으로 온 이후 많은 이주자들이 그를 따라왔다. 그들은 농업 도구로 사용되는 금속을 제련하는 기술들뿐만 아니라 무기를 쓰는 기술도 가르쳤다. 한반도에서 온 이주자들은 또한 일본 지역에서 소를 길렀으며 신라, 고구려, 그리고 백제에서 온 말을 타는 병사들은 말을 기르기 위해 무사시노 지역의 토지를 활용했다. 그들은 야마토 궁전에서 말들을 팔거나 기부했는데 조포시의 백년 동안의 역사를 기록한 책에는 무사노 들판의 땅이 평평하고 목초지로 적합해서 많은 목장들이 있었는데 개인 목장들도 있고 정부의 소유인 목장들도 있었다고 기술하고 있다. 매년 50마리의 상태가 좋은 말들이 교토 지역으로 실려가 천왕에게 바치기도 했다.

헤이안 시기 말에는 대형 목장은 영주의 저택이 되었다. 법과 지역의 질서를 유지하고 저택을 지키기 위해 병사들은 맨손, 무기 그리고 무장한 상태의 무예 기술들을 배웠다. 권력을 가진 가문들이 사병단을 양성했는데 이 사병단이 나중에 사무라이의 근원이 되었다.

간토 지역의 병사들은 미나모토 요시모토를 위해 싸웠고 1185년부터 1333년까지 지속되었던 가마쿠라 막부 시대를 세우는 데 결정적인 역할을 하였다. 사이타마 현의 기록은 이 시대의 상황을 다음과 같이 설명하고 있다 "나라시대에는 우리의 지역은 인구가 매우 적었다. 하지만 한국에서 온 이주자들 덕분에 인구가 급속하게 증가하면서 이 지역은 번성하기 시작했다. 헤이안시대가 끝날 때쯤에는 사무라이라고 일컫는 강한 무사들이 생겨났다. 이 무사 집단들은 미나모토와 타이라라는 두 집단으로 나뉘어졌다. 그들은 가마쿠라 쇼군의 시대를 여는 토대가 되었고 많은 유명한 무사들을 배출해냈다."

다케다 신겐

다케다 신겐(1521~1573)은 신라삼랑원의광의 후손이다. 그는 일본의 가이 지역에 강력한 정치적 통제권을 갖고 있었고 힘을 굳히기 위해 다른 병사들과 싸웠다. 그는 13살의 나이에 전쟁에 나갔고 16살이 되었을 때 삼백 명의 병력을 이끌었다. 1572년에 그는 오다 노부나가와 도쿠가와 이에야스 연합군과 전투를 벌였다. 전투에서 승리를 거두었지만 상처가 심해 죽음을 피할 수 없었다. 그의 죽음은 미나모토 가문의 정치적 종식을 의미했다. 그의 아들 가츠요리에게 자신의 죽음을 3년이 지난 후에 알리라고 경고했다. 이때 그의 아들은 노부나가와 도쿠가와의 동맹연합군에 대항하는 세력의 우두머리가 될 기회를 맞이하였다. 다케다 신겐은 그의 죽음을 비밀로 유지하기 위해 그 유명한 그림자 무사(가게무샤)의 사용을 제안했다. 즉 다케다 신겐을 사칭하는 가게무샤가 다케다 신겐과 똑같이 행동했기 때문에, 노부나가와 도쿠가와의 스파이들은 신겐이 살아있다고 생각했다. 그런데 이 가짜 신겐인 가게무샤가 국민들에게 매우 자애로워 사람들은 실제 다케다 신겐보다 그에게 더 충성심을 보였다. 이것을 보고 걱정이 된 다케다 신겐의 아들은 1575년에 더 이상 기다릴 수 없다고 판단해 미나모토 병력들과 노부나가와 도쿠가와에게 충성하는 자들 사이의 전투를 감행하기로 결정했다.

노부나가와 도쿠가와의 연합군의 조총 부대에 다케다 신겐의 병력들은 전멸당했다. 역사가들은 만약 52세였던 다케다 신겐이 죽지 않았더라면 일본 역사는 달라졌을 거라고 말한다. 이 전투의 승리자인 도쿠가와 이에야스가 결국 최종적으로 쇼군이 되어 일본의 전체를 통합했고 그의 후손들은 1603년부터 1868년까지 통치했다. 도쿠가와 이에야스는 에도 지역(현재의 도쿄)에 머무르며 막부 정부를 형성했다. 그는 더 효과적으로 통치하기 위해 일본을 여러 지역으로 나누었는데 1860년에 일본은 거의 100여 개 지역들로 나누어졌다. 쇼군의 직위는 도쿠가와 가문으로 세습되었고 250년간 통치했다. 도쿠가와 가문의 쇼군들이 실제 힘을 행사한 이후부터 천왕의 위치는 실권을 잃고 상징적이 되었다. 신겐의 죽음과 그의 아들의 패배는 미나모토 가문의 멸망을 가져왔고 생존자들은 일본의 다른 지역으로 피난을 가야 했다. 이 때 다케다 소가쿠의 조상인 다케다 도사쿠 니세우키와 그의 추종자들이 아이즈 지역 (Aize Han)으로 옮겨서 그들은 새로운 삶을 시작했다.

이후 쇼군의 통치력이 약화되면서 다른 지역의 다이묘들이 반역을 통해 쇼군 통치를 종식시키고 그들의 이전 지위를 회복하려고 시도하였다. 주동자들은 사츠마의 다이묘들로 그들의 실질적 의도는 도쿠가와의 막부 정부를 타도하고 그들만의 정부를 설립하는 것이었다. 천왕을 실권자로 옹립하려는 이들이 연합하여 교토와 에도를 차지하고 다른 지역들을 정복하는 무신 전쟁이 일어났다. 1868년에 이들 다이묘들은 모두 패배하고 남은 곳은 다케다 소가쿠가 살았던 아이즈 지역이었다. 그 해 10월에 천왕의 부대는 아이즈 지역을 공격했는데 다케다 소가쿠의 아버지인 다케다 소요시가 수비진을 조직해서 방어하였지만 총과 대포로 무장하고 군사의 숫자도 우세한 천왕의 군대들에게 패배하여 아이즈의 병사들은 와카마사 성으로 후퇴해야 했다. 어린 아이들, 여성들 그리고 노인들은 산에서 탈출할 수 있도록 남겨졌다. 천왕의 군사는 일주일 동안 그 성에 공격을 퍼부었고 성은 결국 불타서 완전히 파괴되었다. 다케다 소가쿠의 스승이었던 사이고 타모노는 불타는 성에서 운 좋게 탈출했으나 그가 죽었다고 생각한 사이고의 아내와 가족의 21명의 일원들은 집단 자살로 생을 마감했다. 그 후 사이고는 그의 이름을 호시나 치카노리로 바꾸고 6년 동안 떠돌이 생활을 하다가 아이즈 지역으로 돌아와서 다케다 소가쿠를 지도하게 되었다.

7명으로 구성된 전사그룹이 간토지역에 만들어졌다. 유명한 말과 사무라이의 전형적인 갑옷 형태는 이 지역에서 비롯되었다. 일본의 충성심과 무사도 정신은 간토 병사들의 정신적인 지주로 작용했다. 타이라 가문과 미나모토 가문은 이 지역에 깊은 뿌리를 두고 일본 정부의 주요 지도자들로 성장했다. 다케다 가문의 조상인 카이 미나모토는 이 지역 출신이었다. 일본의 아이키도는 대동류의 가계도를 다음과 같이 묘사하고 있다. 미나모토 요시미츠(신라삼랑원의광)—요시키요—기요미츠—노부요시(다케다 가문 시조)—다케다 요시키요—노부요시—노부미츠—노부마사—노부도키—도키츠나—노부무네—노부다케—노부나리—노부하루—노부미츠—다케다 구니츠쿠(대동류 개조)—노부츠기-다케다 소에몬—다케다 소가쿠—다케다 도시무네. 이러한 원의광의 가계를 요약하면 일본의 대동류 계보는 원류인 신라삼랑원의광을 기원으로 해서 56대의 청화천왕로부터 정순친왕, 경기, 만중, 뢰신, 뢰의, 의광(뢰신의 세 번째 아들), 의청의 순으로 이어져 왔다.

의청부터 다케다라는 성을 쓰기 시작하였다. 원의광은 자신이 신라의 후손이라고 주장했다. 원의광은 무예 수련을 위한 인체를 알기 위해 전쟁에서 사망한 병사의 시체를 해부하여 골격을 조사하였다. 또한 그는 우연히 거미가 거미줄 위에서 큰 곤충을 제압하는 것을 보고 기존의 고대 무술에 이것을 응용하여 창안한 무예가 대동류유술이라고 불리게 되었기에 원의광이 대동류유술의 설립자라는 주장은 역사적 사실을 토대로 하고 있다. 와세다 대학의 체육교육학과 겐지 도미키(1900~1979)교수가 이 주장을 뒷받침하는 연구 발표를 했다. 도미키 교수는 우에시바 모리헤이로부터 아이키도를 배웠고 첫 아이키도 8단을 1940년 2월에 취득한 무예학자이다. 그는 경쟁적인 특성을 가진 '도미키 아이키도'를 개발하여 우에시바의 아이키도와 차별화하였다. 그에 의하면 대동류유술의 유래로서 신라의 후손인 신라삼랑원의광이 대동류유술의 설립자이고 대동류유술은 다케다 소가쿠 시대까지 미나모토 일가의 다케다 가문을 통해서 후손들에게 비밀스럽게 전달되었다고 주장했다.

2) 다케다 소가쿠(Takeda Sokaku)

근대무예인 대동류 합기유술을 만든 다케다 소가쿠는 1859년에 일본의 아이즈 번(Aize Han)에서 태어났다. 그는 다케다 소요시(Takeda Soyoshi)의 둘째 아들로 아버지로부터 대동류, 스모, 검술 그리고 창술 등을 배웠다. 소가쿠의 어린 시절에 통치 중인 도쿠가와 쇼군을 추방하고 자기들의 영향력 아래 움직일 천왕 후원을 자처하는 서일본의 다이묘들이 1868년에 무신 전쟁(Musin War)을 일으켰다. 무신전쟁의 마지막 전장이 다케다 가족의 고향인 아이즈 번이었다. 소가쿠는 9살 나이에 이 전쟁의 비극적인 상황 속에서 천왕의 병사들이 무자비하게 약탈하고, 때리고 죽이는 광경들을 목격했다. 또한 총에 비해 검이나 창은 쓸모없다는 것도 알게 되었다. 이로 인해 이 전투의 많은 생존자들은 무예를 포기했다. 그러나 소가쿠는 이런 상황에서도 무예에 진정한 재능을 갖고 있었고 계속할 의지가 있었다.

11살이 됐을 때 소가쿠는 스모와 아버지로부터 배웠던 창술들을 연습했다. 또한 아이즈 지역의 전통 무예였던 잇토류를 수련하기도 했다. 13살 때인 1873년에 그는 부모님에게 도쿄로 가서 가키 바라 겐키치(1830~1894) 아래에서 '조쿠시나리류'를 배우기를 허락하 도록 설득했다. 조쿠시나리류는 막부 시대 후반의 최고의 검술로 알려져 있었다. 이 검술은 매우 공격적인 검술 스타일로 알려져 있 었다. 비록 수련생들이 호구를 입었더라도 타격이 너무 강해 혼절 하기 일쑤였다. 이러한 수련시스템에 입문하려는 지원자들은 격렬 한 훈련에 참여하기 전일 동안 금식해야 했다. 만약 지원자가 초기 훈련을 견디지 못하면, 그들은 조쿠시나리류의 수련생으로 받아 들여지지 않았다. 다케다 소가쿠는 이러한 힘든 과정을 무사히 마 친 사람을 그의 수련생으로 받아들였고 2년 이상 훈련시켰다. 또 한 그는 봉과 창을 포함한 여러 무기술을 배웠지만 검술을 중점적 으로 수련했다.

소가쿠는 또한 사이고 가노모로부 터 아이즈 지역의 전통적인 수련체계 인 '고시카우치류'도 배웠다. 이는 향후 대동류유술의 부분이 되었고 일반 사 람들도 수용하도록 수정되었다. 소가 쿠는 일본의 여러 지역에서 훈련을 계 속해 나갔고 무수한 경쟁을 통해 그의 무예 기술을 증명하고 약점을 개선해

다케다 소가쿠

나갔다. 1877년에 소가쿠는 보다 다양한 무예 유파와 경쟁하고 훈 련하기 위해 규슈로 이주했다. 하지만 그 당시는 도장에서 무기의 사용이 법으로 금지되어 있었기에 많은 검술 도장들이 문을 닫아

서 검술 수련이 여의치 않았다. 소가쿠는 오키나와로 이주하여 많은 가라데 전문가들과 경쟁한 후 1880년에 아이즈 지역으로 돌아왔다. 그는 대동류유술을 체계화하기 위해 그의 조상들로부터 물려받은 전통적 기술들과 여행 도중 얻은 기술들을 결합했다. 따라서 대동류유술은 주짓수 기술뿐만 아니라 검술도 포함되어 있다. 이러한 대동류유술의 기술들은 아이키도를 창시한 모리헤이 우에시바와 합기도의 원조인 최용술을 통해서 향후 일반 대중들에게 전파되었다.

1887년에 소가쿠는 홋카이도로 가서 11년 뒤인 1898년에 동북 지역에서 무예 사범으로 157명의 군인 장교들을 가르쳤다. 1904년에 아키타 시의 지방 법원 판사들은 도시의 치안을 유지하는 데 도움을 받기 위해 다케다 소가쿠의 대동류유술 강의를 초빙했다. 1910년에 홋카이도 경찰서장의 요청으로 다른 경찰들을 가르쳤다. 1912년쯤, 다케다 소가쿠는 결혼했고 같은 해에 그는 최용술을 만났다. 1915년에 우에시바 모리헤이가 소가쿠의 수련수업에 참여했다. 1917년에는 최용술, 임김씨, 산본씨, 삼본씨, 그리고 궁본씨 등 5명을 데리고 산으로 들어가 7년간의 산상수련을 하였다고 전해지고 있다. 이러한 산상수련의 기록은 최용술과 소가쿠와의 관계를 명확히 하는 결정적인 증거가 될 수 있다. 하지만 안타깝게도 이를 증명하는 구체적인 자료가 남아 있지 않다.

1928년에는 마츠다 토시미가 대동류유술 사범 자격증을 소가쿠로부터 받았고 그는 한국인 장인목에게 대동류유술을 가르쳤다. 1934년에는 다케다 소가쿠가 오카다 게이스케, 가토 간지 등 5명의 해군 장군들을 가르치고 1936년에는 오사카조보뿐만 아니라 도쿄일보에서도 시범을 보이는 등 왕성한 활동을 했다. 1939년에 대동류유술의 회장으로 역임한 이력이 적힌 명함도 만들었다. 1943년 5월 3일 소가쿠는 84세의 나이로 생을 마감했다. 소가쿠의 제자들은 최용술(요시다 아사오), 호리카와 다이소, 호리카와 고토, 우에시바 모리헤이, 사가와 유키요시, 마츠다 도시미 그리고 요시다 고타로 등이 있다. 소가쿠는 제자들을 선별해 각 제자에게 초급, 중급, 고급 등으로 나뉘어 개별적으로 지도하였다. 이러한 개인지도 형식으로 인해서 제자들끼리는 서로 잘 알 수 있는 기회가 주어지지 않았다. 그 결과 소가쿠의 제자들은 각각의 특징을 지닌 대동류의 유파들을 형성하였다.

일본에서는 일반적으로 대동류유술의 기원을 2가지로 구분하고 있다. 하나는 대동관에서 신라삼랑원의광의 유술적인 기법을 바탕으로 현재의 후쿠오카 지역에 전승된 다케다류합기유술이다. 다른 하나는 후쿠시마현을 중심으로 전승된 대동류합기유술이다. 그런데 최근에는 다케다 소가쿠가 주장한 '대동류의 전승사'에 대하여 의문을 제기하면서 대동류 기원에 대한 부정적인 입장을 보이는 무예사 연구도 있다. 이 연구에 따르면 다케다 소가쿠가 설립한 무예는 전승되어진 대동류유술이라기보다는 그가 수련한 오노파일도류, 직심영류, 경신명지류 등의 고류검술과 창술, 유술의 기법을 합하여 체계화한 '비교적 신생무예'라는 주장이다. 소가쿠의 수제자 사가와 유키요시 또한 이런 방대한 체계가 그렇게 오랜 기간 전수될 리가 없다는 의견을 피력하면서 대동류는 소가쿠가 창작한 것이라는 주장에 동조하는 모습을 보였다. 이러한 맥락에서 볼 때 대동류유술은 소가쿠 자신이 배운 무예에 다양한 유파의 무예들을 참고하여 만든 새로운 근대 무예에 다케다 가문의 전통무예라는 개념을 덧붙인 것으로 전통적으로 계승되어 온 비전무예가 아니라고 볼 수도 있다.

3) 대동류유술과 한국과의 관계

대동류유술의 뿌리를 한국의 고대무예와의 관련성의 진위 여부는 대동류유술의 근원이 된 신라삼랑원의광이 신라에서 건너온 도래인인가? 신라인의 후손인가? 아니면 신라인 조상을 둔 일본인인가?'에 대한 논쟁을 촉발시켰다. 원의광이 한국인인가 일본인인가의 문제는 그가 창시한 대동류유술의 근원이 한국인가? 아니면 일본인가?라는 국가적 정체성과 관련되기에 합기도의 역사적 정통성 확립에 절대적인 영향을 끼치는 민감한 사안이다. 대동류유술의 형성 배경에 관한 일본역사를 자세하게 기술한 내용들을 보면 한반도에서 건너온 고구려, 신라, 백제인들이 일본 내의 수많은 내전에 참여하고 및 사회문화 형성의 절대적인 영향력 끼친 것은 누구도 부인할 수 없는 사실이다. 하지만 여전히 신라삼랑원의광의 한국인 여부에 관한 논쟁은 첨예하게 대립하고 있다. 합기도의 정체성의 결정적인 요소로서 이에 대한 명확한 규명은 올바른 합기도의 수련이념과 원리의 정립을 위해 중요하다. 이러한 논쟁에 대하여 심층적인 연구를 한 최종균과 김이수의 주장을 바탕으로 다음 내용과 같이 비판적 분석을 해보았다. 향후 이러한 분석이 대동류유술과 한국무예의 관련성 여부에 대한 연구가 진일보하는 데 도움이 되기를 바란다.

① 신라삼랑원의광은 신라인의 후손인가?

　　최종균은 『일본대동류합기술의 역사 연구』에서 다음과 같이 밝히고 있다. 신라삼랑원의광(신라사부로 미나모토노 요시미츠)은 다케다 집안의 선조로서, 미나모토노 요시미츠의 집안인 가와치 겐지는 원래 일본의 천왕가에서 갈려져 나간 세이와 겐지에서 다시 갈려져 나간 집안이다. 그리고 성년식을 치른 장소가 신라명신을 모신 신사여서 신라 사부로라고 불린 것일 뿐이다. 신라사부로의 뜻은 단지 '신라명신을 모신 신사에서 성년식을 치른 셋째 아들'일 뿐이다. 그러므로 신라의 무사와는 아무런 관련이 없고 신라삼랑원의광은 신라도래인이 아닌 일본인이다라고 주장하고 있다.

　　최종균이 위의 주장에서 간과한 점은 성년식은 한국의 고대부족에서 생겨난 의식으로 삼국시대에 가장 활성화되어 일본으로 전래되어 거행되었다는 사실이다. 특히 신라 화랑의 성년식 절차가 위에서도 묘사했듯이 역사서에 매우 자세히 기록되어 있다. 전쟁에 참가하고 결혼의 자격을 얻기 위한 신라시대의 문화인 성년식을 일본의 신라명신을 모신 신사에서 원의광은 신라사부로라는 이름으로 치렀다. 따라서 이러한 신라문화에서 유래한 성년식은 원의광이 신라의 후손임을 증명하는 증거가 될 수 있다.

신라삼랑원의광의묘지

또한 원의광을 신라인으로 간주하는 신빙성 있는 증거는 원의광 무덤의 형태이다. 일본 교토 시가현 오쓰시의 원성사에 있는 원의광의 묘가 당시 일본의 매장 문화와 상반되는 한국묘의 전형적인 형태인 흙 봉분으로 되어있다. 그런데 일본의 역사가들이 신라삼랑원의광이 원씨 가문인 신라 씨족의 후손이라는 사실보다는 신라에서 건너온 도래인에 더 무게를 두는 이유에 대해 김이수는 흥미로운 관점을 제시하고 있다. 만약 원의광이 도래인이 아닌 청화원씨의 성씨를 가진 신라씨족의 후손이라고 하면 일본의 초등학교 교과서에도 나오고 역사적 영웅으로 일본 최초의 막부정권을 세운 첫 쇼군인 원뢰조가 신라인이 되어버리는 딜레마에 봉착한다고 김이수는 주장했다. 왜냐하면 원뢰조는 신라삼랑원의광의 형인 원의가의 직계손이기 때문이다. 이는 일본의 한국정벌인 임나정벌설을 주장하는 일본역사가들에게 큰 혼란을 준다. 따라서 이러한 사실을 은폐하기 위해 원의광을 1045년부터 1127년까지 생존했던 인물로 신라에서 건너온 도래인으로 하여 신라사람으로 규정함으로써 청화원씨가 신라씨족이라는 사실을 지우기 위한 의도일 가능성을 김이수는 주장하고 있다.

또한 다케다 소가쿠가 문헌에 남긴 신라삼랑원의광의 기록을 지울 수 없는 딜레마로 인해서 일본의 아이키도인들도 원의광에 대한 견해를 다르게 표현하고 있다고 김이수는 언급했다. 가령 일본 아이키도측은 비록 우에시바 모리헤이가 아이키도를 창시했고 그 연원은 신라삼랑원의광으로 밝혔지만 현재는 거론하지 않고 있다. 이러한 이유로는 대동류와 정통성 시비로 인한 살상사건까지 발생했기 때문이라는 사실이 전해지기도 했다. 일본의 서향파대동류측은 대동류의 시조가 신라삼랑원의광이라는 것은 말도 안되는 낭설이라고 여기고 있는 반면 일본 대동류합기술 측에서는 다케다 소가쿠의 종가인 대동관에서 대동류가 전승된 역사적 사실을 받아들이고 있다. 한국 아이키도 측은 초창기에는 신라삼랑원의광이 신라인이고 대동류가 합기도의 원류이길 원하는 바라는 뜻을 비공식적으로 비추었다가 지금은 완전히 부정하는 태도로 돌변했다.

신라삼랑원의광이 신라도래인임은 두 가지 근거로 설명될 수 있다. 첫째, 삼랑씨는 신라의 고유한 성씨이며 원의광 이전에는 삼랑씨라는 이름이 존재하지 않았다는 내용이 일본문화원에 소장되어 있는 '대율시 신라명선'이라는 고대자료에 명시되어있다는 고증적 증거이다. 둘째, 신라 장보고와의 연관성이다. 송일훈과 김재우가 고대 고증문헌자료에서 보여주는 장보고와 대동류유술과 두 가지 관련성에서 대동류유술의 발생 근원지를 신라라고 볼 수 있는 이유를 밝혀낸 점에 주목할 필요가 있다. 그 두 가지는 대동이란 명칭이 장보고 시대에 한반도의 북쪽지역인 발해와 신라의 압록강지역의 경계선을 대동구라고 부른 점과 대동류합기유술을 나타내는 상징의 깃발무늬가 신라시대의 장보고가 사용했던 깃발무늬와 거의 동일하다는 것이다. 또한 장보고의 설화에는 원진에 의해 구현된 신라명신은 향후에 일본의 원성사 신라선신당에 복원하여 원의광에 의해 신라삼랑의광으로 개명되었다는 내용이 발견되는데 원의광이 신라인임을 증명하는 것으로 볼 수 있다고 송일훈과 김재우는 주장한다. 이를 근거로 신라삼랑원의광은 청화원씨로서 의광이라는 이름을 가지고 1045년부터 1127년까지 생존했던 신라인이라고 일본역사는 기록하고 있다. 이병선도 『일본과 한국지명에 관한 연구』에서 원의광이 신라인이며 그의 후손이 다케다 소가쿠란 사실을 규명하였다.

② '신라삼랑원의광은 신라인이다'는 실증적인 사실명제이다

한국의 근대무예로서 합기도의 정체성에 가장 장애가 되어 온 합기도의 일본무도와의 역사적 쟁점에 대한 연구가 2000년 초반부터 부각된 점은 고무적이고 바람직한 현상이다. 특히 합기도의 근원이 되는 대동류유술과 삼국시대의 고대무예와의 연관성 여부에 대한 연구가 최종균, 김영희, 김이수, 이창후, 송일훈, 황종대, 김동규 등의 무예학자들이 역사의 실증적 자료에 의거해서 학문적인 연구와 분석을 지속적으로 시도해왔다. 대동류유술과 한국무예의 연관성 유무는 대동류유술의 설립자인 신라삼랑원의광이 신라와 관련이 있느냐 없느냐에 관한 논쟁을 격화시켰다.

위에서 언급한 대동류유술 형성의 배경 역사에서 삼국시대와 일본과의 활발한 문화적 교류를 통해 한국의 고대무예가 일본으로 건너갔다고 해도 전혀 이상하지 않다. 하지만 이러한 사실들

에 대한 구체적인 역사적 근거의 부재가 논쟁의 주요 이유이다. 삼국시대의 전쟁무예는 매우 실전적이고 살상적인 성격을 띠고 있었다. 왜냐하면 고구려, 신라, 백제는 서로 많은 전쟁을 치르고 신라가 통일을 이룬 후에도 당나라와 전쟁을 치렀기 때문이다. 또한 그 당시에 백제의 전쟁을 돕기 위해 병력을 파견하는 등의 교류를 통해 일본으로 전이된 삼국시대의 무예는 놀이나 스포츠 형식이 아닌 실전용이었다는 사실을 우리는 간과하면 안 된다. 다만 이러한 논점을 실증할 수 있는 구체적인 역사 자료들이 없어 명확한 결론이 나지 않고 있는 것이 현실이다. 하지만 일본역사의 실증적 자료에는 고구려, 신라, 백제에서 이주한 한국인들의 일본무예사에 끼친 영향 및 수행한 역할 등이 구체적으로 나타나고 있음이 연구를 통해 속속히 드러나고 있다. 특히 신라문화의 특성을 지닌 성년식을 치를 때에 부여되는 신라명신, 신라사부로, 신라삼랑과 같은 용어는 신라와 밀접한 관련이 있다는 사실이 원의광은 신라인의 후손임을 증명하는 결정적인 사실명제임을 이제는 인정해야 하지 않겠는가라는 것이 필자의 확고한 소견이다.

③ 대동류유술과 한국의 고대무예와 연관성에 대한 증거들

　한국의 고대무예가 일본에 전이되어 일본유술의 근간이 되어 발달한 후에 다시 한국의 근대무예의 형태로 재유입되었다는 고증적인 사실을 밝혀내려는 무예학자들의 연구 노력이 꾸준하게 있어왔다. 가령 백제 무예가 일본의 궁중무술에 영향을 주었다는 기록의 근거로 백제의 수박을 왕인 박사가 일본에 논어와 천자문을 전할 때 평법학을 황실에 교수하는 형식으로 전하여 이것이 궁중무

술로 발전했을 가능성을 제시했다. 신라 화랑도의 베는 검법이 대동류유술의 동작과 일치한다 등의 주장도 나왔다. 또한 김정호의 대동여지도에 나오는 대동이라는 명칭이 지리적으로 동쪽에 있어 큰 해가 뜨는 나라인 조선을 의미한다고 주장한 연구도 있다. 이러한 유적 및 문헌 자료들을 일본에서도 인정하고 있음에도 불구하고 역사적 근거가 희박하다며 역사가들이 좀 더 명확한 구체적인 고증적 사례를 요구하는 현상은 계속되고 있다.

삼국시대의 무예가 일본에 전이되어 오랜 세월동안 수많은 일본의 내전을 통해 전투적이고 실전적 형태의 무술로서 다케다 가문의 비기로 계승 발전되어 온 무예가 대동류유술이다. 다케다 소가쿠가 근대화시킨 대동류유술을 우에시바 모리헤이는 일본에서 아이키도로, 최용술은 한국에서 합기도로 각기 다른 유형의 무예로 발전시켜왔다. 그러나 아이키도와 일본무도계의 일각에서는 대동류유술이 한국의 고대무예로부터 전이되어 온 사실에 대해서 구체적인 실증적 자료들이 없기 때문에 대동류유술을 일본고유의 무예라고 주장하고 있다. 이를 논리적으로 반박하기 위해서는 한국의 어떠한 고대무예들의 동작이나 특성이 대동류유술과 관련성이 있는지를 살펴볼 필요가 있다. 이것에 관해서는 김이수가 『합기연구』에서 밝힌 내용들을 토대로 구체적으로 설명하고자 한다. 대동류유술과 한국 고대무예의 동작에는 세 가지 공통점이 있다.

첫째, 대동류유술은 공방 시에 주먹을 주로 사용하는 중국권법과는 달리 손을 편 상태에서 손바닥이나 손가락 또는 손날의 기술을 주로 사용한다. 신라의 수박은 상대방과 이러한 손바닥이나 손가락을 사용하여 겨룬다. 또한 택견은 권(주먹)을 사용하는 예가 극히 적고 '손모소리'라는 기법이 있다. 이는 다섯 손가락을 힘 있게 벌려서 손 전체에 힘을 강하게 주면서 누르는 기술인데 이는 합기도의 부채살 손모양과 비슷하다. 둘째, 앞으로 전진하여 직선법에 손발로 가격하기보다는 전환법 같은 체술로 상대방의 균형을 무너뜨리는 기법을 주로 사용한다. 덕견이, 깨금질, 씨름과 같은 한국의 고대 맨몸무예들은 상대의 중심을 허물어뜨리는 기법을 사용한다. 검도나 가라데와 같은 일본무도는 일격필살을 강조하는 특성이 강한 반면 스모, 유도, 합기술 등의 일본의 유술은 손기술을 기본으로 상대의 중심을 빼앗는 것이다. 셋째, 검과 같이 행하거나 검술의 원리를 사용한다. 신라는 검을 사용하는 격검이 있었고 고구려의 경당에서는 검술을 기초로 한 권박을 수련하였다.

(4) 아이키도는 어떤 일본 무도인가?

아이키도 연무 모습

지난 반세기 동안 아이키도와 합기도가 대동류유술이라는 동일한 근원 무예의 공유에서 오는 기술의 유사성과 한자어의 동일한 무명으로 인해 합기도의 정체성에 대한 논란은 계속되고 있다. 합기도 세계화의 영향으로 국내외적으로 합기도와 아이키도와 확실한 구분에 대한 인식이 많이 퍼졌음에도 불구하고 국내에서는 여전히 한국무예로서의 확립을 위한 걸림돌로 합기도 무명의 개명에 대한 논란이 진행 중이다. 이러한 정체성과 정통성 논란의 주된 이유는 합기도가 아이키도와 명확히 차별화되고 구분할 수 있는 수련철학과 이념을 올바르게 정립하지 못한 데 있다. 하지만 우리 또한 아이키도에 대해서 구체적으로 알지 못한 채 피상적인 지식으로 오해하고 왜곡하는 것도 이러한 소모적인 논쟁의 큰 부분을 차지한다. 따라서 아이키도와 합기도의 명확한 구분을 위해서 우선 아이키도의 상세한 역사와 내용에 대해서 살펴보도록 하자.

1) 아이키도의 등장 배경과 완성

일본의 에도시대가 끝난 직후인 1876년에 사무라이들에 대한 검착용의 금지 시행은 고류 검술의 인기 쇠락을 가져왔다. 반면 초기 메이지 시대의 잦은 사회적 혼란으로 인해 맨손 호신술이 인기를 얻으면서 대중화되기 시작했다. 특히 유술에 대한 관심이 높아지면서 유술 수련의 인기가 증폭되었다. 일본 유술이 구체화된 것은 12세기에 맨몸 육박전인 실전에서 백병전 격투술인 구미우치(組討)가 발전되고부터이다. 단순히 치고 때리는 가격기술보다 무기를 사용할 수 없을 때에 상대방을 제압하는 기술로 힘이 약한 사람도 강한 사람을 제압할 수 있다는 장점이 대중적인 관심과 인기를 끌었다. 던지기, 메치기, 또는 관절기 등의 기술을 걸어 꺾고, 굳히고,

타격하여 상대방을 제압하는 유술기법이 성행하면서 구미우치, 데이호산류야와라, 다케우치류 등의 유술파가 형성되었다. 또한 유술기법을 가진 중국권법이 명나라의 진원윤이라는 무예가에 의해 일본에 전래되어 후쿠노시츠로 에이몬이 체계화시킨 것이 야와라(유술)의 시초로 대동류를 비롯한 여러 유술 문파에 영향을 끼쳐 야와라가 형성된 사실을 박순진과 김의영이 연구를 통해 밝혔다.

검술보다는 맨몸무예에 대한 관심과 인기가 있었던 이 시기에 대동류유술을 전파한 다케타 소가쿠(1858~1943)가 등장했다. 소가쿠는 원래는 1870년에 아이츠 지역의 외과의사였던 시부야 토마의 지도로 오노하 잇토류(the Ono-ha Itto Ryu)와 교신 메이치류(the Kyoshin Meichi Ryu)등의 검술을 수련하였다. 그 후에 사사키바라의 지도를 받고서야 그의 검술은 더 한층 갈고 닦아서 향상되어 '작은 덴구(엄청난 힘을 지닌 신화적인 악마 같은 인물)'라는 별명을 얻을 만큼 검술의 고수가 되었다.

그런데 소가쿠에게 검술보다는 맨몸 유술 수련 위주로 전환하는 큰 사건이 일어났다. 소가쿠가 23세일 때 길거리에서 그에게 칼을 차고 다닌다는 야유에 격분하여 무기를 든 수백 명의 건설노동자들을 상대로 진검으로 그들을 물리친 사건이다. 유혈이 낭자한 격투에서 힘과 숫자에 밀린 소가쿠가 위험에 처한 순간 경찰이 들이닥쳐서 그나마 그는 생명을 구할 수 있었다. 이 사건으로 인해서 사이고 타노모는 소가쿠에게 "이번 사건은 너가 검을 들고 다녀서 생긴 것이다. 이제 검의 시대는 끝났다. 검을 내려놓고 유술을 배워라"라고 훈계했다. 마침내 오랜 시간이 지나서 소가쿠는 이 조언을 받아들임으로써 맨몸무예인 유술 수련에 정진하였다.

이후로 소가쿠는 사이고 시로에게 오시키우치(Oshikiucji)류 유술을 열심히 배우고 난 후에 사무라이들에게 유술과 검술을 가르치는 권한을 얻었다. 그의 가르침에 명성을 부여하기 위해 소가쿠는 대동류(Daito Ryu)란 이름을 부가하였다. 소가쿠의 대동류합기유술은 보수적이면서도 효과적인 호신술로 알려졌다. 이 소가쿠의 제자들 중에 한 명이 향후 아이키도의 창시자인 우에시바 모리헤이(1883~1969)였다.

　우에시바는 농부의 아들이었다. 1898년에 우에시바는 도쿄에 가서 텐진 신오류에 입문한다. 다른 고류유술에 관심이 많았던 그는 1902년에 나카에 마사카츠의 지도아래 야규신카케류 유술을 배웠다. 러일 전쟁 때에는 황군으로 전쟁에 참여했다. 그 후로 우에시바는 다양한 격투술과 호신술을 접하는 기회를 가졌다. 군인으로 복무하는 동안 그는 계속 무예를 수련하였다. 군복목을 마치고 그는 홋카이도에 농사를 지으러 돌아왔을 때 다케다 소가쿠의 대동류유술을 1915년에 접하고 배우게 되었다. 1917년에 우에시바는 36가지 기술을 습득하여 사범의 자격을 얻고 나중에는 소가쿠로부터 사범 자격을 얻어 대동류유술을 아이키 유술이란 무명으로 바꾸었다.

　그러나 우에시바는 고류 유술의 스타일에 대해서 만족하지 않고 실용적인 기술측면보다는 높은 수준의 이상적인 기술 수준을 추구했다. 1932년 도쿄의 신쥬쿠에 도장을 열고 계속해서 합기유술의 더 넓고 깊은 근본에 대해서 연구를 계속했다. 그의 무예가 지향하는 것은 자연과의 접촉, 자기향상, 그리고 더 나은 사회의 추

우에시바 모리헤이

구였다. 그의 가르침은 제자들에게 강력한 영향을 미쳤고 일본 사회 전반에서 인기를 끌었다. 그는 또한 학문적으로 신가케류 유술을 연구했다. 1922년에 우에시바는 소가쿠로부터 대동류유술을 전수받아 잠시 동안 '아이키주짓수'라는 용어를 사용하다가 1925년 이후에는 당시의 흐름에 따라서 '아이키부도'라는 명칭을 사용하였다. 1938년에 우에시바는 그의 독특한 아이키유술체계를 그 시대의 사회적 환경에서 적합한 무예로 만들고 1942년경에 유도와 검도, 그리고 궁도와 같은 명칭을 따라서 '아이키도'라고 명명하였다. 우에시바는 다케다 소가쿠로부터 전수받은 대동류유술의 기술들과 다른 일본의 고류검술과 유술들을 종합하고 데구치로부터는 무도정신적인 측면을 이어받은 데다가 자신의 끊임없는 구도수련을 통하여 아이키도라는 근대 무예를 창시했다. 이 이후로 대동류유술은 분파가 일어났다. 다케다 소가쿠의 전통적이고 보수적인 아이키유술파와 우에시바의 새로 일어난 분파로 나뉘어졌다. 우에시바의 아이키유술은 소가쿠의 아이키유술과는 목적, 기술, 수련 방법 등에 대한 모든 기능들이 달랐다. 이렇게 하여 다양한 일본의 고류 무예(기도류유술, 신음류유술, 강도관유도, 대동류유술, 보장원창술) 등을 수련한 우에시바 모리헤이가 대동류유술을 근간으로 이러한 여러 무예들의 심법과 기법들을 응용하고 접목한 일본의 근대무도인 아이키도가 탄생하였다.

2) 아이키도 수련의 이념과 원리

아이키도만큼 수련의 이념(철학)과 원리에 관해서 이론적인 체계성을 지닌 근대무예는 없다. 이러한 특성은 신체적 기법보다도 정신적 수양의 심법을 더 강조하는 아이키도의 특성을 보여준다. 아이키도의 수련이론은 곧 창시자 우에시바 모리헤이의 무도철학과 이념이기도 하다. 상대방을 죽이거나 다치게 하는 폭력의 속성을 지닌 무예를 통해 평화와 조화를 추구한다는 아이키도의 수련이념은 이율배반적일 수도 있다. 하지만 이러한 정신 수양적인 종교적 색채를 지닌 아이키도의 수련이념은 살상이나 싸움이 아닌 심신 건강을 위한 현대적 무예 수련의 목적과 잘 부합되는 생산성 가치를 지닌 일본의 근대무도로서 입지를 확고히 하였다. 지난 반세기동안 아이키도에 대한 수많은 책들과 연구들이 국내외적으로 쏟아져 나오고 있어 아이키도의 이론적 지식을 접하는 일은 어렵지 않다. 하지만 출판된 일부 책들의 내용이 난해하고 인터넷의 무수한 정보 속에서 너무 산만하게 흩어진 아이키도의 수련철학과 이념들에 관한 내용들을 이해하기는 쉽지 않다.

아이키도 수련 모습

아이키도의 세계적인 홍보가 창시자인 모리헤이 우에시바를 너무 신격화하거나 지나친 일본문화지향적인 경향 때문에 아이키도 철학을 접하면서 일본의 무도문화를 추종하는 태도에 매몰될 수 있는 위험성이 있다. 또한 한일 간의 민감한 역사적인 관계도 장애요인이 되어 반일이나 친일의 편견을 배제한 채 올바른 아이키도 이론에 관한 객관적인 이해과 평가를 기대하기 어려울 수도 있다. 따라서 객관성을 높이고자 본서에서는 제3자의 입장인 서양인의 시각에서 일본무도를 심층적으로 연구한 무예학자인 돈 드래거(Donn F. Drager)가 분석한 아이키도의 수련이념과 원리에 관한 해석들을 참고하여 하기와 같이 간단명료하게 설명하고자 한다.

아이키도의 모든 가르침은 주자학의 합리주의가 토대를 이루는데 주자학 원칙의 이원론이 깊게 스며들어 있는 무도이론의 영향을 받았기 때문이다. 아이키도의 본질인 '기(氣)'의 개념은 주자학 이원론의 이해 없이는 설명이 불가능하다. 기는 주자학의 이원론에서 원칙이라는 '리(理)'에 상반되는 물질적 힘의 '기'로 묘사된다. 합기의 개념은 '가지 표면에 쌓여진 눈을 털어버리는 버드나무의 가지와 유사하다'고 비유되었다. 합기 기술의 실용적인 응용에서 기는 사이고 시로가 연구한 메이지 시대의 오시키우치(Oshikiucji) 유술의 발달에 영향을 끼친 텐진 신료류의 가르침에서 강조되었다. 주목해야 할 사실은 이러한 아이키도의 수련이념과 철학은 중국 주자학의 영향을 지대하게 받았다는 것이다. 에도시대에는 무사들은 모두가 주자학 윤리에 입각해서 교육을 받았는데 일본 무사도에 대한 해석은 주자학의 개념을 엄격하게 구현하는 규정이 되었다. 전투에서 뛰어난 무력을 보여준 사무라이들의 무예에 대한 열정과 헌신적 태도는 크게 존경 받았다. 사무라이들은 다양한 유파에서 비롯된 무예들을 수련하였다. 그 중에서 맨몸무예 격투술의 대부분 체계는 주자학의 이원론에 근거하였다.

우에시바는 기(氣)를 '창조적인 생명의 힘'으로 묘사한 주자학자인 가이바라(Kaibara)의 기에 대한 일원론적 해석을 따랐다. 그는 아이키도 수련의 이념을 설계할 때 가르침의 원리들을 종교적 구원적인 측면에서 모든 것을 품어주는 사랑의 원칙을 토대로 일원론적인 도덕적 철학을 부가하였다. 또한 자비(선행) 또는 인간적인 마음을 뜻하는 일원론적 개념인 선(禪: 일본말로는 진)을 아이키도의 목적으로 강조하였다. 따라서 모든 것을 품어주는 사랑의 일원론적 원리로부터 우에시바는 아이키도 수련이념을 빌려왔다. 아이키도의 물리적 기술들은 이러한 종교적 철학을 반영한 내용들을 포함하고 있다. 그는 조화와 밀접성을 의미하는 '합(合)'의 최상의 사례라고 여겼다. 우주의 모든 물체들이 직선인 아닌 곡선적이고 순환적인 움직임을 따르듯이 우에시바는 아이키도의 모든 기술들을 순환적이고 곡선적인 움직임으로 설계했다. 또한 아이키도는 연속성에 따라 적용되고 응용되는 힘을 기반으로 하는 조화로운 심신의 역학체계로 구성했다. 지속성(연속성)이란 자연리듬의 개념, 자연과의 갈등이나 마찰 없이 제공되는 인간의 자유로운 흐름의 표현으로 개개인의 표현이 무한하게 다양하듯이 아이키도의 기술들도 이론적으로는 셀 수 없이 다양하다고 여겼다. 이러한 이론적인 접목으로 인해 전환법과 회전법이 주요한 아이키도 체술이 되었다.

고류 유술에 깔려있는 격투 시에 공격과 방어는 하나로 동시에 일어나며, 상황에 따라서 전적으로 방어와 공격 중 어느 것이 우선시된다는 고류 유술의 격투 개념(kobo-itchi)을 거부했다. 이러한 공방이 하나라는 개념을 우선 공격을 배제한 절대적인 방어의 주도권으로 대체함으로써 실용적인 기술의 범주로부터의 먼저 공격하는 기술을 없애버리고 완전히 방어위주의 속성을 가진 무도로 만들었다. 게다가 상대방 공격자를 패배시키거나 상해를 입힘이 없는 아이키도 기술들을 적용시켰다. 그런데 문제는 방어만 하는 것은 상대를 공격하기로 약속된 상황에서 이러한 방어 위주의 수련은 공방의 원리적 이론적으로는 불가능하다는 것이다. 이를 극복하기 위해 우에시바의 아이키도는 공격자와의 관계를 갈등이나 대립이 아닌 조화의 관계로 규정했다.

따라서 상대방의 공격 흐름을 기의 활용으로 자연스럽게 가게 둠으로써 상대방이 자신의 공격 의도를 중립화한킨다는 우에시바의 아이키도 수련이념은 기존의 실전적인 격투성향이 강했던 다케타 소가쿠의 대동류유술과는 상충되었다. 대동류유술은 공격자에 대항하여 심각한 또는 치명적인 술기를 행하는 기술적인 본질에 근거를 두고 있기 때문이다. 따라서 대동류유술의 본질의 관점에서 보면 우에시바의 아이키도는 매우 약한 맨몸 격투술로 여겨졌다. 소가쿠는 이러한 아이키도를 세속적인 현세의 평범한 무예로 보면서 '아이키도는 상대방의 움직임에 따라 너의 동작을 조정하는 것이다. 상대방을 무찌르기 위해서 부드러운 순환(회전) 동작을 통해 부가되는 힘을 활용하는 것이다. 마치 옛날의 우아한 춤과 같다."고 평가했다.

무예의 전통적 교수 방법은 전통적 개인교수법이다. 소가쿠의 대동류유술도 낱기술을 개개인의 수준과 능력에 맞게 가르치는 개인지도법 위주였다. 이러한 전통적인 개인교수법은 비록 실력 있는 제자들이 많이 생기지 못하는 제한점이 있는 반면 소수의 제자들이 높은 수준의 기술능 습득하는 것이 가능했다. 최용술은 다케다 소가쿠로부터 습득한 낱기술을 개인으로 지도하는 교수법을 계속 유지하였다. 반면 우에시바는 아이키도의 교수법을 이러한 개인 교수법에서 단체 지도로 변환시켰다. 왜냐하면 개개인의 물리적 기술의 완성도보다는 건전한 영혼과 건강한 심신을 개발하는 정신수련으로서 조화롭고 평화롭게 더불어 살아가는 것을 수련목적을 추구하였기 때문이다. 이러한 집단성을 지닌 수련으로 인해 아이키도는 훈련과 규율 체계성을 지니게 되었다.

3) 아이키도의 술기에 대한 이해

합기도와 아이키도 술기들은 종류나 기법들에 있어서 완전히 차이점을 보이고 있다. 하지만 여전히 합기도가 아이키도 기술들의 원형에서 시작되었다는 오류적 인식이 만연하다. 특히 합기도 수련의 경험이 없는 사람들이나 타 무예인들도 이러한 잘못된 인식으로 인해서 합기도를 일본무도라고 여기는 경향이 있음은 안타까운 일이 아닐 수 없다. 이러한 문제점은 합기도에 비해서 아이키도의 술기들을 모르거나 잘못 알고 있는 이유도 크다고 생각된다. 따라서 합기도와 아이키도의 기술적 정체성의 구분을 확립하기 위하여 아이키도 술기들의 주요 원리 개념에 대해 알아보도록 하자.

전쟁에서 상대를 살상하는 것이 목적인 고대 유술은 인체의 급소를 치기, 차기, 던지기, 관절기와 같은 기법으로 상대방을 제압하는 위험한 기술들을 사용하였다. 하지만 위험한 기술에 대처하기 위한 기술도 있었다. 예컨대 유술의 메치기기술이나 관절의 역방향으로 기술을 걸어 굳히는 기법, 상대를 제압한 후에 활법으로 상대를 살려내는 소생기법도 함께 수련하였다. 이러한 안전과 예방을 위한 기법들은 오늘날 합기도에서는 활법이라는 분야로 발달해 왔다.

아이키도의 기술적 근원은 고대 유술, 검술, 창술, 또는 다른 고대 무예로부터 왔다. 고대 유술로부터 던지기와 굳히기 기술을 중심으로 잡기 기술 위주의 유도를 가노 지고로가 탄생시켰고 우에시바는 유도에서 수련하기 어려운 아테미 기술과 관절기, 그리고 검을 사용하는 기술 등으로 아이키도의 기술을 구성하였다. 검술과 체술의 조화가 아이키도 술기의 특징으로 여러 가지 체술, 아이키장, 아이키검으로 구분하고 있다. 체술과 아이키장의 기술은 장 취하기와 장 던지기로, 체술과 아이키검의 기술은 검 취하기 등으로 구분하고 모든 기술들은 '아와세'라고 하는 가타(형)식 대련 형태로 훈련한다. 그런데 가타만으로는 실전에서 활용하기에 한계가 있기 때문에 아테미 기술 5본, 관절기 12본을 기본으로 자유연습법을 수련한다. 아이키도의 기술 구조에 대한 설명은 오세용, 임승혁, 박정환, 이영석 등의 합기도관련 교수들이 저술한 『대학합기도교본』에서 하기와 같이 가장 이해하기 쉽게 설명하고 있다. 아이키도 기술의 본질은 자신의 중심을 유지하면서 상대의 중심을 무너뜨리기 위해 상대방의 힘을 활용하여 어떻게 강한 힘을 발휘하는가에 있다. 예컨대 공격해 들어오는 상대방의 동선을 비껴서 상대의 가장 취약한 부분을 공격하여 상대를 제압하는 몸넣기는 아이키도의 대표적인 기술이다. 어떠한 상황에서도 상대방에게 대응할 수 있는 자세와 보법이 매우 중요하다. 원운동을 기본으로 다양한 손과 발을 이용하는 동작이 아이키도의 주된 움직임이다.

<표 8> 아이키도의 기술분류와 구성

기술의 분류	기술의 구성(명칭)
기초기술	던지기(입신던지기), 꺾기(정면타 1교)
기본기술	던지기(횡면타 입신던지기와 사방던지기, 바깥손 회전던지기) 꺾기(어깨잡기 1교에서 4교), 던져 꺾기(정면치기, 손목 뒤집기)
기본변화기술	정면공격과 후면공격 던지기(입신던지기, 사방던지기, 회전던지기) 정면공격과 후면공격 꺾기(1교에서 4교) 정면공격과 후면공격 던져 꺾기(손목 뒤집기)
응용 기술	던지기, 꺾기, 던져 꺾기(좌기, 반신 반립기)
무기술	던지기(도검과 장 관련 기술), 꺾기(단도 관련 기술) 던져 꺾기(단도, 도검, 장 관련기술)

출처: 『대학합기도교본』

4) 아이키도에 대한 잘못된 인식

아이키도는 고대부터 지속적으로 전수되어 온 무예가 아니라 근대에 창시된 일본무도이기에 아이키도란 용어는 20세기에 만들어진 신조어임을 알 필요가 있다. 현대 사회에서의 아이키도 수련 목적은 어떠한 상황에서 상대방을 무력으로 제압하기 위한 것이 아니다. 영적 훈육, 종교적 열정, 체육, 자기 방어, 여가활동 스포츠 등 다양하면서 현대적 규율(훈련)을 갖추는 것이 아이키도의 현대적 개념의 수련목적이다. 그런데 아이키도에 대한 잘못된 두 가지 관점이 있다.

첫째, 아이키도는 하나의 유파만 존재한다는 선입견이다. 오늘날 30여개 이상의 아이키도 분파(단체)들이 존재한다. 모든 무예가 여러 유파를 가지는 근본적인 이유는 한 사람의 창시자에게 아이키도를 배우지만 제자들 각자의 스타일과 특성에 따른 부분적인 변형들 때문에 각자의 고유한 영적이고 기술적인 차이점들이 생겨나기 때문이다. 이들 중에서 독창적인 아이키도 기술체계를 인정받고 있는 주요한 유파는 아이키카이, 양신관, 일본아이키도회, 기아이키도 등의 4개가 있다.

둘째, 아이키란 이름을 사용하는 다른 무예시스템들은 잘못된 형태이며 무예로서의 독자성을 부정하는 태도이다. 이러한 비현실적인 주장들은 아이키도가 고대무예들과 다른 무예의 근대 훈련들에 의해 자연스럽게 진화한 사실을 부정하는 자가당착적 오류에 빠지기 쉽다. 따라서 증명되지 않은 과거와 전통적인 아이키도를 억지로 연관시키는 잘못된 자세에서 벗어나야 한다. 아이키도 초기의 원형은 근대 에도시대부터 발달되었다는 것을 깨닫는 것이 중요하다. 현재 전 세계적으로 열풍을 일으키고 있는 신생무예인 '브라질주짓수'를 일본무도라고 주장하면서 독자성을 인정하려고 하지 않는 논쟁은 거의 찾아 볼 수가 없다. 그럼에도 한국에서는 동일한 한자명을 가진 합기도와 아이키도의 무명논란이 왜 일어나고 있는가? 그 이유를 다음 9장에서 자세히 알아보도록 하자.

9장.
합기도의 무명 개명 논란에 대하여

(1) 합기도 무명의 개명은 꼭 필요한 것인가?

한국 합기도의 정체성의 확립에 가장 큰 장벽은 '합기도'라는 무명(武名)의 한자어 合氣道가 일본의 아이키도와 함께 쓰이고 있는 것이다. 글자마다 뜻을 가진 표의문자 한자어의 동일한 이름의 사용은 한자어 문화권에 있는 사람들에게는 그 이름을 가진 대상에 대한 정체성의 인식에 큰 혼란을 줄 수 있다. 개명론자들은 합기도라는 한자어 무명을 일본에서도 사용하고 있다는 사실은 합기도가 아이키도의 잔류임을 증명하는 결정적인 근거가 된다고 주장한다. 이러한 문제점 때문에 그들은 한국무예로서의 정체성을 위해서는 합기도라는 무명을 한국의 전통적인 정서에 맞게 개명해야 한다고 주장한다. 반면 이미 국내외적으로 독자적인 한국 무예로서 발전해 오고 있는 합기도는 일본의 아이키도와는 다른 발음을 가지고 있고 국제어인 영어도 다른 철자(AIKIDO와 HAPKIDO)를 가지고 있기에 합기도 무명을 사용하는 것은 문제가 없다는 주장이 개명반대론자들의 입장이다. 이러한 양측의 대립은 끊임없는 논쟁의 연장선상에 있다.

　이름을 가지고 국가적인 정체성을 따지는 것은 흔한 일이 아니다. 가령 호주나 캐나다에서 사용되는 영국식 지명들이나 미국서부지역에 많은 멕시코 언어로 사용되는 지명들 때문에 그 지역들의 정체성이 호주, 캐나다 또는 미국이 아닌가?라는 국가 정체성으로 확대되는 논란은 전혀 없다. 일본조차도 일부 지명을 한국의 고대어를 그대로 사용하지만 그 지방이 한국의 정체성을 가지고 있다고 주장하지 않는다. 그런데 유독 무예 관련 이름을 가지고 외래어냐 아니냐 하는 여부를 따지고 국가 정체성에 집착하는 현상은 한국과 일본의 민감한 역사적인 특수성에서 연유된다고 할 수 있다. 이로 인해 무예연구에서 한일 간에 이름의 기원에 의미를 따져가며 진실 여부의 연구에 집착하는 독특한 현상들이 나타났다. 가령 가라데에서 '가라'하는 의미는 한국 고대국가의 가야에서 연유되었다 하고 '대동류유술'에서 대동은 한국을 의미한다는 주장 등이 그 예이다.

　개명론자들의 논점은 합기라는 어원은 일본에서 비롯되었다는 것이다. 일본의 무예사 자료에 따르면 합기(合氣)라는 용어는 일본의 메이지 다이쇼시대의 검술서에서 처음 발견되었다. 그 후에 대동류유술에 합기라는 명칭을 첨가한 것은 1922년경에 다케다 소가쿠가 우에시바 모리헤이에게 수여한 목록에서 처음 발견되었다. 근대에 합기(合氣) 용어의 사용은 다케다 소가쿠가 1922년 아야베의 오모토교단에 있던 모리헤이를 방문하였던 일화에서 나타났다. 오모토교단의 교주 데구치 오니시부로가 '합기(合氣)'라는 용어를 붙이라고 권하면서 다케다는 그때부터 대동류합기유술이라 이름을 붙이게 되었다고 한다. 우에시바 모리헤이는 이후 자신이 창시한 무예의 이름을 아이키부도(합기부도)로 명명하였다. 1942년 그의 무도가 일본정부 산하인 대일본무덕회에 소속되면서 '아이키도(合氣道)'란 무명으로 최종 결정하였다. 이러한 일본의 근대에서 어원이 비롯됐다는 벗어나기 위한 노력으로 한국에서는 합기의 어원을 『삼일신고(三一神誥)』라는 고서에서 찾는 노력도 있었다. 『삼일신고』의 「진리훈」편의 기화, 지명(知命-기의 힘을 모아 수련을 통한 자신의 존재를 자각), 합혜(지명을 통한 지혜의 깨달음을 얻음)라는 구절에서 합기 용어의 유래를 밝히고 있는데 이는 합기의 어원을 한국전통적인 맥락에서 찾으려는 노력은 가상하나 이는 억지주장식의 무리한 시도라고 개명론자들은 반박하고 있다.

따라서 일본에서 비롯되고 사용된 합기라는 용어를 무명으로 사용하는 합기도가 일본 무도의 색채를 벗어나고 한국의 고유 무예의 정체성 확립을 위해서는 합기도의 개명은 필수이다는 것이 개명론자들의 핵심 주장이다. 일부 무예연구가들은 일제로부터 해방된 1945년 이전의 시기에 그 어떤 문헌에도 합기라는 단어가 없고 한국의 근대 합기도를 형성한 최용술도 야와라, 유술이라 칭하였을 뿐 합기라는 용어에 대해 전혀 언급이 없었다는 사실에 입각해서 합기 용어는 일본에서 유입된 새로운 용어로 해석되어야 한다고 주장한다. 따라서 탈 일본화를 통한 한국 합기도의 정체성 확립을 위해 한국의 전통무예로 성장하기 위해서는 합기도의 개명은 꼭 해결하고 넘어가야 할 선결과제라고 주장하며 개명론자들을 이를 지지하고 있다.

개명론자들은 또한 전통무예진흥법과 국제화되어가는 다양한 무예 대회에서 한국무예의 신체적 특성과 정신을 담고 있는 합기도는 한국적인 명칭이 필요하다고 주장하고 있다. 또한 국제아이키도연맹(IAF)이 합기도(合氣道) 용어의 소유권을 위해 지적 재산권 관련 국제소송을 통해 강력히 요구하는 상황에서 합리적인 대처가 필요하다고 강조한다. 게다가 향후 일본과 중국 무예의 패권주의를 부각시키면서 이에 맞설 수 있는 한국적인 신체문화의 특성을 반영한 용어로 합기도 무명을 바꾸는 것은 시대적 사명임을 요구하고 있다.

사실 그동안 아이키도와 차별화하려는 합기도의 한국적 개명을 위한 시도는 지속적으로 있어 왔다. 예를 들어 화랑도, 국술, 궁중무술, 회전무술, 특공, 한기도, 한무도 등의 새로운 무명이 생겨났다. 하지만 합의에 따른 통합적 무명이 아니라 신생 단체들에 의해서 우후죽순처럼 나온 이름들이기에 합기도 전체를 대표할 수 있는 통일적인 용어의 정립과 제도화가 불가능하였다. 따라서 합기도를 대신할 수 있는 한국적인 무명이 필요하다면 통일되고 합의된 공신력 있는 기관이나 조직에서의 당위성 있는 개명 작업이 선행되어야 한다. 그런 다음 개명에 관한 합리적인 홍보와 교육 작업이 병행되어야 되는데 현 상황에서는 거의 불가능하다.

합기 용어의 사용이 일본에서 비롯되었다는 역사적 사료를 가지고, 그리고 아이키도의 한자어가 합기도와 동일하다는 주장만을 가지고 합기도는 일본무도라고 주장하는 것은 잘못이다. 합기도 무명이 만들어질 때 연루된 개인들이 합기도라는 무술 총체의 역사를 바꿀 수는 없다. 합기도 무명을 바꾼다고 해서 새로운 한국적 무명이 합기도가 가지고 있는 기술체계, 수련방식, 수련이념 등이 한국적으로 바뀌겠는가?에 대한 질문에 대한 대답은 거의 모두가 NO일 것이다.

태권도 무명이 한국 고유무예인 택견에서 착안했듯이 이름에서 스스로 주체성을 확립하고 발전시키지 못하고 아이키도와 한자어가 동일한 무명을 지닌 것은 바람직하지 못할 수 있다. 하지만 일본식 용어인 '도'란 개념을 대입한 근대무예인 태권도, 유도, 검도 등의 명칭과 같이 합기도 무명은 이러한 흐름 속에서 합기도 역사의 일부분에 불과할 뿐이다. 즉 합기도 이름이 바뀐다고 해서 합기도의 정체성이 바뀔 수는 없다. 가령 미국 레슬링과 일본 유술을 혼합해서 탄생한 현대의 새로운 무예인 브라질 주짓수에 대해 브라질 무예이냐 미국무예이냐 아니면 일본무도이냐 라고 정체성을 따지지 않고 명실상부한 브라질 무예가 되었듯이 외국에서 가져온 것이라도 그 무술을 한국인이 행하면서 더 발전시키고 변용시킨다면 그 무예의 이름 또한 한국적이 될 수도 있지 않겠는가?라는 주장은 설득력이 있다.

한국에서 합기도는 태권도 다음으로 많은 수련인들과 도장을 보유하여 오면서 관원들 또는 그들의 부모님들로부터 합기도가 일본 무도니까 이름을 바꿔야 한다고 사회적 문제가 된 적이 한 번 있었는가? 오히려 합기도를 지도하는 일선관장들이나 사범들은 합기도를 한국의 우수한 무예로서의 자부심을 가지고 지도하고 있다는 사실에 주목할 필요가 있다. 또한 합기도 세계화를 위해서는 한국적 개명이 필요하다는 주장은 오히려 국제적인 감각과 경험의 부재에서 오는 수구적이고 보수적인 소견에서 오는 판단 착오이다. 현재 아시아, 북미, 남미, 유럽세계 각국에서 합기도를 지도하고 전파하는 한국인이나 현지인 사범들은 합기도라는 이름으로 인해서 일본무도라고 오해받는 문제가 전혀 없기에 왜 개명해야 되는지에 대해 이해를 하지 못한다. 예를 들어 필자 또한 호주에서 30여 개국 출신의 제자들에게 5년간 합기도를 지도하면서 왜 일본식 무명인 합기도를 가지고 있느냐? 합기도는 일본무도이냐 한국무예이냐에 대해서 한 번이라도 질문을 받은 적이 없다는 사실이 없다는 경험은 이 사실을 뒷받침하고 있다.

탁월한 발차기와 실전적인 호신술에 매료된 세계인들이 오히려 합기도에 대한 다양한 로고를 만들고, 수련하고 있는 상황을 자랑스럽게 페이스북과 같은 SNS를 통해서 수시로 올리는 것을 우리는 어떻게 받아들일 것인가? 또한 외국에서 태권도를 지도하는 사범들은 한국 합기도의 호신술을 같이 지도하는 것을 당연하게 여기고 있다. 합기도라는 글자가 새겨진 T 셔츠를 입고 다니면 세계 각국의 국제 공항의 경비원들이나 택시 운전자들이 합기도 또는 HAPKIDO란 글자를 알아보고 '원더풀 합기도 코리아'라고 엄지손가락을 치켜세운다. 이러한 자랑스러운 경험을 여러 번 한다면 과

연 그렇게 합기도의 명칭을 바꾸려고 노력하겠는가 묻고 싶다. 한국의 대표적인 기업인 삼성이 '산싱', 현대는 '현다이'로 불리면서 외국에서 많은 사람들이 일본기업으로 알고 있었던 시절이 불과 이십여 년 전의 일이다. 그렇다고 삼성과 현대가 일본색을 벗어나기 위해 한국적인 명칭으로 바꾸어야 한다는 이슈가 있은 적이 없었고 오히려 꾸준한 기술개발과 차별화 노력으로 일본의 소니를 앞서는 세계적인 기업으로 거듭났음을 우리는 상기해야 한다.

지금은 태권도란 이름을 만들었던 시대와는 너무 달라진 상황인 것도 인식해야 한다. 몇몇 지도자가 공명심이든 애국심이든 정치사회적 위치나 국가 공권력을 활용하여 어떤 무명을 공식화하는 폐쇄적이고 권위적인 시대가 아니다. 무수한 정보와 첨단화된 언론매체로 세계화되고 다양화된 시대에 우리는 살고 있다. 국내외적으로는 끊임없이 탄생하는 많은 신생무예의 범람 속에서도 합기도는 오히려 무예의 실기적인 가치뿐만 아니라 교육적이고 생산적인 가치로 인해 세계적인 무예로 진화하고 발전해 왔다는 사실에 주목해야 한다. '이러한 상황에서 무명을 바꾸는 것이 무슨 의미가 있고 도움이 되겠는가?'라는 것이 개명 불필요론자의 강력한 입장이다. 따라서 합기도를 한국무예로 지속적으로 발전시키려면 이름부터 바꾸라는 주장이 지금도 계속되고 있는 현실이 안타깝다. 합기의 어원을 『삼일신고』라는 한국의 고서에서 찾아서 합기도의 수련사상에 접목하기 위한 탐구적인 노력이 왜 무리한 시도인가? 오히려 대동류유술에서 진화되고 발전하면서 한국화된 합기도의 수련이념의 정립을 위해 합기 용어에 한국적인 어원을 찾아내서 담으려는 훌륭한 시도로 볼 수는 없는 것인가?

일본 무도의 색채를 띤다는 끊임없는 논란 속에서도 합기도 무명이 계속 유지되고 사용되는 이유는 한국인의 정서에 맞는 대중적인 신체문화로서 합기도가 발전되고 진화해 왔기 때문이다. 한 무예의 정체성이란 그 무술의 기원, 창시자, 이름, 기술체계, 수련체계 등의 관련된 가치들을 정립하여 고유성과 독자성을 인정받는 것이라는 이창후의 주장을 깊게 인식할 필요가 있다. 따라서 '독자적인 합기도 무예의 역사'라는 큰 틀에서 보면 합기도 이름은 단지 합기도 무예의 형성이나 역사의 한 부분에 불과하다.

무예를 국가 간의 경쟁력을 위한 요소로 파악한다면 진정한 실력을 키우는 것은 단순히 무명을 바꾸는 것이 아니다. 한 무예의 진정한 발전을 위해선 그 무예가 지닌 국수적인 민족주의에 젖은 역사성에서 벗어나서 그 무예 기술의 실효성, 수련이념과 원리의 의미, 그리고 무예의 가치의 정립 등이 중요하다. 태권도가 한국의 대표 무예로 성장해 오고 있는 원동력은 이름에 있는 것이 아니라 올림픽종목으로 경기력 향상과 뛰어난 외교력, 훌륭한 지도자 양성, 그리고 높아진 태권도의 학문적 위상 등에 있음을 우리는 명심해야 한다. 오히려 합기도가 일본의 아이키도보다 무예기술이나 이론적인 측면에서뿐만 아니라 대중적인 무예로서 더욱 우수하게 만들어가는 것이 진정한 극일이 되는 것이 아니겠는가?라는 것이 필자의 소견이다.

(2) 이제는 합기도의 무명의 개명논란을 종식할 때이다!

대한아이키도회가 한자어가 동일한 합기도 무명에 대해서 저작권을 문제 삼는 억지식 주장을 제기하면서 국내외에 있는 합기도인들뿐만 아니라 무예인들에게 공분을 사고 있다. 2008년 합기도가 대한체육회가 인정하는 정식종목(안타깝게도 2011년이 다시 합기도는 배제되었다)이 되고 난 이후에도 대한아이키도회는 합기도 이름의 저작권을 주장하며 계속 문제 제기를 해 오고 있다. 2016년에 (통합)대한체육회가 기존의 국민생활체육회에 소속의 합기도에 정회원 자격을 부여하자 합기도가 아이키도 한자어 무명을 도용했다고 하면서 국제소송 운운하며 같은 문제를 일으키고 있다. 해방 후에 근대무예인 합기도의 이름이 형성되는 과정에서 그 이전에는 단순히 무예의 기술용어들 중에 하나였던 합기를 사용하여 합기유권술, 합기술 등의 여러 무명의 변경을 거친 후에 합기도 무명으로 정착된 것이고 일본의 아이키도라는 이름을 도용한 것이 아님을 이미 여러 합기도 연구학자들이 밝혀왔지만 아직은 대중적으로 많이 알려져 있지 않다.

1) 아이키도회가 갑자기 '아이키도'를 '합기도'로 개명을 주장하는 배경에 대한 의혹과 의문점들

최근 대한아이키도회가 이슈화한 본격적인 무명의 왜색 논란은 합기도의 형성기나 발전기에 시작된 것이 아니라 합기도의 확장기 중 후반기인 2008년대에 시작되었다는 점에 주목해야 한다. 아이러니한 것은 합기도가 정식으로 대한체육회에 가맹되었던 그 시점을 계기로 갑자기 합기도 무명에 대해서 집중적으로 이의를 제기하기 시작했다는 것이다. 합기도가 한국의 근대무예로서 해방 이후로 지난 70여 년 동안 많은 우여곡절을 겪으면서도 꾸준히 양적으로, 질적으로 성장을 이루면서 발전해 왔다. 국내에서 여전히 아이키도는 인지도가 낮고 수련인구도 많지 않다. 반면 합기도 도장수와 수련인구의 증가는 합기도가 일본무도로서의 매력이 있어서가 아니라 독창적이고 실용적인 술기시스템과 우수한 합기도 사범들 덕분이다. 즉 뛰어난 한국적 호신술 위주의 수련방식을 가진 합기도의 매력과 인기 때문이라는 사실이다.

아이키도가 한국에 알려지게 된 상황은 유도, 검도, 또는 가라데와 같은 무예의 기술에 대한 우수성이나 뛰어난 사범들의 도장을 통한 기존의 일본무도의 유입과는 확연히 다른 상황임을 알아야 한다. '대한아이키도회'라는 이름으로 활동을 본격적으로 해온 지는 30여 년밖에 되지 않고 여전히 대중적인 성공을 보지 못하고 있다. 그런데 아이키도가 한국에서 활동을 시작한 시기인 1980년대 후반과 1990년대 중후반까지는 일본이 경기호황으로 세계적으로 경제 강국이 되면서 일본을 배우자는 세계적인 열기 속에서 일본문화가 급속한 대중화의 바람을 타기 시작한 시기였음을 주지할 필요가 있다. 이 시기에 상업화된 아이키도 영화들 이를테면 스티븐 시갈 액션영화 등이 인기를 모으면서 아이키도는 한국에 서서히 알려졌다. 이러한 상황에서 '대한아이키도회'가 생겨났다. 그런데 대한아이키도회의 시작이 국내에 기존의 여러 아이키도 도장들의 단합에 의한 조직적 형성이 아니라 극히 개인적인 주도로 이루어졌다는 특징이 있다. 이전에 무예타이나 킥복싱 등의 타격기 위주의 강술을 수련했던 한 무예인이 일본 아이키도의 유술적인 기술적인 매력에 심취한 것을 계기로 본격적으로 협회 활동이 시작되었다. 즉 해방 이후로 여러 도장들이 합기도의 발전을 위해 이합집산을 반복하며 성장해 온 합기도협회와는 근본부터가 시작이 달랐다.

하지만 1990년 후반기에 아시아 경제 위기를 맞아 거품경제의 문제가 터지면서 일본은 경기침체의 길을 겪고 일본문화와 무도의 국제홍보활동도 위축되었다. 특히 정치 사회적으로 민감한 한일 관계에 있어서 한국에서는 이미 스포츠화된 검도나 유도와는 달리 가라데나 아이키도와 같은 일본식 무도의 국내 점유률은 미미했다. 반일 정서로 인해서 태권도와 합기도의 비약적인 발전에 비해 매우 낮은 인지도와 비대중성의 문제를 극복하지 못한 채 한국에서 아이키도는 주변부의 무예로 잔류해 왔다. 수입 규제가 심했던 일본문화가 점진적으로 개방되는 분위기와 통신기술의 급격한 발달로 온라인에서 일본무도에 대해 언제 어디서나 쉽게 접할 수 있는 사회적 환경이 조성되었다. 아이키도는 낮은 인지도를 높이기 위해 대중매체에 자주 노출을 시도하면서 대중성을 꾀해 갔다. 급기야는 이미 합기도라는 무예가 태권도 다음으로 대중적인 무예로 자리 잡은 상황을 이용이라도 하듯이 대한아이키도회에서 대한합기도회로 바꾸면서 아이키도를 합기도라고 명명하기 시작했다.

왜 갑자기 대한아이키도회가 합기도 무명의 동일성을 주장하면서 분란을 조장하기 시작하였는가? 첫째는. 아이키도의 한국에서 여전히 낮은 인지도로 인한 극소수의 도장수와 적은 수련생수를 극복하기 위한 의도이다. 합기도의 양적인 팽창에서 불거져 나온 문제점들인 단체난립이나 다른 무예이름으로 다양화되는 분열과 갈등을 목격하면서 아이키도는 인지도를 높이기 위해 이러한 상황을 잘 활용할 수 있다는 판단을 한 것 같다. 그런데 심각한 문제는 아이키도회가 합기도와 아이키도가 동일한 무명이라고 주장하며 이름의 대한 소유권의 주장하는 것은 그동안 합기도가 국내에서 꾸준하게 대중적인 인기에 힘입어 한국적인 무예의 특성으로 발전해 온 사항들은 완전히 무시한 감정적이고 일방적인 행동이라는 것이다.

대한아이키도회가 합기도 무명에 대한 문제 제기를 했을 때 합기도계에서 강력하게 대응을 하기에는 상황이 좋지 않았다. 급증하는 합기도 도장들과 수련생들의 양적인 성장을 틈타 경제적 이익만을 추구하려는 합기도단체의 난립과 반목, 그로 인한 부패 등의 문제점들이 발생하고 있었기 때문이다. 더욱이 이러한 바람직하지 않은 상황에 회의를 느낀 합기도 사범들은 외국으로 가거나, 새로운 무예를 창시하거나, 합기도 대신 다른 무명들을 만들어 사용하여 지도하기 시작했다. 심지어 일부 대학과 무예학자들도 합기도를 일본무도의 콤플렉스를 벗어나서 진정한 합기도의 발전을 위한다는 명분 아래 개명을 주장하는 분위기였다.

대한아이키도회가 이렇게 그들에게 유리하게 흘러가는 좋은 기회를 놓칠 리 없었다. 그들이 아이키도를 합기도라고 칭하기 시작하고 편협한 일본무예사 자료들을 제시하면서 합기도는 일본 무도라는 억지식 주장들로 몰아가고 있는 것이 최근까지 계속되고 있는 합기도계의 서글픈 자화상이다. 물론 이러한 배경 이면에는 대한아이키도회가 합기도를 현재 한국에서 스포츠화되어 정착된 검도와 유도와 같은 일본무도의 국제 운영 시스템과 동일하게 이끌려는 잘못된 판단도 작용했다. 게다가 상하 수직적인 일본의 아이키도 단체의 권위적인 명령하달식 의사결정적인 시스템과 대한아이키도회를 이끄는 한 개인의 권위적인 집착과 맞물려 있었기에 합기도 무명의 문제 제기는 시작부터가 잘못되었다.

둘째는, 이러한 합기도의 국내 위치와 공헌도를 무시한 적대적이고 감정적인 무명 문제의 제기는 대한체육회에서 합기도가 최종 승인종목이 되자 가뜩이나 낮은 인지도와 비대중적인 위치에 처해 있던 아이키도회의 위기감에서 촉발되었을 수도 있다. 사실 오래전부터 합기도는 청와대, 경찰학교 그리고 군부대에 이르기까지 치안과 경호를 위한 우수한 한국무예종목으로 공헌해 왔다. 또한 합기도는 전국적으로 국민들의 호신과 건강을 위한 국민생활체육의 주요 종목으로 자리 잡아 오고 있다. 그러나 이에 비해서 아이키도의 한국에서 대중성은 여전히 매우 취약하고 생활체육으로서의 공헌도는 전무하다. 이러한 국내의 낮은 아이키도의 인지도를 국제적으로 만회라고 하듯이 경기 지양적인 무도의 속성을 지닌 아이키도는 경기스포츠조직인 IOC 가입을 위한 아이키도의 스포츠지향적인 국제적 활동을 부풀리고 있다. 이는 낮은 대중성과 감소하고 있는 수련생 숫자에 대한 대안으로 마치 아이키도가 국제적으로 인지도가 더 높은 것으로 오도하기 위한 것이다. 따라서 대한아이키도회의 합기도 무명의 문제 제기는 진정한 자기무예의 보호적인 측면이 아닌 정치적이고 경제적인 의도에서 나왔다고 의심할 수밖에 없는 이유이다.

이러한 문제점들에 대해서 아이키도회에서는 합리적이고 설득력 있는 합기도 무명에 관한 문제 제기의 모습이 보이지 않는다. 더욱이 안타까운 것은 합기도가 해방 이후에 70여 년 동안 어떻게 한국의 근대무예로서 정착해 왔는가에 대해서 전혀 인정을 하지 않는 것이 큰 문제이다. 그 대신 일방적으로 합기도에 대해 비방만 하고 일본 무도라고 몰아가는 자세는 아이키도의 수련이념인 평화와 조화방식이 아니라 싸움을 거는 위협적이고 방자한 태도임을 깨달아야 한다.

2) '합기도' 무명을 개명하였을 때 감당해야 하는 엄청난 경제적, 사회문화적 손실과 비용들

합기도를 새로운 무명으로 바꾸는 것은 그냥 한 가게의 상호를 바꾸는 것처럼 간단한 일이 아니다. 우선 국내외의 일선 도장의 간판이나 차량에 이름과 로고를 바꾸는 데 엄청난 비용과 시간을 들여야 한다. 게다가 수련생들과 부모님들에게 왜 새로운 이름을 지었는지를 설명해야 한다. 수련생들은 합기도를 통해 쌓아왔던 모든 기술과 수련원리에 대해서 정체성의 혼란을 가질 것이다. 또한 전 세계의 합기도를 수련하고 있는 외국인 사범들이나 수련생들은 개명의 이유와 정당성에 대해서 이해하기보다는 의문점과 반감이 올 것이다. 더 심각한 문제는 기존의 모든 합기도에 관련된 이름이나 수련체계들은 하루아침에 우리가 전혀 의도하지 않게 일본무예로 둔갑되고 고착화된다는 것이다.

합기도가 이름만을 바꾼다면 더 한국적인 발전 지향적인 무예로 거듭날 수 있다는 매우 위험하고 어리석은 생각은 이제 접어야 한다. 합기도의 발전을 위해서 진정으로 필요한 것은 무엇인가?는 태권도를 보면서 그 해답을 찾을 수 있다. 태권도가 택견보다 더 한국적인 이름이기 때문에 세계적으로 성공한 한국을 대표하는 훌륭한 무예가 되었는가? 국기로서의 단체 통합, 올림픽 종목화, 그리고 성공적인 세계화 등 위에서의 노력부터 시작해서 끊임없는 기술개발과 수련 방식의 정립, 학문적인 연구, 그리고 국내외에서 열심히 지도해 온 일선의 사범님들과 열심히 수련을 한 태권도인들에 의한 아래로부터의 개혁을 통해서 이루어 낸 것임을 우리는 인식해야 한다.

어찌 보면 합기도가 일본 무도라는 편견과 비난을 받는 어려운 상황 속에도 이만큼 발전을 해 온 것은 태권도보다 더 큰 업적과 성취를 이루어왔다고 볼 수 있다. 국내외적으로는 합기도는 많은 수련인들과 도장을 보유하여 왔다. 이런 상황에서 합기도의 무명을 바꿔야 한다는 논란이 정치사회적으로 이슈가 된 적은 적이 한 번도 없었다. 오히려 합기도를 지도하는 국내외 일선관장들이나 사범들은 합기도를 한국의 우수한 무예로서 자부심을 가지고 지도하고 있다는 사실을 명심할 필요가 있다. 그런데 이러한 합기도를 한국적인 이름으로 바꾸자는 주장 때문에 그렇게 큰 경제적, 사회적, 문화적 손실을 감당해야 하겠는가? 특히 합기도라는 무예의 이름뿐만 아니라 무예의 속성까지도 아이키도에 매몰당하는 수치와 굴욕을 겪으면서까지 말이다.

3) 이제 합기도 개명 논쟁은 그만하자!

그동안 합기도가 왜 아이키도와 다른 독자적인 한국무예인가를 증명하기 위한 실증적 설명으로 가치성과 역사성, 그리고 기술체계와 수련이념에 대해서 꾸준하게 글을 써 오면서 필자가 가장 크게 깨달은 점은 합기도를 일본무도라고 여기는 사람들이 너무 많다는 것이다. 무예 수련이나 합기도 수련 경험이 전무하거나 무예에 대해 관심이 없는 사람들은 이해가 된다. 그러나 의외로 많은 태권도 인들이나 다른 무예인들조차도 합기도를 일본 무도로 여기고 오해하는 사람들이 너무 많다. 물론 이러한 합기도 개명의 필요성에 대한 논란은 쉽게 해결되지 않을 문제이다. 하지만 합기도라는 이름만을 바꾼다고 해서 합기도의 속성들, 즉 기술체계, 수련방식, 수련이념 등이 결코 한국적으로 바뀌지는 않는다. 게다가 특정 무예의 체육행정이나 스포츠 활동의 증진을 위한 정치적이고 상업적인 수단으로 전락할 위험성이 크기에 합기도 개명은 절대 안 된다.

이제 아이키도 측의 개명 요구에 감정적으로 반응하지 말고 그냥 무시하면서 합기도 개명 논란은 이제 종식하도록 하자. 지난 반세기 동안 국내외적으로 끊임없이 탄생하는 많은 신생무예의 범람 속에서도 오히려 무예의 실기적인 가치뿐만 아니라 교육적이고 생산적인 가치 덕분에 세계 무예로 진화되고 발전되어 온 합기도의 미래지향적인 방향을 위해서 고민하고 노력을 해야 한다. 따라서 이번을 계기로 합기도를 무작정 일본무도라고 비난하는 아이키도 인들이나 다른 무예인들을 탓하기 전에 우선 합기도에 대한 올바른 지식과 인식을 주지 못한 합기도인들이 반성해야 한다. 더 나아가서 합기도의 왜색 논란을 불식하기 위해서 국내외의 일선 도장에서 합기도의 근대역사와 형성과정에 대한 올바른 지식과 합기도 기술을 전달하기 위한 자정적인 노력을 기울일 때이다.

10장.
합기도가 정체성의 논쟁에서 벗어나 미래로 나아가기 위해 필요한 세 가지 가치는?

합기도 발차기

한국의 근대 무예사에서 합기도는 여전히 '뜨거운 감자'이다. 역사적 정통성 및 기술의 유사성 그리고 무명(武名) 때문에 합기도만큼 논란과 논쟁의 대상이 된 무예도 없기 때문이다. 태권도와 더불어 전통 무예의 특성과 스포츠무예의 특성을 모두 가지고 있는 합기도는 한국의 신체문화가 녹아있는 기술이 다양하고 우수한 호신술로 국내외적으로 대중화에 성공한 대표적인 한국 무예이다. 그럼에도 불구하고 합기도 역사적 정체성 문제의 중심에는 다음과 같은 논란들이 있다. '합기도의 역사적 기원은 어디에 있는가?', '합기도는 한국의 고대무예를 계승 발전시킨 한국의 전통 무예인가? 아니면 일본 무도 아이키도가 변형된 무예인가?', 또는 '합기도는 한국의 고대 무예가 일본에 건너가 유술(대동류유술)로 체계화되고 발전되어 다시 한국으로 재유입된 무예가 맞는가?' 등이다.

이러한 논란들은 '한국전통무예설' 또는 '한국무예 재유입에 의한 전통설' 그리고 '일본무도 유입설' 등으로 나뉘어 많은 논쟁들을 촉발시켰다. 아직도 합기도는 한국무예인가? 일본무도인가? 하는 논쟁으로 인해 정체성에 혼란을 주고 있다. 무예학자들이나 무예지도자들은 합기도 역사의 모호성과 신비주의, 합기도 단체의 난립과 공신력이 없는 수준 이하의 대회 증가, 일본유술과 차별화할 수 있는 기술적 체계상의 문제점, 역사 왜곡과 학문적·철학적 이론 부재, 강력한 리더십의 부재 등을 합기도의 심각한 문제들이라고 비판하여 왔다. 그러나 이러한 문제들을 해결하기 위한 현실적인 방안과 실행에 대한 노력과 시도는 거의 이루어지고 있지 않다. 오히려 최근 다시 정치사회적으로 불거진 반일 민족주의와 수구주의에 편승하고 매몰되어 합기도를 일본 무도로 치부해버리는 웃지 못할 현상까지 일어나고 있음은 안타까운 일이라 하지 않을 수 없다.

합기도의 정체성에 대한 논리적인 입증을 위해서는 실용적인 관점이 필요하다. 신체의 동작을 기본으로 하는 무예를 너무 철학적인 이론을 강조하여 정체성을 밝혀나가면 설득력이 부족하고, 공감을 받지 못하며, 비논리적일 위험성이 크다. 무예 이론은 결국 신체적인 움직임에 부여되는 속성을 가지기 때문이다. 따라서 무예의 정체성 확립을 위해서 실증적이고, 실용적인 가치지향적인 특성들에 대한 분석이 이루어져야 한다.

어떤 무예가 심오한 철학과 사상을 가진 체계적인 우수한 신체문화로서 공헌하기 위해서는 타 무예와 구별될 수 있는 가치가 필요하다. 이러한 맥락에서 무예의 구체적인 정체성의 확립을 위한 수단과 과정으로서 세 가지의 가치지향을 고려할 수 있다. 역사적 정체성의 정립을 통한 정통성 가치(Orthodoxy Values) 지향, 타 무예와 차별화되는 그 무예만이 가지는 독특하고 차별되는 기술의 독자성 가치(Originality Values) 지향, 그리고 교육, 건강과 양생을 위한 생산성 가치(Productiveness values) 지향 등이다. 이 세 가지(정통성, 독립성, 생산성) 가치 지향은 한 무예의 정체성을 확고하게 할 수 있다.

합기도의 정통성 가치는 다른 무예사와 구별되는 역사성의 근원적인 기반이다. 8·15 해방 후 근대무예들이 형성될 때 각자의 무예들은 정체성 확립을 위해 우선 한국의 고유무예라는 정통성을 강조하게 된다. 한국이 고유무예로서의 확실한 색깔을 가지려고 노력해 온 무예는 택견이나 씨름, 태권도 등이 있다. 태권도는 가라데 유입설(가라데에서 파생되었다는 의견)의 논쟁을 극복하고 정통성 시비에서 벗어난 상태이다. 그러나 합기도는 최근에 무예 정통성 논란의 연속선상에서 벗어나지 못하고 있다. 가장 큰 이유는 명칭이나 원초적인 기술이 일본에서 비롯되었기 때문이다. 이로 인해 일본의 아이키도와 차별화된 기술들로 전 세계적으로 인정을 받고 있음에도 불구하고 독자성이 있는 한국 무예로서 위상을 아직 세우지 못하고 있다. 따라서 합기도의 정통성 문제는 일본 아이키도와 차이점을 분석하고 규명함으로써 어떻게 한국의 대표적 근대 무예로서 정립되어 왔는가를 밝히는 것이 매우 중요하다.

합기도의 독자성 가치는 실기적으로 다른 무예와 뚜렷한 차별화를 의미한다. 하나의 무예로서 인정을 받으려면 타 무예와는 구별되는 기술적인 독자성을 갖추어야 한다. 한국의 태권도나 일본의 유도는 뚜렷한 기술의 차별성과 독립성으로 올림픽 종목의 무예 스포츠로서 독자성을 굳히게 되었다. 택견 또한 최근에 들어 한국 전통무예로서의 가치를 앞세우고 발차기 위주인 태권도와 차별화를 가져왔다. 해동검도 또한 일본의 색깔이 짙은 기존의 검도수련방식에서 탈피하는 새로운 기술적인 독자성을 가지는 데 성공했다. 가장 최근에 기술적인 독자성을 가지는 데 성공한 무예가 브라질주짓수이다. 일본의 유도 기법과 미국의 레슬링의 기법을 혼합하여 그라운드 파이팅에서 실전성이 우수한 기술에 힘입어 독보적인 무예로서 거듭난 현대 무예 스포츠의 산물이다.

그런데 합기도는 어떠한가? 던지기와 꺾기 기술 등의 유술에 다양한 타격기술과 무기술이 접목되어 진화해 온 훌륭한 무예가 합기도임에도 불구하고 기술적으로 독자성을 구축하기보다는 효율성과 다양성으로 여러 가지 무예로 분화되어 왔다. 합기도를 근원으로 국술, 특공무술, 경호무술, 경찰무술, 용무도 등의 신생 무예들이 만들어지면서 합기도의 훌륭한 기술들이 체계화되기 전에 분산되어 버렸다. 따라서 우선 합기도의 독자성을 구축하기 위해 기술적 체계성의 재정립이 필요하다.

합기도의 생산성 가치는 현 시대가 필요로 하는 요구에 부응하면서 계속적으로 발전해 나갈 수 있는 조건들을 의미한다. 하나의 무예가 계속적인 발전을 통한 지속성을 가지기 위해서는 생산성을 갖추어야 한다. 무예의 생산성 가치는 신체적 발달, 정신적 함양뿐만 아니라 교육적, 건강학적 효과 등을 내포하고 있다. 그런데 적지 않은 무예들이 격투의 실전성을 지나치게 강조함으로써 생산적인 가치들을 상실하여 대중성을 잃으면서 주변적인 무예의 한 부분으로 전락하거나 결국에는 사라졌음을 무예사는 잘 보여주고 있다.

그 대표적인 무예가 이소룡이 창안한 절권도이다. 절권도 인기 쇠락의 주된 이유는 이소룡의 갑작스러운 죽음으로 인해 절권도의 발전이 이루어지지 못했기 때문이다. 무엇보다도 절권도는 체계적인 이론 정립을 제대로 못한 상태에서 실전적인 효율성만 너무 강조하여 기존의 중국 전통무예인 쿵푸에서 벗어나려고만 했던 시도가 절권도의 생산성 가치를 저해하는 결과를 초래했다. 호신뿐만 아니라 건강이나 교육적인 효과를 위해 무예를 선택하는 일반 대중에게 실전만 추구하는 절권도는 호소력이 떨어짐으로써 생산성의 가치를 부각시키지 못했다고 볼 수 있다. 이러한 실전성을 강조해서 만들어진 격투기, 프로태권도 등과 같은 신생 무예들도 뛰어난 호신의 효과를 가지고 있음에도 불구하고 주요한 무예로 자리 잡지 못하고 쇠락하는 것도 이러한 생산성 가치의 부족이 원인이라고 볼 수 있다.

무예가 가져야 하는 생산성의 가치를 고려해 볼 때 합기도를 단순히 격투술로만 한정시키려는 구태의연한 자세를 경계하고 벗어나야 한다. 현대사회에서 요구하는 무예로서 바람직하고 대중성 있는 합기도가 되려면 지속적인 생산성의 가치 창출이 이루어져야 한다. 이러한 맥락에서 호신술뿐만 아니라 생활체육으로서의 국민들의 심신수양의 증진, 그리고 사회생활에서 교육적으로나 경제적으로 훌륭하게 적용할 수 있고 건강과 양생을 위한 의학적 효과를 지닌 합기도의 생산적 가치의 정립이 중요하다.

11장.
합기도의 정체성 확립을 위한 바람직한 정통성 가치지향

영자 신문에 기사가 실린
한국 근대무예 합기도

정체성(identity)은 사전적 의미로 변하지 아니하는 존재의 본질을 깨닫는 성격이나 성질 또는 특성을 의미한다. 그러나 정체성은 개인 단위와 조직 단위로 나누어 개념화하기도 한다. 개인 단위로는 한 사람의 인생의 목적 또는 방향성에 대한 인식이고 조직 단위로는 조직의 존재 이유나 비전이라고 볼 수 있다. 또한 어떤 사람들은 정체성이란 뿌리를 찾는 것으로 시작된 근거라고 주장하면서 과거의 역사를 토대로 정체성을 찾기도 한다. 가치의 의미는 두 가지가 있다. 첫째, 욕구나 관심의 대상에 대해 좋거나 나쁘다는 성질의 표현이다. 즉 둘 중 하나를 선택해야만 하는 상황에서 어느 쪽을 선택할 것인지를 결정하게 하는 것이다. 그래서 가치와 반가치의 상반된 개념이 있다. 둘째, 관심의 대상에 대해 옳다고 인정하고 실현해야 할 것을 의미한다. 따라서 가치는 정체성에 대한 수단적 의미를 가진다. 즉 관심 대상에 대한 성질이나 특성을 인정하고 인식하는 정체성 확립을 위해서는 그 대상에 대해 옳고 그름을 통해 인정하고 실현하는 가치 지향이 선행되어야 한다.

이러한 맥락에서 무예의 정체성은 하나의 특정한 무예를 인정하고 인식하는 것이라고 할 수 있다. 특정한 무예의 정체성 확립을 위해서는 그 무예의 기원, 창시자, 이름, 기술체계, 수련체계 등의 관련된 가치들을 정립하여 객관적으로 인정받는 과정이 요구된다. 하지만 무예의 정체성과 가치를 연관시키는 연구와 논의는 지금까지 거의 이루어지지 않고 별개의 개념으로 여겨져 왔다. 특히 무예의 정체성을 논할 때 관련된 국가 간의 역사적 과거 사실의 진실여부만을 밝혀내려는 작업으로 한정시켜왔다. 가령 태권도나 합기도의 정통성에 관한 대부분의 연구들은 한국의 전통무예론와 일본 무도 유입론에 대한 역사학적 실증적인 관점의 차이 때문에 한일 무예 간의 양자 비교적인 입장에서 벗어나지 못하고 있다.

우리는 무예의 정통성을 언급할 때 지나치게 한국의 전통적인 것에 집착을 가지는 경향이 짙다. 그리고 대다수의 근대 무예 종목들이 일본과 중국에 뿌리를 둔 것들이란 강박관념에서 오는 콤플렉스는 한국 무예의 객관적 논의를 방해하는 요인으로 작용한다. 합기도의 정통성 문제에 있어서 한국과 일본의 역사적, 문화적인 갈등과 경쟁의 미묘한 관계 속에서 합기도는 한국무예인가? 일본 무도인가?란 이분법적인 관점에 매몰되어 합리적이고 객관적인 결론을 내리지 못하고 있는 것이 문제이다. 스포츠적 관점에서는 미국이나 영국, 독일과 같은 서양세계로부터 들어온 권투, 레슬링과 같은 격기 스포츠는 정통성을 따지지 않는다. 그런데 중국이나 일본에서 건너 온 무예는 왜 그렇게 한국적인 것인지가 논쟁의 대상이 되는 것인가? 이는 아마도 무예를 전통문화선상에서 존재가치를 구하려는 무예 연구의 관점 때문이다.

문화적 관점에서 보면 원래 몽고족 같은 유목민들은 이동하는 생활특성 때문에 그들의 주류음식이 소나, 말의 고기를 말려서 갖고 다니다가 구워서 먹는 음식문화가 주류를 이룬다. 한국 음식을 대표하는 갈비나 불고기는 고려시대에 원나라의 지배를 받았을 때 몽고족 유목민의 음식문화에서 영향을 받았다는 문화인류학적인 연구관점이 있다. 이를 증명하듯이 중국에서 갈비나 불고기를 먹을 수 있는 식당의 이름이 고려 고기식당이나 몽고 고기식당이다. 하지만 갈비나 불고기의 원조가 몽고음식이냐 한국음식이냐를 아무도 따지지 않는다. 또한 중국의 전통 명절인 구정(음력설날)이 해외적으로 중국식 새해(Chinese New Year)로 알려져 있음에도 음력설이 중국의 전통·명절이냐 한국의 전통·명절이냐를 두고 논쟁을 한 적이 없다. 그런데 합기도가 엄연히 태권도 다음으로 규모나 비중에 있어서 한국의 대표적인 무예로 발전해 왔음에도 불구하고 유독 한국 무예냐 일본 무도냐 하는 논쟁은 왜 계속되는 것인가? 혹자는 합기도가 갈비나 음력설과 같이 한국인의 생활과 밀접한 중심문화가 아닌 많은 사람들의 관심과 주목을 끌지 못하는 주변적인 신체문화인 탓에 이러한 논쟁이 발생한다는 흥미로운 현상을 지적하기도 한다.

아이키도는 '우에시바 모리헤이'에 의해 일본의 고대 무예들, 즉 칼과 창을 이용한 기술과 대동합기유술을 포함한 다른 다양한 유술 등을 종합하여 체계화시킨 근대무예로서 먼저 공격하는 기술들과 차고 때리는 타격기술을 배제한 방어 중심적인 일본무도이다. 먼저 공격을 하지 않는 평화의 무예이자 무예의 기본 속성인 상호공방에 의한 격투술을 넘어서는 하나의 독립된 정신적인 요소를 강조하는 무도로서 타 무술과의 차별성에 성공한 근대무예의 산물이다. 평화와 조화를 강조하는 아이키도의 수련이념과 철학은 1930년대에 일본무도가 세계의 일본 제국화를 꿈꾸며 전 세계 150여국에 공격적이고 침략적으로 가라데를 보급한 역사적 사실에 비추어 볼 때 일본의 엄청난 이율배반적인 모습을 보기도 한다. 세계 대전 중에 보여준 끔직하고 잔인한 일본군의 만행들이 일본의 무사도 때문이라고 규정한 미국의 맥아더 장군은 종전 후 일본의 전 지역에 일본무도 금지령을 내렸다. 하지만 공격을 하지 않고 상대방과의 조화를 꾀한다는 아이키도의 평화적인 수련이념을 가진 아이키도만은 수련을 허락했다. 일본은 전쟁의 침략적인 이미지를 지우고 성찰적인 모습을 보이기 위해 평화를 추구하는 아이키도의 홍보는 국가적인 차원에서 시행되었다. 아이키도의 창시자인 우시에바 모리헤이를 성직자와 같은 수준으로 신격화시키는 모습에서 신체문화로서 무예가 국가를 위한 정신적인 문화로도 이용될 수 있다는 사실을 우리는 인식하게 되었다.

반면 자력이 아닌 국제적 상황으로 인해 갑작스러운 해방을 맞은 한국은 전통무예의 실기적이고 이론적인 배경이 거의 부재했다. 더욱이 일본 무도를 강제적으로 수련해야 했던 무예 지도자들은 무예의 한국화 능력이 없었다. 이로 인해 무예의 홍보와 교육을 위해 일본무도 문헌의 무단 도용 등으로 일본무도와 차별화에 실패함으로써 합기도는 초기에 정통성 확립에 큰 혼란을 겪어야 했다.

따라서 합기도의 정통성 가치는 불확실하고 추측에 의존한 역사적 측면과 감정적인 민족주의를 기반으로 한 지속적인 논쟁으로는 해결이 될 수 없다. 합기도와 아이키도는 엄연히 지난 반세기 동안 각각 독자적인 무예로 차별화되고 발전해 왔다. 이러한 맥락에서 합기도는 한국무예로서의 존재 이유와 비전을 가진 정체성 확립을 위해 올바른 정통성 가치 지향의 정립이 필요하다. 합기도의 정통성 가치 지향의 방안을 논하기 전에 지금까지 논란과 비판의 쟁점이 되어오고 있는 합기도의 3가지 기원설들, 즉 한국전통무예설과 일본무도 유입설, 그리고 한국전통무술의 재유입설 등에 대한 문제점과 한계점을 냉철하게 살펴볼 필요가 있다.

(1) 합기도의 역사연구에 대한 문제점들과 한계점들

합기도의 정체성 확립을 위한 정통성 가치지향에 가장 걸림돌이 되는 것은 합기도의 역사적 정체성에 대한 명확한 정립의 실패이다. 합기도는 국내외에서 양적으로 큰 발전을 했음에도 불구하고 내부의 갈등과 불협화음 때문에 균형적인 발전을 이루지 못하고 있다. 그러한 결과로 합기도는 급기야 전통무예진흥 기본계획에서 전통무예가 아닌 외래무예로 분류되어 버리는 문제까지 일어나기에 이르렀다. 이러한 문제를 해결하기 위해서 무예연구가와 학자들이 합기도 역사를 규명하기 위해서 지속적으로 노력해 오고 있다. 하지만 사실성 부족과 고증적인 부재로 인해 대부분의 합기도 역사 내용들은 추상적이고 허구적이라는 비판에서 벗어나지 못하고 있다.

올바른 합기도 역사 연구를 위해서 합기도 형성과 발전에 관한 역사적 자료(사료)들을 토대로 분석한 최대한 객관성 있는 사실들을 도출해내야 한다. 합기도에 관련된 자료들이 불충분하더라도 남아 있는 자료들을 통해서 설득력 있고 합리적인 비판, 분석, 해석, 그리고 재구성할 수 있는 무예 역사학자의 직관력과 추리력이 요구된다. 그러나 대부분의 기존 한국의 전통무예 연구들은 대부분 인물 중심이나 사건들을 단순히 연대적으로 나열해 놓고 있다. 이러한 피상적인 무예연구로 인해서 각 시대의 무예가 사회 문화적인 생활이나 교육적으로 어떠한 연관성과 상관성이 있었는지에 대해서 전혀 언급이 없다. 게다가 무예 분야가 시대가 지남에 따라 무예인들의 사회적 신분이 주요 지배층에서 하급 계층으로 변화된 까닭에 그 시대의 사회에서 사소하고 미미한 주변적인 문화로 취급되어 왔다. 따라서 상류층의 지배계급 문화 위주로 서술되는 역사서에는 이렇게 낮은 취급을 받는 무예 문화가 누락될 수밖에 없었던 한계도 무예역사 연구를 어렵게 만든 주요한 요인이다.

합기도 역사 연구에 있어 가장 문제점은 2가지를 들 수 있다. 첫째, 무협지무예사관의 특성을 여전히 벗어나지 못하고 있다는 것이다. 무협지무예사관은 무예법의 비전 및 영웅담 위주적인 서술로 특정 무예를 수련한 개인의 역사 및 사제관계의 계보를 바탕으로 무예의 역사를 다루는 것이다. 둘째, 유독 계보나 파를 따지는 것을 강조하는 일본무도사관의 영향이다. 합기도 역사의 대부분 연구물들이 다케다 소가쿠와 최용술, 일본 아이키도 우에시바의 이야기 그리고 최용술 제자들의 계보를 우선적으로 설명하며 역사를 고찰해 나가는 데 초점을 맞추고 있다.

무예는 일부 한정된 사람들이 특별한 교육을 통해서 얻는 특별한 기술 등으로 구성된 제도화된 문화가 아니다. 공식적인 교육을 받지 않지만 자연스럽게 생활 속에서 전파되는 민속문화 속 신체문화의 특징도 가지고 있다. 민속 문화는 씨름이나 윷놀이, 제기차기 등과 같이 특정한 계보 없이 전승되는 속성을 지니고 있다. 가령 택견이 계보를 확인할 수 없다는 이유만으로 우리의 전통 문화가 아니라고 아무도 말하지 않는다.

역사적 정체성의 모호함은 한국의 근대 무예사를 논할 때 대부분 일제 강점기 당시 일본에서 유입된 일본 무도라는 입장과 대부분의 한국 무예는 한국에서 일본으로 전래되어 다시 한국으로 역유입된 것이라는 상반된 주장이 대립하는 양상을 띠고 있다. 한국 전통무예의 흔적을 찾기 위한 신빙성 있는 자료가 『무예도보통지』와 소수의 그림들, 그것도 택견과 국궁, 씨름 정도일 뿐이다. 그럼에도 불구하고 대부분 한국의 근대 무예들은 전통무예에 뿌리를 두고 있다고 억측스러운 주장을 하고 있다. 고구려, 신라, 백제까지 거론하며 명확한 실증적 자료와 물증 없이 고대 벽화나 책자에 그려진 애매모호한 그림들이 자신들의 무예동작이라는 추측성 주장들이 무예 문헌이나 무예가의 진술에서 나타나고 있는 현실이다. 합기도의 역사 연구도 이러한 실증적 부재의 딜레마에서 벗어나지 못하고 있다.

합기도의 정체성에 대한 명확한 규명은 합기도의 역사적 사실여부를 기반으로 한다. 합기도 정체성 문제의 중심에는 역사적 정체성에 관해서 다음과 같은 논란들이 있다. '합기도의 역사적 기원은 어디에 있는가?', '합기도는 한국의 고대무예를 계승 발전시킨 한국의 전통무예인가? 아니면 일본 무도 아이키도가 변형된 무술인가?', 또는 '합기도는 한국의 고대 무술이 일본에 건너가 유술(대동류유술)로 체계화되고 발전되어 다시 한국으로 재유입된 무예가 맞는가?' 등이다. 이는 합기도 역사를 '한국전통무예설' '일본무도 유입설' 또는 '한국전통무예의 재유입설' 등으로 나뉘는 논쟁을 격화시켰다.

한국무예를 대표하는 태권도 또한 기원설에 관해서 일본 가라데와 연관성으로 인해 '전통주의'와 '수정주의(가라데 유입론)'와 같은 역사적인 기원설 논쟁에서 벗어나기 위한 힘든 과정을 겪었다. 합기도의 기원은 여전히 크게 3가지(한국 전통 무예설, 일본무도유입설, 한국무예의 재유입론)의 논란 속에 있다. 한국 전통 무예설에 따르면 합기도는 전통무예의 기법을 가미한 우리 민족의 전통적인 무예라고 주장한다. 고구려와 조선시대의 권법과 수박이 현대의 유도나 공수도, 합기도 기법들의 근원이 되었다고 본다. 일본무도유입설은 합기도는 여러 유형의 무예들이 일본에서 토착화되는 과정에서 형성된 것으로 그 원형은 일본의 아이키도라는 입장이다. 한국전통무예의 재유입론은 합기도는 고대 한국의 삼국시대의 무예가 일본으로 건너가 발전되어 오늘날의 합기도로 다듬어져 한국에 다시 들어왔다는 주장이다.

합기도의 '한국전통무예설'은 일본에서 대동류유술을 수련한 최용술과 그의 제자들이 한국의 다른 전통 무술들과의 결합으로 고유한 정통 합기도를 만들어냈다는 주장인데 실증주의적 입장에서 논리적인 약점을 드러낸다. 예컨대 최용술의 독자적 기술에 의해 합기도가 형성되었다는 주장은 최용술이 그 전에 수련한 일본의 대동류유술과 관련성을 무시하는 관점으로 사실고증적인 측면에서 전혀 설득력이 없다. 합기도와 수박, 권법, 택견 등 한국 전통무예의 기술적 관련성이나 적합성에 있어서 필연적인 연결고리를 찾아보기 힘들다. 타격기 위주인 태권도 또한 한국의 전통무예인 택견과 기술 연관성을 찾으려는 쉽지 않은 노력을 기울이고 있다. 하물며 합기도와 같이 잡고 꺾고 던지는 유술적 특성의 기술적인 연관성들은 한국의 전통무예에서 역사적인 증거나 문헌이 거의 남아있지 않아서 추측만 난무할 뿐이다.

합기도와 한국 고대 맨손 무예인 수박이나 택견의 연관성을 사실적, 논리적으로 증명하는 데는 어려움과 한계점이 너무 많다. 수박이라는 의미가 손으로 얽어 싸운다는 의미에서 유술적인 연관성을 찾으려고 하고 있다. 가령 손으로 치거나 발로 차고 상대를 잡아 넘어뜨리는 맨몸무예들은 지방마다 다른 이름들이 있었는데 평안도의 "날파름", 전주의 "챕이", 김해, 양산, 밀양 등지의 '잽이', 제주도의 "발칠락" 등이다. 그러나 각 지역의 맨손무예가 구체적으로 어떤 형태를 띠었고 어떤 차이점이 있었는지는 확인이 불가능하다. 지역 간의 무예교류가 활발하지 못했기에 지역마다 각기 나름대로의 독특한 맨손무예가 존재했었을 것이라는 추측만 가능하다. 또한 고증학적 관점에서 합기도 기술과 유사한 유술의 몇몇 기술들이 중국의 진, 한시대, 당나라와 송나라, 그리고 청나라에서 출토된 동상들에서 나타났음을 일부 무예연구가들이 밝혀내는 학문적 성과도 있었다. 그렇지만 이들의 기술이 한국에 어떻게 전래되고 형성되었는지에 관해 한국 무예사에 기록이 전혀 없기 때문에 중국과의 수많은 전쟁을 통해 기술들이 전래되었을 것이라는 막연한 추측만이 있을 뿐이다.

합기도의 일본무도유입설은 아이키도와 동일한 한자어를 가지고 있는 무명에서 알 수 있듯이 합기도의 기본적인 기술들과 원리들은 아이키도이다라는 주장이다. 또한 일부 무예학자들은 최용술이 일본에서 대동합기유술을 배운 적이 있다는 실증적인 증거가 없다고 주장한다. 최용술은 대동류가 아닌 직수 위주의 기술과 숫자 사용의 수련형태인 일본의 소림사 권법을 배웠을 것이라고 주장하기도 하고 대동류유술은 장인목이 한국에 전수한 것이라고 주장하는 관점도 있다. 일본무도 유입설은 합기도 수련 경험이 없고 피상적인 연구에서 오는 오류를 범하는 학자들이나 일본 무도사관에 젖어 있는 학자들에 의해 정당화되어왔다. 특히 신라의 고대무예인 대동류유술을 최용술이 배운 적이 없고 다른 일본 유술을 배웠다는 일본무도 유입론자들의 주장은 합기도의 정체성에 혼란을 초래할 수 있는 문제의 소지가 되고 있다.

다케다 소가쿠와 최용술의 수련행적이나 관계에 대한 최용술의 비교적 구체적 진술뿐만 아니라 그가 지도한 합기도 기술들이 전환의 보폭이나 관절기의 꺾는 동작들이 대동류유술에서 비롯되었다는 사실은 합기도를 수련하거나 연구한 사람들의 공통된 의견이다. 더욱이 해방 이후 한국 합기도를 체계화하고 전파하는 데 최용술이 크게 기여하였음은 누구도 부인할 수 없다. 한국의 합기도에서 최용술의 손목을 거치지 않는 술기는 없다는 김이수의 주장에 반박할 사람은 거의 없다. 따라서 한국 근대 합기도의 형성에 있어 최용술의 위치 및 공헌에 대한 인정과 구체적이고 실증적인 연구가 시급히 요구된다.

한편으로는 역사적, 실증적 자료를 강조하는 일본 또한 신뢰성의 문제가 있을 수 있다는 의견도 있다. 왜냐하면 일제 강점기에 민족 말살 정책으로 한국의 고대 역사자료들을 모두 소멸시키거나 자의적으로 왜곡시킨 사실을 상기해야 한다는 것이다. 특히 현재에도 침략사나 독도 영유권에 대한 역사 교과서 왜곡을 시도하고 있는 점으로 볼 때 한국의 합기도 성립과 일본무예사의 연관성에 관한 사실이나 자료들을 고의로 누락하거나 조작할 수 있는 가능성을 무시할 수 없다는 부정적인 시각도 있다. 따라서 일본 측에서 소장한 자료들만 가지고 주장하는 역사적 주장들에 대한 지나친 집착이나 절대적인 신뢰를 경계해야 한다. 일본무도 유입론자들의 결정적인 논리적 오류는 합기도는 다른 무예들처럼 사제 관계에 의해 엄격하게 비전되고 있는 무예가 아니라 발전과정에서부터 지속적으로 다양한 경로를 통해 포괄적으로 문화적 전승이 이루어져 온 신체문화라는 것을 간과하고 있다는 것이다. 근대무예로서 합기도는 일본의 대동류유술뿐만 아니라 한국무예(태권도, 택견)와 중국무예들의 특성들이 융합된 형태로 진화해 왔다.

(2) 합기도의 한국전통무예 재유입론의 한계 및 합기도 역사의 올바른 정립의 당위성

합기도의 '한국전통무예의 재유입론'은 한국의 삼국시대에 일본으로 건너간 관절기나 제압술등과 같은 전통무예 기법이 미나모토가문에서 다케다가문으로 전승되면서 일본화되어 대동류유술로 형성되고 이는 다시 한국에 유입되어 최용술과 장인목에 의하여 한국적 특성을 지니게 되었다는 주장이다. 대동류유술의 근원이 되는 무예를 일본에 전파한 신라삼랑원의광의 무덤 형태가 신라에서 유래되었다는 와세다 대학의 도미키 겐지 교수의 주장은 이러한 재유입론을 실증적으로 뒷받침하고 있다.

재유입론은 여러 무예연구가들의 지속적인 연구들을 통해 합기도계에서는 설득력 있는 가설로 받아들이는 분위기이다. 그러나 재유입론의 구체적인 과정에 관한 역사적 기록 부재성은 여전히 논란의 문제점으로 남아있다. 역사적 실증을 위해 백제의 무예가 일본의 궁중무술에 영향을 주게 되었음을 왕인 박사가 논어와 천자문을 전할 때 무예 또한 평법학이란 형식을 통해 일본 황실에 교수하여 궁중무예로 발전시켰다는 데에서 역사적인 연관성을 찾으려고 노력한 이행원의 주장도 근거가 희박하다. 최종균과 같은 일본무도 연구자들은 신라삼랑원의광을 다케다 가문과 연계시켜 합기도를 한국의 전통무예로 해석하려는 시도는 실증주의적 역사 해석의 오류를 범할 수 있다고 주장한다.

그런데 중국의 진한 시대, 당나라, 송나라를 거쳐 청나라시대에 출토된 동상이나 조각 유적들의 동작들에서 오늘날의 합기도 술기에서 볼 수 있는 동작들이 나타나고 있다. 원래 '수박(手搏)'이란 의미가 손으로 치거나 얽으면서 싸우는 의미인 종합무예적인 성격이 있음에도 불구하고 타격기 위주인 현대 무예의 영향으로 수박도 마치 권법으로 오인되고 있는 사실을 우리는 간과하고 있는 것은 아닌지 검토할 필요가 있다.

고대의 전쟁무예는 주로 무기를 사용하고 두꺼운 갑옷을 입은 채로 살생을 목적으로 하는 정교하지 않은 투박한 기술이 주를 이루었다. 특히 전쟁에서는 무기를 가지고 여러 사람을 상대해야 하는 공격과 방어의 필요성 때문에 꺾거나 던지기 같은 일대일 위주 격투기술은 위험하고 비효율적으로 인식되었다. 이러한 무기술(검법이나 창술)의 중요함으로 인해서 상대적으로 실전적인 중요성의 비중이 낮았던 맨몸무예의 기술에 관한 구체적인 자료들은 거의 존재하지 않는다.

　하지만 무예를 수련해 본 사람이라면 상대방(적군)에게 치명적인 기술로 당하면 그 기술을 배우면서 방어하기 위한 기술을 익히는 것은 당연한 것임을 안다. 중국의 잦은 침략으로 일어난 수많은 전쟁을 통해 한국과 중국은 이러한 술기들을 서로 주고받았을 가능성이 높다. 예컨대 삼국시대에 당나라와 신라가 전쟁을 치른 시기에 맨몸무예의 기술들이 교환 및 전래됐을 가능성은 높다. 또한 이 기술들이 한반도를 거쳐 일본으로 전래되었다는 역사적인 사실들의 추정은 합기도의 한국전통무예 '재유입론' 주장의 주요한 근거가 될 수 있다.

　근대 합기도가 태동하던 시기에 최용술에게 지도를 받은 관장들 중엔 대동류유술뿐만 아니라 다른 무예, 즉 당수도, 중국무술 쿵푸 등을 수련했던 종합무예인도 있었다. 이들은 일본 아이키도에 없는 타격기술인 다양한 권법이나 발차기 기술들을 합기도에 접목하였다. 따라서 시간이 흐르면서 타격기와 발차기가 접목되면서 실용적인 목적을 위해 특정 기술의 반복 연습과정에서 기술적 변화가 일어났다. 이러한 관점에서 일본 대동류유술만이 합기도 기술의 근간을 이루고 있다는 주장은 오류라고 할 수 있다.

합기도의 역사적 고찰에 있어서 주요한 문제점은 이러한 역사의 왜곡과 잘못된 재편성이다. 합기도의 역사 고증은 한국과 일본의 자료를 함께 가지고 시도할 필요성이 있다. 그렇지만 합기도에 대한 일본과 한국의 해석은 매우 감정적으로 첨예한 갈등으로 객관성의 어려움이 따른다. 일본과 관계에서 유난히 국수적인 민족주의에 집착하는 한국 무예계는 관련 협회 및 학계(학술논문)조차도 합기도 역사에 대하여 수구적인 민족주의 및 민족우월주의에 함몰되어 심각한 왜곡을 해 오고 있다.

합기도의 역사적 정체성이 일본의 영향에서 벗어나기 어려운 이유 중의 하나는 해방 직후 일본 문화, 특히 일본의 무도 문화가 합기도 발전에 크게 영향을 미쳤다는 점 때문이다. 일본 문화가 강제적으로 주입되었던 일제 강점기로부터 한국 무예가 어떤 것이든 일본적인 색깔을 금방 벗을 수 없는 상황적인 불가피성이 합기도가 일본 아이키도의 영향을 받았다는 인식을 만연하게 만들었다. 역사적 정립에 있어서 간과해서는 안 되는 사실은 외래의 문화나 예술도 자기나라화, 즉 '자국화'시키면 그 나라의 역사적 전통성을 가진 예술 문화가 된다는 것이다.

예를 들어 일본의 국보 제1호로 지정된 목조 미륵 반가상은 백제의 금동미륵보살 반가상과 거의 동일하고 재료 또한 한국산 나무의 재질을 사용했다. 이는 '자국화'는 곧 역사적 전통성을 의미함을 증명하는 것이 아니겠는가? 이러한 측면에서 일본에서 전래된 대동류유술이 다른 무예의 기술들과 접목되고 혼합되어 한국화된 합기도는 60여 년의 짧은 역사를 가지고 있지만, 계속해서 한국무예로서의 역사적 전통성을 지니면서 후세에게 전해질 것이다.

역사란 "인간 생활의 과거로부터의 변천과 지역, 국가, 세계가 지금까지 지나온 과정 속에서 발생한 사건들 그 자체 내지 그것들에 대한 기술을 말한다."라고 정의하고 있다. 역사의 의미나 가치를 포함한 역사적 정체성은 기간에 따라서 우열을 가리지는 않음에 주목해야 한다. 예컨대 100년 이상의 시간이 흘러야 역사로서 인정된다든지 200년 이상이 되어야 역사적 정체성이 있다는 의미가 없다는 이창후의 주장은 일리가 있다.

이러한 맥락에서 합기도 역사에서 '1945년 해방이후 새롭게 시작된 역사이다.'든지 '우리나라 전통무예를 계승한 무예로서 오랜 역사를 갖고 있다.'는 것은 역사적 정체성의 유무를 논하는 데 중요하지 않다. 물론 이러한 주장이 지나친 논리적 비약이라고 비추어질 수 있다. 그러나 몇천 년의 역사를 자랑하는 한국이나 중국의 문화가 200년이 조금 넘는 미국의 문화보다 심오하고 가치가 있다고 주장은 할 수 있으나 한국이나 중국의 역사적 정체성이 미국의 역사적 정체성보다 우수하다는 주장은 옳지 않다. 즉 어떤 대상의 기간의 길이를 가지고 역사적 가치를 지닌 정체성의 존재여부를 따지면 안 된다. 가령 현대의 합기도 역시 1945년 이후 탄생한 짧은 역사의 새로운 무예라고 할지라도 짧은 역사적 기간 때문에 역사적인 가치를 비하시키면서 그 정체성을 부정할 수 없다.

태권도 역사의 전통성에 관한 논의에서 이창후는 독특성, 동일성, 지속성의 세 가지 논변을 제기했다. 이 논변은 합기도의 역사적 전통성의 규명 과정에도 접목할 수 있다. 합기도의 독특성 논변으로 합기도의 무예적 특징은 타 무예와 구분할 정도로 다름을 주장할 수 있다. 아이키도와 합기도가 손목술기나 전환법 등에서 동일한 무예적 특성은 동일성 논변에 해당한다. 지속성 논변은 '합기도는 한국 무예의 특성이 단절되지 않고 우리가 확인할 수 있는 여러 경로를 통해서 지속적으로 전수되었다' 등으로 요약된다. 합기도의 성립시기와 보급과정을 바탕으로 합기도 역사는 정립되어야 한다. 합기도의 성립 시기는 1951년 최용술이 도장을 개관해서 제자를 양성하기 시작한 시점이지만 합기도라는 명칭사용과 함께 근대 합기도의 기본 수련체계인 낙법, 발차기, 술기의 수련구분이 형성된 시기는 1960년대부터라고 할 수 있다. 김동규와 황종대는 근대 합기도 역사를 1945년에서 60년대 말까지를 태동기, 70년대부터 90년대 초까지를 보급기, 그리고 그 이후 오늘날을 전환기로 나누고 있다.

이러한 합기도의 역사적 정립은 위에서 언급한 세 가지 논변에 대한 명백한 논리적 주장으로 합기도의 역사적 전통성을 확립할 수 있다. 이를테면 아이키도와 구별되는 타격기와 다양한 무기술, 동작이 다른 호신술기를 가진 합기도는 독특성의 논변에서 정당화된다. 동일성 논변에서는 일본의 아이키도와의 기술적 차별화로 대응된다. 지속성 논변에서도 시대적 상황에 맞게 꾸준하게 발전해 오고 있음을 증명할 수 있다.

근대 합기도 역사의 올바른 정립을 위한 정통성 가치 지향을 위해서 수박, 권법, 택견 등 한국 고유무예와 합기도의 직접적 관계에 대한 주장을 과감히 철회하고 수박, 권법, 택견 등의 전통무예와 합기도의 기술적 연관성 찾기 연구에 매진하여야 한다. 또한 근대 합기도의 발생에 대한 일본 대동류유술의 영향을 인정하는 반면 합기도가 일본의 아이키도와 차별화를 이루었던 과정과 구체적 내용 등에 대한 발전 과정을 규명해 나가야 한다.

12장.
합기도의 독자성 가치지향

합기도 손목술 던지기

(1) 한국과 일본의 상이한 신체동작

정체성을 확립하려고 할 때 지향하여야 할 또 하나의 가치는 독자성이다. 독자성이란 다른 것과 구별되어 그 자체로 특유한 것을 의미한다. 하나의 무예로서 인정을 받는다는 것은 이론적으로나 기술적으로 타 무술과 구별되는 독자성을 갖추어야 한다.

한국의 합기도가 일본의 아이키도와 기술적으로나 사상이나 이론에 대한 차별화된 특성들을 밝혀 나가는 것이 독자성의 가치 지향이라고 할 수 있다. 그런데 여기에서 합기도와 아이키도의 사상이나 철학에 관한 이론적인 부분의 언급을 하지 않기로 한 것은 두 가지의 이유에서이다.

첫째, 일본은 평화와 조화를 추구하는 아이키도의 무도철학을 전쟁의 침략적인 이미지를 지우기 위한 방편으로 사용한 역사적 사실 때문이다. 이는 아이키도의 잘 정립된 무예 철학이 어두운 역사적인 사건들을 합리화하기 위해 단기적 필요성에 만들어졌다는 우려를 낳을 수 있다.

둘째, 아직 기술적인 발전에 비해 합기도의 철학이나 사상 정립이 아직 제대로 세워지지 않았기 때문이다.

해방 이후에 근대무예의 이론적 배경이 거의 부재했기에 초기의 합기도 지도자들은 교육적인 목적을 위해 일본 아이키도 문헌의 무단 도용과 추상적인 무도성 강조 등으로 합기도의 전통에 오류투성이인 고착화만 양산했다. 뒤늦게나마 이를 반성하고 한국의 합기도 이론 작업이 시작되고 진행 중이다.

하지만 아직 정립되기에는 요원하다. 이러한 상황에서 합기도의 정체성 확립을 위해 이론적인 차별화에 의한 독자적인 가치 지향을 다루는 것은 시기상조이며 논리적인 설득력이 없는 위험이 있다. 따라서 뚜렷한 차별화를 가져온 기술적인 측면에서 독자적인 가치지향적 측면만을 다루고자 한다.

전쟁 기술을 목적으로 한 무기중심인 고대무예에서는 여러 무기를 다루면서 타격기나 유술은 무기술의 보조적인 기술로 사용되었다. 또한 어떠한 특정한 기술을 체계화시키기보다는 실전적 기술 수련은 다양성보다는 치명적인 기법인 몇몇 살수(殺手)와 여럿을 상대해야 하는 상황에서는 체력을 덜 소모하는 기술들의 연마가 주를 이루었다.

그러나 총과 화기를 사용하고 전쟁 횟수도 줄어들면서 장기간 전쟁이 없는 평화 시대를 맞이하여 무기 위주의 전쟁무예는 맨몸을 쓰는 근대무예로 진화하였다. 이러한 과정에서 살상을 위한 실전무예의 필요성이 서서히 줄어들면서 근대 무예들은 수련을 주목적으로 개인의 심신 강화를 위하는 데 초점을 맞추게 되면서 도장이라는 수련장소가 활성화되었다.

더 나아가서 각각의 실기들이 이론화되는 체계성을 갖추어 가면서 다른 무예들과의 차별성을 가진 술기들이 형성되고 체계를 갖추기 위한 기술의 독자성 가치와 비중이 커져갔다.

모든 무예는 공통된 기술들을 가지고 있다. 이를테면 타격기 위주의 태권도, 가라데, 무예타이, 쿵푸 등에는 주먹지르기나 손날치기 또는 앞차기와 앞돌려차기와 같은 공통된 권법들과 발차기 기술들이 있다. 유도, 씨름, 레슬링과 같은 무예는 밀어치기나 던지기와 같은 기본적인 공통 기술들이 존재하고 있다.

그런데 유독 한국의 합기도를 일본 유술에서 비롯된 아이키도의 기술에서 비롯된 일본무도라고 주장하는 근거 중의 하나가 손목술기와 전환법, 그리고 기를 이용한 호흡법 등의 공통된 기술들이다. 이것은 아마도 다른 무예에서는 찾아볼 수 없는 독특성을 가지는 기술적 특성 때문이기도 하다. 여기서는 손목술기와 전환법, 호흡법, 경기화를 통해 합기도의 독자성 가치를 살펴보도록 하자.

(2) 손목술기

1) 손목술기의 개념과 특성

    고대 전쟁에서 생사를 위해 쓰인 무예들은 맨몸보다 다양한 무기술부터 시작되었다. 그런데 총이나 화기류의 등장으로 인해 무기에 관한 실용도가 줄어들었다. 무예의 역할이 전쟁용보다는 맨몸을 이용한 개인의 호신을 위한 용도로 변해가면서 무기술들의 원리와 활용이 몸을 이용한 맨몸 무예의 기술로 접목되어 왔다.

    양진방은 맨몸으로 하는 무예를 짧은 역사성으로 인해 근대무예로 규정하면서 무기의 사용기술들이 인간의 신체를 사용하는 과정에서 가라데, 유도, 합기도, 태권도와 같은 근대무예에 인간의 몸의 움직임에 대한 많은 신체학적인 이론화 과정이 발전해 왔다고 주장하였다.

합기도 손목 술기

합기도와 아이키도에서 공통적으로 보여주고 있는 손목 관련 기술에 대한 이해도 이러한 맥락에서 이해된다. 합기도와 아이키도의 기술의 바탕이 된 대동류유술은 검술의 대가였던 다케타 소가쿠가 고대 유술을 응용하여 만들어 낸 근대무예이다. 생사를 다투는 실전에서 검을 쥐고 있는 상대방이 공격해오는 검이나 창을 맨손으로 방어할 때 손목을 제압하는 기술뿐만 아니라 상대방에게 칼을 든 손목을 잡혔을 때 이를 방어하는 기술은 당연히 검술에 관련된 무예 수련에 있어서는 필수적인 것이었다. 손목의 힘은 검술 공격에서도 매우 중요하다. 검을 뽑거나 베는 검술에서 손목의 힘과 활용은 승패를 가름하는 데 필수이다. 이러한 검술에서 손목술기는 아이키도나 합기도의 기술체계의 독특성을 지니게 되었다. 손목을 잡거나 꺾음으로써 수련하는 합기도와 아이키도에서 보여주는 손목술기는 다른 근대 무예들의 수련에서는 거의 볼 수 없는 가장 차별화된 수련의 특성이다. 손목기술 수련이라는 공통점으로 인해서 합기도와 아이키도를 동일한 무예로 보는 오해나 잘못된 인식을 낳기도 한다. 하지만 합기도 손목술의 수련형태나 기법은 아이키도와 다른 무예로서의 구분을 이루는 수단이 되기도 한다. 그러면 손목술 수련이 시작된 이유와 목적은 무엇인가?에 대해서 다음과 같이 세 가지의 이유로 확인될 수 있다.

(1) 고대 전쟁에서 무기 공격으로부터 살기 위한 필수적인 방어술
(2) 손의 가격력과 격파력을 신장하기 위한 목적
(3) 체술(몸의 움직임)의 숙달을 극대화하기 위한 목적

첫째, 손목술은 전쟁에서 무기 공격에 대해서 생존을 위한 필수적인 전쟁무예의 격투기술이었다. 생사를 다투는 전쟁터에서 검이나 창으로 상대방이 공격해 올 때 맨손으로 방어해야 할 때는 상대방이 병장기를 쥐고 있는 손목을 잡고 제압하지 못하면 상대방의 무기에 의해 베이거나 찔림으로써 치명상을 입거나 죽음을 당했다. 반면에 상대방에게 자신이 쥐고 있는 무기를 든 손목을 잡혔을 때도 무기를 놓치거나 빼앗기지 않기 위해서는 잡힌 손목을 방어하는 기술 또한 생사를 결정짓는 기술이었다. 합기도와 아이키도에서 공통적으로 보여주고 있는 손목관련에 관한 기술에 대한 이해도 이러한 맥락에서 이해된다. 생사를 다투는 실전에서 검을 쥐고 있는 상대방이 공격해오는 검이나 창을 맨손으로 방어할 때 손목을 제압하는 기술뿐만 아니라 상대방에게 칼을 든 손목을 잡혔을 때 이를 방어하는 손목 제압술은 당연히 우선적으로 익혀야 할 기본적이며 필수적인 무예 수련 방식이 되었다.

손목을 잡혔을 때의 방어 및 공격에 대한 기술들은 타격기 위주의 무예인 태권도, 가라데, 킥복싱이나 유술인 유도나 씨름에서는 볼 수 없는 독특한 수련기술로 체계화되었다. 그런데 사실 무기를 사용하지 않는 맨몸 무예에서 다양한 손목술기는 무예의 호신 기법의 향상을 위한 것이 아닌 단련 기술로도 여겨진다. 상대방에게 관절기를 효과적으로 시행하기보다는 강한 손목을 만들어서 관절 꺾기에 걸리지 않도록 하는 것이 주목적이었다. 그런데 합기도의 무력을 상대방의 손목을 꺾을 수 있는 능력으로 과시하려는 경향을 종종 보는데 이는 잘못된 것이다. 왜냐하면 사실 손목 관절 꺾기의 실전의 효과는 그리 크지 않기 때문이다. 실전에서는 아들레

날린의 과다 분비적인 생리적 현상과 흥분과 긴장의 심리적 상태
는 육체적인 고통을 마비시키는 현상이 있다. 따라서 격렬한 격투
도중에 어깨의 탈골이나 팔 관절이 골절되어도 이를 의식하지 않
고 계속 격투를 하는 사례들이 종종 목격된다. 하물며 더 작은 부
위인 손목관절에서 오는 아픔이나 통증 또한 크게 느끼지 못하는
것이 일반적이다.

둘째, 손목 힘은 무기술뿐만 아니라 손의 가격력이나 격파력의
신장을 위해서 필요하다. 검술 공격에서 칼로 베거나 찌르는 기술
은 손목의 엄청난 힘을 요구한다. 여러 가지 검술 기법들 또한 손
목 힘의 조절에 달려 있다는 것은 검도를 해본 사람이라면 누구나
잘 알고 있는 사실이다. 손목 힘은 단지 검술의 공방에서 더 발전
되어 손을 쓰는 모든 무예 기술에 방어뿐만 아니라 손으로 타격을
할 때의 강도나 상대방을 잡을 경우에 악력(움켜잡는 힘)이 매우 중요
한 요소가 된다. 대동류유술과 아이키도를 비교분석한 무예 연구
가인 요시마루 게이세츠는 『아이키도의 과학』이란 저서에서 이러
한 손목의 중요성을 손목의 투철력과 전달력으로 잘 설명하고 있
다. 투철력은 상대방을 잡은 손, 지르는 주먹, 또는 도구를 잡는 손
등에 힘을 가할 경우에 전달되는 힘을 의미한다. 요시마루는 특
히 손목 투철력의 중요성을 언급했다. 손목 투철력은 손과 팔을 쓰
는 치기, 찌르기, 던지기 운동에서 강력한 위력을 발휘하기 위해서
는 모든 힘을 손목으로 전달하여 투철력을 작용시키는 것을 의미
한다.

가령 골프 그립이나 야구 배트의 스윙 원리와 비교하면 강한 힘
을 통한 장거리의 타격력은 전신의 힘을 한 곳에 집중하는 능력이

필수이다. 이는 손을 쓸 때 손목이 얼마나 힘을 손으로 잘 전달하고 힘을 투철시키느냐에 달려 있다. 예컨대, 철봉이나 안마의 뛰어난 체조 선수들은 경기에서 뛰어난 손목의 전달력과 투철력을 잘 보여준다. 무예에 있어서는 펀치의 가공할 만한 가격력이나 격파력뿐만 아니라 던지기나 관절기를 행하기 전에 상대방을 움켜잡거나 누르거나 비틀 때의 힘은 강력한 악력 그리고 손목 투철력과 전달력에서 비롯된다. 손가락이나 손등으로 하는 팔굽혀펴기와 중국무예의 '철사장' 같은 훈련에서 보여주는 손바닥 하단(턱)치기, 그리고 팔 하단부와 손목의 힘으로만 항아리나 물통을 들어 올리는 상관공 같은 전통적인 단련은 악력과 손목힘을 극대화하는 무예의 전통 수련방식이다. 악력과 손목 투철력과 전달력의 강화를 통해 권법의 신장력과 파괴력을 향상시킨다. 그리고 유술에서는 잡기와 꺾는 힘을 증진시키기 위한 수련법으로 활용되어 왔다.

셋째, 손목술기 수련은 무예 수련에서 상대방과의 거리조절이나 균형을 익히기 위한 체술(몸의 움직임)의 숙달 효과를 극대화시키는 효과적인 방법이다. 무예가 무기술에서 맨몸무예로 전환되는 과정에서 무기술의 체술(몸의 움직임)이 맨몸무예의 수련 방식에 적용되고 응용되었다. 무예의 공방(攻防)에 있어서 체술(몸의 움직임)은 두 가지가 있다. 하나는 기술을 걸거나 방어를 할 때 앞으로 다가서거나 뒤로 빠지거나 옆으로 비켜서는 직선법이다. 다른 하나는 상대방을 중심으로 자신의 몸을 바깥쪽으로 돌거나 안쪽으로 도는 전환법이다. 체술은 상대방의 공격을 효과적으로 방어할 뿐만 아니라 상대방의 균형을 잃게 하면서 최적의 공격 타이밍을 만들어내어 승패를 결정짓게 하는 가장 본질적인, 중요한 무예 수련 기술의 기본이다. 무기를 가지고 상호 공방을 겨룰 때의 다양한 무기술 기법들은 상대방과 거리 조절 속에서 공방의 최적 타이밍을 찾아내는 직선법이나 전환법의 반복적인 숙달된 체술에 의해서 완성된다. 그러나 상대방의 신체부분을 잡거나 잡힌 상태에서 좁은 거리에 있는 상대방의 신체로 인해서 자유자재의 직선법이나 전환법을 구사하기는 어렵다. 이런 이유로 한국의 씨름이나 일본의 스모 그리고 서양의 레슬링의 경기에서 보면 기술을 행할 시에는 주로 밀고 당기는 직선법의 체술이 주를 이루며 반만 회전하는 반전환법의 체술을 사용한다.

상대방의 신체를 잡거나 자신의 신체부분을 잡힌 상태에서 무예의 공방 기량 향상을 위한 체술의 숙달을 최대화할 수 있는 부위가 손목이다. 손목을 잡힌 상황은 마치 서로 무기를 겨루고 있듯이 상대방 간의 거리나 간격 조절의 폭이 넓기 때문에 체술의 동작이 서로 떨어져 있는 것처럼 자유로워져서 완전히 좌우 회전을 할수 있는 이점이 있다. 한편 상대방에게 멱살이나 어깨나 팔을 잡힌상태에서는 직선법의 수련은 가능하나 상대방과의 좁은 거리로 인해서 자유롭게 전환법을 사용하는 것은 어렵다. 물론 유도의 엎어치기나 허리치기에서 몸을 회전하면서 던지거나 내치는 몸 동작을익힐 수도 있지만 완전한 360도의 내외 전환을 할 수 없는 거리에서는 한계가 있다. 이러한 연유로 합기도나 아이키도에서 전환법에의한 다양한 손목술 수련법이 있다. 직선 또는 부드러운 전환으로상대방의 힘을 역이용하여 적극적으로 공격하거나 방어하는 것이기술의 기본 원리이다. 상대방에게 손목 잡혔을 때 그 힘을 활용하기 위해 앞뒤 또는 좌우로 빠지는 직선법도 있지만 상대방을 중심으로 바깥쪽으로 돌거나(외전환), 안쪽으로 돌면서(내전환) 꺾거나 던지기 기법을 구사하는 것이 합기도와 아이키도에서만 볼 수 있는 독특한 무예 기법이다.

김정수는 「합기도 손목술기 종류와 동작방법의 분석」이란 논문에서 합기도의 손목술기를 수련할 때의 손목부위별에 따라 전환법과 보법에 관한 체술에 관한 사항들을 체계적으로 잘 묘사하고 있는데 그 중에서 바깥 손목술기와 안 손목술기를 행할 때 체술의 설명은 다음과 같다.

"바깥 손목수의 동작에서 기울이기(중심 뺏기)가 선행되어진 후 핵심기술로 연결되었고 핵심동작에 있어서는 다섯 수의 수 관절 제압기술과 네 수의 팔꿈치관절 제압기술, 두 수의 어깨관절 제압기술, 세 수의 관절꺾기 후 던지기기술로 구분되어졌으며, 술기를 행함에 있어 보법은 공격자의 중심을 뺏기 위한 효율적인 보법이 사용되어졌으며, 주로 공격자에 근접하여 술기를 행하는 접근 및 밀착보법이 사용되어졌다.

안 손목술기의 모든 동작에서 기울이기(중심 뺏기)가 선행되어진 후 핵심기술로 이어졌으며, 핵심동작에 있어서는 바깥 손목수와 유사한 술기가 팔꿈치 칼 누르기와 삼각기법에서 나타나며, 손목꺾기 기술이 다섯 수, 꺾고 던지기 기술이 두수, 팔꿈치 누르기 기술이 한수로 구분되어진다. 보법에 있어서는 핵심기술의 형태에 따라 차이가 있으나 주로 밀착보법이 행해지고 꺾은 후 던지기 술기의 경우에는 회전보법이 더불어 행하여져 기술이 완성되어졌다."

합기도와 아이키도에서 공통적으로 보여주고 있는 손목술기는 검술 공방에서 손목을 잡혔을 때의 방어 및 공격에 대한 기술들이 응용되어 전래된 맨손무예 위주의 근대무예의 산물이다. 이러한 손목술기는 타격기 위주의 무예들인 태권도, 가라데, 킥복싱뿐만 아니라 유술적인 무예들인 유도, 레슬링, 또는 씨름 등에서도 볼 수 없는 독특한 기술로서 체계화되어 왔다.

2) 합기도와 아이키도의 손목술의 차이점

합기도나 아이키도에서 손목술은 기본적인 수련과정이다. 따라서 손목을 잡혔을 때 빼는 연습에는 손목을 빼는 방향이나 위치에 따라, 위로, 중간으로 밑으로, 돌면서 빼기 등의 수련과 또한 바깥손목, 엇손목, 양손목을 잡혔을 때 상대방의 손목이나 관절을 꺾거나 내치는 기술들에서도 유사하다. 그런데 합기도는 아이키도보다 더 다양한 손목술기를 구사하는 대동류유술의 손목기술과 더 연관성이 있다. 상대방이 가격을 하거나 손목 및 멱살을 잡혔을 때 손목관절을 제압하는 아이키도는 손목을 잡혔을 때 손목 관절을 꺾기보다 상대방의 힘을 활용한 전환(회전)으로 상대방의 중심을 흐트러뜨리며 내치거나 던지기로 제압하는 것이 주를 이룬다. 반면 합기도는 여기에서 더 나아가서 어깨나, 머리, 허리, 앞뒤에서 잡혔을 때 손목 관절을 제압하는 과정에서 치기나 꺾기, 던지기 등을 혼합한 기술들을 사용하기도 한다. 즉 합기도는 상대방의 중심을 흐뜨리고 나서 손이나 발로써 가격을 하거나 꺾고 나서 던지거나 밀치는 연결동작이 가능하다.

따라서 합기도의 손목술기의 기본 동작들은 손빼기(기울이기), 꺾기, 누르기, 비틀기, 조르기, 젖히기, 걸기, 던지기 등으로 아이키도보다 더 구체적인 양상을 보여준다. 따라서 합기도는 손목술에 관한 기법의 종류는 대동류합기유술과 아이키도보다 수련의 프로그램에서 더 구체적으로 분류됨을 <표 9>의 도표에서 알 수 있다.

<표 9> 대동류합기유술, 아이키도, 그리고 합기도의 손목기법 종류

대동류합기유술 손목기법의 종류	아이키도 손목기법의 종류	합기도 손목기법의 종류
1. 손목관절꺾기 　(1조항에서 4조항까지 관절꺾기) 2. 손목젖히기(1조항에 있음)	1. 손목젖히기 　(손목관절꺾기의 조항이 　없다)	1. 바깥손목수 2. 안손목수 3. 두 손목수 4. 역 손목수

이러한 합기도 손목술기의 종류와 개념에 관한 설명은 황종대의 「한국 합기도 기술의 종류와 형태에 관한 소고」라는 연구논문에서 쉽고 구체적으로 하기와 같이 잘 정리되어 있다.

<표 10> 합기도의 손목술기의 종류와 개념

손목술 종류	개 념
기본술	모든 술기의 기본으로서 상대가 손목을 잡았을 때 푸는 위주의 술기
바른 손목술	'바깥 손목술' 상대와 마주했을 때를 기준으로 상대의 왼손이 자신의 오른손목을 잡았을 때나 상대의 오른손이 자신의 왼손을 잡을 때 제압하는 술기
반대 손목술	반대 손목을 엇갈려 잡는 것이라고 해서 '엇손목술'이라고도 한다. 상대와 마주했을 때를 기준으로 상대의 왼손이 자신의 왼손을 잡았을 때나 상대의 오른손이 자신의 오른손을 잡았을 때 제압하는 기술
한 손목에 두 손목술	상대와 마주했을 때를 기준으로 상대의 두 손으로 자신의 한 손을 잡았을 때 제압하는 술기

양손목술	상대와 마주했을 때를 기준으로 상대의 오른손이 자신의 왼손을, 상대의 왼손이 자신의 오른손을 잡았을 때 제압하는 술기이다. 상대가 두 손으로 자신의 두 손을 잡았을 때 제압하는 기술.
옆손목술	상대와 같은 방향 또는 다른 방향을 볼 때를 기준으로 측면에서 옆 손목을 잡았을 때 제압하는 술기
뒷손목술	상대와 같은 방향을 볼 때를 기준으로 상대가 뒤에서 한 손목이나 두 손목 또는 양 손목을 잡았을 때 제압하는 술기

출처: 황종대(2011)의 한국 합기도 기술의 종류와 형태에 관한 소고, 《대한무도학회지》

손목술기는 합기도가 타 무예들과 명백하게 구별되고 차별화되는 독자성 가치를 지닌다. 하지만 합기도가 대동류유술이라는 뿌리를 아이키도와 공유하기에 마치 합기도의 원형이 아이키도라는 잘못된 인식이 만연하여 왔다. 타격기와 다양한 무기술이 접목되면서 합기도만의 고유하고 독특한 손목술기의 방법과 동작이 변화되고 진화되어왔음에도 불구하고 합기도 수련 경험이 전무하거나 아이키도만을 수련한 무예인들은 단지 손목술기를 가지고 있다는 사실만으로 합기도를 일본무도라고 억지식 주장을 하는 경향이 있다.

요시마루 게이세츠를 비롯한 일본무예연구가들이 '무예는 과학이다'라는 사실명제를 강조하기 시작했다는 것에 주목해야 한다. 과학은 더 나은 기술적 진보를 위해 끊임없이 연구하고 개발하는 분야이다. 이를테면 전쟁에 사용되었던 무전기나 전신 기술들이 오늘날의 핸드폰이나 이메일로 발전된 사실은 가장 괄목할 만한 전쟁기술의 첨단적인 과학발전의 대표적인 사례이다. 그럼에도 불구하고 전쟁무예에서 비롯된 일본 무도는 전통성을 유지해야 한다

는 가치명제를 부여함으로써 무예의 과학적인 개념에 강한 저항감
으로 거부하고 있는 경향이 심하다. 가령 가라데, 검도, 그리고 아
이키도 같은 일본무도들은 지나치게 전통성을 강조하며 전근대적
인 과거의 수련기술들이나 방식들을 집착에 가까울 정도로 원형
그대로 유지함에 자부심을 가지고 있다. 그런데 최근에 이러한 개
념에서 벗어나서 일본의 무예연구가들은 아이키도가 과학이라고
주장하면서 일본무도의 과학적 개념화를 제시하기 시작한 것은 고
무적인 일이다. 그러면 합기도 또한 한국의 신체문화에 맞게 적용
되고 발전되어온 과학임을 인정함을 반증하는 것이 아니겠는가?
이러한 의미에서 합기도 손목술기는 엄연히 대동류유술이나 아이
키도와 다르게 수련되고 체계화되어 온 한국의 무예과학임을 인정
해야 한다.

(3) 전환법(회전법)

합기도 전환법 술기

전환법은 상대방을 축(중심)으로 자신의 몸을 왼쪽이나 오른쪽으로 방향을 바꾸거나 또는 바깥쪽이나 안쪽으로 돌면서(회전하면서) 공격을 하거나 방어하는 기법이다. 전환법(회전법)은 상대방이 힘을 쓰려고 하는 방향으로 돌면서 균형을 잃게 함으로써 상대방의 공격을 무력화 한다. 또한 균형을 찾으려고 반대 방향으로 본능적으로 움직이도록 전환하여 공격을 가할 수도 있다. 무예 공방에 있어서 앞으로 다가서거나 뒤로 빠지거나 옆으로 비켜서는 직선형 스텝(직선법)이 일반적으로 이용된다. 태권도, 가라데, 검도 같은 스포츠 무예의 경기에서 타격을 가하거나 피하려고 거리 조절을 위해 앞, 뒤로 움직이거나 옆으로 비켜서는 직선법이 주를 이루는 것을 볼 수 있다. 합기도와 유도의 경기에서도 몸을 전환하면서 던지는 기술도 있지만 앞으로 당기면서 엎어치기나 밀어치기 등의 직선법에 의한 기술들도 많이 사용한다. 합기도나 아이키도에서 전환법에 의한 기술들이 주를 이룬다. 합기도는 직선적인 기술과 부드러운 전환으로 상대방의 힘을 역이용하여 적극적으로 공격하거나 방어하는 것이 기술의 기본 원리이다. 상대방이 타격하거나 손목이나 옷깃을 잡혔을 때는 그 힘을 활용하기 위해 앞뒤로 빠지는 직선법도 있지만 상대방을 중심으로 바깥쪽으로 돌거나(외전환) 안쪽으로 돌면서(내전환) 꺾거나 던지기 기법을 구사하는 것이 합기도와 아이키도에서 볼 수 있는 독특한 무예 기법이다.

왜 전환법은 합기도와 아이키도 수련에서 중요한 요소가 되는 것일까? 이에 대한 대답도 손목술기와 마찬가지로 검술에서 그 근원을 찾을 수 있다. 검이나 창을 피할 경우에는 직선법에 의한 거리 조절에 실패할 경우 죽음이나 치명적인 상처를 입는다. 또한 뒤로 물러설 경우에는 계속적으로 공격을 받기 쉽다. 그렇다고 앞으로 다가설 경우에는 상대방보다 힘이 약하면 밀쳐지거나 제압되어 넘어지면서 더 위험한 상황이 되기 쉽다. 반면 상대방이 칼이나 창을 내리치거나 찌를 때 자기의 몸을 상대방을 중심으로 내외 전환을 함으로써 계속적인 공격을 피할 수 있을 뿐 아니라 상대방의 균형을 잃게 하고 반격할 수 있는 최상의 기법이 된다. 또한 공격에 있어서도 전환법에 의한 검술은 검의 강한 위력과 함께 여러 명을 상대할 때 가장 효과적인 동작이 되는 것은 TV나 영화에서 옛날 검술의 격투 장면에서 흔히 볼 수 있다. 다수를 상대로 하는 상호 공방에 있어서 전환법을 많이 볼 수 있는 것은 이러한 맥락에서 이해할 수 있다.

전환법은 또한 힘이 약한 사람이 큰 사람을 상대할 때 회전력으로써 상대방의 힘을 역이용할 수 있다는 장점이 있다. 직선법에서도 상대방이 밀면 당기고, 당기면 미는 기술로써 힘을 역이용할 수 있다. 마찬가지로 전환법은 상대방의 중심을 무너뜨리고 작은 힘으로 큰 힘을 이용하기가 더 용이하다. 이는 유도에서 50킬로그램의 단신이 100킬로그램의 거구를 전환법을 통한 회전력을 이용하여 업어치기 하는 기술에서 잘 증명된다. 타격 위주의 태권도, 가라데, 킥복싱 같은 강술보다 유도, 합기도, 아이키도와 같은 유술에서 전환법을 이용한 기술들이 주를 이루고 있는 것도 이러한 사실에 의거해서 이해될 수 있다. 따라서 전환법(회전법)의 활용은 합기도와 아이키도의 수련원리에 공통적으로 나타나고 강조되고 있다. 하지만 합기도의 전환법은 짧은 보폭으로 원 반경이 적은 전환법 위주인 대동류유술의 특성이 강한 반면 아이키도는 더 넓은 보폭으로 큰 전환의 동작을 구사하는 차이점이 있다.

전환법의 원리는 아이키도와 합기도의 수련 철학원리에도 잘 반영되어 있다. 합기도 연구가 김이수의 주장에 의하면 아이키도는 '원, 무, 화, 기'의 4가지 요소를 수련의 원리로 하여 무기를 들지 않은 맨손으로(무), 회전법을 이용하여(원) 상대방의 힘을 거스르지 않는 상호간의 조화로써(화) 호흡력, 즉 내적인 에너지(기)를 이용하여 호신기술(술기)을 행한다고 하였다. 합기도는 회전법으로(원), 상대방의 힘에 저항하지 않고 활용하여(화), 물과 같이 유연하게(유) 술기를 행하는 것을 각각 수련의 철학적 원리로 설명하고 있다. 황종대와 김동규는 전환법, 역류법, 심화법에 의거한 원, 류, 화로서 합기도의 3대 수련원리를 설명함으로써 전환법의 중요성을 강조하고 있다. 따라서 합기도와 아이키도는 전환법의 기본적인 수련원리를 가지고 있다. 하지만 아이키도는 상대의 공격을 받아서 맞받아치는 공격이 아닌 방어 위주인 소극적 호신술 위주이다. 반면 합기도는 공격에 대한 방어와 동시에 타격기나 유술로써 역공격하여 상대를 제압하는 적극적 호신술 위주이다. 즉 타격기술에의 전환법 적용 및 전환법의 다양한 호신술기들의 응용적인 면에서 합기도는 아이키도와는 차별화된 전환법 관련 기술들을 개발하고 발전시켜 왔다.

전환법을 무기무예가 아닌 맨몸무예에서 사용한다면 수련 방식과 실전성의 효과성은 뛰어난 반면 승패를 겨루는 경기화의 적용에 대한 유효성에 대한 의문이 일어났다. 왜냐하면 스포츠 경기 무예에서 직선법에 의한 공방이 더 빠르고 승패를 가르는 결정적인 요소이기 때문이다. 하지만 전환법의 경기적응에는 두 가지의 어려움이 있다. 첫째, 경기 도중에 전환법에 의한 관절기 기술은 뼈가 부러지거나 탈골을 가져올 수 있는 위험성이 있다. 둘째, 득점 가능한 전환법 호신기술 시행에 걸리는 경기 시간의 지연과 승패를 가리는 판정을 위한 객관적인 점수화의 어려움이다. 이러한 이유로 인해서 방어 중심적인 아이키도는 일부에서는 경기화를 추구하는 협회도 있지만 대부분이 여전히 스포츠 경기화를 추구하지 않는 경향이 강하다. 하지만 합기도의 스포츠무예화에 대한 주장은 이분화되고 있다. 겨루기성의 경기화를 지양하고 전환법을 이용한 실전적이고 심미적인 호신술 수련 위주의 전통 무예적인 특성을 최대한 유지하려는 입장과 태권도와 같이 스포츠 무예로서 대중화의 성공을 따라가기 위해 합기도의 겨루기 경기를 통한 시합화를 적극적으로 주장하는 입장으로 나누어져 있다. 어느 것이 합기도의 미래 지향적 발전적인 방향을 위해서 바람직한 것인가에 관해서는 계속 논쟁 중이다.

합기도의 스포츠경기화의 반대론자들은 합기도의 스포츠화는 전환을 중심으로 한 실전적 호신술이 직선법 위주의 타격무술로 퇴색되고 변질되는 것을 우려하고 있고, 더욱이 현재 이루어지고 있는 합기도의 경기 방식이 방족술(방을 잡고 넘어뜨리는 기술)을 빼면 타격 위주의 태권도나 가라데와 차이점이 없다는 점들에 입각하여 합기도의 무예스포츠화를 반대한다. 합기도의 경기화 지지론자들은 무예 스포츠화는 현대 무예로서 발전하는 데 재정확보와 시합유치를 통한 수련인구들의 확충이 필요하고, 그를 위해선 대한체육회에 가입하는 것이 필요조건임을 강조한다. 특히 합기도의 고질적인 문제들의 근원인 영세화와 비대중성을 해결하기 위해서는 꼭 필요하다는 입장이다. 전환법을 기본으로 한 다양한 호신 술기들과 직선법을 지닌 타격술과의 융합으로 진화해 온 무예가 합기도이다. 스포츠무예가 대중화되어가는 현대 사회의 흐름에 부응하기 위해서 합기도의 스포츠화가 요구되고 있다. 또한 인격수양이나 호신능력을 위해서 경기지양적인 합기도의 전통무예 수련 특성을 유지하기 위한 노력도 병행되어야 한다.

(4) 호흡법에 의한 기(氣)의 활용 수련

인간에 내재되어 있는 에너지(氣)의 활용을 통해 기술을 행한다는 수련원리는 합기도나 아이키도에서 같이 이용되는 중요한 수련의 원칙이다. 수련을 통한 기의 활용에 관해서 아직 명확하게 이해되거나 체험을 하는 것이 쉽지가 않다. 따라서 우선 기(氣)의 근원적 의미의 정확한 이해가 요구된다. 인간의 내적 에너지로서 기에 대한 개념은 다양하게 설명되고 있다. 기의 핵심 개념은 인간의 내면적인 에너지로서 사람의 몸 안팎을 돌면서 생명을 영위하고 항상성을 유지시키는 근본 존재라는 것이다. 『동의보감』에는 동양의학적 관점에서 기는 낮에는 양의 부위인 피부의 안과 근육 사이를 돌고 밤에는 음의 부위인 몸의 안(혈액 안이나 오장육보)을 돌면서 몸의 구성과 활동에 근본이 되고 목숨을 보존해주는 생명 근원의 기능을 한다고 한다. 기 수련은 질병을 막고 건강하고 오랜 삶을 이어가는 근본이 된다. 예컨대 심신이 허약한 사람은 기의 불충분한 순환에서 건강의 문제가 오고 공격적이고 욕망이 큰 사람의 기의 흐름은 불안정적이고 되고 체질이 산성화되면서 정신에 악영향을 끼친다. 건강하고 안정된 기의 흐름의 유지는 피부와 몸의 기관의 노화와 산화를 방지하고 원활한 혈액순환을 이끈다.

기의 축적과 활용을 위한 수련은 서양 스포츠에서 근간을 이루는 에어로빅(유산소) 운동과는 다르다. 유산소 운동은 산소를 최대한 사용하여 근력과 지구력을 향상시킨다. 반면 동양무예의 호흡훈련은 인간의 건강유지가 최대 목적으로 산소를 가장 효과적으로 사용함으로써 무리한 운동을 피하고 개인의 특성에 맞는 운동량과 효과를 극대화하는 수련으로 여긴다. 동양무예 전통수련의 개념은 호흡의 양적인 개념보다는 질적인 개념에 맞춰져 있다. 얼마나 많은 양의 산소를 들이켜 호흡할 수 있느냐의 개념보다는 그 동작에 어떻게 호흡을 일치시키느냐에 달려 있다. 이러한 수련 개념은 기본적으로 호흡조절이 궁극적으로는 의식과 신체의 조절에 연결되어 있다고 보는 관점 때문에 가능하다고 류병관은 주장한다. 합기도는 이러한 기 활용 때문에 인간의 건강과 관계되는 의학적 효과는 타 무예와의 차별성을 가진다고 할 수 있다. 건강과 양생을 위한 기는 무예에서 상대방과의 공방의 기술에 있어서 힘을 조절하고 모으는 내적인 에너지로도 쓰인다. 에너지의 올바른 사용을 위해서는 호흡법이 중요한데 중국 고대의 여러 무예들은 이를 내공(인간의 내면에 있는 공력)이라 하여 매우 중요시했다. 근대에도 여전히 수련되는 태극권, 영춘권, 팔괘장 등에서 이러한 기의 활용법을 엿볼 수 있다. 또한 동양의 전통적인 수련법으로서는 기공체조, 태극권, 국선도 등이 있으며, 이들 수련법은 호흡운동을 기반으로 하고 있다.

그러나 무협지나 영화에서나 보여주는 가공할 만한 기의 위력에 대해서 실제 무예를 수련하지 않는 사람들은 실재적으로 존재하지 않은 허상으로 여긴다. 그러한 기법을 배우려는 무예인들은 의지가 있어도 실제적으로 올바른 기공 수련은 쉽지가 않다. 흔히들 체계적인 기공수련은 오랜 세월을 요하거나 수련 방법에 대한 정확한 지식의 부족 등으로 핵심적인 중요한 수련법을 배우기가 거의 불가능하다는 의견이 분분하다. 합기도나 아이키도에서 공통으로 이용하는 단전에 힘을 모으는 단전호흡법이 이러한 맥락에서 아주 중요한 수련법이다. 그러나 왜 단전호흡이 필요한가는 직접 수련을 통해 경험이 없는 사람들이나 심지어 무예가들도 그 중요성과 필요성에 대한 이론적인 설명이 피부로 와 닿지 않고 난해하게 여긴다.

더욱이 명상을 통한 마음의 안정과 건강을 위한 단전호흡이 현대 사회에서는 인기를 얻으면서 대중화되었지만 실천을 통한 효과에 대해서 여전히 회의적인 의견들이 분분하다. 게다가 역동적인 무예에서 기의 활용을 위한 단전호흡의 연관성에 대해서 단지 호흡을 이용한 기를 사용하여 상대방을 방어하거나 공격한다는 것이 추상적이고 개념적으로 여겨진다. 이에 대해서 과학의 '무게중심'의 원리로 설득하는 설명이 좀 더 이해하는 데 도움이 될 수 있다. 예를 들어 생명이 없는 돌이나 나무 같은 물건들은 어떤 위치에 놓여 있을 때 그것의 무게중심은 이동하지 않는다. 그러나 생명체이고 이동하는 동물이나 사람의 경우에는 처해진 상황이나 감정에 따라서 무게중심의 위치가 흔들리거나 변하게 된다. 60킬로그램의 무게를 지닌 사람과 같은 무게를 가진 바위를 들어 올릴 때 사람을 더 쉽게 들어 올릴 수 있다. 그 이유는 바위는 들어 올릴 때 들리지 않으려고 하는 저항심이 없는 무생물체이기에 무게중심의 위치에 변화가 없기 때문이다. 그런데 사람은 들리지 않으려는 마음으로 인해 몸을 움직이면서 저항하는 과정에서 단전의 위치에 있는 무게중심이 이동하면서 균형을 잃기 때문에 더 잘 들어 올릴 수 있다. 죽은 사람을 들어 올릴 때에 더 무거움을 느끼는 것은 그의 무게중심이 움직이지 않기 때문이라는 사실이 이 주장을 잘 뒷받침한다. 인간에게 무게중심을 잃을 수 있게 하는 요인은 불안전한 움직임과 더불어 감정의 변화이다. 일상생활에서 어떠한 상황에서도 무게중심을 잃지 않고 균형을 유지함은 정신적으로 마음의 평온함을 유지하게 한다. 게다가 육체적으로 어떠한 외압이나 충격에도 견딜 수 있는 강인한 허리와 하체를 중심으로 한 안정된 자세를 가질 수 있다. 가령 잠자기 전에 샤워를 한 후 따뜻한 우유나 차 한 잔을 마시고 아름다운 음악을 들으면서 느끼는 평온한 상태나 신에게 기도를 한 후에 얻는 마음의 평온함은 단전을 중심으로 원활하고 안정적인 기의 흐름 속에서 정신적인 무게중심을 유지함을 의미한다.

이러한 안정은 과거의 기분 나빴던 추억이나 악몽이 되살아나면서 깨어지고 분노와 아쉬운 감정으로 인해 호흡이 가빠지고 마음의 안정을 잃는 것은 단전을 중심으로 한 호흡 균형이 무너짐을 의미한다. 한의학은 기의 불안정하고 탁한 흐름은 인간의 건강을 해친다고 언급한다. 이러한 맥락에서 인간의 분노는 간을 상하게 하고 슬픔은 폐에 좋지 않으며 너무 큰 기쁨은 심장을 상하게 하기에 단전호흡 수련을 통한 마음의 평상심을 강조하고 있다. 분노나 슬픔으로 인해서 혈액 순환이 빨라지고 호흡이 거칠어지면서 무너지는 마음의 평정은 인간의 육체적인 활동에도 영향을 미친다. 지나친 두려움으로 몸이 얼어버린 것 같거나 슬픔에 의한 충격으로 온몸에 기력이 빠져 서 있을 수 없는 경험 등이다. 무예의 겨루기에서 기술보다 마음의 평상심을 유지하는 것이 승패에 더 중요함은 모든 무예가 강조하는 공통적인 가르침이다. 삶과 죽음을 가르는 검술의 실전에 있어서 승리를 위한 완벽한 공방의 기술을 방해하는 것은 인간의 감정들, 이를테면 놀람, 서두름, 두려움, 망설임, 흥분 등이다. 실전 겨루기와 같은 긴박한 상황에서 이러한 감정의 조절과 안정적 유지는 공방에서의 거리 조절이나 공격의 타이밍을 만드는 아주 필수적인 요소라는 것은 경험이 있는 이들은 공감할 것이다. 결국 모든 무예의 승패를 결정짓는 기술은 인간의 무게중심을 잃게 하여 균형을 무너뜨리면서 제압하는 기법이다.

호흡력의 또 다른 중요성은 힘의 쓰임과 전달이다. 효과적인 힘을 사용할 때 내뱉는 호흡을 통해서 힘을 쓰려고 하는 부분으로 집중시키는 것이 중요하다. 이러한 훈련은 일반적으로 기합을 넣음으로써 이에 대한 감각을 익힌다. 기합은 고함을 지르는 것이 아니라 복부에 있는 단전으로부터 숨을 내뱉음으로써 힘의 올바른 전달과 집중을 꾀하는 것이다. 검술에서 상대방이 숨을 들이쉴 때가 가장 공격하기 좋은 타이밍이며 가격을 하는 순간에는 숨을 내뱉는 것보다는 무호흡이 최상이라는 것이 검술가들의 공통된 의견이다. 합기도와 아이키도에서 정확한 호신술기는 호흡력에 의한 기합으로부터 올바른 힘의 집중만이 상대방을 꺾거나 내칠 수 있는 능력이다. 아이키도에서 사방던지기, 호흡던지기 등의 기술은 호흡력을 이용한 기법을 강조하는 좋은 예이고 검을 들어 올리고 내리치는 수련법으로 호흡력의 감각을 익히고 있다.

합기도 단전호흡

한편 합기도는 기를 이용한 단전호흡이란 독특한 기법이 있다. 단전호흡은 수련법에 따라 신체행위가 다양한데 호흡을 조절하는 숨가짐(調息), 마음을 가다듬는 마음가짐(調心), 자세와 동작을 바르게 하는 몸가짐(調身) 등을 기본요소로 하고 있다. 이 세 가지 요소들은 서로 밀접한 관계를 갖고 있어서 자세가 흐트러짐이 없어야 정확한 호흡을 할 수 있고 호흡이 제대로 되어야 마음을 가다듬을 수 있다고 신용철과 임경택은 설명하고 있다. 합기도는 술기의 숙련 정도와 더불어 위험상황에서 평상심의 유지가 중요하다. 따라서 단전호흡의 수행은 욕망을 배제한 무념 상태의 유지를 가능하게 한다. 좌선이나 명상을 동반하는 합기도의 단전호흡은 내적 안정감과 정신적 수행의 기반이 되기에 합기도 단전호흡 수행은 조심(調心)을 강조한다는 황종대와 김동규의 지적은 설득력이 있다. 다양한 합기도의 술기 중 손목술, 의복술, 방권술, 방족술, 선술에 호흡력이 이용된다. 중국의 고대 무예에서 근대 무예에 이르기까지 호흡력에 의한 무예 수련은 기본적인 것이지만 합기도의 호신술기에 이용할 수 있는 단전호흡법을 활용한 기 수련은 다른 무예와 차별화할 수 있는 독자적인 가치이다.

(5) 합기도의 경기화

현대 사회에서 무예의 스포츠화에 대한 시대적 요구가 거세다. 신체 및 인격을 육성하는 전통적인 무예의 특성을 지니면서 대중적인 체육문화로 발전하기 위해서는 경기화된 스포츠로 활성화되어야 하는 시대적 상황을 받아들여야 한다는 것이다. 무예의 스포츠화는 전통적인 무예의 수련방식과는 상이한 두 가지 변화적인 양상을 띠게 되었다는 김동규의 의견은 주목할 만하다. 첫째, 도장이라는 협소한 장소에서 제한된 인원들에 의해 행해지는 무예의 전통 수련 방식이 더 넓게 공개된 경기장의 공간에서 대중적인 스포츠로 전환되었다. 둘째, 무예가 '시간제한'과 '득점제'라고 하는 경기 규칙 속에서 스포츠의 속성인 유희성과 경쟁성이 무예의 경기에 반영되었다는 것이다. 하지만 무예의 스포츠화는 경기를 통한 승패에 너무 연연함으로써 승리를 위한 무예기법만을 강조하는 문제점이 발생하기도 했다. 그로 인해 신체단련과 정신수양이라는 무예 본질의 의미를 상실하지는 않을지 대해 염려하는 목소리가 커지고 있다. 또한 경기적 요소만을 강조하는 무예의 스포츠화는 정부나 관련기관의 경기무예에 대한 지나치게 편중되고 편향되는 정책을 초래했다. 이로 인해서 무예의 경기화는 전반적인 무예의 생활체육무예의 발전에는 저해 요인으로 나타나고 있음을 우려하여 반대하는 목소리도 만만치 않다.

유도, 태권도, 우슈, 가라데 등의 대표적인 동양무예의 스포츠행사는 올림픽이나 아시아 경기대회 등을 통해 일반인들에게 많은 관심을 불러일으키고 학교체육이나 사회체육을 통해서 학생들에게도 무예의 기능을 익힐 수 있는 기회를 제공하였다.

반면에 전통적인 무예 수련의 본질을 강조하는 합기도와 같은 무예들은 지역행사의 시범수준에 그치고 있는 실정이다. 하지만 합기도는 경기화로 인한 이러한 문제점들을 극복하려고 노력하고 있다. 이러한 합기도의 경기화의 발전 과정을 진성우는 일목요연하게 하기와 같이 잘 설명하고 있다.

"한국합기도가 구조적인 경기화의 모습을 보이기 시작한 것은 국민생활체육 전국합기도연합회가 1998년 국민생활체육협의회에 정식종목으로 가입된 이후부터이다. 정부기관으로부터 지원을 받아 합기도 경기단체로 활동하기 시작하면서 합기도경기라는 용어가 사용되기 시작하였다. 국민생활체육 전국합기도연합회가 매년 정기적으로 개최하고 운영, 관리하는 전국 규모의 대회는 국무총리기, 문화체육관광부장관기, 생활체육회장기, 연합회장기, 한마당대축전으로 매년 5회의 경기를 주관하고 있다. 이러한 합기도의 산하단체인 전국 16개시도 지역별연합회 도지사기, 시장기, 연합회장기, 협의회장기, 구청장기와 같은 지역 규모의 대회가 개최되고 있다. 이렇게 지역별 대회 또한 순위에 입상한 선수들은 지역 대표선수로 대표성을 갖고 지역자치단체의 지원을 받아 전국대회에 출전하게 된다."

합기도 경기화의 찬성론자들은 합기도는 신체단련과 정신수양, 그리고 호신이라는 무예의 고유적인 수련 목적을 유지하면서 현대 사회의 대중 스포츠 성향을 지닌 스포츠 무예로서 변화는 필수적이라 주장한다. 세계화된 무예들은 경기화가 매우 중요한 수단이 되어 직간접적으로 국제적인 홍보와 진출이 자연스럽게 이루어지고 있다는 인식도 경기화의 주요 요인이 되었다. 태권도가 올림픽 종목이 된 이후로 급속한 세계화의 발전을 가져 온 사실은 합기도에도 큰 자극과 영향을 끼쳤다.

이러한 취지에 따라 합기도는 생활체육종목으로 각 합기도 단체들이 조직하고 운영하는 다양한 합기도 시합들이 개최되고 있다. 국민생활체육의 전국합기도연합회의 창립으로 합기도의 경기화는 10여 년 동안 한국합기도 경기의 형태를 완성하여 오는 과정을 거쳐왔다고 진성우는 주장했다. 국민생활체육 전국합기도연합회가 주최한 합기도 경기의 활성화는 기존의 고질적인 합기도 문제점들 중의 하나였던 분열되고 난립한 합기도 단체들 간에 협조체제를 제공하는 빌미를 제공하였다. 이로 이해 각 관과 계열, 협회를 초월한 경기의 통합이 이루어지게 된 점을 긍정적으로 평가하였다.

따라서 찬성론자들은 합기도가 경기화 과정을 통해 미래의 합기도 통합의 가능성을 열어 놓았다는 것을 최고의 공헌으로 들고 있다. 합기도는 경기방식을 겨루기 위주인 다른 무예들과는 차별화된 단체연무, 개인 호신술 연무, 낙법시합 등과 같은 경기종목을 다양화하고 남녀노소 관계없이 다양한 연령의 참가로 경기 인구의

대중화를 이끌어왔다. 그러한 결과로 합기도를 수련하는 사설도
장, 공공기관 및 학교 단체와 관련된 합기도 수련인구가 증가하는
시너지 효과를 가져왔다는 것이 찬성론자들의 주장이다.

합기도 대회에서 단체전 준우승한 필자의 제자들

그러나 합기도의 스포츠화로 합기도의 전통무예의 본질적인 가
치가 상실된다는 우려의 목소리도 있다. 합기도의 스포츠경기화의
반대론자들은 우선 무예의 스포츠화로 강조되는 경기에서 이기기
위한 기술위주 수련은 인격수양을 강조하는 무예의 본질적인 목표
에 반대되는 것이라 주장한다. 또한 합기도는 기술의 반복 수련을
통한 체득의 과정에 수련의 의미를 둔다.

그런데 결과지향적이고 승리지상적인 스포츠 속성은 이러한 과
정중심적인 합기도의 무예적 특성과 상반되기에 무예의 본질의 상
실을 초래한다는 것이다. 뿐만 아니라 합기도의 경기화는 합기도
술기의 변화에 상당한 영향을 미치며 경기 규정에 맞춘 수련으로

인해서 기존의 술기 체계에 혼란을 초래하여 합기도의 정체성이 상실되는 점을 우려하고 있다. 겨루기 경기방식 때문에 치고 꺾고 던지는 다양한 호신술기를 가진 합기도가 타격위주의 무예로 변질되고 있다는 것이다. 현재 이루어지고 있는 합기도의 겨루기 경기 방식이 방족술(발을 잡고 넘어뜨리는 기술)을 빼면 발차기 위주의 태권도나 가라데와 차이점이 없다는 주장도 거세다.

합기도 대회에 출전한 필자의 제자들

사실 필자도 외국인 제자들을 합기도 겨루기 시합에 참가시키기 위해 훈련시킬 때는 방족술이나 던지기보다는 태권도와 같이 승리를 위한 효과적인 발차기 위주로 가르칠 수밖에 없었다. 그러한 결과로 시합 후에 그들은 시합 도중에 입은 부상의 후유증이나 발차기 겨루기 위주인 수련 방식 때문에 지속적인 합기도 수련에 대한 동기를 잃어버리고 그만 두는 것을 목격하였다. 즉 합기도의 겨루기 위주의 경기화는 오히려 장기적으로는 대중적인 참여에 걸림돌이 될 수 있음을 체험하였다.

따라서 이에 대한 대안으로 합기도 경기화가 겨루기보다는 호신술의 정확성과 스피드를 강조하는 개인연무나 화합과 조화를 강조하는 단체 연무형식의 경기화를 더 활성화시킴으로써 합기도의 대중적인 스포츠화를 주장한다. 하지만 연무대회의 가장 큰 문제점은 객관적인 판정의 어려움이다. 호신술기들을 상대평가로 점수화하는 방식은 심판의 주관적이고 편협한 판단에서 오는 비공정성의 문제가 발생할 소지가 크다.

가령, 이러한 심판의 자질부족과 심사기준의 애매함 등으로 인해 종종 발생하는 판정시비를 해결하는 제도가 필요하다고 일선의 지도자들은 모두가 목소리를 높이고 있다.

합기도의 스포츠화로 합기도의 전통무예의 본질적인 가치들의 변질 및 상실은 오히려 합기도의 정체성을 잃게 된다는 것이 반대론자들의 공통된 주장이다. 수행을 통한 정신수양을 목표로 하는 전통무예의 특성을 유지하는 것은 합기도가 지속성 있는 동양무예로 존재하는 가장 큰 이유이기 때문이다. 합기도의 스포츠화는 경기가 없는 일본 아이키도와 정체성 논란에서 벗어나기 위한 차별화의 일환으로도 적합할 수 있다.

물론 아이키도 또한 '아이키카이', 양신관(시오다 고조), '기아이키도(도헤이 고이치)', '경기 아이키도(도미키 겐지)' 등의 단체들이 생기면서 경기를 추구하는 아이키도 등이 생겨났지만 전체적으로 볼 때는 매우 부분적이다.

경기 규정, 기술, 수련 체계, 지도법 등을 통한 독자적인 기술적 가치 지향을 이끄는 합기도만의 독특한 경기화는 합기도가 타 무예들과는 차별화할 수 있는 독자성의 가치를 지니게 되어 합기도의 정체성 확립에 기여할 수 있다. 이러한 취지에서 대학교에서 합기도를 지도하는 교수들의 합기도 경기연맹 조직을 통한 합기도 시합의 개최로 끊임없이 발전적인 합기도의 경기화에 대한 연구와 시도가 이루어지기도 했다.

무예의 본성을 유지하며 무예스포츠화로 일본 가라데과의 차별화와 정체성 확립에 성공하여 세계적인 한국의 대표무예로 성장한 태권도의 사례는 합기도의 경기화에 큰 명분이 되었다. 게다가 일본 무도의 색채로부터 벗어난 독자적인 무예의 정체성 정립에 애쓰고 있는 합기도의 경기화는 필수적인 것으로 여겨진다. 다양하고 뛰어난 호신술로 인해서 국내외적으로 대중화에 성공을 해 온 합기도의 경기화는 시대적 요구이다. 전통 무예의 특성을 유지하는 수련 체계와 스포츠적인 특성을 살리는 경기화의 적절한 조화를 통해 합기도의 독자적 가치 지향의 주요한 구성이 될 수 있다.

13장.
합기도의 생산성 가치지향

합기도 도장에서의 필자 제자의 약식 결혼식

(1) 무예의 교육적 가치에 대한 현대적 의미의 탐색

적지 않은 무예들이 실전적 격투성이나 호신성의 교육 효과에만 치중함으로써 전인적인 교육철학의 부재와 교육적 패러다임을 구축하지 못하고 단순한 격투기술로 전락하여 왔다. 격투적인 효율성에만 초점을 맞추고 교육적인 효과나 인격수양을 위해 무예를 선택하는 일반대중에게 호소력이 떨어짐으로써 교육적 가치를 상실하기도 하였다. 예를 들어 이종 격투기나 프로 태권도 등과 같은 무예가 뛰어난 호신의 효과를 가지고 있음에도 불구하고 교육적 가치를 지닌 무예로 자리 잡기가 힘든 이유가 바로 여기에 있다.

무예교육은 근대 이전에는 주로 지배층의 권력의 보호 또는 국가의 방어를 위한 군사적인 기능을 수행해 왔다. 하지만 첨단화된 무기의 발달과 정보화 사회에서는 무예교육의 성격은 호신이라는 본질적인 특성에서 진화되어 정신문화로서의 무예, 윤리교육으로서의 무예, 그리고 학교교양교육으로 진화되었다. 그 결과 오늘 날 무예는 현대인의 건강과 여가를 통한 즐거운 삶을 추구하는 체육교육 기능을 담당하게 되었다. 현대 사회에서 무예교육은 체육교육의 하위분야로 여겨진다. 체육 교육은 기존의 '엘리트(Elite) 체육'과 '대중(Grassroots) 체육'에서 학교체육교육, 생활체육교육, 경기(전문)체육교육으로 변화되었다. 예를 들어 전통무예의 특성을 지니면서도 스포츠무예의 성향이 강한 태권도는 학교체육교육에서는 체육수업의 종목, 생활체육과 경기체육에서는 스포츠 경기종목으로 대중화와 전문화에 공헌을 해 오고 있다.

무예교육의 본질은 체계화된 싸움의 지식을 활용할 수 있게 만들어 주는 교육체계이다. 그런데 '무예는 윤리를 가르치고 도덕적인 책임감과 함께 인간의 잠재된 또는 길들여진 폭력성을 안전한 방식으로 만드는 것'이라는 이율배반적이고 역설적인 딜레마에 직면하게 된다. 가령, 때리고 차고 꺾고 던지는 것들을 가르치면서 역설적으로 때리지 말라고 하는 것은 실제 사용하게 될 때의 내적인 심리상태를 생각해 보면 모순적이며 비효율적이 될 수 있다. 도대체 어디까지 참아야 하며 어떤 상황에서 싸워도 되는 것일까?에 대해서도 명확한 기준이 없기에 비폭력적인 무예교육의 효과에 대한 의구심마저 들기도 한다. 대부분의 무예도장이 수련연령이 낮아져서 유치부나 초등부 학생들을 위주로 무예도장을 운영하는 관장님들이나 사범님들은 어린이들을 위한 효율적인 무예교육 방법뿐만 아니라 수련층을 넓히기 위한 무예 수련 인구의 대중화에 대해서 많은 연구와 노력을 하고 있다. 그런데 이러한 노력의 밑에 깔려 있는 바탕에는 어떻게 하면 돈을 많이 벌 수 있을까? 또는 어떻게 하면 수련하는 사람들이 많아질까?와 맞닿아 있다는 점을 부정할 수 없다. 즉 무예가 어떠한 무예교육을 제공하느냐의 사업적 문제가 마치 '무예교육의 본질의 문제'인양 고민되는 현실적 현상을 거부하기가 힘들다.

태권도, 유도, 검도와 같은 경기화된 스포츠성향이 강한 무예들이 호신적 효과성이나 최상의 격투기술로 승부하려는 경향이 심해지고 있다. 이러한 무예의 스포츠화로 인해서 결과보다는 과정, 그리고 상대보다는 나 자신의 수양에 역점을 두는 진정한 무예교육의 가치를 상실하고 있다는 자성의 움직임이 일어나고 있다. 예를 들면 태권도가 경기화되어가면서 태권도 수련은 곧 겨루기와 승부와 같은 개념으로 동일시되어 수련의 목적이 점차 승부위주, 결과위주 등의 무예의 본질적인 교육적 가치에 반하는 문제점을 일으키고 있다. 그러나 이러한 문제점을 해결하고자, 전통적인 무예의 교육적 가치를 성립하고 추구하고자 하는 무예 연구학자들의 의미있는 노력들도 엿보인다. 이동호는 태권도의 교육적 가치를 문화적 가치(역사성, 전통성, 민족성), 정신적 가치(전통사상, 심성함양), 무도적 가치(도덕성, 호신성, 투쟁성), 스포츠적 가치(세계성, 경쟁성, 규칙성), 그리고 신체활동가치(신체발달, 건강추구)의 5가지 영역으로 나누었다. 박종명은 태권도 교육의 교육적 수련 가치를 3가지 측면(신체적, 정신적, 사회적)에서 구체적으로 밝혀내었다. 전재진은. 태권도 수련을 통한 지적이고 정서적이고 사회성 발달 등의 교육적 효과에 대한 연구를 시행했다. 조쟁규는 전통적인 검도수련에서 5가지 교육적 가치; (1) 신체 발달적 가치(신체 단련, 순발력, 민첩성과, 교차성, 올바른 자세교정), (2) 정신력의 발달(주의 집중력과 결단력의 육성, 책임감과 자주적 정신의 육성), (3) 도덕, 윤리적 가치(도장 삼례; 국기와 사범 그리고 수련자의 상호간에 대한 예), (4) 미적 가치(검도 움직임의 예술성은 스포츠맨으로서의 심미안적인 자세를 지니게 함), (5) 건강과 안전의 가치 등을 규명하였다.

현대 무예교육의 목적은 건강, 호신술, 수양, 전통의 계승의 범위 안에서 이루어진다. 이러한 맥락에서 현대사회의 무예 교육의 위치는 체육의 하위분야로 단순하게 제한되어서는 안 된다. 무예교육은 철학, 역사, 미학, 군사, 과학 등 여러 분야에서 영력과 영향력을 넓혀가야 할 필요성을 가진다. 스포츠무예보다 전통 무예 수련의 특성을 잘 유지하고 있는 합기도는 교육적 가치, 건강적 가치, 그리고 인성적 가치 등을 포함한 생산성 가치를 지향하는 근대무예들 중의 하나이다. 합기도를 생활체육으로서, 단순히 격투술로서 한정시키려는 구태의연한 자세에서 벗어나야 한다. 현대사회에서 요구하는 바람직하고, 현실성이 있는 생산성의 가치 창출의 잠재성을 지닌 역할을 요구받고 있다. 또한 심신수련을 통한 교육적인 효과뿐만 아니라 건강 효과와 더 나아가 올바른 인성을 지닌 인간형성의 현실적인 효과를 지닌 무예로서, 생명력과 지속력을 가진 근대적 무예로서 합기도의 미래지향적 역할을 기대해 본다.

(2) 합기도의 교육적 가치

필자의 합기도 제자의 호신교육 가치에 대한 의견 발표

교육은 의도적으로 계획된 인간변화를 전제로 한다. 변화의 대
상은 인간의 물리적, 신체적 성향이 아니라 성품, 능력, 태도, 습관,
신념 등을 들 수 있다. 현대사회의 무예교육은 과거 무예가 내포하
고 있는 계급성이나 전투적인 측면에서 벗어났다. 무예는 심신의
조화 발달과 정신력의 강화, 인내심, 극기심, 예의범절 등의 인간의
바람직한 변화를 유도하는 전인적 교육의 역할을 하고 있다. 태권
도, 합기도, 유도, 그리고 검도와 같은 근대 무예들은 공통적으로
신체 발달적 가치, 정신적 가치, 건강과 안전 가치, 도덕, 윤리적 가
치 등의 교육적 가치를 추구해 오고 있다. 하지만 무예 수련을 통
한 실제적이고 선험적인 교육적 과정이나 구체적인 교육성과 등은
주의 집중력과 결단력의 육성, 책임감과 자주적 정신 등과 같이 주
관적이고 추상적인 개념들의 설명 위주이다. 그러다 보니 구체적인

교육과정이나 성과에 대한 명확성이 부재하다. 또한 무예는 여전히 교육적 효과를 싸움 기술이나 호신술과 같은 외형적 형태에서 찾으려고 하는 경향이 강하다. 합기도 또한 이러한 한계점에서 자유롭지가 못하다. 더욱이 합기도는 우수한 호신술기로 인해 한국무예로서 태권도 다음으로 대중성을 지닌 교육적 가치들로 무장하고 한국의 근대무예로 거듭나고 발전하여 왔다. 그런데도 합기도는 여전히 일본의 아이키도와 한자어가 같은 무명과 역사적 논쟁의 연장선 속에 묻혀서 이러한 합기도의 훌륭한 교육적 가치의 결실에 대한 올바른 평가가 이루어지지 않고 있는 안타까운 현실이다. 필자는 합기도의 교육적 가치에 대한 구체적인 명확성을 규명하고자 하는 노력의 일환으로 지난 15여 년간 서양권의 다양한 국적의 원어민 영어강사들에게 합기도를 가르쳐 온 귀중한 경험을 바탕으로 합기도 수련에서 오는 교육적 가치에 대한 탐색과 연구를 시도하였다. 본 연구를 위해 필자가 지도하고 있는 C시 소재 아이맥 합기도 클럽에서 합기도를 수련하고 있는 원어민 영어 강사 7명이 연구에 참여하였고, 2년여 동안 각종 문헌과 심층면담, 참여관찰, 일지 등을 통해 「원어민 영어 강사의 합기도 클럽 수련 경험에 대한 교육적 의미 탐색」이란 합기도의 교육적 가치에 대한 경험적이고 구체적인 연구결과를 도출해 내어 체육학 박사논문을 쓸 수 있었다. 한국에 거주하는 서양인 영어강사들은 신체 수련을 통한 한국 고유의 신체문화 및 정신문화를 배우기 위해 태권도, 택견 또는 합기도와 같은 한국무예를 선택한다. 그 중에서 합기도를 선택하는 이유는 다양하고 실용적인 호신술을 배울 수 있는 장점과 태권도보다는 성인 수련반이 더 활성화되어 있기 때문이다.

한국은 외국인 노동자 및 국제결혼의 증가로 인해 다문화 사회로 진입하면서 인종적이고 민족적인 다양성이 심화되고 있다. 사회 구성원의 다양성과 교육 문화의 다양성은 명확한 사회적 사실로 받아들여지고 있다. 이러한 다양성 중에는 영어를 가르치는 외국인 영어 강사들이 포함되어 있다. 주로 영어를 모국으로 하는 서구권 국가들 이를테면 미국, 캐나다, 영국, 호주, 그리고 남아프리카 공화국 등에서 온 원어민 영어강사들은 한국의 영어 교육에서 주로 말하기 교육을 담당하고 있다. 원어민(Native) 영어(English) 말하기(Speaking) 선생님(Teacher)의 약자로 NEST(네스트)라고 일컫기도 한다. 네스트는 영어 전문 학원, 초중등 학교, 그리고 대학교에서 영어를 지도하고 있다. 그런데 대부분의 네스트들은 한국의 사회 문화적 차이로 인해 직장생활에서 다양한 어려움을 겪고 있다. 사회적, 문화적 배경이 다른 국가에서 외국인으로서 살아간다는 것은 그 나라가 동양이든 서양이든 상관없이 언어의 장벽과 사고방식의 차이점으로 인해 다양한 불편함을 경험하게 된다. 네스트들은 그들의 국가와는 다른 한국사회의 환경 속에서 다양한 갈등 등에 노출되는데 문화적인 가치와 언어에 대한 상이함에서 오는 인지적인 확신의 결여를 통해 사회 적응에 어려움을 겪는다. 특히 한국 교육에 대한 네스트의 절대적인 이해 부족으로 인해 동료 교사나 학생들 간에도 원활한 의사소통이 이루어지기 어렵다. 하지만 네스트들이 한국 문화와 교육을 이해할 수 있는 교육의 장이나 상호작용할 수 있는 활동 공간을 발견하기가 쉽지 않다. 이러한 어려운 문화적 차이를 극복하고 문화 적응과 화합의 도구로써 네스트들은 여가 스포츠 활동의 하나인 한국 무예 합기도 수련을 활용하였다.

연구 과정을 통해 도출된 연구 결론은 다음과 같다.

첫째, 네스트들은 효과적인 수업을 위해 사범이 주도하는 합기도 수련 방식뿐만 아니라 학교에서 이루어지는 대부분의 수업 방식은 직접교수 방식으로 이루어지는 교사 주도성 교육문화를 이해하게 되었다.

> "나는 합기도의 기초 호신술 동작들 발차기나 회전법과 같은 동작들은 사범님의 직접적인 시범 지도를 통해서 배워야 한다고 생각해요. 가끔씩 선임 네스트들이 지도할 때 그들의 서투르고 불완전한 동작을 보면 제대로 배울 수 없다는 것을 실감합니다(타일러와의 면담 중에서)."

또한 올바른 수업의 진행을 위해 네스트들은 합기도 수련을 통해 강요와 통제성을 지닌 합기도 사범의 지도 스타일과 학교나 학원에서 지시적 수업방식을 가진 직접교수법으로 교사가 권위적인 위치에 설 필요성이 있는 교육문화를 인식하였다. 하지만 교사 주도적 수업에 의한 주입식 교육환경에서 학생들의 창의적이고 건전한 비판적 지식학습이 어려운 교육문화도 인식하게 되었다.

둘째, 개인주의 서양 문화권에 익숙한 네스트들은 한국 교육문화의 생산적이고 긍정적인 집단주의 특성들을 이해하게 되었다.

> "합기도 수련 시 전체적으로 구령을 외우며 같은 동작을 반복하는 군대식 문화에 잘 적응하기가 힘들었어요… 특히 같은 동작에서 같이 기합을 넣는 수련 방식은 정말 싫었지만 할 수 없이 따라했어요. 하지만 시간이 지나면

서 기합 넣기의 필요성과 효율성을 인식하면서 수개월이 지난 지금은 다 같이 기합을 크게 넣는 것을 좋아하게 되었어요(마라와의 면담 중에서)."

민주적이고 독립적인 성향이 강한 네스트들은 합기도 수련과 학원이나 학교의 직장에서 목표 달성을 위한 효과적인 집단주의 수업의 형태와 획일적이고 위계적이지만 전체주의적 교육과정을 경험하였다. 그리고 경쟁을 통한 개인의 업적보다 조직의 협동과 목표를 우선시하는 한국의 집단주의 긍정적인 교육문화를 이해하게 되었다.

필자의 네스트 합기도 제자들 교육

셋째, 네스트들은 합기도클럽이나 학교에서의 체육 동아리 등의 스포츠 여가활동을 통해서 자기 방어를 위한 호신의 강화 또는 운동 기술의 향상 등의 신체적인 측면뿐만 아니라 같이 운동을 하는 친구들이나 직장 동료들 간의 관계 속에서 도덕적 인격을 함양시키고 사회성을 발달시키는 인성을 강조하는 한국의 체육교육 문화에 주목하게 되었다.

> "합기도 운동을 시작하거나 끝날 때 한국식으로 엎드려 절을 하면서 사범님과 상호간의 경례를 하는 절차가 손을 흔드는 서양식 인사에 익숙한 나에게는 어색했지만 무엇인가 중엄함을 느끼는 새로운 경험이었어요(니키와의 면담 중에서)."

합기도의 교육적 가치는 네스트들이 합기도 수련 활동이 영어교사로서의 학교 현장의 경험과 더불어 그들의 출신 국가의 서양 문화권과는 다른 한국의 교육 문화를 경험하고 이해하는 데 공헌하게 되었다는 것에 의의가 있다. 즉 학습자 자율적인 서양 교육방식에 익숙해 있는 네스트들은 교사 주도적 수업 위주의 교육방식이 일반화된 이유와 필요성을 인식하였다. 또한 개인주의적인 서양 문화권과는 대조적인 집단주의 성향이 강한 교육방식과 환경을 체험하면서 처음에는 이질감을 느꼈다. 그러나 시간이 흐르면서 사회문화 적응의 필요성에 의해 집단주의적 환경과 행동에 동화되어 갔다. 그리고 또한 신체적인 기술적인 향상이나 성취만큼 도덕성과 사회성 함양을 위한 인성을 중요시하고 강조하는 한국의 체육 교육에 대해서도 이해하게 되었다.

(3) 합기도의 건강(양생)적 가치

오늘날, 우리사회의 '건강한 삶'에 대한 관심은 강박관념을 가질
정도로 만연하다. 언론 매체를 통해서 또는 SNS를 통해서 우리는
매일 '건강 예방과 건강 지키기'에 관한 무수한 건강관련 정보 속에
서 살고 있다고 해도 과언이 아니다. 이러한 정보들 중에서 건강한
생활을 위해 가장 중요하게 강조되고 권장되는 것이 스포츠 활동
이다. 이러한 시대적 상황으로 인해 예방의학적 뿐만 아니라 치료
의학적으로 건강에 도움을 줄 수 있다는 전통무예의 건강 가치들
이 다시 부각되고 있다. 대부분의 근대 무예들의 수련 목적은 정신
적, 신체적 단련, 그리고 건강증진 및 질병예방과 매우 밀접한 관계
가 있다. 규칙적인 신체활동과 운동을 통해 향상시킬 수 있는 요인
으로서 건강의 문제를 공통으로 표방하고 있다.

산에서의 합기도 건강 체조

근대 무예의 건강 증진 효과에 관해서는 많은 무예연구학자들에 의해 괄목할 만한 꾸준한 연구가 행해져 왔다. 그 중에서 몇 가지만 살펴보면 태권도, 유도와 같은 투기 선수들을 대상으로 한 실험연구에서는 그들의 무예 수련은 근육량을 증대시킴으로써 안정 시 대사량 증가와 혈중지질 개선 및 심폐체력 향상 등으로 대사기능 및 체력 증진에 긍정적인 효과를 보여주었다. 또한 태권도 트레이닝은 청소년의 골밀도와 뼈의 건강관련 호르몬에 긍정적인 영향을 끼쳤다. 검도 수련은 비만, 근력, 근지구력, 심폐체력 그리고 유연성의 증진을 가져왔다. 중년여성들은 태권도 품새와 태권체조가 그들의 골밀도 강화 및 혈중지질을 향상시킨다는 연구 등이다. 전통적 무예 수련을 유지하고 있는 합기도 또한 건강학적인 효과와 이점에 관한 선행연구들도 다음과 같이 꾸준하게 이루어지고 있다.

1. 「합기도 운동 시의 남자 대학생의 운동 강도 및 에너지 소비량은 분당 평균 10kcal로 건강 유지나 체력 향상을 위한 보조운동으로 권장」(김의영, 1996).《용인대무도연구지》, 7(1), 69~76.
2. 「합기도의 낙법과 관절기 운동은 대학생의 혈중지질에 유의한 긍정적 영향」(김의영, 우종웅, 1997).《무도연구지》, 8(2), 205~215.
3. 「남자 중/고등학생들의 혈압과 심박수 및 폐활량, 그리고 체력요인에서도 유의한 변화」(윤종대, 김의영, 정성수, 2002). 발육발달. 10(2), 103~113.
4. 「고령남성의 합기도수련이 체력 및 체구성에 미치는 영향」(홍성찬, 김유성, 박병근, 2006).《한국스포츠리서치》, 17(6), 55~64.
5. 「합기도가 비만 여성의 신체구성, 건강관련체력 및 혈청지질과

CRP 농도에 미치는 영향」(박상갑, 권유찬, 김윤희, 서정민, 장재희, 박영곤, 이연선, 2007).《한국스포츠리서치》, 18(3), 387~396.

6. 「유도와 합기도 선수의 골절부상에 대한 비교분석」.《운동영양학회지》, 12(3), 177~182.

7. 「합기도와 필라테스 복합운동이 중년여성들의 건강관련체력, 혈청지질, 면역글로불린 및 사이토카인 농도에 미치는 영향」(박철희, 장인현, 2009).《한국운동생리학회 운동과학》, 18(2), 193~202.

8. 「장기간의 합기도 운동이 남자대학교의 관절가동범위 및 혈액성분에 미치는 영향」(박재용, 이순규, 송영주, 2011).《한국운동재활학회지》, 7(1), 197~207.

9. 「단전호흡 수행여부가 합기도 수련생들의 ADHD 점수와 신체구성 및 심박수에 미치는 영향」. 류춘태, 송상혁, 지용석, 2011).《한국초등학회지》, 17(3), 31~43.

10. 「초등학생의 합기도 운동경력이 건강체력, 심박수 및 혈중젖산 농도에 미치는 영향」(장인현, 2013).《코치능력개발지》, 15(2), 114~124.

그런데 동양무예의 건강적 측면들이 너무 서양의학의 접근에 치우친 운동 생리학적 연구가 주를 이루고 있다는 비판들이 일어났다. 이의 극복을 위해 무예 수련의 동양의학적 관점에서의 효과에 관한 연구들도 나타났다. "신체의 불균형들을 바로잡아 체내기운의 흐름을 원활히 하는 방법과 인체가 지닌 재생능력을 강화시켜 건강을 회복하도록 하는 것이 무예활법의 양생적인 의의이다"라고 황종대와 김동규는 주장했다. 육체적 기능을 향상시키기 위한 운동부하량에 중점을 두는 무예 수련에 대한 서양의 관점이다. 반면 육체의 움직임과 호흡을 통한 무예 수련은 심신을 강화시키며 양생법으로 노화의 퇴행에 따른 심신의 부조화를 조절하고 강화하는 효과가 있다. 따라서 무예 수련을 항노화(Anti-aging) 운동 요법으로 재조명될 필요성을 김지선과 허일웅은 언급했다. 한의학의 이론적 바탕이 된 도교의 양생사상과 동양의 신체관을 토대로 한 전통무예 속에서 건강학적인 가치를 찾아야 한다는 김부식의 주장도 이러한 맥락 안에서 이해된다. 합기도와 같은 유술의 낙법수련은 차량이나 떨어지는 물건을 피해야 하는 위험한 상황에서 자기 몸을 보호하는 호신의 기능뿐만 아니라 내장기관을 튼튼히 해주는 동양의학적인 효과가 있다. 따라서 지나친 음주와 흡연을 하지 않고 꾸준하게 낙법을 수련한 사람들은 내장 관련 질병, 즉 암이나 심장관련 질환에 걸리는 확률이 적다는 대체의학적인 인식이 널리 퍼져 있다. 하지만 이를 증명할 과학적 실험연구의 실증적인 결과가 필요하다.

술기들, 즉 관절과 급소, 경락 등을 공격하여 제압하며 꺾고 비틀고 던지는 술기들은 인체 역학적 특성을 지닌 무예로서 호흡법이나 경혈 자극을 통한 혈액순환을 촉진시킨다. 뿐만 아니라 바른 자세의 교정 그리고 지압 등에 의한 자연치유력의 효과를 보이고 있다. 이러한 연유로 합기도나 유도 같은 유술을 지도하시는 일선 도장의 나이가 많으신 관장님들 중에는 척추교정이나 접골, 지압이나 경락 마사지 등의 활법치료를 하시는 분들을 주변에서 흔하게 볼 수 있다. 또한 인체의 급소를 사용하고 몸의 관절을 꺾거나 비트는 합기도 기술은 마치 침을 맞거나 경락 마사지를 받는 효과와 같이 혈액의 원활한 순환과 전신의 신경 발달에 영향을 준다고 알려져 있다. 이러한 합기도 수련에서 오는 건강적인 이점은 균형적 신체발달, 질병에 대한 예방 및 면역 강화, 그리고 노화 방지 등에 도움을 줌으로써 양생을 위한 평생무예로서 적합하다고 할 수 있다. 하지만 구체적으로 어떤 경락혈과 어떤 관절을 얼마만큼 누르고 꺾어야 하는 그리고 효과를 보이는 수련기간은 언제인가 등의 구체적인 과정 또는 절차에 대한 구체적인 근거가 없기에 신뢰성이 없는 민간요법으로 여겨져서 경시되고 있다. 합기도를 오랫동안 수련한 성인들을 대상으로 동양의학적인 효과에 대한 실증적인 연구 결과의 부족으로 대중화가 힘들다는 문제를 극복하기 위해 타당도와 신뢰도를 기본으로 한 실험 연구들이 이루어져야 한다.

이러한 맥락에서 합기도 활법수행의 연구를 통해서 합기도를 수련할 때 사용되거나 자극을 받는 인체의 부분들에 대한 동양 한의학적 치유효과를 구체적으로 분석을 통한 실증적인 노력이 엿보이는 몇몇의 연구들이 있다. 이를테면 합기도 기본 술기인 손목술기의 수련은 손목을 잡히고 꺾임으로써 자극으로 인한 지압효과는 심장질환의 예방, 전신 안정, 중풍 예방 등의 효과를 가져올 수 있다고 주영창은 주장했다. 그리고 손목 부위에 자극을 받는 총 13개의 경혈들이 호신술 수련 시 손목을 잡히고 꺾이는 자극으로 인해 침을 맞거나 지압 등의 효과를 얻을 수 있다. 그리고 심장질환 강화와 정신안정, 소화, 위장 강화, 불면증, 당뇨, 두통, 치통, 기관지, 중풍 예방 등 많은 질병 예방과 치유의 효과가 있다는 연구를 황종대, 구강본, 그리고 김동규 같은 합기도 학자들은 발표한 것은 고무적인 일이라 할 수 있다.

　위에 언급한 내용들과 같은 합기도의 건강학적 가치는 합기도의 대중적인 관심과 참여를 높이는 데 큰 기여를 할 수 있다. 하지만 더 나아가서 실용적인 호신능력의 향상뿐만 아니라 현대 성인병 등의 예방과 노화 방지 등의 합기도의 실증적 의학적 효과가 검증되고 홍보되어야 한다. 합기도 수련을 통한 건강의학적인 이점과 혜택의 가시화는 호신술 수련을 선호하는 성인들뿐만 아니라 건강한 삶을 추구하는 성인들의 수련 참여를 유도하고 활성화시키는 데 결정적인 역할을 할 것으로 기대된다. 합기도가 현대 사회 생활에서 가장 중요한 요소인 건강에 공헌하는 무예로서 재평가되는 기대감도 가져본다. 격투기술에 치중하는 타 무예들과는 차별화된 건강학적이고 양생학적인 의의를 지닌 생산성 가치를 지향하는 합기도는 지속성과 현대성, 그리고 대중성을 지닌 잠재력과 가능성을 가진 훌륭한 무예로서 거듭날 수 있다.

(4) 도덕과 인성의 함양, 그리고 사회성 발달

　체육교육은 체육활동을 통하여 체, 지, 덕의 조화로운 통합을 이룬 전인교육의 실현을 도모한다는 특징이 있다. 체육교육은 전통적으로 신체 활동을 통해 인지적, 정의적, 신체적 가치를 얻을 수 있다고 주장해 오고 있으며 그 교육적, 사회적 가치는 점점 커지고 있다. 체육가치의 역할 중 하나는 인격형성이다. 인격형성이란 성실, 책임감, 건전성, 성숙, 객관성, 발랄함, 정직성, 씩씩함과 같은 긍정적이고 바람직한 인성을 의미한다. 체육교육의 한 범주인 무예 교육은 엄격한 수련을 통해 인간 교육과 인격형성을 추구하는 동양 사회의 가치 있는 신체활동을 활용하는 교육활동 프로그램으로 인정받고 있다. 이를테면 2000년 초반에 이루어진 무예 수련의 동기에 관한 연구에 따르면 한국인들은 연령별로 보았을 때 무예 수련의 목적을 30대 약 85%, 40대 이상은 거의 75%, 20대는 대략 73%순으로 '호신술 및 정신수양'으로 보고 있는 것으로 나타났는데 전체적으로는 78% 이상이 무예를 '호신술 및 정신수양'으로 보고 있는 것으로 나타났다. 따라서 합기도 수련의 경험이 건강 증진 및 호신술의 습득 등의 신체적 측면뿐만 아니라 도덕적 인격을 함양하고 사회성을 발달시키는 정신적 측면의 가치를 지님을 알 수 있다.

1) 예절과 도덕성을 중시하는 합기도 수련 문화

무예 수련을 통한 신체의 조화로운 발달은 인간의 도덕성을 발달시키는 데 유익한 교육적 가치를 가지고 있다. 합기도 수련은 호신, 기법향상, 건강증진과 같은 신체적 목표와 강인한 정신력의 배양은 물론 지적 발달, 정서적 발달, 사회적 성격육성, 인격완성과 같은 정신적 목표와 사회적 목표를 함유하고 있다는 교육관을 지니고 있다. 특히 대부분의 어린이 수련생들에게 합기도를 가르치는 일선의 지도자들에게 이러한 교육관에 의한 수련지도의 중요성은 커지고 있다.

합기도는 다른 무예처럼 수련 전후에 예의를 표하는 인사법이나 도덕과 질서를 강조하는 무예 문화를 지니고 있다. 합기도 수련을 하는 동안에 바른 태도나 바른 마음가짐을 강조하는 교육문화 속에서 호신술뿐만 아니라 몸가짐, 인사예절, 언어 예절, 그리고 방문예절 등을 익혀야 한다. 합기도의 수련 목적을 신체의 움직임을 통한 도덕적 가치 추구 및 인격도야의 수단에 두기 때문이다. 모든 합기도 수련교육목표의 주요지침은 자신보다 강한 사람, 또는 약한 사람과 수련을 하면서 겸손함, 자신감, 상대방을 배려하는 마음, 절제 등에 두고 있다.

불교식 예절 익히기 수련

2) 인성을 함양을 위한 합기도 수련의 이해

무예를 통하여 인성을 함양한다는 생각은 오래 전부터 흥미 있는 주제로 관심을 모아왔다. 이를 증명하기 위한 지속적인 연구가 이루어졌는데 다음과 같은 공통적인 결과들을 발표하였다. 무예 수련은 부정적 행동 및 일탈 방지, 친사회적 행동 및 생활 기술의 발달과 도덕적 성품의 발달들을 통해 인성발달에 직접적으로 기여하는 데 도움을 준다. 무예 수련을 통해 공명정대함, 충성심, 협력, 용기, 결단력, 자기 통제, 끈기 등의 인격을 내면화하고 승리와 패배 자체보다는 스포츠맨십과 경기 과정을 중시하는 스포츠 환경 조성 등의 인성을 발달시킨다. 특히 다양한 신체 활동을 요하는 합기도 수련은 정신과 신체의 조화를 이룸으로써 특히 수련생들의 바람직한 태도를 배양한다. 합기도를 배우는 어린 수련생들은 이러한 인성 발달을 추구하는 동양무예로서의 합기도 수련 교육을 경험하는 귀한 기회를 갖는다.

그런데 현대사회에서 무예에 대한 인식은 상대방과의 공방을 통해 승패를 결정짓기 위한 기술적인 개인 연마를 강조하는 스포츠적인 특성이 강하다. 따라서 합기도를 수련하면서 스포츠맨십이나 페어플레이와 같은 체육교육의 도덕적 측면에 대해서는 이해를 하고 또한 수련 중에 사범의 인성에 관련된 강의식 합기도 교육방식도 큰 역할을 한다. 규칙적이고 지속적인 인성 교육에 관련된 체험을 통해 수련자들은 조금씩 수긍하게 되어간다. 특히 꾸준한 수련을 통한 체력 강화 및 호신능력의 향상으로 인해 대인관계에서 오는 자신감이 생겨나기 시작한다. 이러한 과정을 통해서 합기도의 정신적 가치, 즉 예절과 덕성을 함양시키고, 관용과 자제심 등을 기를 수 있다. 나아가서 합기도 수련 결과로 평화를 사랑하고, 예의에 밝으며, 겸손해지는 희생과 봉사정신을 갖게 되는 체험을 통해 합기도를 통한 인성 함양을 위한 교육적 가치를 인식할 수 있다.

3) 사회성 발달을 위한 합기도 수련

여가활동으로서의 합기도 수련활동은 건강과 호신능력의 증진 뿐만 아니라 사회적 수용성과 원활한 인간관계를 만드는 성취감을 부여한다. 합기도 수련은 여가의 만족스러운 욕구 충족 이외에 친구들과 교류할 수 있는 좋은 기회를 제공하기도 한다. 합기도 수련 참여 동기여부에 대한 연구에서 수련생들의 대부분은 건강을 위한 운동 참여, 유쾌하고 즐거운 분위기를 추구하는 소속감 등과 같은 외적 동기로 인해 합기도 수련에 참여하였다고 밝혔다. 또한 합기도 수련참가의 내적 동기는 기본적 심리 욕구의 해소나 심리적 안녕감 고취 및 긍정적 대인관계의 형성과 직장생활에서 오는 스트레스를 해소하고 건강을 향상시키는 데 도움을 받는 것이었다. 합기도 수련을 통해 기쁨과 즐거움을 찾고 원만한 대인 관계나 사회성을 유지하고 싶어 했다.

창원 국제 페스티벌에 참여한 필자의 합기도 제자들

합기도도장 활동을 통한 사회적 교류는 수련을 같이 하는 동료나 선후배 간의 인간관계를 더욱 더 밀접하게 한다. 이를테면 야외 수련회 또는 불교 사찰 방문하기, 합기도 시합 출전 등과 같은 다양한 행사와 이를 준비하고 참여하는 과정에서 동료나 선후배들과 함께 식사나 술을 마시면서 어울리는 과정 속에서 동료들 간의 관계는 더욱 친밀하고 돈독하게 되어 합기도인은 수련 이외에도 스스로 그들과 융화되려는 자신을 발견하게 된다. 여가 스포츠 활동 과정 속에서 자신에 대한 개방과 서로에 대한 만족감과 소속감을 경험하는 것처럼 합기도를 수련하는 친구들이나 동료들 간의 친분을 통해서 애착과 강한 소속감을 느낄 수 있다.

14장.
합기도 역사적 정립의 올바른 방향 제시!

합기도 최초 도장 현판 달기

(1) 현존하는 합기도 역사 연구의 문제점들

무예역사학자의 역할은 무예에 관련된 역사적 사건과 관련된 자료(사료)를 수집하고 수집된 자료를 토대로 과거의 사건을 조심스럽게 재구성해야 한다. 무예의 역사 자료는 무의도적 전승 무예사료와 의도적 전승무예사료로 구분될 수 있다. 무의도적 전승 무예사료는 무예를 수련하고 교육하는 무예 수련건물과 무예교육기관, 무예병장기, 무예 용어 언어 등과 같은 서적이나 저작물과 같은 문헌

사료 등이다. 의도적 전승 무예사료는 무예를 수련하고 교육한 연보, 연대기, 무예인들의 전기나 회고록, 역사서 등을 들 수 있다. 실증적인 자료의 뒷받침이 되는 비의도적 무예의 역사자료가 부족하기 때문에 무예 역사가들은 주로 의도적 무예사료들 중의 부분인 무예인들의 전기나 회고록에 너무 의존하는 경향이 있다. 그러나 이러한 인물 중심적인 역사연구는 특정 인물을 영웅화시키는 신비주의적 무협지무예사관에 빠져드는 우를 범할 위험성이 있다. 따라서 무예 사료가 불충분하면 남아있는 무예 관련 자료들을 비판적으로 분석하고, 해석하고, 재구성하여 최대한 객관성을 띠려는 무예역사학자의 직관과 합리적인 추론이 절대적으로 필요하다.

　전통주의 합기도사관은 합기도가 고대 삼국시대부터 발생하여 오늘날까지 전승되었다는 입장으로 합기도 전통성을 홍보하는 목적과 취지에서 합기도가 한국의 전통 무예임을 강조하는 내용으로 주를 이루고 있다. 대다수의 합기도 교본을 비롯한 문헌에서 나타나는 합기도 역사와 기술 방식은 고대 동양무예들의 영향을 받았다고 언급하고 있다. 이러한 맥락에서 대동류유술이 최용술과 장인목에 의해서 한국에 재유입된 내용 등에 초점을 맞추어 왔다. 전통주의 합기도사관에 초점을 맞추는 과정에서 합기도에 전통 또는 민족 등의 수식어를 붙이게 되었다. 그런데 전통성이나 고유성을 뒷받침하는 근거가 될 수 있는 발생 기원과 내력 그리고 발전 과정에 대한 실증적인 설명이 불가능하다. 이로 인해 내용들의 왜곡과 과장이 생기는 문제점들이 나타났다. 그 결과 합기도에 대한 정통성 시비는 공공연히 논쟁의 연장선 속에 아직 있다. 기존의 전통주의 합기도사를 입증하기 위해서 합기도의 실재적 발생 과정을 소상하게 언급한 논문과 서적 발간의 노력들도 있어왔다. 가령 북한과 중국 등지에 발견된 고구려 고분 벽화, 무용총, 삼실총에 그려진 맨손 격투경기 그림을 두고 합기도 동작이라고 명명한 것 등이다. 하지만 오히려 이들의 진위여부에 대한 이의와 비판이 거세어지는 부작용만 초래하였다.

　전통주의 합기도사의 잘못된 역사관점에 대한 반성과 개선의 움직임이 합기도 역사를 올바르게 보려는 몇몇 양심 있는 학자들에 의해서 일어났지만 여전히 의도적으로 묵인하고 있는 실정이다. 그 이유는 한국과 일본의 합기도 역사 논쟁은 민감한 문화민족주의의 대립적인 시각과 갈등을 촉발할 수 있기 때문이다. 가장 근본적인 고질적인 문제점은 한국 근대무예들이 일제 강점기 당시 일본에서 유입된 일본 무도라는 역사적 사실을 부정하고 있다는 것이다. 오히려 대부분이 한국에서 전이되어 다시 역유입된 것라는 추측성 주장들만 되풀이 하고 있다. 무예사적 관점에 의한 기존의 합기도 역사 서술의 문제를 한국의 전통무예와 관련된 많은 사건들을 고의적으로 연관시켜 나열하고 있다. 이러한 관련 사실들이 한국의 역사 전체와 어떤 연관성을 갖는 것인지, 당대의 사회, 문화적 맥락과 어떻게 연관되어 있는지 아무런 구체적, 실증적, 그리고 고증적인 설명이 없다. 그러다 보니 실증적인 증명을 위한 방편으로 합기도의 역사 왜곡은 반복되었다. 더 심각한 것은 이러한 과정들이 일본무예 학술자료 및 용어, 사상 등을 무차별적 수용하여 한국 전통무예인 것처럼 조작하여 합기도의 사상적인 이론적 토대로 포장하여 왔다. 합기도 역사의 올바른 정립의 부재는 현재 합기도가 당면한 문제와 직결되어진다. 가장 큰 쟁점은 합기도가 일본의 아이키도와 한자 무명의 동일성으로 인해서 끊임없는 시시비비가 이루어지고 있는 점이다. 더욱이 합기도의 대중적 인기로 인해 지난 수십 년 동안 엄청난 양적인 증가 속에서 경제적 이익과 명예욕을 즐겨왔던 난립된 협회들과 단체들 간의 갈등과 불협화음에 결국은 합기도가 대한체육회에서 추방되는 오욕과 전통무예진흥 기본계획(안)에서 외래무예로 분류되는 악재까지 겹쳤다.

현재의 합기도는 정체기에 빠진 지 오래이며 고사 상태에 있다고 한탄하며 애석해하면서도 이러한 어려운 상황을 해결할 수 있는 시도나 노력들을 추진할 수 있는 제도적 장치가 부재하다. 특히 거의 모든 합기도 도장들이 영세성을 면하지 못한 상태에서 가장 필요한 협회들이나 정부의 정책기관으로부터의 후원이 부재한 상황은 우려를 심화시키고 있다. 그렇다고 그냥 손을 놓고 망연자실하게 불평만 늘어놓으면서 불확실하고 비현실적인 기대감만을 가지고 있을 수는 없다. 아직 논란의 연장선속에 있는 합기도의 근대무예사의 정립을 위한 지속적인 연구와 노력을 통해서 현실적인 접근 방법을 계속 찾기 위해 매진해야 한다.

(2) 합기도의 근대무예로서의 정통성 확립을 위해 규명해야 할 2가지 전제조건

근대무예로서 합기도의 역사정립을 위해서는 1945년 이후부터 형성되기 시작한 합기도에 대한 구체적인 연구가 필요하다는 주장은 설득력이 있다. 그런데 한국 근대무예사의 시작 시점인 해방 후

시기는 일제 식민지시대에 유입되었던 유도, 가라데 또는 검도 등의 일본식 무도의 강제적 주입으로 인해 한국의 근대무예가 형성될 때 일본무도의 특성에서 벗어날 수 없는 상황이었다. 이러한 시대적 불가피성은 한국의 독자적인 근대무예사의 정립에 큰 난관으로 작용했다. 일본의 근대무도는 단급제도와 다양한 수련 체계, 승단제도와 정신적 가치의 부여 등으로 체계화되고 확립되어 있었다. 반면 택견이나 씨름과 같은 전통 무예들은 일제 식민지 시대에 한국무예 또는 중국무예에 대한 탄압과 억압 속에서 음성적으로 민간에서 전승되고 있었다. 따라서 한국의 전통무예는 중국의 무예들과 함께 공개적인 교육체계로써 틀을 형성한 일본의 무도체계와 비교해서 그 체계성과 대중성에 있어서 한계점을 가질 수밖에 없었다.

합기도 역사에 대한 한국과 일본의 대립적인 시각의 차이가 또한 올바른 근대 무예사 연구에 어려움을 가중시키고 있다. 양국의 수구적인 민족주의 및 민족우월주의는 합기도의 역사 고증의 공동연구 작업에 큰 걸림돌이 되고 있다. 합기도는 한국의 신체문화적인 특수성이 포함되면서 아이키도와 다른 형태의 기술과 수련체계를 가지고 있다. 해방이후의 합기도는 일본 무도의 특성에다가 중국무예와 한국고유무예가 융합되어 다양한 발차기 및 권법, 형 등이 접목되어 대동류유술이나 아이키도와는 완전히 다른 모습을 지닌 무예로서 변형되었다. 그 결과 대동류유술과 아이키도와 전혀 다른 한국의 독창적인 기술의 수련체계를 이루게 되었다. 그럼에도 불구하고 동명이체의 현상을 보이면서 명확한 역사적 정체성을 확립하지 못하고 있는 실정이다.

근대무예로서 합기도의 역사적 정립을 위해서 그 전에 명확히 해야 할 두 가지 전제조건이 있다. 첫째는 최용술이 다케다 소가쿠의 제자라는 사실의 진실공방에 대한 명확한 규명이다. 최용술이 한국의 근대무예로서의 합기도의 형성에 결정적인 역할을 한 창시자의 위치에 있기 때문이다. 최용술이 대동류유술을 다케다 소가쿠에게 직접 지도를 받았는지 안 받았는지는 합기도의 근대무예로서 정통성 정립에 필요한 요인이 된다. 둘째로는 '합기도' 무명의 사용여부에 대한 결단이다. 여전히 합기도가 일본의 아이키도와 한자어가 동일한 무명을 지니고 있기에 일본무도와 차별화 또는 독립화에 가장 큰 장벽이 되고 있다. 이러한 주장들을 전개하기 전에 필수적인 선행으로 최용술에 대한 구체적인 행적과 활동을 알아야 할 필요가 있다. 최용술에 대한 이야기에 대해서는 그의 구술과 제자들로부터 들은 내용들을 근거로 하는 여러 책들이나 기록들이 있다. 여기서는 그 중에서 최용술에 대한 일생에 대해 반논픽션 형식으로 자세하게 서술한 김희영 박사님의 『합기도의 역사』의 영문판 저서를 번역하여 기술하였다. 왜냐하면 최용술의 일대기에 대해서 이렇게 자세하고 구체적인 행적을 기술한 것을 본 적이 없기 때문이다. 이 내용들을 김 박사 님은 한글이 아닌 일본어나 영어로 전달받지 않았겠는가 하는 생각이 필자는 강하게 들었다. 사실감을 전달하기 위하여 수정이나 첨가 없이 영어원문을 충실하게 번역한 내용을 실었다.

1) 최용술

최용술

최용술(최)은 충청북도 안동에서 1899년에 태어났다. 최는 두 살 때 어머니를 여의고 몇 년 후 아버지 또한 돌아가셨다. 고아가 된 최는 고모의 가족과 근근이 살아가다가 우연히 알게 된 한국에서 거주하던 일본인 사탕 제조업자인 야마다 오기치와 그의 아내가 최를 일본으로 데려갔다. 그들은 배를 통해 부산에서 떠나 일본의 서부 해안에 있는 항구인 시모노세키에 도착했다. 이곳에서 얼마간 머물다가 야마다 오기치의 고향인 야하타 시로 떠났다. 그곳에서 최는 향수병에 걸렸고 야마다와 함께 하는 생활도 마음에 들지 않아 홀로 떠났다. 낯선 땅에서 길을 잃고 헤매는 어린 소년이었던 최를 경찰들이 발견하고 운지사원이라는 사찰로 데려갔다. 그 곳의 주지스님이었던 야마모토 히데로가 최에게 '조선의 사람'이란 뜻을 가진 아사오 요시다라는 새로운 일본 이름을 지어 주었다.

그 후 3년 동안 최는 운지사원에서 지내며 불교를 공부했는데 야마모토 주지는 그가 불교보단 무예에 더 재능이 있다는 사실을 알게 되었다. 1912년 5월 중순, 야마모토 주지는 최를 다케다 소가쿠에게 보냈다. 소가쿠와와 야마모토는 아이즈 지역에서 함께 자라면서 호시키우치(Hoshikiuchi)란 유술을 수련한 사이였다. 소가쿠는 계속해서 무예를 수련했지만 야마모토는 스님이 되었다. 소가쿠가 일본 여행을 하는 동안 야마모토를 자주 방문했는데 어느 날 야마모토는 소가쿠에게 최를 열세 살이고 불교수양보다 무예 훈련에 더 적합한 인물이라고 소개했다. 야마모토는 소가쿠에게 최를 데려가 무예 훈련을 시키라고 충고했다. 그는 또한 만약 최가 다시 사원으로 돌아오고 싶다면 그 또한 환영할 것이라고 말했다. 최의 미래를 위해서는 소가쿠에게 무예를 배우는 것이 더 나을 거라는 말도 덧붙였다.

소가쿠가 최에게 종종 그의 조상인 다케다 신겐에 대해 다음과 같이 회고하며 말씀해주었다며 최는 언급하곤 했다. "다케다 신겐은 400년 전에 살았고 일본을 통합시키기 위한 시도로 오다 노부나가와 도쿠가와 이에야스의 동맹에 반대하고 도전했다. 그는 패배했고 심각한 상처로 인해 죽을 위기에 놓였다. 죽기 전 그는 그의 아들에게 3년 동안 자신의 죽음에 대해 알리지 말라고 했고 아들은 그 제안을 받아들였다. 이 과정을 통해 그림자 무사라는 의미인 가게무샤가 신겐을 사칭하고 부대를 계속해서 이끌었다. 결국 신겐 아들은 그 동맹과 싸웠고 25,000명의 병사들이 죽음으로써 패배했다. 나의 조상인 다케다 토사쿠 니세우키를 포함한 다케다 가족의 많은 일원들이 그때 아이즈 지역으로 이주했다. 그때 이후로 우리 가문의 무예 또한 아이즈 지역으로 전해졌다." 그때부터 다케다 가문은 신슈가케 산을 신성한 장소로 여겼고 그곳에서 소가쿠는 무예 연습을 지속했다. 그 산은 오늘까지도 다케다 가문에게는 신성한 장소로 남아있다. 몇몇 유명한 일본인 스님들 또한 그 산에서 수련을 했다. 다케다 가문의 신성한 장소로 여겨져 있었기 때문에 옛날에는 일반인들이 그 산을 출입하는 것이 허락되지 않왔다. 다케다 가문들은 특별한 무술 훈련 기간을 정하여 그 장소에 가고는 했다.

최는 1912년부터 1922년까지 소가쿠의 조수로 일했다. 이 기간 동안 최는 소가쿠에게 대동류유술을 배웠다. 최는 소가쿠 조상의 고향인 아케다 지역 근처인 신슈카게 산에서 그와 다섯 명의 제자들이 매우 열심히 훈련했던 1916년부터 1922년까지의 기간을 특별히 기억했다. 또한, 산에서 지내는 동안 용기를 시험할 때가 많았다. 학생들은 밤에 혼자 근처 마을에 가서 물품들을 사야 했다. 혼자 밤에 가는 목적지는 알려지지 않았는데, 이는 보이지 않는 것에 대한 두려움을 극복하기 위해서였다. 어둠 속에서 혼자 걸으며 제자들은 그들의 상상 속에서 생겨난 공포에 시달렸다. 소가쿠는 제자들에게 무예는 단지 신체적인 기술을 배우는 것뿐만 아니라, 마음을 다스리는 과정이기도 하다고 설명했다. 이 마음은 적절한 호흡훈련을 통해서 통제될 수 있다고 하면서 나뭇잎들이 다 떨어진 겨울 동안, 소가쿠는 제자들이 바지만 입고 바위 위에 올라가 호흡 기술에 집중하도록 했다. 단지 몇 분이 지난 후 강력한 추위 때문에 두통이 왔다고 최는 회상했다. 또한 "더운 여름에는 명상하기가 어려웠다. 하지만 점점 그들은 적응해갔고 호흡을 통제하고 마음을 깨끗이 할 수 있었다. 최는 이러한 훈련을 통해 몸 안의 기의 순환을 느낄 수 있었다. 또한 어려운 상황에서도 명상을 할 수 있게 되었다. 이러한 기의 움직임을 사용해 나는 실제로 높게 점프하는 기술을 연습할 수 있었다."라고 최는 언급했다.

기 순환 기술을 완벽히 익힌 후 최는 검의 기술뿐만 아니라 여러 관절기 기술들도 연습했다. 최는 검 기술을 연습할 때 갈대를 수

평으로 자르기 위해 한 번의 일격으로 시작한 것을 기억하면서 다음과 같이 말하며 그 당시를 회고했다. "만약 완벽한 수평이 아니라면 둔탁한 바람 소리가 날 것이다. 칼날이 완벽히 평평해야 깔끔하게 조용히 잘렸다. 완벽한 기술은 신체적인 힘에서 오는 게 아니라 기의 에너지로부터 통제되는 것이었다. 지속적인 연습은 이 기술을 완벽하게 했다. 이 기술을 숙달하기 위해선 시작은 천천히 하고 실력이 향상될수록 점차 속도를 올리는 것이 필수적이었다. 이 방식은 검술 훈련에서 강하게 부드럽게 조절하는 힘을 향상한다. 따라서 느리고 부드러운 방식은 빠르고 강한 공격과 대체된다. 이렇게 하여 기 에너지는 칼날을 통해 흐를 수 있다. 기술을 수행할 때, 칼날이 아닌 칼 손잡이로 상대방을 공격한다고 생각해야 한다. 칼날은 검의 손잡이를 따라갈 것이다."

최는 소가쿠 스승의 허락 없이는 무예를 가르쳐서는 안 된다는 것을 배웠다. 소가쿠는 무예를 지도하기 위해서는 우선 제자의 성격을 알아야 하고 그 제자가 무예를 변질하지 않을 거라는 신뢰도 있어야 하며 고등기술은 일반인에게 가르쳐서는 안 된다는 전제조건을 가지고 있었다. 소가쿠는 최에게 "너는 제자의 마음을 읽는 기술을 발달시켜야 한다. 그의 눈을 보면서 그자가 네가 계속해서 가르치고 싶은 인물이 맞는지 확인해라. 기술을 공유하기 전 그가 너의 자신감을 배신하거나 명성을 더럽힐 가능성이 있는지 알아내라."라고 항상 상기시켰다고 최는 회고했다.

① 홋카이도에서의 활동

홋카이도는 일본의 북쪽 지역에 있다. 그것은 일본 문화의 마지막 국경으로 여겨진다. 많은 노동자들이 천연자원들을 개척하기 위해서 이 지역에서 거주하기 시작했다. 19세기 후반에 정착과 개발이 시작되었지만 러일전쟁(1904~1905)의 발발로 인해 지연되었다. 노동자들은 땅에서 발견되는 광석을 채굴해야 했다. 철도는 그 광석을 광산에서 용광로로 옮기는 역할을 하는 데 필요했다. 이 작업을 위해 많은 노동자들이 일본 본토와 한반도에서 건너왔다. 그들은 산 속 강제 노동 수용소에서 2~3주 동안 지내야 했다. 그런데 조직폭력배가 노동 상황을 감시하고 착취하기 위해 갑자기 나타나곤 했다. 이들 야쿠자조직은 영역을 두고 싸우기 시작했고 조직화된 범죄 집단들은 지역의 법률 집행을 따르지 않았다. 야쿠자 용의자들이 체포되었을 때 그들의 두목들은 가족을 공격하는 등 여러 방법으로 경찰과 판사들을 협박했다. 다케다 소가쿠는 이런 무법 상태를 해결하기 위해 고용되어 센다이 군사 훈련소에서 병사들에게 무예를 지도하며 훈련시키고 있었다. 그는 법률 집행에 참여하면서 야쿠자 두목을 설득해 그의 활동을 중단하게 하기도 했다. 1914년에 소가쿠와 최는 삿포로에서 아사카와로 이주하여 그곳에서 경찰들을 무예를 가르치기 시작했다.

② 우에시바 모리헤이와 대동류유술

어느 날 소가쿠와 최는 집에 가는 길에 몇몇 철도 공사 인부들이 어떤 20대 남성을 때리는 장면을 목격했다. 소가쿠는 그냥 지나칠 수 없어 현장에 난입하여 그 남성의 목숨을 구했다. 며칠 후 인부들이 복수하고자 많은 사람들을 이끌고 소가쿠가 집으로 돌아오길 기다렸다. 그들 중 대부분은 무기를 지니고 있었다. 최는 무예를 배우기 시작한 이후로 그때처럼 큰 싸움에 직면한 적은 처음이었다고 회고했다. 비록 그들의 머릿수는 더 많았지만 소가쿠와 최의 격투기술을 따라잡기엔 역부족이었다. 싸움은 계속되었고 잠시 후 열 명의 경찰관들이 도착해 공중에 총을 쏘자 그들은 도망갔다. 싸움이 진행되는 동안, 우에시바 모리헤이가 호텔 근처 식당에서 그 광경을 보고 있었다. 우에시바는 소가쿠가 지내는 호텔을 알아내기 위해 그를 미행했다. 다음 날 오후 우에시바는 소가쿠를 찾아가 그의 지도 아래에 훈련하게 해달라고 애원했다. 최는 이 시기를 회상하며 다음과 같이 말했다. "그때 우에시바는 매우 똑똑한 사람이었다. 하지만 다케다 스승은 처음에는 그를 믿지 않았다. 우에시바가 스승에게 배우고 싶어 했을 때, 그는 나를 통해서 배움을 향한 진정한 열정과 지불할 수 있는 돈이 있음을 다케다 스승에게 전달해 달라고 요청했다. 나는 기분이 좋았을 때는 선생에게 바로 말했지만 기분이 나빴을 때는 선생이 바쁘거나 몸이 좋지 않아서 전달 못했다고 말하며 그를 돌려보내곤 했다. 나는 열다섯 살로 성숙해지면서 꾸준히 조수로 지내며 성장했다. 우에시바는 이러한 나와 다케다 스승의 관계를 눈치챘다. 다케다 스승이 자리에 없었을 때, 우에시바는 나에게 일본의 전통 의상을 사주려고 했다. 나는 그에게 스승은 내가 이런 선물을 받는 것을 허락하지 않을 거라고 말했고 선물을 돌려주었다. 우에시바는 한 번만 입어보라고 고집했다. 나는 입어보려고 했지만 옷이 너무 크다는 사실을 알아차렸다. 우에시바는 3년 정도 지나면 옷이 맞을 거라고 했다. 나는 그에게 선생의 허락 없이 선물을 받는 것은 무례한 행위라고 말한 후 끝까지 선물을 거부했다."

우에시바의 무예를 배우려는 끈질긴 열정은 소가쿠의 마음을 움직였다. 우에시바는 1914년부터 1922년까지 대동류유술을 배우고 소가쿠로부터 교사(사범) 자격증을 받았다. 이렇게 습득한 대동류유술은 우에시바가 아이키도라는 근대 일본무도를 창시할 때 합기도처럼 기술의 근원을 제공했다. 1883년생인 우에시바 모리헤이는 홋카이도로 옮기기 전에 기토류 유술과 야규류를 포함한 다른 많은 무예를 수련하며 연구했다. 우에시바는 이러한 다양한 무예를 조합하고 그의 무예 철학과 천지의 관계를 강조하는 신도의 종류인 오모토교의 종교적 개념을 부여하여 아이키도를 만들었다.

③ 최용술에 대한 모리헤이 우에시바의 아들과의 인터뷰

1998년에 《세계일보》 기자였던 신상득은 합기도와 아이키도와 관계를 명확하게 알아내기 위하여 일본으로 가서 모리헤이 우에시바의 아들인 아이키도 2대 도주인 우에시마 기쇼마루와 인터뷰했다. 인터뷰를 통해 우에시바와 최용술의 관련 여부를 알 수 있는 흥미 있는 내용들을 알아보면 다음과 같다.

신상득: 이 대화를 녹음해도 되나?

기쇼마루: 원한다면 그렇게 해라.

신상득: 요시다 선생(최용술)에 대해 들어봤나?

기쇼마루: 아버님에게 이야기를 들은 적이 있다.

신상득: 어떤 이야기를 들었나?

기쇼마루: 젊은 한국 남자들이 홋카이도에서 다케다 소가쿠 지도 아래 매우 열심히 훈련하고 있었다고 했다.

신상득: 열심히 훈련한다는 것은 하루 이틀이 아닌 적어도 4년의 기간을 의미하는 것이다. 그런 것인가? 아버지가 요시다 선생을 직접적으로 만났나?

기쇼마루: 그 부분은 기억이 잘 안 난다. (신 기자는 기쇼마루가 직접적인 답변은 피하고 있다고 느꼈다. 그러므로 그는 다음 질문으로 넘어갔다).

신상득: 1969년에 요시다 선생이 편지를 보냈다는데 기억하나?

기쇼마루: 외국에서 오는 편지가 워낙 많기 때문에 기억이 안 난다. (신 기자는 기쇼마루가 또 답변을 피한다고 느껴서 추가 설명을 했다)

신상득: 부산에서 일본 아이키도 협회의 후원하에 아이키도 시범이 열렸다. 그리고 그 시범은 TV에 나오기도 했다. 요시다 선생은 그것을 보고 당신에게 편지를 보냈다.

기쇼마루: 이제 기억난다. 그 편지를 읽은 후 나는 요시다 선생이 아버지가 이야기했던 젊은 한국 남자였다는 것을 알게 되었다.

신상득: 그 편지의 내용은 기억나나?

기쇼마루: 잘 기억이 안 난다.

신상득: 그 내용은 '왜 너는 다케다 소가쿠의 기술을 그런 방식으로 시범을 했느냐?'이었다.

기쇼마루: 맞다! 내가 이해하기로는 소가쿠 스승은 그것에 대해 매우 속상해했다.

신상득: 그때 그에게 답장을 했나? (신 기자는 기쇼마루가 최용술과의 관련성에 거리를 두고 싶어한다는 것을 느꼈다.)

아이키도 잡지인 1991년 여름에 발간된 《아이키 뉴스》(Aiki News, Summer 1991)에 실렸던 합기도와 아이키도의 관계에 관해서 우에시바 기쇼마루와 인터뷰한 내용은 다음과 같다.

아이키 뉴스: 합기도 설립자인 최용술은 아이키도 혹은 대동류유술을 배웠나?

기쇼마루: 최용술의 무예에 관해서는 잘 모르지만 다케다 스승이 홋카이도에서 세미나를 열었을 때 17~18살 정도의 한국인 소년이 참가했다는 건 안다. 그와 나의 아버지는 대동류유술을 함께 배웠다. 나의 아버지는 그 소년을 그의 선배라고 했다."

아이키 뉴스: 그렇다면 최용술이 대동류유술을 배운 것이 사실이 아니냐?

기쇼마루: 그렇다. 나는 최용술 그분이 대동류유술을 배웠다는 것을 들었다. 그리고 그는 그 이후로 아버지와 연락을 했다. 한국으로 돌아간 후 그는 대동류유술을 적당한 규모로 가르치기 시작했다. 서서히 인기가 많아졌고 많은 한국인들이 그의 아래에서 훈련하기 시작했다고 들었다. 그 다음에 아이키도가 일본에서 인기를 얻기 시작했을 때, 그는 그의 무예를 합기도라고 불렀다고 들었다. (중국한자로 쓰여진 아이키도와 합기도는 같은 글자를 쓰지만 별개의 언어로 인해 발음은 다르다) 곧 이 무예는 많은 분파들이 생겼다고 들었다. 그리고 이것이 아버지가 나에게 말해준 전부이다. 아버지가 돌아가신 후에 나는 최용술로부터 편지 한 장을 받았다.

④ 1923년의 일본의 도쿄 대지진시기

1922년에 다케다 소가쿠는 일본궁전 근처인 도쿄에 작은 무예도장을 열었다. 그는 궁전에서 일하는 직원들에게 무예를 가르쳤다. 이때 최용술이 대신해서 대부분을 가르쳤다. 이 수업료로부터 거둬들인 돈의 40%는 소가쿠가 가져갔고 나머지 60%은 최의 몫이었다. 이 방식은 소가쿠가 죽을 때까지 계속되었다. 때때로 소가쿠가 세미나 혹은 특별 강의를 요구받았을 때, 그는 최를 자주 보내곤 했다. 최는 세미나와 특강에서 가르친 후 소가쿠와 돈을 나누려고 돌아왔다. 얼마 후 소가쿠가 가족을 보기 위해 홋카이도로 가 있는 동안 최가 도쿄의 무예도장을 책임지고 맡아서 운영했다.

1923년 9월 1일에 강력한 지진이 도쿄를 강타했다. 10만 명 이상의 사람들이 죽거나 실종 상태가 되었고, 380만 개의 집들이 불탔으며 170,000여 채의 집이 파괴되었다. 일본정부는 11월 15일까지 계엄령을 선포했다. 일본 병사들과 경찰들은 민방위를 조직하고 범죄 행위를 막기 위해 순찰을 돌았다. 일본에 사는 한국인들이 이 혼돈 상태를 이용해 일본 정부에 맞서는 폭동을 일으키려 한다는 소문이 퍼졌다. 또한 그들이 한국 동네에 사는 일본 병사들과 경찰관들을 죽이기 위해 우물에 독을 탔다는 소문도 있었다. 이는 반한국인 정서를 가진 일본인들이 만들어낸 소문들로 이 소문 때문에 일본인들은 한국인들을 불신했고 의심했다. 그들은 처벌을 위해 미심쩍은 한국인들을 알아내려고 했다. 그들은 용의자들에게 한국인들 대부분이 일본에서 일찍부터 살지 않은 이상 발음하지 못하는 "Sseu"를 발음해보라고 시켰다. 일본인들은 이 발음으로 즉시 한국인들을 구분해냈고 그들은 경찰서로 끌려가거나 그 자리에서 대나무 창에 찔려 죽임을 당하거나 곤봉으로 맞았다.

최는 지진이 일어난 지 두 달이 지난 뒤에 퇴근하면서 다리를 건널 때 그는 반대쪽에서 일본 자경단원들이 세 명의 한국 여성들과 대화를 하는 내용을 듣고 격분했다. 최는 말했다, "무의식적으로 나는 그들에게 돌진했다." 최가 그들에게 달려갔을 때 자경단원이 그가 한국인임을 알아차렸고 곤봉을 휘둘렀다. 최는 짧은 막대인

단봉을 꺼내 남자의 손목과 목을 찔러 의식을 잃게 했다. 다른 일본인들은 최를 대나무 창으로 공격했지만 결국엔 그에게 진압당했다. 남은 자들은 그들의 동료가 쉽게 패배하는 것을 목격하고 도망갔다. 대나무 창에 찔려 부상을 당했지만 최는 세 명의 한국인 여성들을 보호하는 데 성공했다. 이 세 여자들을 구한 후, 최는 집으로 돌아갔다. 그때 처음으로 최는 자신이 한국인임을 깨달았다. 최는 자신에게 물었다, "일본인과 한국인의 차이는 무엇인가. 이날까지 나는 일본인들을 가르치며 존경을 받았다. 하지만 왜 일본인들은 이 사건(지진)을 한국인들을 박해하는 데 이용하는가?" 이 사건으로 인해 도쿄의 큰 도시에서 사는 것이 싫어진 최는 소가쿠 스승이 있는 홋카이도로 돌아가겠다는 마음을 굳혔다.

⑤ 다시 홋카이도로 가다

1924년 4월에 최는 도쿄를 떠나 홋카이도로 가서 소가쿠를 방문했다. 소가쿠는 최에게 그의 집에서 함께 지내기를 권유했다. 소가쿠는 그 당시에 60대 중반이었다. 소가쿠가 세미나를 요청받았을 때 최는 그 대신 강사 역할을 하기 위해 갔다. 기록들에 따르면 세미나들은 보통 삼일 혹은 사일간 진행되었다고 기록되어 있지만 몇몇 관련 기록들을 보면 삼 개월 동안 지속된 적도 있었다. 주요 가르침은 자기 방어에 기초를 두었고 상대방이 팔목이나 옷깃을 잡았을 경우 관절을 비틀거나 의복을 사용하여 내동댕이치는 기술을 중점적으로 가르쳤다. 또한 칼, 곤장이나 검 같은 특정한 무기들을 방어하는 기술들도 가르쳤다. 이때도 소가쿠는 최에게 60%의 강의료 수입을 주었고 40%는 본인이 가졌다.

1925년 5월에 최는 시의원에게 호신술을 가르치기 위해 오타루 시에 갔다. 이 도시는 서해안에 있는 항구였고 많은 한국인들이 홋카이도 광산에서 캔 석탄을 배에 싣기 위해 왔다. 이로 인해 한국 노동 인구는 자연스럽게 증가했고 한인 사회가 생겨났다. 이 한인 사회는 남편, 아내 그리고 아이들을 포함하는 완전한 가족으로 구성되었다. 최는 일을 끝냈을 때 그곳을 방문할 기회가 있었다. 그는 그곳이 마치 집 같은 기분이라고 말했다. 그래서 최는 한국인들이 거주하는 구역 근처인 오타루로 가서 살고 싶다고 소가쿠에게 말했다. 허락을 받은 그는 1925년에 오타루로 이사했다. 처음에는 한국말을 잘 못해서 잘 섞이지 못했지만 점차적으로 그는 무예를 시의원에게 가르치는 동안 형성되었던 지역 경찰들과의 연줄로 한국 공동체에 법과 질서를 설립하는 데 도움을 주었다. 최는 오타루와 한국 공동체의 전문적인 관계를 발전시켰다. 1929년에 그는 한국 경상도 청도 출신의 여성과 결혼했다. 1931년 여름 도중 그들은 첫째 딸을 낳았다.

1932년에 소가쿠의 두 번째 아내가 두 아이들을 남기고 죽었다. 최는 그를 위로하기 위해 하와이 여행을 제안했다. 최는 많은 일본인들과 한국인들이 이주를 한 하와이의 한국 공동체에 대해 들어본 적이 있었다. 또한 연중 내내 여름 날씨 같다는 말도 들었다. 소가쿠의 제자들이 비용을 냈고 비자와 여권은 삿포로시의 경찰서장이 담당했다. "소가쿠 스승과 네 명의 제자들이 함께 갔다. 최는 수영복을 입고 해변에 누워있는 사람들을 보고 문화충격을 받았다고 기억했다. 소가쿠는 이렇게 말했다고 한다, '저 미개인들을 봐라.' 하지만 며칠 후 그들 또한 해변의 분위기를 즐기게 되었다. 그들은 그곳에서 무예 시범을 보이고 한 달 뒤에 홋카이도로 돌아갔다. 그러나 불행히도 여행은 아내를 잃은 소가쿠의 마음을 안정시키는 데 큰 도움이 되지 않았다.

1933년에서 1938년까지 최는 소가쿠를 자주 볼 수 없었다. 그 이유는 최가 가족을 위해 생계를 꾸려야 했기 때문이었다. 그의 첫 번째 사업 시도는 '요시다 구미'라고 불리는 회사를 창업하기 위해 열 명의 한국인 직원들을 모은 것이었다. 회사는 노동자들에게 현장 학습소를 지원했다. 그런데 최는 광산의 갱도가 붕괴하는 사고로 최와 계약했던 많은 직원들이 광산 갱도에 갇히는 사고가 일어났다. 최는 이 비극적인 사고로 그 사업을 접어야 했다. 최의 두 번째 사업 시도는 사할린 섬에 가서 일본에서 팔 장식용 보석 제조를 위한 금을 사는 것이었다. 그런데 그곳에서 사기꾼을 만나 파산을 선언할 정도의 피해를 입었다. 그 이후로 호텔지배인으로서 오타루시에 정착해 무예를 경찰과 의원들에게 개인 교습식으로 가르쳤다. 이를 통해 그는 어느 정도 수입을 올렸다. 이때 소가쿠는 일본 전국을 돌아다니며 강의와 세미나를 하고 있었다. 따라서 소가쿠가 직접 방문을 하지 않는 이상 최가 그와 연락을 유지하는 것은 매우 어려웠다.

⑥ 한국을 방문하다

1938년 2월에 최의 첫째 딸 복선이 중등학교에 입학할 나이가 되었을 때 최는 한국에 있는 고향을 방문해야 했다. 그녀는 학교 등록에 필요한 공식적인 호적 증명서가 없었기에 오타루의 시 공무원들은 최에게 '만약 네가 한국에 가서 공식적인 족보를 가져온다면 우리는 너의 자녀가 지역 학교에 갈 수 있도록 해주겠다.'라고 말했다, 최의 아내는 아이들이 교육을 받도록 최에게 한국으로 가라고 재촉했다. 따라서 아내와 세 명의 딸들의 기록이 있는 호적을 획득해 한국의 고향인 황간 지역 사무실을 방문했다. 최는 황간에 사는 친척들이 아직 있을 거라 믿었다. 최가 도착했을 때 노인들에게 그의 가족을 기억하는지 물었는데 그때 그의 아버지 성함이 최용재였음을 알게 되었다. 그 후에 최의 삼촌으로부터 연락이 왔다. 그 삼촌은 아버지에 대해 많은 것을 알고 있었다. 그는 최를 기념행사가 열린 마을로 초대했다. 최의 삼촌은 상당한 재산가였고 최의 어머니의 무덤 또한 잘 관리되어 있는 상태였다는 것을 최가 직접 보고 확인했다. 그런데 아버지의 무덤은 조금 멀리 떨어진 김천에 있었는데 잘 관리가 되어 있지 않은 상태였다. 이를 본 최는 오타루로 돌아가기 전에 아버지의 무덤을 잘 정리하였다.

⑦ 최용술과 2차 세계대전

1941년 초반에 최는 쇼린 여관을 빌려 2층을 무예도장으로 사용했다. 이때 일본사회의 환경은 야쿠자 등과 같은 폭력배나 범죄자들로부터 자기방어를 위해서 많은 사람들이 호신용 무예를 배우길 원하는 분위기였다. 도장의 관원 수가 점점 더 늘어났고 그들을 더 수용하기 위해 2층을 개조했다. 1942년 겨울에 소가쿠가 최의 집을 방문했다. 이 시기를 최의 첫째 딸 최복선은 다음과 같이 회상했다, "나의 아버지는 매우 자부심이 강한 분이셨다. 하지만 소가쿠 스승이 집을 방문하시면 아버지는 대문으로 달려가 허리를 굽히며 인사를 90도로 했고 스승이 대문을 지나기 전까지 절대로 고개를 들지 않았다. 소가쿠 스승은 우리에게 매우 친절했다. 그는 우리의 머리카락을 쓰다듬으며 늘 칭찬하셨다. 그러나 우리는 그를 때때로 싫어했다. 그가 올 때면 아버지는 손님을 위해 큰방을 내어주고는 했기 때문이다. 우리는 소가쿠 스승이 큰방에서 지낼 동안 비좁은 방에서 지내며 우리의 생활권을 공유해야 했다."

최는 제2차 세계 대전을 회상하며 말했다. "미국과 중국에 대항하는 전쟁이 지속될수록 많은 젊은 남자들이 떠나거나 산 속으로 숨었다. 어느 날 소가쿠가 나에게 말했다. 내가 특별군 사령관을 만났을 때 그는 미국-중국 연합군들이 지금 역습 중이라고 말했다. 그러므로, 승리를 거두기 위해서는 우리는 무예에 대한 지식이 풍부한 특별부대를 양성할 필요가 있었다. 우리의 임무는 그들을 교육시켜 적들의 전략을 방해할 수 있도록 적진에 파견하는 것이었다." 1942년 일본 정부는 모든 시민들이 전쟁에 도움이 되도록 그들의 군사 특기를 보고하는 법을 통과시켰다. 많은 무예 기술들이 일본의 승리를 거두는 데 사용될 수 있도록 문서화되었다. 소가쿠는 최가 병역 연기를 할 수 있는 자격을 얻기 위해 작은 수술을 하길 요구했다. 최는 결국 치질 수술을 했고 첫 징집이 연기되었다. 소가쿠는 최에게 말했다, "전쟁이 끝나면 한국으로 돌아가라. 뒤도 돌아보지 말고 일본을 떠나라." 1943년 1월 중순, 최는 특별부대에 파견되었다. 운 좋게도 최는 전투 위치로 들어가는 다른 병사들에게 무예를 가르치는 조교로 남을 수 있었다. 6개월간의 병역이 끝난 후, 최는 탈영을 시도했다. 이웃들은 당시 40살 이상이었던 최가 탈영병일 것이라는 의심은 하지 않았다. 최는 전쟁이 끝난 1945년까지 도쿄에 숨어서 살았다. 1946년 1월에 최와 그의 가족은 한국으로 돌아갔다.

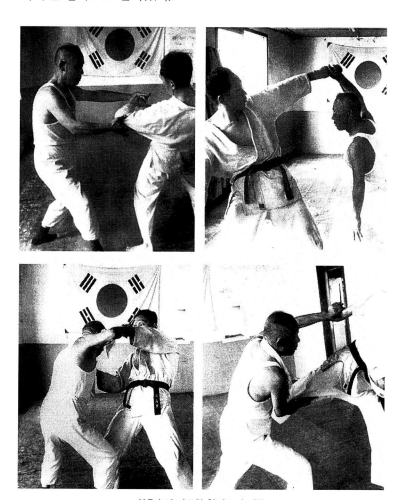

최용술이 지도한 합기도 술기들

2) 최용술은 과연 다케다 소가쿠에게 대동류유술을 배웠는가?

최용술이 대동류유술을 다케다 소가쿠에게 정식적으로 배웠는가 아닌가 하는 논제는 일본에서 대동류유술을 배운 최용술이 한국으로 귀국하면서 국내에 제자를 양성하고 합기도를 형성하였다는 점에서 매우 중요한 관점이 된다. 대동류유술과 고대 한국의 신라시대 관련설에 관해서 최종균, 이성진과 김의영, 황종대와 김동규 등과 같은 무예학자들은 다음과 같이 역사적 사실들을 주장하고 있다. 대동류유술의 발생시기는 700여 년 이전인 일본의 겐지시대와 헤이케(平家)시대로 본다. 최초 대동류유술의 기록은 천왕가의 6대손인 경기공이라는 사람이 미나모토라고 하는 성을 하사받아 자신의 미나모토가문에게만 비밀리에 전하도록 창안된 가전 비술이라 서술하고 있다. 이 가전 비술을 합기의 이치를 체현하는 과정으로 체계화시킨 사람이 헤이안의 지식인인 시라기사브로우요시미츠(신라삼랑원의광)가 전쟁에서 큰 공을 세운 보상으로 다케다(武田)라고 하는 성씨를 하사받았다. 삼랑이라는 성씨는 신라의 성으로 삼랑원의광은 청화원씨이고 이름은 의광이다. 1045년부터 1127년까지 일본에 생존했던 인물로서 일본 역사는 그를 신라 사람으로 기록하고 있다. 일본의 교토 시가현의 오쓰시(大津市)에 있는 원성사에 신라 성신당이란 산신각이 있으며 그 뒤에 있는 숲 속에 삼랑원의광의 묘소형식도 신라시대의 형식이라는 실증적 사실이 신라 관련설을 뒷받침한다.

그러나 이에 대한 반론도 만만치 않다. 의광은 관동지역 개척을 위해 전승기원을 위해 신라대명신에 원복, 즉 무사가 전쟁터를 향하면서 승리를 기원하는 작법을 올리기 위해 단지 신라삼광이라는 호명을 붙였다는 것이다. 일본 최초 유술파인 다케우치파도 그 기원을 미나모토에 두고 있고 일본 최초의 무사작법인 오가사와라도 미나모토에 기원을 두고 있다. 따라서 의광이 신라명신 앞에서의 원복을 신라로부터 건너온 도래인이라고 단정하기 어렵다는 것이 최종균의 주장이다. 이러한 대동류유술과 한국무예와 연계성에 관한 연구들의 사료들을 보는 역사가들의 시각적인 차이와 결정적인 고증 자료들의 부재로 대동류유술의 뿌리가 한국에서 비롯되었다는 주장은 여전히 논쟁 중이다. 실증사적인 접근을 위해서 우선은 삼국시대의 무예의 특성을 밝히는 것이 중요하다. 가령 신라시대에는 화랑도의 검술이 궁술과 함께 무예의 핵심을 이루고 있었는데 찌르는 검법이 아니고 베는 검법이 주류였다고 추정만 할 뿐 합기술과 동작이 일치한다는 실증적 근거가 없다고 실증적 무예사학자들은 주장한다. 또한 대동류유술의 한국재유입론, 즉 한국 고대의 무예가 삼국시대에 일본으로 옮겨지고 이것이 일본 유술의 근간이 되고 다시 재유입되었다는 사실에 대한 구체적인 역사적인 기록이 없다. 역사적 자료에 따르면 대동류유술은 35대 다케다 소가쿠에 의하여 세상에 알려졌고 그의 제자인 최용술에게 전수되어 오늘날 합기도로 전승되고 있다고 설명하고 있다. 그런데 대동류유술의 한국무예관련설을 뒷받침하는 연구를 일본의 무예학자들이 진행한 주목할 만한 사실이 있다. 와세다 대학의 도미키 겐지 교수는 한국의 고대 신라 무예가 일본으로 전이되어 오랜 세월을 일본 무도문화의 영향으로 전투적이고 실전적 성향에 따라 전환법이나 관절기에서 오늘날의 합기도 호신술 형태로 계승되고 진화되어 왔다고 주장했다.

최용술이 다케다 소가쿠의 제자가 아니고 대동류유술을 배운 적이 없다는 주장은 2가지로 요약된다. 첫째, 일본의 대동류나 아이키도에서 최용술의 존재를 전혀 언급하지 않았다는 사실과 둘째, 대동류유술의 기본적인 술기인 검술을 거의 지도하지 않았다는 사실을 내세운다. 일본무예역사가 후쿠오카에 따르면 대동류유술의 영명록과 어예록에는 최용술의 일본명인 요시다 아사오라는 이름이 존재하지 않는다고 한다. 기록상으로는 대동류유술을 수련한 조선인은 경상남도 울산 출신의 정형욱, 경상남도 동래 출신의 양어수, 평안도 양득 출신의 김달민, 전라북도 전주 출신의 염득웅 등으로 1928년 11월 2일부터 25일까지 3회에 걸쳐 아키다야에서 다케다 소가쿠로부터 지도를 받았다는 기록만 남아 있는 것뿐이라는 것이다.

최용술은 대동류가 아닌 직수위주의 기술과 숫자 사용의 수련형태인 일본의 소림사 권법을 배웠을 것이라고 주장하면서 대동류는 장인목이 한국에 전수한 것이라는 주장도 있다. 이에 대한 주장을 뒷받침하려면 최용술이 일본의 소림사권법을 수련한 증거와 최용술의 합기도 술기 체계의 어떤 부분이 소림사 권법과 공통점이 있는가를 명확히 규명해야 한다. 단지 그랬을 것이라는 추측은 오히려 일본소림사권법은 중국 무예에서 비롯된 것이기에 합기도는 중국무예의 아류가 되는 자가당착적인 오류에 빠질 위험성이 있기 때문이다. 게다가 대동류유술을 최용술이 배운 적이 없고 다른 일본 유술을 배웠다는 주장은 최용술에 의해 전래된 합기도가 한국의 근대무예라는 역사적 사실을 부정하게 되어 정체성의 혼란을 초래하는 본질적인 문제의 소지가 될 수 있다

후쿠오카는 최용술이 아닌 오히려 대동류 전서를 소장하였던 장인목에 대한 기록을 상세히 언급하며 그가 대동류유술의 진정성을 찾았다는 점에 주목하면서 장인목이야말로 대동류유술을 한국

에 알린 장본인이라고 주장했다. 기록에 의하면 '장인목은 1915년 8월 25일 경상북도 영천군 신영면에서 태어나 1928년에 일본으로 건너간 이후, 1935년에 대동류에 입문한다. 장인목은 1943년 8월에 대동류의 비전목록 전 과정을 수료받고 1945년에 한국으로 귀국하였다. 그러나 다케다 소가쿠의 직계제자가 아닌 대동류의 마츠다 도시미 도장, 즉 아사히가와의 쇼부칸에서 장인목이 대동류유술을 수련하였다고 전해진다. 장인목이 일본의 홋카이도에서 대동류유술 수업을 마치고, 1946년에 귀국하면서 대구를 중심으로 대동류유술(당시는 야와라라고 일컬음)을 전래시켰다는 실증사적인 주장도 있다. 최용술과 더불어 장인목은 합기도의 근원이 되는 대동류유술을 배우고 지도했다는 역사적 사실에서 합기도가 근대무예로 탄생하는 데 중심적인 공헌을 했다고 볼 수 있다. 하지만 최용술과 달리 장인목은 도장을 열어서 직접 합기도 술기들을 체계적으로 지도하지 않았다. 게다가 제자들을 육성하지 않고 지압이나 접골과 같은 활법관련 치료 또는 지도를 주로 했던 것으로 알려져 있다. 따라서 장인목의 합기도가 근대무예로서 형성되고 발전하는 데 대한 공헌이나 역할은 최용술보다 크지 않았음을 알 수 있다.

최용술이 다케다 소가쿠의 직계 제자라는 주장은 일반적인 사실로 여겨지고 있다. 최용술의 진술대로 하면 그는 다케다 소가쿠에게 20여 년의 긴 세월동안 무예를 지도받았고 우에시바는 단지 4년을 받았다고 했다. 최용술과 대동류유술과 연관성은 기록지, 인터뷰자료 또는 영명록 등의 의도적 무예사료들에 의한 실증적 자료들에 대해선 최용술의 구술을 통한 연구방법으로 반론하고 있다. 또한 한풀 무예가인 신상득 세계일보 기자는 최용술의 일대기를 다룬『랑의 환국』이란 소설책을 집필하였는데 최용술이 스승인 다케타 소가쿠의 수제자로서 긴 세월을 통해 대동류유술 사사받은 데 비해 우시에바 모리헤이는 다케다 스승의 제자가 쉽게 되지 못하고 더구나 짧은 기간 동안 지도를 받은 역사적 사실을 반 논픽션 형식이지만 매우 구체적으로 서술하고 있다.

앞에서 기술한 최용술의 일대기에서 다케다 소가쿠 스승과의 이야기는 거짓이라고 보기에는 너무 구체적이다. 최용술의 소가쿠와의 인연과 관계에 대한 최용술의 회고적인 이야기가 과장이 있을 수도 있다. 하지만 최용술이 언급한 소가쿠와의 여러 가지 일화들과 입산수련 내용 등과 같은 구체적인 행적들은 같이 오랫동안 지내지 않으면 알 수 없는 것이기에 완전히 거짓으로 단정하는 것은 무리가 있다. 또한 후쿠오카가 지적한 다른 조선인들의 대동류유술을 배웠다는 명부 이외에는 그들의 수련 과정이나 내용이 전혀 없고 이들의 국내외에서의 수련 흔적이나 지도 등의 내용이 없는 것을 보면 신뢰하기가 힘들다. 게다가 최용술이 기록상에 없다는 것은 역사적 왜곡으로 비난을 받는 일본이 의도적 누락이나 기재를 하지 않을 수 있다는 가능성을 배제해서는 안 된다.

역사적 실증적 자료를 강조하는 일본역사의 신뢰성 문제에 대해서 면밀히 분석하고 검토해야 한다. 현재에도 일본은 침략사나 위안부 문제와 독도 영유권에 대한 역사 교과서 왜곡을 시도하고 있다. 특히 일제 강점기에는 한국의 고대 역사자료들을 모두 소멸하거나 자의적으로 왜곡한 사실로 볼 때 한국의 합기도 성립과 일본 무예사에서의 연관성에 관한 사실이나 자료들을 고의로 누락하거나 조작할 수 있는 가능성도 무시할 수 없다. 특히 일제 강점기시대에는 한국을 일본의 속국으로 하려는 민족말살정책의 의도하에 일제 총독부는 한국의 역사서 20만권 이상을 불태워버렸다. 한국의 역사 왜곡작업을 하면서 한국무예의 뿌리가 되었던 삼국시대와 고려시대의 모든 실증적 자료들도 같이 소멸되거나 왜곡되어 버렸다. 따라서 한국의 고대무예들의 역사적 자료들도 더불어 사라져 버린 사실을 한국무예역사학자들이 개탄하고 있다는 사실을 우리는 주지할 필요가 있다. 따라서 일본 측에서 소장한 자료들만 가지고 주장하는 역사적 주장들에 대한 지나친 집착이나 절대적인 신뢰를 경계해야 한다.

또한 고려해야 할 것은 대동류유술의 기술적인 연관성이다. 안타까운 것은 아이키도만을 수련하고 합기도를 제대로 수련하거나 지도해 보지 않은 무예인들이나 무예 연구학자들은 이러한 대동류유술과 합기도와의 연관성에 대해서 오해할 수 있다. 특히 합기도를 아이키도와 동일시하는 몇몇의 일본무도 유입론자들은 최용술이 전파해서 형성된 현대의 합기도 술기가 대동류유술과 관련이 없다는 주장을 수긍하고 지지하기도 한다. 그런데 더 문제는 이러한 주장을 무차별적으로 사실로 받아들이고 합기도를 아이키도의 아류라고 여기는 잘못된 인식이 생각보다 널리 퍼져 있는 것에 대한 우려이다. 필자와 같이 합기도를 오랫동안 수련하면서 대동류유술과 비교 연구를 해본 합기도인들이라면 보폭이나 체술의 움직임에서 대동류유술와 합기도의 공통된 술기들을 어렵지 않게 발견할 수 있다. 가령 아이키도 술기는 전환법을 행할 때 원 반경이 크고 보폭이 넓은 회전법을 사용한다. 반면 합기도는 좁은 보폭과 신속한 전환 동작들을 많이 사용한다. 이는 난이도가 높은 기술일수록 보폭은 1~2보 혹은 정지된 상태에서 짧고 간결한 동작으로 사선과 사각에서 주로 구사하는 대동류유술의 전환법과 매우 유사하다.

게다가 최용술은 대동류유술에 관계된 자세하고 구체적인 기술적 언급을 제자들에게 했다. 그런데 아이키도의 창시자 우에시바는 이 부분에 관해서는 언급을 하지 않았던 점을 고려해야 한다. 특히 그러한 기술들을 제자들에게 가르칠 정도의 경지에 이르려면 그 기술의 오랜 기간의 수련이 없으면 불가능하다. 따라서 최용술이 대동류유술을 장시간 수련하고 배웠다는 것에 대해서는 반박의 여지가 없다. 또한 다케다 소가쿠와 최용술의 수련행적이나 관계에 대한 최용술의 비교적 구체적 진술과 그가 지도한 합기도 기술들의 전환의 보폭이나 관절기의 꺾는 동작들이 대동류유술에서 비롯되었다는 사실을 그로부터 직접 운동을 배운 직계 제자들뿐만 아니라 합기도 연구가들이 공통적으로 주장하고 있다.

다시 말하면 그들의 기합소리와
그들의 손가락 하나 발가락 하나
움직이는 것까지 모두 내 손길의 연장인 것이다.

한국의 근대무예 합기도 창시자 최용술

해방 이후 한국 합기도를 체계화하고 전파하는 데 최용술이 크게 기여하였음은 누구도 부인할 수 없다. 합기도에 최용술의 손목을 거치지 않는 술기는 없다는 김이수의 주장에 반박할 사람은 거의 없다. 따라서 한국 근대 합기도의 역사 정립에 있어 최용술의 위치 및 공헌에 대한 인정과 연구는 지속적으로 올바른 방향으로 이루어져야 한다. 그리고 또 하나의 논란의 이슈는 최용술이 검술의 대가인 다케다 소가쿠로부터 대동류유술을 지도받았는데 왜 검술은 지도하지 않았느냐는 것이다. 이를테면 대동류의 근간은 미조구치파나 일도류의 검술에서 비롯되어서 검술의 이치와 상통하는 부분이 많은데 최용술은 이러한 검술과 관련한 지도를 전혀 하지 않았기에 최용술이 다케다에게 대동류유술을 직접 사사받지 않았다는 주장도 제기되었다.

그러나 최용술이 다케다 소가쿠로부터 검술에 대한 지도를 깊게 받지 않았을 수도 있다는 점과 검술 지도에 대해 부정적이었거나 시대적 상황 때문에 검술의 필요성을 못 느꼈을 가능성을 생각해 보아야 한다. 일본의 세계대전 패배 후에 미국의 맥아더 장군은 이러한 일본제국주의의 야욕과 일본군의 잔악함이 일본도를 사용하는 무도수련에서 비롯된 것이라 여겨서 한동안 일본의 검을 사용하는 무도를 금지시켰다. 그런 영향 때문인지 대부분의 아이키도 수련은 여전히 검을 가지고 하지 않는 맨손 연무수련이 주를 이루고 있다. 또한 해방 직후에는 한국 또한 반일감정이 강했던 사회문화적 상황에서 검을 지니거나 사용하는 무예 방식에 강한 반감이 있던 사회적 상황이었던 것도 이해를 하여야 한다. 따라서 최용술이 대동류유술에서 검술지도를 배제할 수밖에 없었던 시대적 상황도 고려해야 할 필요가 있다는 것이다. 러일 전쟁의 참전 군인이었던 우에시바 모리헤이가 창시한 아이키도는 파괴적인 격투술의 속성을 지양하고 평화를 추구한다는 수련이념으로 기술보다는 사상적, 이론적인 측면을 더 강조하고 발전시켰다는 역사적 사실을 우리는 명심해야 한다. 이러한 이유로 아이키도는 침략전쟁의 죄악을 감추고 미화하기 위해 국가적인 차원에서 활용하는 목적으로 우에시바를 신격화하면서 종교적인 색채를 띠는 무도적 성향이 짙어졌다는 것이 필자의 소견이다.

하지만 우수한 근대 무예들 중의 하나인 아이키도를 민족주의적인 감정이나 편견에서 부정적으로 보아서는 안 된다. 단지 일본정부가 무도, 또는 예술 등 일본문화의 세계화를 위해 홍보에 투자하는 예산이 한국문화의 국제화를 위해 한국정부가 투자하는 금액보다 60여 배에 이른다는 통계를 미루어 볼 때 우리 또한 일본문화의 홍보성 미화에 젖어서 일본무도를 한국무예보다 우수한 무예로 보는 편견과 고정관념을 가지게 되지는 않았는지 성찰할 필요가 있다. 그리고 그로부터 합기도 정체성 확립에 부정적 영향을 받고 있지 않은지에 대한 객관적이고 냉철한 판단이 요구된다. 우에시바 모리헤이는 대동류뿐만 아니라 여러 가지 일본 검술과 유술을 혼합해서 아이키도를 만들었다. 반면 합기도는 최용술의 검술을 제외한 대동류유술의 기술들을 근본으로 하여 그의 제자들이 발차기나 권법의 타격기와 다양한 무기술을 접목시켜 한국형 무예로 형성되고 발전되어 왔음을 간과해서는 안된다.

검을 사용하지 않는 합기도의 수련방식은 태권도, 가라데, 유도 등과 같은 대부분의 동양 근대무예가 창이나 검을 사용하지 않

는 맨손 무예들이 주를 이루었던 사실을 주지할 필요가 있다. 이
는 실전적인 무예가 호신 무예로 전환한 것이 무예 근대화의 시작
이었기 때문이다. 따라서 수련형식도 형 위주로 체계화되고 각 무
예 유파들이 등장하여 '도장'과 같은 교육기관이 생겨나기 시작했
다. 이러한 변화는 근대 무예를 발전시키는 원동력이 되었으며 무
예가 지닌 본래의 특성을 변화시키는 주요한 계기가 되었다. 이러
한 점들을 고려해 볼 때 최용술이 검술을 지도하지 않았다는 점
이 합기도의 근대무예사로서의 시발점을 따질 때 전혀 문제가 되
지 않는다.

3) 합기도 용어를 계속 써야 하는가 아니면 개명해야 하는가?

합기도의 개명 논란에 대해서는 앞서 9장에서 개명의 불필요성
을 자세히 피력하였다, 하지만 합기도의 역사 정립에 있어서 매우
중요하고 민감한 사안이라 반복된 내용이어서 여기서 한 번 더 언
급하기로 한다. 합기도가 일본무도로부터 벗어나지 못하고 독자적
인 정체성의 확립에 가장 큰 걸림돌이 되고 있는 것은 '합기도'라는
무예의 명칭이 일본의 아이키도와 한자어 合氣道가 동일하게 쓰이
고 있는 것이다. 한글로 합기도와 아이키도라고 엄연히 다른 글자
와 발음을 가지고 있고, 영어로도 Hapkido와 Aikido로 다르게 표
현한다. 하지만 글자마다 뜻을 가진 표의문자인 한자어로 같은 이
름을 사용하는 것은 한자어 문화권에 있는 일본 사람과 한국 사람
에게 동일하다는 인식을 강하게 준다는 것이 문제이다.

이러한 연유로 합기도 한자어 무명을 일본에서 그 이름을 빌려와
서 사용하고 있다는 역사적 사실은 합기도가 아이키도의 잔류임

을 밝혀주는 결정적인 근거라고 하면서 아이키도를 수련하는 일본인들뿐만 아니라 한국 사람들과 심지어 무예인들과 무예학자들까지도 합기도는 아이키도와 동일한 이름이기에 한국무예로서의 정체성을 위해서는 합기도라는 무명을 한국의 전통적인 정서에 맞게 개명해야 한다고 주장해 오고 있다. 반면 이미 국내외적으로 엄연히 독자적인 한국 무예로서 발전해 오고 있는 합기도는 일본의 아이키도와는 다른 발음을 가지고 있고, 국제어인 영어도 다른 철자인 AIKIDO와 HAPKIDO를 가지고 있고 특히 전 세계의 합기도인들과 일본의 아이키도인들도 합기도는 아이키도와 엄연히 다른 무예임을 천명하고 있으니, 따라서 합기도란 무명을 사용하는 것은 문제가 없다고 주장하는 것이 개명반대론자들의 입장이다. 이러한 양자의 대립은 합기도 명칭에 대한 과다한 집착과 강박관념 속에서 민감한 논쟁의 연장성 속에 있다.

　여기서는 개명론자들의 주장에 대해서 비판적으로 분석하며 왜 합기도가 개명할 필요가 없는가에 대해서 진행하고자 한다. 왜냐하면 그동안 합기도 이름에 대한 논란은 계속 개명하는 것만이 일본무도로부터의 독립이며 마치 무예의 자주성을 가지는 것과 같다는 주장들이 난무하고 있기 때문이다. 게다가 일부 아이키도인들은 합기도란 무명을 도둑질해 갔다고 주장하면서 마치 합기도가 아이키도의 아류인 것처럼 폄하하는 어처구니 없는 글들이 인터넷에 돌아다니고 있음을 목격한 필자는 그러한 주장들에 대해서 합리적으로 비판하고 대응하는 것이 더 중요하다고 생각한다.

　합기라는 어원이 일본에서 사용된 사실이 무엇이 그렇게 주요한가? 한국인 '화자'와 '건강'이가 한자로 동일한 이름을 간진 일본인

하나코와 겐코우와는 완전히 다른 성인으로 성장했듯이 합기도와 아이키도는 한국과 일본에서 고유의 신체문화와 사회적 환경에 따라 완전히 다르게 진화되고 발전되어 온 무예임을 왜 인정하지 못하는가? 원래 근대 이전에는 동양에서 무예란 국적을 따지지 않는 보편적인 문화적 도구로써의 인식이 강했다. 가령 『무예도보통지』에도 중국의 무술과 일본의 검법들이 모두 망라되어 있다. 그것은 마치 훌륭한 수송기술이 있으면 어느 나라에서 누가 개발한 것인지 따질 필요 없이 경제적이고 효율적인 수송기술을 사용하는 것이 바람직한 것과 같다. 이와 마찬가지로 어느 나라에서 비롯된 무예이건 한국인이 해서 더 발전시키고 변용시킨다면 그 또한 한국의 무예가 될 수 있다는 무예의 역사관을 가져야 한다. 이러한 최근의 결정적인 사례가 브라질 주짓수이다. 미국의 레슬링과 일본의 유술을 혼합해서 탄생한 현대의 새로운 무술인 브라질 주짓수를 가지고 왜 주짓수라는 일본 이름을 그대로 쓰느냐며 국가적 정체성의 논란이 없이 명실상부한 브라질의 무예로 거듭났듯이 외국에서 가져온 것이라도 그 무예가 한국인이 행하여 더 발전시키고 변용시킨다면 그 무예의 이름 또한 한국적이 될 수도 있지 않겠는가?라는 주장은 설득력이 있다.

합기도라는 이름이 비록 태권도가 한국전통어인 택견에서 비롯된 것과는 달리 일본에서 만든 용어이기에 언어문화의 전통적 맥락에서는 취약점이 있을 수 있다. 그러나 이름이 일본 무도의 색채를 띤다는 끊임없는 논란 속에서도 합기도란 이름이 계속 유지되고 사용된 것은 합기도가 한국인의 정서에 맞는 대중적인 신체문화였기 때문에 지금까지 발전되고 진화해 온 것임을 우리는 간과해서는 안 된다. 한 무술의 정체성이란 그 무술의 기원, 창시자, 이름, 기술체계, 수련체계 등의 관련된 가치들을 정립하여 고유성과 독자성을 인정받는 것이다. 따라서 '독자적인 합기도 무예의 역사'라는 큰 틀에서 보면 합기도라는 이름은 단지 합기도 무예의 형성이나 역사의 한 부분에 불과하다.

합기란 용어의 사용이 일본에서 비롯되었다는 역사적 사료를 가지고, 그리고 아이키도의 한자어가 합기도와 동일하다는 주장만을 가지고 합기도는 일본무도라고 주장하는 것은 잘못된 것이다. 합기도란 이름이 만들어질 때 연루된 개인들이 합기도라는 무술 총체의 역사를 바꿀 수는 없는 것이다. 합기도라는 이름만을 바꾼다고 해서 새로운 한국적인 무명이 합기도의 속성들, 즉 기술체계, 수련방식, 수련이념 등이 한국적으로 바뀌겠는가?에 대한 질문에 대한 대답은 필자가 아니더라고 거의 모두가 NO일 것이다. 그럼에도 '합기도를 한국무예로 발전시키려면 이름부터 바꿔라'는 주장들이 지금까지도 계속되고 있는 현실이 안타깝다. 또한 합기의 어원을 『삼일신고』라는 한국의 고서에서 찾아서 합기도의 수련사상에 접목하려는 탐구적인 노력이 왜 무리한 시도인가? 오히려 대동류 유술에서 진화되고 발전하면서 한국화된 합기도의 수련이념 정립을 위해 합기 용어에 한국적인 어원의 의미를 찾아내서 담으려는 훌륭한 시도로 볼 수는 없는 것인가?

무예를 국가 간의 경쟁력을 위한 요소로 파악한다면 진정한 실력을 키우는 것은 단순히 무예의 이름을 바꾸는 것이 아니라 그 무예가 지닌 역사적 전통과 국수적인 민족주의에 집착하기보다는 기술의 실효성이나 사상적 의미, 수련자에 대한 가치증대를 고민하며 정립하고 창출해야 한다. 또한 기술과 사상, 그리고 학문적인 역량을 강화하는 것도 중요하다. 태권도가 한국의 대표적인 무예로 성장해 오고 있는 원동력이 태권도(태권도가 그렇게 한국적인 이름은 아니다)라는 이름에서 나온 것이 아니라 올림픽종목으로서의 경기력 향상, 뛰어난 외교력, 훌륭한 지도자 양성 그리고 높아진 태권도의 학문적 위상 등에 있음을 명심해야 한다.

(3) 합기도의 연대기별 근대사 구분 및 분석 비판

광복 이후 지난 70년 동안 합기도 근대사도 한 인간의 흥망성쇠의 과정처럼 많은 우여곡절을 겪어 왔다. 태권도는 한국의 대표무예로 정착될 때까지 '코리아 가라데'의 오명을 벗는 데 각고의 노력과 시간이 걸렸다. 합기도 또한 단체난립과 기술체계의 미정립 및 무명 논란 등의 부정적인 문제점들이 생겨났다. 하지만 시작부터한 번도 '코리아 아이키도'라는 무명을 국내외적으로 사용하지 않았다. 또한 왜색무예로서 컴플렉스에 시달리지 않았다. 합기도의 훌륭한 한국적인 호신 술기들이 발달하고 진화해 오면서 명실상부한 한국의 신체문화가 녹아있는 근대무예로서 국내외적으로 발전해왔던 흐름을 우리는 간과해서는 안 된다.

합기도 무명 개명의 불필요성에 대한 당위성을 설득력 있고, 실증적으로 주장을 하기 위해서 해방 이후에 합기도가 어떻게 형성되고 발전해 왔는가에 대한 역사적인 설명이 필요하다. 합기도 수련경험의 유무를 떠나 합기도의 올바른 역사에 대해서 알고자 하는 독자들을 위하여 연대기별로 일어났던 합기도의 역사적 사실들을 알리고 분석적인 비판과 함께 병행해야 할 사명감을 절감하였다. 이러한 취지에서 합기도 근대사를 연대기별로 나누어서 설명하고자 한다. 1945년 이후 현대 한국합기도의 역사 구분은 60년대 말까지를 합기도의 형성기, 70년대부터 90년대 초까지를 합기도의 발전기, 1990년대부터 2009년까지는 합기도의 확장기, 그리고 2010년 이후부터는 합기도의 정체기로 필자는 구분하고자 한다. 이러한 합기도의 근대 역사의 연대기적 구분이 향후 후학들이 합기도 역사의 재정립을 위해 근대역사의 기틀을 만들어가는 작업에 미미하나마 도움이 되기를 바란다.

1) 합기도의 형성기(1945년~1969년)

① 일본식 근대무예의 한국 유입과정

한국에 근대식 무예의 도입은 근대화 초기인 개화기에 시작되었다. 일본은 구한 말기에 조선에 현대식 군대와 경찰 시스템을 보급한다는 명목으로 일본식 격검(검도)과 유술을 도입하였다. 이러한 과정에서 무도관이 설립되고 군사훈련용 무도교육이 실시되면서 경기화도 이루어지고 무도단체가 결성되었다. 공수도, 유도, 검도와 같은 근대식 일본무도의 도입은 자발적인 국가 간의 상호교류가 아니라 일방적으로 이루어졌다. 특히 일본 정부에 의한 반강제적인 유입은 일본 무도 문화가 우수하다는 명분으로 한국 침략을 위한 수단으로 악용되었던 시대적 상황에서 이루어졌다.

그런데 이러한 근대식 일본무도들이 일본에 유학을 갔던 한국

학생들에 의해서도 한국에 유입되기 시작한 것에 주목할 필요가 있다. 왜냐하면 일본무도의 한국 유입이 일본제국주의 식민통치를 위한 강제식 유입과 더불어 일본유학생들에 의해서 자발적으로 유입되었기 때문이다. 한일합방 후에 귀국한 일본 유학생들은 한국 사회의 신지식인으로 개화운동에 적극적으로 참여하면서 유학 시절에 그들이 수련한 일본식 유술 및 검술, 공수도, 당수도 등을 지도하기 시작했다. 일본 유학생들의 긍정적인 역할은 부분적으로나마 국력 신장과 국권수호를 위해서 교육기관에 유술 및 검술과를 설치하여 교육을 실시하는 노력을 했다는 점이다. 하지만 친일의식으로 무장한 일부 일본 유학생들에 의해서 일제교육의 일환으로 사용되는 면도 적지 않았다. 이를 계기로 사회적으로 일본무도에 관심이 확대되면서 일반인들도 일본식 근대무도를 대중적으로 수련하기 시작했다. 광복초기에는 일제시대의 일본 무도종목들이 여전히 학교 및 군대에서 경찰교육을 위한 무예로 장려되었다. 특히 대한체육회의 조직이 결성되기 시작하면서 일본무도 단체는 대한체육회의 산하단체로 가맹하였고 무예의 대중화가 본격적으로 이루어지게 되었다.

합기도의 역사적 정체성이 일본무도의 영향에서 벗어나기 어려운 이유는 해방 직후에 일본무도문화가 합기도 발전에 크게 영향을 미쳤기 때문이다. 일본 문화가 강제적으로 주입되었던 초기에는 한국 무예가 어떤 것이든 일본적인 색깔을 금방 벗을 수 없는 상황적인 불가피성이 있었다. 이는 향후 합기도가 일본 아이키도의 영향을 받았다고 하는 잘못된 인식을 만연하게 만드는 결정적인 요인이 되었다. 특히 체육계 지도자들이나 무예를 연구하는 학자들조차 합기도의 원형은 일본 아이키도라고 하는 잘못된 주장들이 난무하게 되었다. 탈일본화와 한국 무예의 정립을 위한 본격적인 노력의 움직임이 일어나기도 전에 6·25의 한국내전으로 인해서 혼란된 한국사회에서 자체적인 무예 문화 정립의 기회를 상실하는 아픔을 겪었다. 전란 후에는 무예단체의 융합과 분화가 반복되는 과정을 겪었다. 가령 일본무도의 정체성이 확실한 유도나 검도와는 달리 태권도는 기존의 당수도와 일본의 공수도가 결합된 태수도에서 태권도로 통합되는 과정을 겪었고 합기도는 대한 기도회를 시작으로 다양한 합기도단체가 생겨나기 시작했다.

　무예 문화 교류의 핵심은 무예경기가 스포츠화를 지향하면서 가속화됐다. 국내는 무예가 대한체육회가 주관하는 전국체육대회의 종목으로 채택되면서 한국사회에 뿌리내리기 시작했다. 개화기에 일본의 근대식 무도가 위로부터 아래로 도입된 방식부터가 잘못이었다. 무예인들 간의 상호교류의 성격을 지닌 민간교류에 따른 전통무예의 조화 및 동화로 이루어진 것이 아니었던 것이다. 일본 제국주의적 통치의 야심에 따른 반강제적 군사교육목적으로 또는 친일의식을 지닌 유학생들에 의한 일본 근대무도의 유입으로 특히 한일합방 후에 일제 식민지 시기를 거치면서 바람직한 한국식 근대무예의 형성과 토착화는 더욱 불가능해졌다. 가라데, 유도, 검도와 같은 일본 근대 무도가 무차별적으로 수용되어 식민지 교육의 일환으로 사용되는 과정 중 갑작스럽게 타의로 광복을 맞자 합기도 또한 일본에서 대동합기유술을 수련한 최용술과 장인목 등에 의해서 도장에서 시작되었기에 국가적인 정책이나 방향의 도움 없이 한국식 무예로서 합기도의 발전은 한계점을 가질 수밖에 없었다.

② 최용술의 제자들에 의해 관(도장)에서 협회 중심으로 합기도 세력을
확장해 가다

초창기 합기도장의 최용술과 제자들

합기도가 근대무예로서 형성된 시점은 최용술에 의해 시작되었
음을 전제로 해야 한다. 일본에서 대동류유술을 수련한 최용술은
광복 후 1946년에 귀국하여 대구에서 서복섭과 1951년도에 처음으
로 대한합기유권술 도장을 개관했다. 영남대 법학도였던 서복섭이
최용술의 첫 제자로 입문했다가 1959년에 최용술로부터 독립하여
서울 낙원동에 도장을 운영하면서 체육과 대학교수로도 후진 양성
을 하는 역할을 했다. 그 후에 최용술의 제자 지한재는 1955년 경
북 안동에 합기도장을 열었고 이 시기에 합기도란 명칭을 최초로
사용하기 시작했다. 그로부터 2년 후인 1957년에 지한재는 서울에
성무관을 창관했다. 이 시기에 최용술은 합기도란 용어를 쓰지 않

고 야와라, 유술, 합기술 등의 명칭을 혼용하여 사용했다. 기술 또한 적은 움직임의 동작에 의한 회전법과 직선법을 사용하는 관절기 위주의 실전적 술기를 주로 수련하였다. 지한재는 일본유술 지향적인 합기도를 한국식 합기도로 탈바꿈시키는 데 지대한 공헌을 했는데 그 중 하나가 유술적 특성이 강한 합기도에 족술(발차기)을 접목한 것이다. 따라서 1960년대부터 발차기, 낙법, 각종 세분화된 종류의 술기들이 수련되는 모습을 갖추면서 기존의 일본식 무도와는 차별화되어 가는 모습을 띠기 시작하면서, 낙법, 발차기, 술기 등 합기도의 기본적인 수련체계가 형성되었다.

합기도라는 공식명칭을 사용하기 시작한 시점은 1955년 지한재가 안동에서 도장을 열면서였고, 본격적으로 사용된 것은 1957년 서울에 창관한 성무관 이후부터이다. 최용술의 첫 제자인 서복섭이 대동류합기권유술에서 '유권술'이라고 명칭을 제정했다가 다시 '합기유권술'로 바꾸어 사용하는 것에 착안해서 지한재는 합기도로 명명하였다고 회고록에서 언급하고 있다. 이는 대동류유술을 배운 우에시바 모리헤이가 대동류합기유술에서 아이키도라는 무명을 만든 것과 같은 맥락으로 합기도가 아이키도의 이름을 차용하였다는 사실은 전혀 사실이 아님을 알 수 있다. 1961년 대한민국합기도협회가 처음으로 창단되었다.

그 산하로 1961년 8월 10일 김무홍이 신무관을 개관했다. 도장 수가 늘어나면서 난립하는 합기도 계열들을 통합하고자 최용술을 중심으로 서복섭, 김정윤, 지한재 등이 1963년에 최초로 문교부에 인가를 받은 사단법인 대한기도회가 창립되었다.

합기도를 한국의 국기로 할 것을 요청한 제안서

　　그러나 통합 노력이 서로의 이해관계로 무산되자 1968년 4월에 지한재를 총관장으로 하는 대한합기도협회가 결성되었다. 1968년 5월에 서울 장충체육관에서는 국가적 차원에서 합기도 통합의 필요성을 모색하는 움직임도 있었다. 이 시기에 합기도 용어에 대해 매우 부정적이었던 최용술도 합기도 무명을 공식적으로 인정하였다. 하지만 결국 합기도의 통합시도는 성과를 이루지 못했다. 오히려 또 하나의 합기도 협회인 국제연맹합기회(재남무술원)가 인천지역을 중심으로 명재남에 의해서 창설되어 더 분열의 양상을 띠기 시작했다.

③ 형성기의 문제점들과 아쉬운 점들

한 무예의 초기 지도방식과 수련체계는 그 무예의 전승과 발달에 결정적인 영향을 미친다. 가령 유도나 가라데와 같은 일본무도에서 초기 도장의 대부분 수련방식은 한 명의 사범이 다수의 수련생들을 대상으로 한 직접교수법에 따라 사범의 시범을 모방하고 반복하는 상대방과의 공방형식으로 수련하는 것이었다. 아이키도도 예외없이 이러한 도장문화의 수련을 했다. 반면에 합기도 초기 수련은 최용술이 영세하고 좁은 도장에서 소수의 제자들을 상대로 개인지도식으로 기술을 전수하는 방식이었다. 다시 말하면 학생들의 특성이나 상황에 따라 지도하였기에 통일된 시스템에 따른 도장문화 수련방식이 아니었다는 점에 주목할 필요가 있다. 최용술의 합기도 기술지도가 전체적으로 체계가 없었다는 사실은 그의 제자였던 유병돈의 진술에서 잘 나타난다. "최용술 선생님은 체계를 갖추고 지도를 하실 수 있는 분은 아니었고, 기분이 내키는 대로 그때 그때 기술을 가르치신 것으로 보아 도장문화의 수련을 하시지는 않으셨던 것 같아요." 이는 곧 제자들마다 공통적이 아닌 다른 낱술기들을 지도하였고 타 무도처럼 수준에 따라서 수련해야 하는 통일된 형(品세)이 없었다. 이는 향후 합기도가 통일된 술기체계를 갖추지 못하는 주요한 원인이 되었다.

이러한 최용술의 제자들 특성에 따른 지도방식은 제자들의 합기도 기량 향상에 큰 역할을 하였지만 독립한 제자들이 도장을 차려 지도할 때에는 도장마다 술기 수련의 형태가 다를 수밖에 없는 문제가 생겨났다. 통일된 술기체계에 따른 심사제도가 없었기에 사범의 임의 판단에 의해서 급이나 단을 주는 개별적인 형태였다. 이러한 시스템은 도장의 수가 늘어나고 수련인구가 늘어남에 따라 더욱 문제가 되었다. 이에 대한 해결책의 방안으로 심사의 통합성과 규칙을 제정하기 위한 협회가 창립되었다. 하지만 통합된 하나의 협회가 아닌 수련방식과 기술체계가 상이한 도장들로 이루어진 협회들이 난립하면서 합기도는 성립 시기부터 수련체계와 기술들이 하나로 정리되지 못했다.

경기화된 무예는 규정된 경기 규칙에 맞추어 훈련하기에, 경기시합에서 쓰일 수 있는 기술들 중심으로 수련체계가 이루어진다는 이유로 기술 통합이나 정리가 자연스럽게 되어가는 특성이 있다. 오늘날 스포츠 무예가 된 태권도, 유도, 검도 등이 경기화를 통해 기술적인 통합이나 체계가 이루어진 것은 부인할 수 없는 사실이다. 하지만 합기도는 경기화되지 않고 전통적인 수련방식에 의존하였다. 일정한 기준이나 규칙에 따른 통합된 기술체계의 부재는 임의적인 호신술기들이 검증 없이 우후죽순처럼 만들어지고 수련되면서 합기도 술기가 무려 3,000여 수를 넘는 양적인 팽창을 초래하였다. 이는 곧 실용적이고 효율적인 술기들에 의한 수련 효과를 떨어뜨리는 질적 하락의 문제가 발생하는 이유가 되기도 하였다. 시합이나 경기화하지 않고 전통적인 수련방식을 고수한다는 명분하에 통합성과 체계성이 부족한 합기도 술기의 고질적인 문제가 합기도의 형성기부터 있었다.

최용술이 합기도를 보급하던 시기에 태권도의 최홍희 장군처럼 사회적으로 영향력을 끼칠 수 있는 위치, 즉 군인장교나 민족지도자 또는 교육자의 직위에 있었으면 하는 아쉬움도 든다. 최홍희는 회고록에서 태권도란 무명으로 통일하는 과정에서 "여러분들이 좋아하는 공수, 당수는 일본말로 가라데인데, 이 좌석에서 가라데를 고집해야 할 사람은 바로 나요. 나는 일제시대 가라데를 배웠으며…. 우리가 해방되었고 또 우리 민족무예를 만들자는 뜻에서 가라데를 버리자는 것인데 해방 후에 배운 당신들이 무엇 때문에 가라데를 고집하는 거요?" 라고 언성을 높이며 강력히 주장한 것에 대해 모두들 아무 반박도 못하고 그러면 태권도로 합시다로 전원 동의했다고 했다. 태권도가 무명으로 된 결정적인 이유는 그 당시에 도장(관) 관장들 사이에 최홍희가 육군 소장이라는 권위가 있었기에 순순히 응했다고 회고록에서 술회하고 있다. 비록 최용술이 뛰어난 합기도 술기와 카리스마적인 지도스타일로 근대 합기도를 형성한 우수한 제자들을 많이 양성하였지만 세력이 커갈수록 그들을 한 곳으로 모으고 지도할 수 있는 경제적 또는 사회적 위치가 미미했다는 사실이 안타깝다. 유도를 일본의 국기화한 가노 지고로는 동경대학의 교수였으며 최홍희가 사회적으로 영향을 줄 수 있는 군대의 장군급 지도자의 위치에 있었기에 태권도가 한국의 국기로 탄생하는 데 큰 역할을 했다는 것을 우리는 역사를 통해 절감하기 때문이다.

이러한 강력한 통치력을 지닌 리더쉽을 발휘하지 못한 이유는 최용술이 해방 직전까지 독립운동을 했던 민족투사나 사회적으로나 정치적으로 지도자의 위치가 아니었다는 데 있다. 게다가 일본에 거주하면서 일본무도를 배웠다는 한계성을 가지고 있었는데 그것은 제자들에게 합기도 술기를 가르치는 데만 열중하였고 지도하는 무예에 대한 철학이나 사상과 같은 이론적인 지도를 하지 않았다는 점이다. 특히 한국무예로서 기틀을 다질 수 있는 이론적인 뒷받침이 있는 무예 지도를 하지 않았다. 이는 세계대전 후에 미국에 의해 일본무도 수련 금지가 된 상황에서 지도수련을 하기 위해서 일본무도철학을 내세우며 종교적 색채를 띠는 일본의 아이키도와는 다른 출발점이었다.

해방 직후에 반일감정이 충만해 있던 사회적 분위기 속에서 영세한 도장에서 지도한 최용술의 합기도 수련의 시작은 주변적일 수밖에 없었다. 게다가 최용술의 까탈스러운 개인지도식 낱기술 지도방식은 뛰어난 기술을 전수할 수 있는 장점이 있었던 반면, 무예철학이나 철학 등의 이론적 무장이 되어 있지 않았기에 제자들이 최용술에 대한 존경심과 경외심은 한계가 있을 수밖에 없었다. 그로 인해 제자들이 나중에 독립해서 교육적 목적이 아닌 경제적 목적으로 도장을 차리고 운영하면서 경제적인 마찰로 인해서 갈등과 반목이 생겼을 때 최용술이 스승으로서 중재할 수 있는 구심적인 역할을 할 수 없었다. 이러한 상황에서 합기도는 형성기부터 분열의 양상을 띠기 시작했고 세력을 넓혀가면서 협회들의 분열과 갈등은 심화되어 갔다. 최용술이 그 당시에 사회적으로 영향력이 있는 민족의 지도자 계열이나 위치에 있었으면 합기도는 바람직한 방향으로 형성기를 마련했을 가능성이 더 컸을 것이라는 역사적 아쉬움이 남는다.

2) 합기도의 발전기(1970년대에서 1980년대 후반)

① 바람직한 발전과 흐름: 합기도 협회단체들의 난립과 신생무예들의 출현
1970년대와 1980년대는 이소룡, 성룡, 이연걸 등의 무예영화인들

로 인해 일어난 액션영화의 엄청난 인기에 힘입어 동양무예에 대한 관심이 전 세계적으로 고조되었다. 이러한 동양무예의 세계적인 인기에는 태권도와 합기도의 한국무예기술이 큰 공헌을 하였다. 이소룡의 화려한 발차기는 미국에서 이준구 사범에게 태권도식 발차기를 배운 것이 발판이 되었다. 이소룡의 상대역으로 나온 지한재와 성룡의 상대역으로 나온 황인식은 합기도 사범이었다. 특히 성룡은 합기도의 발차기와 호신술기의 매력에 빠져 초단을 받을 정도로 합기도를 좋아했다고 그의 회고록에서 밝히고 있다. 서양에서 동양무예를 배우려는 열광적인 분위기 속에서 동양무예의 세계화가 본격적으로 시작되었다. 한국 또한 중국액션 영화의 인기와 더불어 중국무예가 국내에 본격적으로 유입되고 번성하였다. 특히 1980년대에는 정부의 문화정책에 의해 스포츠 문화의 확산과 전통문화에 대한 국민들의 관심이 한층 고조되면서 무예의 본격적인 대중화 서막이 열렸다.

합기도 또한 이러한 무예의 대중화와 인기를 끄는 시대적 상황에 힘입어 지속적으로 양적 팽창을 도모하면서 도장(館)주도에서 협회와 사단법인 중심의 형태로 전환되어갔다. 통합 대한민국합기도협회가 1973년 10월 3일에 문교부등록 51호로 등록되면서 지한재가 1980년에 부회장에서 회장으로 부임했다. 1975년에는 미국 샌프란시스코의 세계국술협회를 조직 산하에 두었을 뿐만 아니라, 1983년 법인감독기관을 문교부에서 체육부로 이관했다. 1987년 11월 28일에는 대한기도회 산하에 무림회를 창설한다. 이후 정식으로 정부에 등록하게 되었으나, 당시 지도자들의 이해관계에 의해 유명무실하게 되었다.

대한민국합기도협회 사범연수교육, 1975

1970년대와 80년대에 합기도 통합을 위한 시도가 이루어졌으나 안타깝게도 경제적이고 정치적인 이유로 둘 다 무산되었다. 첫 번째로 70년대에는 대우그룹의 총수였던 김우중 회장이 그 당시 리비아를 비롯한 중동의 건설수주를 따는 데 현지의 한국인 합기도 사범들에게 결정적인 도움을 받은 혜택에 보답하고자 본사 건물 안에 대형 합기도 도장을 설치하고 협회장까지 맡는 적극적인 후원자가 되면서 합기도의 통합을 위한 전초를 마련하였다. 하지만 금전적 이익만 취하려고 하고 도장의 경영관리의 무능력을 보이는 합기도 지도자들 때문에 경제적 후원이 중지되고 급기야 회사 건물 내의 도장도 폐쇄되었다.

80년대의 두 번째 통합 시도는 5공화국시기인 1985년에 전두환 대통령의 동생 전경환이 새마을중앙합기도협회를 창립하면서 합기도단체들의 통합을 시도했지만 이 역시 오래가지 못했다. 결국

새마을 합기도 로고

전경환의 정치 세력이 약화되면서 합기도는 다시 더 많은 단체로 분열되었다. 그 결과 기존의 대한기도회와 국제연맹 합기회, 그리고 사단법인 대한합기도협회 이외에 다른 합기도단체들이 생겨났다. 대한기도회 소속이었던 서인혁이 부산 지방을 중심으로 국술원을 발족하고 국술이라는 무예명칭을 사용하기 시작하면서 명칭에서의 분란도 더 가세되었다. 하지만 국술원은 기존의 관절기 이외에 형(形)의 개발 등 새로운 기술들을 개발하여 합기도의 술기들을 체계화하는 역할도 하였다. 다양화된 합기도 기술들로 재무장한 서인혁은 1974년에 도미하여 1975년에는 미국 샌프란시스코에 세계국술협회를 조직 산하에 두었을 뿐만 아니라, 미국지역에 국술을 통해 합기도의 우수성을 알리면서 합기도의 세계화에 큰 공헌을 했다.

게다가 합기도를 수련했던 사범들이 화랑도, 특공무술, 경호무술 등의 신생무예들을 만들고 합기도에서 벗어난 독자적인 계열임을 주장하고 나서기 시작했다. 무예 명칭과 관련된 문제와 합기도와 관계설정에서 많은 문제들이 발생하면서 합기도 단체들의 난립과 더불어 합기도의 체계성은 정립도 되기 전에 더 혼란만 가중되는 부정적인 현상들이 나타났다. 이러한 신생무예들의 창시자 대부분들이 합기도인 출신들이었기에 기술적인 측면에서 합기도와의 완전한 차별성과 독자성을 가진 독립적인 무예로 인정을 받지 못했다. 또한 신생무예의 의도가 창시자의 명예욕과 경제적 부를 목적으로 하는 문제점 등의 한계성을 벗어나지 못했다. 그럼에도 불구하고 이 시기에 합기도는 스포츠무예로서가 아니라 다양한 호신술로 인한 대중적 인기에 힘입어 괄목할 만한 양적인 성장을 보여주었다. 특히 도장(館)이 아닌 각 협회, 즉, 대한기도회, 대한합기도협회. 국제연맹 등이 자기들만의 합기도의 술기체계의 틀을 만들어져 가는 현상이 나타났다. 하지만 그 후에 수적으로 늘어나는 합기도의 신생단체들로 인해서 합기도 술기들이 너무 다양화됨으로써 기술적 체계성과 통합성을 지닌 정립은 점점 어렵게 되었다. 반면 일선 도장의 수는 급격히 증가하였고 더욱이 대통령 경호뿐만아니라 합기도가 경찰학교, 군대, 그리고 공공기관에서도 정식적으로 채택되면서 명실상부한 대표적인 한국무예의 위치를 점유하였다. 이러한 국내에서 인기는 해외로까지 뻗어가면서 미국과 유럽지역에서 우수한 사범들에 의해서 이전의 일본의 가라데나 아이키도와 차별화된 화려한 발차기와 다양한 실용적 호신술로 인해서 합기도는 국내의 양적 팽창과 더불어 세계화가 가속화되었다.

1989년 합기도협회에서의 수련모습

② 발전기의 특징들과 문제점들

전기에는 합기도가 국내외적으로 세력을 펼쳐나가는 도약을 하는 시기였다. 반면에 이러한 양적 팽창으로 인해서 합기도와 유사한 신생무예들이 생겨나고 합기도협회들도 난립하는 부작용을 낳았다. 협회 가맹비와 승단비로 얻는 경제적 이익과 소수 지도자들의 무예계에서의 헤게모니를 장악하려는 명예욕으로 인해서 갈등과 반목이 생겨났다. 기존의 주요 3개의 합기도 단체에서 검증이 되지 않은 사이비성 단체들이 우후죽순처럼 생겨나면서 전례 없는 분열의 양상을 보이면서 많은 문제점들을 양산하기 시작했다. 그러나 주목해야 할 점은 발전기 시기에는 아이키도와 무명에 관한 시시비비가 없었다는 것이다. 합기도의 대중적 인기에 따른 도장수와 수련인구의 증가는 뛰어난 한국적 호신술 위주의 수련방식을 가진 합기도에 대한 매력과 애정 때문이었다. 또한 일본무도로서의 아이키도의 국내의 인지도는 극히 미미했다. 최근 몇 년 전부터 대한아이키도회가 이슈화시킨 합기도의 무명과 왜색 논란은 합기도의 확장기 후반기인 2008년대에 시작되었다. 아이러니한 것은 합기도가 정식으로 대한체육회에 가맹되었던 시점인 2008년경(그 후 2011년에 1종목 1단체의 대한체육회 규정조건 위반으로 승인취소됨)을 계기로 갑자기 대한아이키도회가 합기도 무명에 대해서 대중적으로 이의를 제기하기 시작했다는 것이다. 만약 합기도의 형성기나 발전기에 일본무도와의 무명이나 기술적인 문제에 있어서 정체성 논란이 시작되었다면 합기도 개명에 대한 논란에 대한 당위성이 있을 수 있다. 하지만 합기도 무명에 대한 개명 논쟁이 일어나기 전에 왜색무도의 논란이 없는 상태에서 합기도는 꾸준하게 성장해왔다는 역사적 사실을 간과해서는 안 된다.

국내에서 합기도는 양적으로 타 무예종목들보다 빠른 발전을 이루어왔다. 그러나 양적인 팽창은 질적인 하락을 초래하기 마련이다. 난립한 신생 합기도 관련단체들 간에 갈등과 불협화음이 일어나기 시작했다. 특히 합기도를 짧게 수련한 자격이 없는 일부 무예인들도 개인의 타이틀(직위)에 대한 욕망과 단증 장사나 시합유치로 쉽게 돈을 벌 수 있다는 경제적 이익을 위해 구멍가게식의 합기도 단체들을 세우기 시작했다. 그런데 질적 하락과 부패를 감시하거나 방지할 공권력을 가지고 합기도계의 구심적 역할을 할 단체가 부재했기에 이러한 부패는 더 가속화되어갔다. 이러한 분열과 반목을 봉합하기 위한 합기도 통합의 시도가 두 번이나 있었지만 모두 불발되었던 점은 여전히 근대합기도 역사에서 아쉬움으로 남는다. 첫 번째 시도로 대우그룹 김우중 회장의 합기도에 대한 적극적인 후원에 힘입어 대우 본사 건물에 대형 도장이 설치되었고 합기도 통합을 위한 적극적인 후원들이 이어졌다. 김회장의 합기도에 대한 적극적인 후원은 합기도를 수련한 전적이 있어서가 아니라 경제적인 도움에 대한 보답의 성격이 강했다. 중동지역에 건설 수주를 얻는 데 그 당시 리비아에서 합기도 지도를 하고 있었던 조성호 사범에게 결정적인 도움을 받았기 때문이었다. 합기도에 대한 김우중 회장의 적극적인 경제적이고 사회적인 뒷받침은 분열해 있던 합기도단체들의 통합을 이끌어내어 태권도의 국기원과 같은 구심점을 가진 통합협회가 나올 가능성도 있었다.

대우의 세계화 드라이브 전략과 함께 합기도는 비록 태권도처럼 스포츠무예종목으로는 아니지만 뛰어난 신체문화를 지닌 호신술기로 한국을 대표하는 훌륭한 근대무예로 거듭날 기회를 얻었다. 마치 삼성의 이건희 회장이 아마 레슬링협회장을 맡으면서 물심양면으로 후원하여 비인기종목이지만 아마레슬링이 지속적인 발전을 이룩해 온 것에서 그러한 성공적인 결과를 유추할 수 있다. 그러나 그 당시 합기도를 지도하고 관리를 맡았던 지도자들의 경제적 착복과 부실한 경영은 김우중 회장에게 큰 실망을 안겨 주면서 영원히 합기도에 대한 후원의 손길을 끊어버리는 결과를 초래하였다. 김우중 회장이 레슬링을 직접 수련했던 이건희 회장처럼 합기도를 수련한 무예인이었다면 합기도에 대한 후원이 완전히는 끊기지 않고 지연되거나 다른 방안을 마련했을 것이라는 아쉬움도 있다.

영세하고 협소한 도장에서 운동만을 가르쳤던 그 당시의 합기도 지도자들에게 체계성 있는 관리와 경영을 기대할 수는 없었던 것을 김우중 회장도 잘 인식하고 있었다. 따라서 우선은 지도자들이 성실하고 열의 있게 합기도를 잘 지도해 나갈 수 있는 여건을 마련해 주는 것에 치중했다는 것은 그 당시 관련했던 합기도 원로들의 증언에서 우리는 알 수 있다. 문제는 진정한 무예인의 길을 저버리고 합기도 지원금을 횡령하거나 착복하여 경제적 이익만 추구한 소수의 합기도 지도자들이었다. 그들 때문에 합기도가 통합할 수 있는 기회가 좌절되었음이 안타깝다. 하지만 다른 한편으로 생각해 보면 합기도가 영리를 추구하는 기업의 너무 지나친 후원에 의존하여 발전을 했더라면 그만큼 부작용도 따랐을 것이다. 예컨대 대우와 같은 재벌기업의 전격적인 경제적 지원에 의해 발전을 하면 그만큼 재벌의 마케팅이나 홍보를 위한 도구로 전락했을 가능성을 배제할 수 없다. 합기도의 상업화는 전통수련무예의 속성이 강한 합기도의 본질을 잃어버릴 가능성이 높았을 것이란 우려가 든다. 게다가 향후 대우그룹의 몰락으로 오히려 더 큰 침체기를 겪었을 수도 있다. 따라서 한 특정기업의 경제적인 종속에서 벗어났기에 분열과 난립의 양상 속에서도 양적인 발전이 지속 가능하였다는 것이 필자의 소견이다.

두 번째 통합의 기회는 우연히도 정치적 이유로 인해서 찾아왔다. 전두환 대통령의 제5공화국 시절에 그의 동생인 전경환은 유도대학 출신의 무예인으로서 합기도에 대한 애정이 남달랐다. 그러한 애정을 가지고 있던 그는 대통령을 형으로 둔 막강한 사회정치적 권력을 이용하여 분열된 합기도의 통합을 위해 '새마을 중앙합기도협회'를 창립하였다. 그리고 반강제적으로 합기도 단체장들을 소집해서 통합을 시도하였다. 이로써 국제연맹을 제외한 모든 합기도협회들이 새마을 중앙합기도협회에 흡수되면서 합기도 통합의 전기를 마련하였다. 그러나 여러 가지 정치경제적인 불미스러운 사건들에 개입한 전경환이 구속 수감됨으로써 합기도 통합은 순식간에 물거품이 되어버렸다. 역시 정치적 이유로 시작된 것은 정치적인 이유로 망한다는 역사적 사실을 또 한 번 뼈아프게 경험하면서 합기도 통합의 시도가 무산되고 마는 아픈 역사가 남았다. 정치적 세력을 이용한 합기도의 통합 또한 진정한 합기도의 발전을 위해서는 바람직하지 않다. 적지 않은 무예인들이 정치인들의 정권 장악을 위해 악용된 역사적 사실들이 있다. 그때 합기도가 성공적인 통합을 하였더라도 이는 위에서 아래로의 반강제적인 정치적 세력에 의한 통합이기에 그 정권의 몰락과 함께 오히려 독자성 가치를 지닌 무예의 위상을 잃어버리고 변두리의 무예로 추락할 수도 있었다. 이러한 두 번의 합기도 통합 시도의 좌절과 실패 후에 분열은 더 가속화되었다. 그러나 태권도가 올림픽 종목으로 채택됨으로써 한국무예를 대표하는 국기로서 성장하는 상대적인 어려움 상황에서도 합기도는 여전히 국내외에서 지속적으로 발전해 갔다. 특히 북남미 지역과 서유럽 지역에서 호신술의 인기에 힘입어 합기도가 널리 퍼져가면서 1990년대부터는 확장기에 접어드는 저력을 보여주었다.

3) 합기도의 확장기(1990년대에서 2009년까지)

① 지속적인 합기도의 확산을 통한 성장과 대중화

확장기에는 합기도의 호신술에 대한 대중적인 관심의 꾸준한 증가로 경호나 체육 분야에서뿐만 아니라 사회, 문화와 교육 분야에서 합기도의 인지도가 높아졌다. 특히 체포술, 연행술 등의 경호 실전 무예로의 활용성 때문에 합기도는 경찰공무원 채용시험의 가산점 종목에 포함되었다. 또한 합기도 지도자들에게 국민체육진흥법에 의한 생활체육지도자 자격증이 1992년부터 1995년까지 발급되었는데 생활체육지도자 자격의 경우 난립된 합기도 단체들로 인해 초래된 행정적 부작용을 극복하지 못하고 결국 무산되는 아픔을 겪어야 했다. 합기도의 사회체육적인 대중화는 교육 분야에도 영향을 끼쳤다. 대학에서 합기도의 호신술 강좌가 생겨나기 시작하면서 점차적으로 태권도학과와 같이 기존의 동양무예학과에서 독립한 전공과목으로 합기도학과를 신설하거나 채택하는 대학들도 생기기 시작했다. 이러한 분위기 속에서 합기도 단체들이 함께 참여하고 활동할 수 있는 여건을 형성하기 위한 노력으로 합기도 경기를 활성화하여 생활체육의 일환으로 국민생활체육합기도연합회를 각 시와 도별로 결성하고 체계적인 조직화를 하였다. 국민생활체육전국합기도연합회가 1998년에 합기도를 국민생활체육협의회에 정식종목으로 가입시킨 이후부터 합기도는 경기화된 시스템을 구축해 갔다. 특히 고무적이고 주목할 점은 정부기관으로부터 지원을 받아 합기도 경기단체로 활동하기 시작하면서 '합기도경기'라는 용어가 사용되었다는 것이다.

1999년 광주에서 개최한 세계합기도대회

합기도의 경기스포츠화는 기존의 전통적인 무예의 도장 수련방식과는 상이한 혁신적인 두 가지 변화 양상을 띠었다. 첫째는 기존의 도장이라는 협소한 장소에서 제한된 인원들에 의해 행해지는 합기도 전통적인 수련 방식과는 다른, 넓고 공개된 경기장에서 겨루기나 호신술 경기를 관람할 수 있는 대중적인 스포츠로 전환되었다. 둘째는 '시간제한'과 '득점제' 등의 경기 규칙 속에서 스포츠의 속성인 유희성과 경쟁성이 합기도 경기를 통해 반영되었다. 합기도의 경기화는 다양한 대회 창설로 이어졌다. 가령 국민생활체육전국합기도연합회 주최로 매년 정기적으로 국무총리기, 문화체육관광부장관기, 생활체육회장기, 연합회장기, 한마당대축전 등이 치러졌다. 또한 전국합기도연합회 산하단체인 전국 16개시도 지역별연합회 도지사기, 시장기, 연합회장기, 협의회장기, 구청장기와 같은 지역 규모의 대회가 개최되기도 하고 이 외에도 각 합기도 단체가 주최·주관하는 국내외 대회도 생겨나면서 매년 수많은 합기도 대회가 열리게 되었다.

확장기에 합기도 학문분야도 큰 도약을 했던 시기였다. 무예 스포츠화 과정에서 국제화와 대중화를 꾀하는 발전이 일어나면서 '무예의 학문화'를 추구하는 움직임도 활성화되는 흐름을 타게 된다. 1990년대에 들어와서 다수의 대학에서 무예전공학과를 개설하며 무예단체의 규모와 더불어 양적으로 팽창하고 학문적으로 성장하여 서적출판뿐만 아니라 석·박사 학위논문들과 각종 학술지들도 발간되기 시작하였다. 이러한 무예 학문의 활성화는 1999년에는 대한무도학회의 창립을 이끌어 내었다. 대한무도학회는 특정 무예대학에 편중되어 폐쇄성과 공정성의 문제에 대해 부분적으로 비판을 받았다. 하지만 꾸준하게 국제무도학술논문집 발간 및 국제학술대회를 개최하여 한국을 비롯한 일본, 중국의 학자들이 무예 발전을 위한 학술연구 논문을 발표해 오면서 무예 학문의 국제화를 선도하는 긍정적인 역할을 담당하고 있다.

확장기에 합기도 수련인구는 1990년대에 IMF 아시아 금융위기로 경제침체를 맞으면서 잠시 정체를 보이다가 다시 복구하였다. 2000년대에 이르러 개인이나 단체가 운영하는 합기도 사설 도장이 8천여 개에 육박하기도 했다. 이렇게 급속한 도장수의 증가에 편승하여 사단법인 합기도단체가 50여 개에 이르게 되었다. 해외에는 북남미지역과 유럽, 아시아, 아프리카 등 전 세계 80여 개국에 1,000명 이상의 합기도 지도사범들이 파견되고 세계 여러 나라에서 직접 합기도 도장을 경영하는 한인 사범들도 늘어나면서 본격적인 합기도 세계화의 전기를 이루게 되었다.

2007년 합기도인의 날에 대학의 합기도 교수들

합기도의 국내외적인 성공적 대중화와 학문적인 발전 등의 분위기를 타고 합기도는 2008년에 대한체육회로부터 인정단체 종목 지위를 부여받는 쾌거를 이루었다. 비록 대한체육회 인정단체 승인 당시 기존 경찰청 합기도 가산점 단체 등 합기도계 핵심 주류단체들의 비적극성으로 합기도 통합의 한계와 문제점이 있었지만 대한

체육회 승인종목이 된 합기도는 대중적인 인기에 힘을 더하면서 그야말로 2010년 이전까지는 합기도의 번성기를 누렸다.

② 확장기의 문제점들에 대한 비판적 분석

㉠ 합기도의 진정한 통합의 길은 더 멀어지다.

만약 합기도가 침체일로를 걸으면서 위기를 느꼈다면 해결을 위해 합기도 단체들이 통합의 길을 모색했을지도 모른다. 하지만 확장기에는 증가하는 도장수와 대회 횟수로 인해 불어나는 승단비와 경기 참가비로 얻는 엄청난 경제적 이익의 혜택을 즐기게 된 합기도 단체장들은 진정한 합기도 통합의 대의를 저버렸다. 지나친 물욕과 권력욕은 타락과 퇴보를 가져온다는 것을 우리는 역사적 가르침으로 잘 알고 있다. 합기도 또한 예외가 될 수 없었다. 기득권에 젖어 있는 단체장들이 서로 고통을 감수하는 합기도의 통합에는 전혀 신경 쓰지 않게 되자 고질적인 합기도 단체들의 난립과 분열은 오히려 가속화되었다. 기존의 기득권에 안주하는 분위기 속에서도 2008년에 합기도의 대한체육회 인정단체 종목이라는 도약의 호기를 맞았지만 합기도의 단체장들 간의 헤게모니를 장악하려는 권력다툼과 더 많은 경제력을 확보하려는 합기도 지도자들의 탐욕으로 인해서 결국 2011년에 합기도는 대한체육회로부터 인정단체 취소라는 초유의 굴욕을 당하면서 정체기에 빠지게 되는 주요 원인이 되었다.

확장기에는 무예계에서 이전에는 볼 수 없었던 두 가지 사회문화적 현상이 나타났다. 첫째로 전통문화를 강조하는 사회적 분위기가 형성되면서 무예계도 이러한 움직임에 편승하여 한국무예의 전통성을 강조하는 연구와 활동들이 활성화되면서 '전통한국무예'를 발굴하고 재현하는 신규 단체들이 등장했다. 둘째로는 K-1을 이은 UFC 등의 이종격투기의 상업적 흥행으로 종합격투기식 성격을 띠는 신생무예들이 출현하기 시작했다. 신생무예들의 창시자들 중에는 합기도 단체들의 난립과 갈등에 회의와 절망을 느끼고 다른 무예를 창시하거나 독자적인 무예 지도의 길을 선택한 합기도 사범들이 주를 이루었다. 그런가 하면, 합기도의 발전을 위해 나름대로 노력하는 의식 있는 젊은 합기도 지도자들도 나타나기 시작했다.

ⓛ 확장기 후반기에 일선 합기도 도장들의 타 무예로 탈선의 움직임이 거세지다.

1988년 서울 올림픽 이후로 태권도가 올림픽의 정식 종목이 되면서 태권도의 대중적인 인기가 증가하자 일부 합기도 관장들은 경제적 불안감을 타개하기 위해 태권도 단증을 매수하는 형식으로 태권도 도장으로 변경하는 사건들이 발생했다. 설상가상으로 1990년대 인기드라마인 모래시계의 영향으로 검도 열풍이 불면서 대한검도회에서 탈피하여 유사 검도단체들이 생겨나면서 적지 않은 합기도인들이 유사검도단체에 유입되거나 유사단체의 창설을 통해 검도인으로 변신하는 일명 '갈아타기' 현상이 나타났다.

이는 마치 장사가 잘되는 품목으로 업종을 바꾸듯이 일시의 경제적 목적으로 무예종목을 바꿔도 아무런 양심적인 가책이나 도덕적, 교육적 책임감을 못 느끼는 한국무예계의 풍토가 문제라 할 수 있다. 하지만 이러한 바람직하지 못한 풍토를 마련한 것은 일선 합기도 도장 관장과 사범의 종속적인 도제 관계도 한몫했다. 사범들이 장기간 스승인 관장의 도장에서 향후 도장을 개관할 수 있는 기회를 준다는 명목하에 무임금 봉사로 착취를 당하고, 일방적인 갑을 관계에 시달리면서 올바른 무예인의 자세와 사명감 있는 합기도 도장 운영을 배운다는 것은 불가능했다. 합기도 사범들의 교육수준이 높아지고 대학에서 무예지도교육를 이수한 합기도 지도자들이 증가하면서 이러한 종속적인 도제 관계는 이제는 많이 사라졌다. 체계적인 교육을 받은 사범들이 운영하는 합기도 도장들이 늘어나고 있다.

그런데 합기도 탈피적인 현상은 지금도 진행형이다. 어린이 수련생들로 생계를 유지해가는 일선 합기도 도장들로서는 경쟁력 강화와 수련생 확보를 위해 기존의 합기도 수련방식에서 탈피하여 인기가 있는 타 무예종목들을 접목하여 가르치는 종합무예체육관 형태의 운영이 유리하기 때문이다. 이러한 현상을 극복하고 문제를 해결하기 위해서는 전통적인 합기도 술기를 유지해 가면서 현대적 수련방식을 접목하기 위한 고민과 노력을 해야 한다. 그런데 이런 시도는 각각의 일선 도장의 관장들에게 전가시켜서는 안 된다. 협회 차원에서, 또는 관장들의 자발적 모임을 통해서 근본적인 방안을 찾아가는 것이 더 시급하다.

ⓒ 주요 무예대학의 합기도 전공과목 폐지는 합기도의 학문화에 큰 장벽이 되고 일본무도와의 정체성 논란을 일으키는 요인을 제공한다.

합기도가 여전히 일본 아이키도와 정체성 논란의 연장선 속에 있는 것은 나름 한국무예계를 주도하는 Y대학교에서의 합기도 전공폐지와 합기도를 대체하기 위해 독창적으로 용무도를 개발한 안타까운 사건 때문이다. 무예의 학문성을 주도하는 Y대학교에서 합기도 전공과목의 폐지로 확장기에 일어난 합기도 학문화의 흐름이 끊기면서 합기도를 학문적으로 발전시킬 수 있는 소중한 기회를 상실하게 된 것은 합기도 역사에서 비극이 아닐 수 없다. 이러한 문제의 발단은 물론 우선 합기도인들에게 전적인 책임이 있음을 인정하지 않을 수 없다. 합기도인들 중에서 기술적인 면만 아니라 이론적인 면에서도 뛰어난 문무를 갖춘 합기도 학자들이나 이론가들이 양성되거나 배출되지 않은 상황에서 이러한 합기도 배제는 당연한지도 모른다. 합기도인들이 반성하고 극복해야 할 중요한 문제이다.

합기도 연구의 쇠퇴는 태권도학과를 다투어서 채택한 대학들의 태권도에 대한 학문적 연구활성화 모습과 대조되기에 더 안타깝다. 양질의 우수한 태권도 논문과 서적 출판 등은 태권도가 일본 가라데 유입론의 오명에서 벗어나 명실상부한 한국의 국기로 거듭나는 데 큰 공헌을 하고 있다. 물론 합기도의 복원을 위한 노력으로 일부 합기도 교수들은 합기도란 무명의 한국적인 개명을 위한 시도와 체계적인 경기화를 통한 술기 통합의 길을 모색하였다. 하지만 이 또한 난립한 합기도 협회들과의 화합이란 현실적인 어려움을 극복하는 데 한계가 있었다. 대부분의 합기도과를 개설한 대학들은 대부분 지명도가 낮은 관계로 신입생들을 기능적인 면으로 소집했다. 그러다 보니 합기도를 한국무예로서 정체성과 우수성을 발굴하고 연구할 수 있는 인지적 능력을 갖춘 인재들의 부재로 합기도의 학문화 움직임은 급격하게 쇠퇴할 수밖에 없었다. 합기도의 학문적인 쇠퇴와 대한체육회 승인종목 취소는 일선 합기도 도장의 경영에도 악영향을 끼쳤다. 또한 일본 아이키도와 무명 논란을 일으키는 틈을 주고, 특히 전통무예를 지향한다는 명목하에 신규무예를 창시한 일부 무예인들에 의해 '합기도는 일본무도'라는 어처구니없는 비생산적이고 소모적인 논쟁에 휘말리면서 합기도는 유례없는 정체기를 맞게 되었다.

4) 합기도의 정체기(2010년대에서 현재까지)

① 합기도의 정체기의 현실적인 문제점들

국내외적으로 최고의 전성기를 맞이했던 합기도는 확장기를 정점으로 2010년 이후부터 지금까지 양적인 증가와 더불어 문제점으로 드러났던 협회들과 단체들 간의 갈등과 불협화음이 심화되었다. 그 결과 결국 합기도가 대한체육회에서 추방되는 오욕과 전통무예진흥 기본계획(안)에서 외래무예로 분류되는 악재까지 겹치면서 최대의 위기를 맞이하게 되었다. 현재 합기도가 정체기에 빠지게 된 이유는 기술체계의 부재, 단체들 간의 분란과 갈등, 그리고 일본 아이키도와 무명논란 등과 같은 문제점들이 주요한 요인이다. 하지만 현실성 있는 해결방안의 모색을 위해서는 문제를 진단하는데 있어서 통합이나 무명 개명 등의 너무 미시적인 접근에 앞서 현실적으로 처해있는 상황에 대한 거시적 진단이 선행되어야 할 필요가 있다.

무예에 대한 사회의 부정적인 인식과 환경 속에서 모든 무예들이 전반적인 침체기를 맞이한 최근의 사회문화적 상황들도 합기도의 정체기를 가속화하고 있다. 가령 첨단화되어가는 과학기술로 무장한 정보화 사회에서 전통무예의 위치는 더욱더 주변적으로 밀려나고 있다. 신체의 심미적인 움직임이나 강인한 체력을 바탕으로 한 뛰어난 호신술 등의 기교는 이제 일부 무예 애호가들만 즐기는 주변적인 대중문화로 전락했다. 지식정보화 시대에서 첨단 그래픽 기법으로 환상적인 무예 동작을 만들어 영화화나 게임화하는 현실에서 평생 무예 수련을 통한 무예의 뛰어남은 무슨 의미가 있는 것인가? 등의 전통식 무예 수련에 대한 회의론적 시각이 팽배해졌다. 이러한 상황에서 현재 합기도 문화의 유지 및 활성화의 주요 역할을 하고 있는 합기도 도장의 자화상은 어떠한 모습인가? 지도자 단기 양성 과정의 양산과 협회의 돈벌이 양산으로 수많은 협회, 즉 사조직들이 등장하고, 단증 남발 등으로 인해 '단'의 의미는 점점 퇴색되어가고 있다. 합기도 사범 자격증은 교사나 교육 공무원보다 취득이 용이한 반면 사회적, 경제적 효용가치는 낮아졌다. 사범의 역량과 자질을 검증할 수 있는 심사가 제도화되어 있지 않는 상황에서 양적인 팽창은 질적인 문제를 초래할 수밖에 없었다.

합기도의 사회적 비중 하락의 주요 요인은 우선은 도장의 경제적 영세성이다. 합기도 도장은 더 이상 예전처럼 성인들을 대상으로 지도하는 호신술 위주의 교육을 하지 않는다. 다양해져가는 스포츠 활동들과 여가활동, 그리고 단기간에 효율적인 결과를 요구하는 시대적 상황으로 인해 장시간 반복적인 수련 동작을 요구하는 전통적 합기도 술기 수련 방식은 자연히 흥미와 인기를 잃으면서 도태되어갔다. 그나마 다행히 체력 및 예절 교육을 원하는 어린 아이들을 위한 무예 수련에 대한 수요의 증가로 아동교육을 위한 합기도 지도방식이 발달하고 활성화되었다. 하지만 합기도 도장이 전통무예의 특성을 상실한 채 어린이용 체육관으로 전락한다는 비난도 거세어졌다. 이러한 상황에서 영세한 도장 경영의 경제적 어려움 및 미래에 대한 불안감 등은 훌륭한 사범이 될 수 있는 인재들이 도장을 멀리하는 주요인이 되고 있다.

합기도 정체기의 또 하나의 특징은 지속적인 양적인 발전에 묻혀서 드러나지 않고 있었던 합기도의 고질적인 문제점들과 왜곡된 합기도 역사, 그 해석의 오류, 무분별한 일본합기도의 표절 등이 다시 부상했다는 것이다. 이러한 기회를 틈타 일본 아이키도인들과 신생무예가들은 한자어가 동일한 무명의 논란을 일으켜 합기도를 일본무도라고 주장하면서 합기도의 정체성 논쟁을 불러일으켰다. 이에 대한 대응으로 합기도 내부에서 자성과 비판의 목소리가 나오기 시작했다. 이의 극복을 위해 통합단체 구성을 통한 무명의 변경, 통합기구 설치, 대한체육회 정가맹, 교육제도개선 등에 대한 구체적인 방안들을 계속적으로 제시해 오고 있지만 현실적으로 실행 단계에까지 이르지 못해서 가시화된 변화를 가져오지 못하고 있는 실정이다. 현재의 합기도는 거의 고사 상태에 있다고 한탄하고 애석해하면서도 이러한 어려운 상황을 해결할 수 있는 방법들이 현실적으로 막막하다.

우선 개선방안을 위한 시도나 노력들을 추진할 공신력 있는 기관이나 제도적 장치 부재가 주요 요인이다. 게다가 거의 모든 합기도 도장들이 영세성을 면하지 못한 상태에서 가장 필요한 협회들이나 정부의 정책기관으로부터의 정책 제공이나 경제적 후원 등이 전혀 이루어지고 있지 않은 환경에서 개선이 될 가능성이 요원하기에 절망감이 만연해 있는 것이 합기도계의 현실이다. 하지만 시간이 걸리고 고통이 수반되더라도 합기도의 정체기의 어려움들을 극복하고 현실 가능한 대책들을 고민하며 찾아보아야 할 것이다. 즉, 합기도가 다시 부활하여 미래 지향적인 발전과 도약을 꾀하기 위해서는 냉철한 현실 분석, 뼈를 깎는 자성과 성찰을 기반으로 새로운 발전전략을 계속 모색하지 않으면 안 된다.

15장.
합기도의 형성과 발전에 공헌한
합기도 사범님들

1950년대 최용술과 합기도 제자들

    지난 70여 년 동안의 한국의 근대 무예사에서 합기도는 태권도 와 함께 국내외적으로 놀라운 성장을 보여주는 기염을 토해왔다. 이렇게 합기도가 이만큼 성장할 수 있었던 이면에는 합기도에 뜻 을 두고 합기도와 평생을 같이한 사범님들의 피와 땀이 있었다. 본 장에서는 우수하고 화려한 합기도 술기로 무장하고 열정적으로 합 기도를 보급하고 전파하면서 한국무예의 역사의 한 획을 그은 대 표적인 합기도 인물들의 일대기와 합기도 활동에 대해서 다루려고 한다. 다행히 미국에 계시는 김희영 박사님이 합기도의 발전에 기여를 하신 합기도 사범님들에 대해서 직접 인터뷰와 자료를 바탕으로 영문으로 기술하신『한국과 합기도의 역사(Histoty of Korea and Hapkido)』라는 문헌 덕택에 필자는 여기에 합기도 사범님들을 일일이 찾아뵙고 문의를 드리며 인터뷰를 해야 하는 엄청난 시간을 줄일 수 있었다. 더욱이 그 내용들을 써야 하는 수고를 줄이고 대신에 한글로 번역하는 행운도 얻었다. 이러한 점에서 여기서 자리를 빌어 김희영 박사님에게 진정한 감사의 뜻을 전하고 싶다.

번역된 내용을 생생하게 객관적으로 전달하기 위해서 여기서는 김희영 박사님의 글을 가능하면 많이 수정하지 않고 그대로 옮기기로 했다. 그러다 보니 합기도 활동 이외에 다른 개인적인 사생활도 다루는 면도 있고 다소간 전개되는 내용이 매끄럽지 않음에 대해 독자들의 이해를 구한다. 또한 지면의 한계로 인해 모든 합기도인들에 대해서 쓰지 못하고 합기도 형성과 발전에 큰 역할을 하신 분들만 필자의 소견으로 선정하였음을 독자들이 양지하길 바란다. 기술상의 편의를 위해 각 분들의 호칭을 생략하고 이름만 쓰기로 하였다. 19장에서는 합기도의 세계화에 공헌한 합기도 사범님들에 대해서 추가적으로 기술하였다.

(1) 지한재

지한재(지)는 전통적으로 적지 않은 학자들과 전사들을 배출한 경북 안동에서 1936년에 태어났다. 지는 대구상고에 다니는 동안

지한재

에 최용술의 야와라 도장에 입문하여 1954년 4월 25일부터 운동을 시작했는데 김무홍보다 6개월 일찍 시작했다. 고등학교를 졸업한 후 한동안 대구주변의 토지를 측량하는 견습생으로 근무하던 지는 아버지에게 권유를 받아 안동시 등록소에서 근무하였다. 그곳에서 일하는 동안 지는 차고를 빌려 최용술에 배운 '유권술(Yu Kwon Sul)'을 가르치기 시작했다. 지의 첫 제자는 중등학교 친구였던 유용우였다. 그런데 이때 지와 그의 제자들은 발차기 기술을 배우고 싶어하여 발차기를 수련했다. 안동에서 유권술을 9개월 이상 가르친 후 지는 아버지와 상의하지 않고 큰 도시로 떠났다. 이로 인해 속이 상했던 그의 아버지는 하숙비를 제공해주지 않았다고 한다. 서울 근교 왕십리로 이사해서 그곳의 황덕규의 부모가 소유했던 집에서 하숙했다. 이를 인연으로 황덕규는 서울에서 지의 첫 번째 제자가 되었다. 지는 그 후 왕십리의 건달인 김성윤에게 무예를 가르칠 수 있는 권한을 걸고 결투를 신청받았다. 김성윤은 지의 팔굽 공격을 받고 고통 때문에 결국 패배를 인정했다. 이 사건을 계기로 지의 도장과 지관들이 번창했다.

그 후 지는 서울시 중심으로 도장을 옮기기로 결정했다. 일단 지는 종로에 있는 복싱도장의 한 칸을 빌려서 사용하다가 중부시장의 건달두목이었던 김춘선의 도움을 받아 중부시장에 있는 건물로 도장을 옮겼다. 이 중부시장 도장에서 한봉수, 명재남 등과 같은 향후 유명한 합기도인들이 배출되었다. 지는 1958년 5월 31일에 유권술 2단 자격증을 받았다. 1961년에 5.16 군사쿠데타가 일어났을 때 지는 이동남 서울시장의 도움 덕분에 한국군사학교와 청와대의 경호원들을 상대로 합기도 지도를 하게 되면서 박정희 대통령이 암살당하는 1979년까지 그곳에서 가르쳤다. 이때 지는 두 명의 좋은 후원자들을 만났다; 1961년부터 1974년까지 대통령 경호실장인 박종규와 1974년부터 1979년까지 대통령 경호실장인 차지철이었다. 이 두 사람이 지에게 합기도를 배우면서 청와대의 모든 경호원들도 합기도를 배웠다. 이로 인해 지는 1979년에 경호부장 자리까지 올랐다. 이러한 정치적인 배경과 권한을 가지고 지는 1963년에 대한기도회와 1965년에 대한합기도협회를 설립했다. 1968년에는 장충체육관에서 대대적인 합기도 시범을 개최했다. 지는 그 해에 베트남으로 가서 군대를 상대로 합기도 시범을 선보이기도 했다. 나중에 그는 미국으로 떠나 경호원들뿐만 아니라 국가경찰기관인 OSS와 FBI의 대원들도 가르쳤다. 이로 인해 유명세를 타면서 1970년대 초반에는 그 당시 최고의 스타인 이소룡과 액션영화를 찍기 위해 홍콩으로 초대를 받았다.

박정희 대통령이 암살당한 후 지는 대통령 경호원 자리를 관두었다. 한국합기도협회의 회장으로 선출된 지는 모든 합기도 단체들을 통합시키려고 시도했다. 하지만 그는 그러기 위해서는 돈과 힘이 필요하다는 사실을 깨달았다. 그래서 그는 그 당시 공화당의 사무총장이었던 K와 함께 한때 정치에 관여했다. 전두환 대통령은 K의 정책을 좋아하지 않았고 결국 지는 정치적인 스캔들에 휘말려서 1년 동안 투옥되었다. 석방된 후 지는 1984년에 미국으로 떠나 신무합기도를 가르치기 시작했다. 신무합기도는 정신적인 훈련과 장수를 위한 건강을 강조했다. 오늘날 지는 미국의 뉴저지의 트렌톤시에 거주하고 있으며 고령의 나이에도 여전히 미국과 유럽지역의 합기도 세미나에 참여하는 등 왕성한 활동을 보이고 있다.

(2) 장인목

장인목

장인목(장)은 경상북도의 영천에서 1915년 8월 25일에 태어났다. 장은 1928년에 일본으로 떠나 대동류유술을 1935년 9월부터 배우기 시작하여 1938년 8월 30일까지 수련의 대부분을 마쳤다. 장은 다케가 소가쿠의 제자인 마츠다 유타카로부터 대동류유술을 배웠다. 장은 대동류유술뿐만 아니라 활법의 종류인 시아츠 명상요법과 다른 무예도 배웠다. "나는 대동류유술을 배우는 동안 얼마나 많은 쌀 가마를 스승에게 보냈는지 기억나지 않는다."라고 장은 회상했다. 장의 스승이 그에게 다케다 소가쿠 아래에서 배우는 한국인이 있다고 했지만 장은 최용술인지 몰랐다가 몇 년 후에 한국에서 그를 만났을 때 비로소 알게 되었다고 했다.

장은 1945년에 한국으로 돌아와 대동류유술 지도에 집중하는 대신 시아츠 활법을 통해 더 많은 돈을 벌었다. 1956년의 어느 날 그가 대구의 염매시장 근처에 있는 어떤 여성의 집에서 활법 치료를 하고 있었을 때 옆집에서 비명소리를 듣고는 무슨 일인지 물었다. 그 여성은 최용술이 무예 연습을 하고 있다고 대답했다, 장은 옆집을 방문하여 그때 최를 처음 만났다. "무예가처럼 보인다. 무슨 무예를 연습하고 있나?"라고 최가 묻자 장은 "나는 대동류유술을 훈련하는 중이다. 나의 선생은 다케다 소가쿠에게 교사자격증을 받은 마츠다 유타카이다."라고 말했다. 그러자 최는 깜짝 놀라며 "뭐라고? 대동류유술은 내 무술이고 나의 선생도 다케다 소가쿠다."라고 말했다. "내가 홋카이도에 있었을 때 소가쿠 선생 아래에서 훈련을 하는 한국인이 있다고 들었는데 그 사람이 당신이었나 보다."라고 장이 말했다. 이것이 두 사람의 첫 만남이었다. 하지만 그들은 성격이 너무 달라서 자주 만나지는 않았다. 최는 매우 확고하며 직선적인 성격의 소유자인 반면 장은 매우 조용했으며 학생들에게도 다정하게 대해주는 성격이었다. 장은 새로운 시스템을 만들지도 않고 제자 육성에 크게 신경을 쓰지 않았다. 그러므로 장은 합기도계에 잘 알려지지 않았다. 하지만 전환법과 같은 몇몇 기술들이 장의 가르침으로부터 비롯되었는데 이런 기술들은 보통 합기도 훈련의 높은 레벨에서 가르쳤다.

최용술이 1915년부터 1943년까지 소가쿠 아래에서 수련한 반면, 장은 1935년에 마츠다 유타카에게 지도를 받고 1938년에 대동류유술 수강증서를 받았다. 최용술은 움직임을 작게 하고 전환법과 직선법의 동작을 조화시켜서 실용적인 기술에 집중했다. 반면 장은 많은 전환법들을 통합했다. 발차기 기술에선 최용술은 12가지 발 기술을 통합했지만 장은 발차기 기술을 전혀 사용하지 않았다. 최

용술의 무예는 대동류합기유술 또는 야와라로 불렸으며 장의 무예
는 대동류유술로 불리었다. 최용술은 그가 지도하는 무예가 고구
려 시대의 무예 기술과 유사한 점이 많다고 말했다. 장은 그의 무
예는 신라시대 무예와 전통적인 한국의 민속춤과 비슷하다고 했다.

1960년대에 장은 대구에서 대동류유술을 지도하면서 장성호, 홍
준희, 최한영, 허일웅과 같은 제자들을 배출했다. 장성호는 십팔기
를 가르치는 데 관심을 가졌고 송준희는 자전거 가게에서 종사했
다. 이 두 사람은 그들의 선생인 장의 무예를 가르치는 조직을 발
달시키는 데 도움을 주지 않았다. 최한영은 장의 대동류유술 시스
템의 가장 초기 사범 중 한 명이었지만 태권도 한무관 시스템의 개
척자이기도 하였다. 최한영은 한무관에서 태권도 초단을 획득하고
장에게 3년 동안 공부한 뒤 서울로 떠나 대동류유술을 가르치기
시작했다. 그는 국술조직에 가입하여 국술이라는 명칭으로 대동류
유술을 가르쳤다. 1972년에 최한영은 미국으로 이민을 가서 텍사
스주의 엘파소에 거주하며 천기도라고 불리는 무예를 만들기도 했
다. 장은 비록 많은 학생들을 끌어들이진 못했지만 홍무회를 조직
하고 그의 대동류유술은 소수의 추종자들에 의해 지속되고 있다.

(3) 김무홍

김무홍(김)은 1938년에 대구의 부유한 가정에서 태어났다. 그의
아버지는 염매시장에서 포목상을 운영했으며 그 계기로 최용술(최)
과 아는 사이가 되었다. 김의 아버지는 아들이 안전과 건강을 위

해 최용술에게 야와라를 배우길 원했
고 최용술 또한 김을 가르치길 원했
다. 1954년에 야와라는 최용술과 서복
섭이 많이 시범한 결과로 인기를 얻었
는데 제자들 중에는 문종원과 지한재
도 있었다. 김은 이 시기의 가장 초창
기 학생 중 한 명이었다. 하지만 당시
지한재는 고등학생이었고 문종원은 대
학생이었으므로 중학생이었던 김은 셋

김무홍

중 가장 어렸다. 6년 동안의 연습 후에 김은 대학에 충분히 갈 자
격이 되었지만 합기도 지도자가 되기로 결심했다. 1958년에 김은
21살의 나이에 서복섭의 도장에서 합기도 사범으로 일했다. 1년 후
에 김은 산속에 있는 사원으로 가서 1년 동안 발차기 기술을 연습
했다. 그러고 나서 김은 1960년에 서울에 있는 지한재의 도장으로
와서 8개월 동안 가르친 후 1961년 8월에 종로 4가에 신무관 합기
도 도장을 개관했다.

김은 제자인 원광화와 김정수를 데려와 합기도 지도를 돕게 했
고 도장 관리는 김의 아버지가 맡았다. 김이 군복무를 하는 동안
에는 그의 제자들이 대신 가르쳤다. 초기의 학생들로는 김우택, 이
한철, 허일웅, 이주방, 김무진, 신동기, 김희영 등이 있었다. 김은
1964년부터 합기도를 본격적으로 가르치기 시작했다. 미국의 로
스엔젤레스와 캘리포니아 지역에서 1967년부터 1969년까지 합기도
를 가르쳤다. 김은 또한 대한기도회에서 수석사범으로 근무했으며
그 당시에 가장 높은 등급인 7단을 받기도 했다. 김은 1971년에 한

국합기도협회를 설립한 후 합기도 월간지를 발행하기도 했다. 1974년부터 1984년까지 대한민국합기도협회에서 공동이사로 활동했는데 또 다른 공동이사는 한국합기술협회의 설립자이자 회장인 명재남이었다.

김은 1980년대에 새마을합기도협회의 조언가로 활동하면서 합기도 사범들을 도왔다. 그는 또한 공사에 쓰이는 인공목재를 제조하는 사업에 뛰어들어 10년 후에 많은 돈을 벌었다. 1990년대에 김은 기독교 전도사로 활동하며 대부분의 시간을 보냈다. 김은 그의 딸을 영국으로 유학을 보냈는데 그녀가 기독교 단기 선교사로 러시아에 있다는 사실을 알게 되었다. 김은 그의 딸이 영국에서 공부를 마친 후 한국으로 돌아와 좋은 직장을 얻길 원했기 때문에 매우 속상해했다. 김은 그녀를 만나서 이야기를 해보기 위해 러시아로 직접 갔다. 하지만 김이 그의 딸을 만났을 때, 그녀의 말에 설득당하여 기독교로 개종했다. 그는 한국으로 돌아와서 한 교회의 집사가 되었다. 김은 그가 소유한 5층 건물을 합기도를 통해 기독교를 퍼뜨리는 데 활용하기로 결정했다. 그는 점심시간에는 4층에서 합기도를 가르치고 오후와 저녁에는 교회 용도로 사용했다. 김은 바쁜 사람들을 압박하고 싶지 않아서 점심시간에 합기도를 훈련하거나 정해진 시간대에 자유롭게 와서 예배를 하거나 그와 상담을 할 수 있도록 하였다. "나는 인생의 세 단계를 경험했다: 첫 번째는 합기도 수련과 학습, 두 번째는 한국에서 합기도를 발전시키기 위해 합기도 단체와 일하는 것, 세 번째는 하느님을 만나 합기도를 복음 전파의 용도로 쓰는 것이다. 나는 현재 매우 행복하다."라고 김은 말했다.

(4) 김정윤

김정윤

　김정윤(정)은 대구 근처에서 1938년에 태어났다. 기독교 집안 출신인 정의 꿈은 목사가 되는 것이었다. 하지만 그가 다니던 교회의 목사는 먼저 수의학교에 진학하라고 충고했다. 시골지역에서 목사로 근무하려면 농부들과 시골 사람들을 도울 수 있게 동물을 기르는 지식이 있어야 한다는 이유였다. 목사는 또한 수의학교를 졸업한 후에 신학대학에 가면 된다고 정에게 말했다. 목사의 충고로 정은 대구로 가서 경북대학교 수의과대학에 입학했다. 대학교를 다니는 동안 정은 무예를 배우는 데 흥미가 생겨 1958년에 최용술의 제자가 되었다. 2년 후 정은 목사 대신 무예사범이 되기로 결심했다. 정은 1962년에 『합기술』이라는 책을 출판하기도 했다. 이것은 정과 최용술이 함께 출판한 합기도 최초이자 유일한 책이었다.

　정은 대한기도회의 사무총장으로 활동하면서 『대한기도』라는 책도 출판했다. 불행히도 그는 이 책의 내용이 불만족스러워 출판된 모든 책들을 회수했다. 왜냐하면 스승 최용술이 시행하려는 대한기도회의 정책에 동의하지 않았기 때문이었다. 1965년부터 1974년까지 정은 최용술로부터 배운 기술들을 정리하는 데 집중했다. 1974년에 정은 최용술과 다시 만나 그들 사이의 차이를 해결할 수 있는 기회를 얻었다. 정은 합기도, 야와라, 유권술 등의 무명 대신에 한풀(Han Pul)이란 이름을 사용하기를 권했다. 하지만 최용술은 이미 지한재와 밀접한 관계를 통해 합기도 도주라고 적힌 명함도 가지고 있는 상태였다. 정은 최용술에게 물었다, "다케다 소가쿠 선생으로부터 대동류유술을 배운 것이지 합기도를 배운 게 아닌데 어떻게 합기도 도주가 되었습니까?" 그러자 최용술은 대답했다, "지한재가 나에게 이 명암을 만들어 주었다." 그러자 "만약 스승님이 합기도 도주 명칭을 받으면 일본 아이키도 창시자 우에시바 도주 다음으로 한국 역사에 알려질 것이니 합기도 명칭을 받아들이지 마십시오."라고 정은 건의했다. 하지만 정은 최용술 스승이 이미 합기도 쪽으로 가기로 결정했음을 느꼈다. 따라서 정은 스승 앞에서는 한풀이라는 이름을 절대로 언급하지 않았지만 한풀의 발전을 이어나가기로 결정했다. 정은 한풀 체계가 최용술이 원래 가르쳤던 기술들과 더 일치한다고 확신했고 그 시스템에 한국 전문 용어를 사용하였다.

1974년 정은 한풀 사범들을 모집하고 한풀에 대한 책들을 출판하였다. 정은 마케팅 전략으로 가정학습 프로그램들을 활용하는 것을 시도했다. 밝터 출판사의 사장으로 정은 한풀 책 50권을 출판할 계획을 세웠다. 정은 가장 박식한 무예 역사가 중의 한 명이었다. 그는 택견 송덕기를 만나서 두 권의 택견 관련 책을 출판하기도 했다. 이 책들의 가격은 거의 미화 500달러로 역대 출판된 무술 책들 중 가장 비쌌고 요즘에는 수집 대상품으로 여겨진다. 정은 또한 최용술의 일본생활을 연구하기 위해서 일본에 7번 방문했고 최용술의 전기를 쓸 계획을 가지고 있었다. 또한 시골로 내려가서 수련관을 설립할 계획을 갖고 있으며 특히 기에너지를 구축하는 것을 포함한 한풀의 정신적인 측면이 강조되길 바랐다. 정은 인터뷰에서 앞으로 수십 년간 사람들은 기에너지와 경쟁하게 된다고 말했으며 일본은 오랫동안 이러한 기에너지를 발달시켰고 이 기에너지를 통해 협상할 때 긍정적인 결과를 가져올 수 있다고 주장했다. 따라서 정은 기에너지가 무예 수련에서만 사용될 뿐 아니라 이와 같은 사회생활에도 도움이 된다고 역설하면서 많은 외교관들의 기에 대한 태도를 바꾸었다고 주장했다. 정은 두 명의 다른 외교관들을 회의실에서 만났을 때 그들에게 강한 기의 에너지 흐름을 보여주면서 강한 인상을 남겼다.

(5) 임현수

임현수(임)는 1945년 9월 7일에 거창에서 태어났다. 거창고등학교를 다니면서 임은 1959년부터 1964년까지 당수도를 배웠다. 영남대학교 재학시절에는 수덕관 도장에서 최용술에게 합기도를 배우기 시작했다. 최용술이 수덕관의 책임자였지만 대부분의 수업은 김영재가 가르쳤다. 김영재가 자신의 도장을 열었을 때 임을 포함한 많은 학생들은 김영재를 따라서 수련을 계속했다. 임은 1972년에 최용술의 도장으로 다시 돌아와 3년 동안 개인강습을 받았

임현수

다. 그 후 임은 1975년에 정기관 합기도 도장을 열었다. 그런데 최용술이 건강과 나이 문제로 1976년에 그가 운영하던 도장을 폐쇄하고 임의 도장에 다니기 시작했다. 임은 그 당시에 대해서 이렇게 회상했다. "최용술 스승님은 보통 오전 10시쯤 와서 친구들과 바둑을 두셨어요. 그리고 가끔씩 우리에게 특별한 합기도 기술을 가르쳐주면서 시간을 보내곤 하셨죠. 이때 일본에서의 생활과 한국으로 돌아왔을 때의 이야기도 종종 들려주셨지요." 임이 최용술에게 들은 일본에서 이야기는 다음과 같다. 1922년에 신슈가케 산에서의 산악 수련이 끝난 뒤, 다케다 소가쿠는 최용술이 그의 후임자가 되길 원하는 마음에서 최용술에게 무예 지도수업을 할 수 있는 많은 기회들을 주었다. 그로 인해 대부분의 시간을 최용술은 모든 대동류유술 기술들을 총괄하여 시행했는데 가끔씩 최용술의 기술을 받아주는 대부분의 상대방 학생들은 극심한 고통 때문에 눈에 눈물이 고여 있었다. 어느 날 술을 마신 후 다케다 소가쿠가 진지하게 최용술에게 이렇게 말했다, "내가 너를 나의 후임자로 지정하면 너는 다른 제자들에게 죽임을 당할 것이다. 그러니 전쟁이 끝나면 바로 한국으로 돌아가라." 최는 이 말을 듣고 밤새 울었다. 나중에 다케다가 최용술에게 말했다, "너는 나의 모든 기술들을 안다. 그 기술들을 너의 동포들에게 가르쳐줘라. 이 기술들은 너의 한국인 조상들로부터 나온 것이다."

어느 날 임이 최용술 도장을 방문했을 때 최용술은 속상해하면서 임에게 아이키도의 창시자 우에시바 모리헤이의 아들인 우에시바 기쇼마루에 대한 이야기를 꺼냈다. 그때 최용술은 우에시바로부터 한국아이키도회의 회장이 되어달라는 부탁이 담긴 편지를 받고 말했다, "나는 그의 아버지를 가르친 사람이다. 어떻게 감히 나한테 아이키도 대표자로서 자신 밑에서 일하라는 제안을 할 수 있는가? 이건 말도 안 된다." 최용술의 발차기 기술의 중점은 낮은 발차기로 허리 위쪽으로 차는 것은 위험하고 자연스럽지 않았다고 했다. 그러므로 팔꿈치 밑으로 차고 급소를 노려야 한다, 팔꿈치 위로 차면 상대방이 쉽게 막고 반격할 수 있다는 것이다. 임은 지속적으로 무예의 새로운 부분을 찾아다니는 사람이었다. 임은 당수도를 수련했지만 여기서 만족하지 않고 검술을 배우고 싶어했다. 그런데 최용술은 임에게 검술에 대해서는 충분히 가르쳐주지 않았다. 그러므로 임이 정기관 합기도 도장을 열었을 때 합기도와 검도의 두 가지의 수업을 조직했다. 검도수업은 대한검도회 소속인 8단 윤병일이 지도했기에 학생들은 죽도로 연습했다. 그리고 4단을 딴 후에야 실제 진검으로 연습할 수 있었다. 또한 임은 잡지를 통해 거합도(이와이도)의 회장인 세이구치 다카아키에 대한 기사를 접한 후 1982년에 일본에 연락했다. 1년 뒤 5월 6일, 그 일본 선생은 광주로 와서 세미나식 강의를 했다. 그때 이후로 세이구치는 강의를 위해 한국에 방문할 때마다 임의 정기관 합기도 도장을 방문했다.

임과 장진일은 최용술에게 합기도 개인교습을 받을 때 파트너가 되면서 서로를 알게 되었다. 장진일이 해외의 합기도 도주가 되었을때 임은 장진일의 명령을 성실히 따랐다. 그런데 불행히도 장진일은 합기도 도주로서 어떤 활동도 10년 동안 활발히 하지 않았다. 임은 뉴욕에서 그를 만나서 이러한 문제에 대해서 진솔한 대화를 나눴는데 장진일은 "최용술 도주님은 강력한 합기도 철학을 가지고 있지 않았기 때문에 나는 여전히 합기도 철학을 준비 중이다."라고 말했다. 그리고 임은 이때 장진일의 방에서 수천 권의 무예책들을 본 후 그의 말을 신뢰하게 되었다고 했다. 또한 임은 박정환의 합기도 제자였던 한국인 아내와 결혼한 마이크란 미국인으로부터 편지를 받았다. 마이크의 아내는 임에게 그녀의 남편이 한국에 방문할 것이며 그녀의 남동생이 그를 안내할 것이라 말했다. 합기도를 계속 배우고 싶었던 마이크는 임에게 도움을 요청했다. 임은 마이크를 한 달 동안 가르쳤고 최용술로부터 가끔 지도기술의 수정을 받았다. 마이크는 미국합기도협회를 조직한 후 임을 미국으로 초청했다. 마이크의 단체를 통해 최용술과 합기도를 홍보하는 것이 더 낫다고 판단한 임은 그의 초대에 응했다. 마이크는 제 1회 최용술합기도대회를 후원했다. 임은 장진일에게 그 대회의 참여 결정을 알렸다. 마이크는 그 후로 미국의 다섯 주에서 세미나를 기획했고 합기도가 그 지역에서 더 잘 알려지는 계기가 되었다.

(6) 서인혁

서인혁(서)은 국술원의 설립자이다. 서는 대구 근처의 달성면에서 태어났다. 1938년에 서는 최용술로부터 유권술을 배울 기회가 있었다. 또한 서는 중국인 무예가 왕태의에게 중국 무예인 "praying mantis"도 배웠다. 1960년 문종원이 유권술 도장을 열기 위해 부산으로 이사했을 때 서는 따라가서 그를 도왔다. 화랑도 창시자인 이주방이 말했다, "우리가 신무관 합기도 도장에서 열심히 훈련하는 도중에 서가 찾아와 손바닥 가격 기술의 시범을 보이고 갔다. 우리는 매우

서인혁

감명을 받았고 그가 가르칠 만한 다른 기술들도 있을 거라고 생각했다. 이때 신무관 관장이었던 김무홍이 군 복무를 하는 중이었으므로 원광화와 김정수가 대신해서 가르치고 있었다. 김우택, 이한철, 김무진, 허일웅과 서인혁은 신무관에서 나와 서울, 부산과 대구에서 국술원, 국술관, 국술회의 이름을 가진 도장들을 열었다.

김우택은 국술도장의 형성과 과정에 대해서 다음과 같이 회상했다. "나는 1962년에 신무관을 떠났다. 1년 후 서인혁, 이한철, 김무진이 부산역 근처인 노동회관 건물에 국술원 도장을 열었다. 서는 김무진과 함께 관장이었고 이한철은 사범이었다. 나는 초기 관원들 중 한 명이었다. 하지만 곧 이한철은 서울로 돌아갔고 김무진은 부산 영도에 도장을 개관하고 그의 무술을 야와라로 불렀다. 그때 나는 김무진과 함께 갔다." 국술원 도장은 매우 성공적이었다. 서는 대한기도회에 관심을 갖게 되었고 결국 1969년에 첫 번째 부원장이 되었다. 1974년에 서는 박노규와 박영일과 함께 그의 미국 제자들 중 한 명인 켄던칸의 초대장을 받고 미국의 루이지애나주

의 뉴오런으로 갔다. 서는 미국합기도협회 회장이었던 김희영과 함께 국술과 합기도를 루이지에나 주립대학에서 5년간 진행된 세미나들을 통해 홍보했다. 김희영은 미국 합기도 커뮤니티에서 잘 알려진 인물이었기에 국술을 미국에 전파하는 데 큰 도움이 되었다. 반면 김희영은 서에게 국술 기술의 도움을 많이 받았다. 서는 미국 곳곳을 돌아다니면서 국술 세미나를 발표했다. 그러면서 그는 합기도와 여러 면으로 다른 자신만의 독특한 무예 체계를 발달시켰다. 국술은 관절기, 발차기, 권법 등으로 구성되어 있으며 합기도에는 없는 많은 화려하고 심미적인 형태를 갖추고 있었다. 서는 김희영의 도움을 받아 미국의 무예 잡지를 통해 국술을 전파하고 국술 관련 책들을 출판했다. 김희영은 국술협회의 사무총장으로 근무했다. 그런데 김희영은 서서히 국술 기술과 합기도 기술의 차이점을 깨닫고 협회의 회장 자리에서 내려오기로 결정했다. 후에 이 자리는 박이현이 맡게 되었다.

서의 형제이자 대한국술협회의 수석사범인 서인선이 1983년에 대한기도회의 회장이 되고 서는 협회의 의장으로 임명되었다. 서인선이 국술을 합기도의 한 형태처럼 보이게끔 분류하는 데서는 불만을 가졌는데 이는 사람들이 국술을 단지 합기도의 부분으로 생각할까 봐 걱정스러웠기 때문이었다. 실제로 국술의 관절기 기술은 합기도와 비슷하지만 대부분의 기술들은 달랐다. 국술을 합기도와 혼돈하는 것을 원하지 않았던 서는 남동생 서인주와 함께 새로운 비영리 단체를 조직했다. 흥미롭게도, 뛰어난 협회경영술과 홍보에 뛰어났던 서의 평판 때문에 국술은 한국보다는 해외에 더 잘 알려져 있다.

(7) 김희영

김희영

　김희영(영)은 1938년에 서울 근처의 동탄시에서 태어났다. 그런데 1940년에 출생신고가 되어서 1940년생으로 등록되어 있다. 영은 다섯 살이 되었을 때 중국식 학교에 다니면서 천 개의 한자를 외울 정도로 영특했다. 1950년 6월 25일 한국 전쟁이 발발하여 북한이 대부분의 남한 땅을 점령했을 때 영은 북한 스타일의 학교에 다녔다. 많은 사람들은 이때를 매우 혼란스러운 시기로 여겼지만 영은 다른 교육체계를 비교할 수 있는 기회로 받아들였다. 1953년 7월에 전쟁이 끝났을 때, 영은 서울로 가서 동서울중학교에 다니면서 송광섭 아래에서 유도를 배우기 시작했다. 영이 대학교 2학년이 되었을 때 하야리아 미군부대에서 무예를 가르치게 되었다. 그는 유도 4단의 사범으로 인정받았다. 영은 나중에 유도만으로는 헌병대와 헬리콥터 조종사들을 가르치기엔 충분하지 않다는 것을 깨닫고 합기도를 배우기 시작했다. 1962년에 영은 신무관으로 가서 원광화에게 합기도 지도를 받았다. 영이 신무관으로 가게 된 이유는 그의 미래 사위의 가게가 바로 옆에 있었기 때문이었다. 그리고 미 군부대에서 호신술을 가르친 이유는 영어를 배우기 위해서였다. 영은 유도와 합기도를 결합한 자기방어술을 오후 6시에서 8시, 그리고 8시에서 10시까지 가르쳤다. 영은 미국으로 건너가 더 많은 고등교육을 받기를 원했다. 영의 궁극적인 목표는 미국 4년제 대학을 나와 귀국하여 국회에 출마하는 것이었다.

미국에 도착한 후 영은 동남부의 미조리 주립대학의 체육교육분문에서 호신술을 가르치기 시작했다. 그는 유도 제목을 달고 수업을 했지만 나중에는 합기도를 포함시켰다. 영이 합기도 시범을 보였을 때 많은 학생들과 학과장과 교직원들까지 이 시범에 참석했다. 이 시기는 베트남 전쟁 도중으로 많은 미국인들이 참전하는 시기였기에 이러한 실전무술에 대한 관심이 높았다. 1960년대에 영은 미국 중서부와 남쪽에서 많은 합기도 시범을 보였다. 그 중 미죠리 기술대학에서 했던 시범은 잊지 못할 시범들 중 하나였다. 경선신 관장이 영을 시범을 위해 그 대학에 초청했는데 막 강당의 무대에서 칼 공격에 대응하는 시범을 마무리 짓는 중일 때 그가 관객들에게 질문이 있냐고 물었다. 한 젊은 남자가 아무 말도 하지 않고 무대로 올랐다. 그리고는 칼을 주머니에서 꺼냈다. 영은 재빨리 반달차기를 했고 칼은 다행히 통로에 안전하게 떨어졌다. 그리고는 영은 그에게 네 질문이 무엇이냐?고 물었다. 말문이 막힌 그 젊은 남성은 대답하지 못했고 학생들은 기립박수를 보냈다. 그들은 합기도의 실전적인 모습을 목격한 것이었다. 영이 해병대에 있었을 때 그의 상사가 언급한 '총알은 차별하지 않는다. 총알을 피해

라. 항상 긴장을 풀지 말고 어떻게 살아남을지 배워라.'를 항시 인용하면서 무예가는 예기치 못한 일에 대비가 되어 있어야 한다고 조언했다.

1981년 6월 24일에 첫 세계무예대회가 부산에서 열렸다. 후원자는 대한기도회 소속의 세계 국술원이었다. 영은 챔피언십의 공동 연출자를 맡았다. 그런데 무예시합이 토너먼트 경기로 전환된 것은 처음이었기에 토너먼트 경기 법칙을 순조롭게 쓰는 것이 제일 중요한 업무였다. 경기자들의 안전이 우선이었으며 위험한 기술들은 제외되었다. 영은 새로운 규칙을 만들기 위해 가라데, 태권도와 유도 경기들에 쓰인 규칙들을 찾아보았다. 영이 한국 경기자들의 주요 무기라고도 불리는 낮은 회전돌려차기를 배제한다고 했을 때 많은 사람들이 반대했다. 하지만 그는 그 이유를 설명했다, "낮은 회전돌려차기를 사용하면 상대방이 바닥에 거꾸로 넘어질 수 있는데 경기장은 콘크리트 바닥이므로 이것은 매우 위험하다. 더 나아가서, 최초의 친선 챔피언십이므로 외국 손님들(경쟁자들) 또한 집으로 무사히 돌아갈 수 있어야 한다. 안전이 이 챔피언십의 우선사항이다." 한국 심판들은 이를 받아들였고 800명이 넘는 경쟁자들이 안전하게 경기를 끝마쳤다. 최초의 세계무예대회는 큰 성공을 거두었다.

1999년 8월에 세계합기도협회는 대구의 해인사에서 열린 명상 세미나를 후원했다. 세계합기도대회는 광주시와 충남의 합기도협회의 후원을 받았다. 개업식 때 영은 관중들에게 다음과 같이 축사를 낭독했다. "나를 초청해줘서 진심으로 감사드린다. 나는 1963년에 보트를 타고 미국으로 건너갔다. 내 주요 목적은 미국의 교육을 받고 합기도를 가르치는 것이었다. 그 시기 동안, 한국의 GNP 는 100달러였다. 많은 어려움이 있었지만 1세대 합기도 사범들은 절대 포기하지 않았다. 우리는 내일을 위해 살았다. 미국에서의 생활은 쉽지 않았다. 언어 문제, 문화충격과 다른 식습관 때문에 많이 힘들었지만 그래도 나는 합기도 정신으로 이겨냈다. 1970년대에는 많은 합기도 사범들이 전 세계적으로 생겨나면서 합기도는 우수한 한국무예로 인정받기 시작했다. 이런 변화는 외국에 있는 사범들의 힘도 있었지만 우리의 노력을 지지해주는 한국에 있는 사범들의 도움 또한 컸다. 한국전쟁 이후 우리는 경제위기에 직면했다. 하지만 우리는 결국 그 위기를 극복해냈고 이번 세 번째 세계 합기도대회는 전 세계적으로 합기도를 알리는 디딤돌이 될 것이다. 이번 기회를 통해서 우리는 자부심을 갖고 제자들을 한국으로 데려갈 수 있을 것이다."

(8) 명재남

명재남(명)은 1938년에 전라도에서 태어났고 쌍둥이 형제인 명재옥과 함께 서울로 이사했다. 명은 중앙도장에서 석인경에게 유도를 배웠다. 명이 검은띠를 따기 전에 명재옥이 송무관 도장에서 노병직에게 공수도를 배우자고 제안했다. 명은 한동안 공수도를 수련한 후 1960년에 지한재의 성무관 도장에 입관했다. 1962년 2월에 명은 최초로 인천시에 합기도 도장을 개관했다. 1965년부터 명은 일본의 아이키도 중앙도장과 기술을 교환하기 시작했다. 1969

년 11월 11일에 인천 시장 유성원의 도움으로 한국합기술회를 교육부에 등록번호 32번으로 등록했고 최초의 초대 회장인 유성원이 되었다. 1972년 1월에 명은 합기술에서 합기로 바꾸면서 그의 협회를 한국합기협회라고 불렀다. 그러고는 1973년 10월에 명의 한국합기협회와 김무홍의 한국합기도협회를 통합하여 대한민국합기도협회라

명재남

고 불리는 새로운 협회를 만들었다. 명과 김무홍은 각각의 자기 소속임원들을 반으로 나누고 공동이사로도 근무했다. 최태훈이 회장으로 선출되었고 사임한 후에는 대우사장 김우중이 그 자리를 차지했다. 협회는 10년간 지속되었으며 합기도 커뮤니티의 통일을 이루어냈다. 하지만 파트너들 사이에 많은 갈등을 유발하는 문제점들이 발생하자 명은 다른 협회를 만들고 싶어했다. 명은 1981년에 국제합기도연맹을 설립하고 1983년에 대한민국합기도협회의 이사직에서 사임했다.

명은 합기도 책을 집필하고 사범들을 교육하면서 합기도 기술을 정리하고 한검도라는 검술의 새로운 시스템을 만들어냈다. 한검도의 공격과 방어 움직임은 한글의 24가지 글자들의 모양에 따라 시행되었다. 명은 또한 한검도에서 검술과 호흡리듬이 하나가 되어야 한다고 강조했다. 명은 또한 합기도의 체조식 움직임인 황상도법을 개발하여 그 수련에 대해 다음과 같이 설명했다. "황상도법의 기술을 시행하는 동안에는 공격이나 방어 상황에서 상대방의

움직임을 시각화해야 한다. 비록 네가 스스로 그 도법을 시행한다 해도, '그림자 춤'처럼, 너는 그림자 파트너와 함께해야 한다.' 명은 회전적인 움직임과 감싸듯이 행하는 방어 동작을 강조했다. 그는 또한 1988년에 한기도를 창시했다. 세속적인 에너지와 하늘에너지의 한국 철학을 강조했으며 이 두 에너지를 한기도를 발달시키는 데 사용했다.

명은 합기도를 퍼뜨리기 위해 전 세계를 돌아다녔다. 명은 세계 곳곳에서 세미나를 열었고 합기도 사범들을 위한 국제적인 훈련도 제공했다. 오스트리아 올림픽 위원회의 초청으로 명은 1988년에 오스트리아 군사령부본부와 경찰학교에서 합기도 시범과 세미나를 시행했다. 태권도와 합기도 마스터였던 서명수는 오랫동안 폴란드에서 명의 합기도 조직을 이끌면서 많은 합기도 유단자들을 배출해냈다. 명은 또한 멕시코와 브라질에서도 합기도를 전파하기 위해 노력했고 그 결과 브라질의 대통령으로부터 문화훈장을 받았다. 명은 그 후에 미국으로 건너가 그곳의 사범들과 마스터들에게 세미나를 했다. 1997년에 명은 김용섭의 합기도 도장에서 세미나를 하기 위해 호주로 갔다. 김용섭은 호주에서 명의 대리인이며 서울대 출신으로 매우 학식 있는 마스터였다. 김용섭은 합기도 기술을 강조할 뿐만 아니라 또한 철학적인 부분들도 중시했고 무술 커뮤니티의 환경문제와 평화운동에 큰 영향을 끼쳤다.

한정도는 명의 사촌으로 그들은 어릴 때에 같이 자랐고 나중에는 서울로 이사했다. 한정도는 국제합기도연맹의 초기 시절에 명과 함께 일했지만 1990년쯤에는 독립을 원했다. 한정도는 컴퓨터와 비디오 활용 기술이 뛰어나서 합기도를 수련하는 모습들을 인터넷과 비디오테이프를 통해 보여주기도 했다. 그러고는 그는 주기적으로 외국을 방문하여 승진시험과 세미나를 하고 많은 외국 학생들이 한국을 방문해 합기도 수업 및 관광을 할 수 있도록 준비했다. 한정도의 조직인 세계합기도게임협회는 컴퓨터를 잘 사용할 줄 알았던 다수의 신세대들을 끌어들였다. 한정도는 또한 마음이 넓으며 항상 다른 무예를 배우고 싶어서 전통한국무술협회에서 사무총장을 역임하기도 했다. 명과 가까운 또 다른 인물은 쌍둥이 형제인 명재옥으로 1960년에 공수도 3단을 취득한 후 지한재의 합기도 도장을 다니면서 명과 함께 합기도를 수련했다. 그 후 명재옥은 1965년 9월 15일에 인천에서 합기도 도장을 열었다. 명이 한국합기술협회를 인가받았을 때, 명재옥은 그 협회의 홍보위원장의 자리를 맡았다. 1981년에 명이 설립한 국제합기도연맹에서 명재옥은 기술부위원장과 홍보위원장으로 근무했다. 그 후 1986년 명재옥은 회전무술을 창시하고 여러 나라를 돌아다니며 그의 무예 시스템을 전파하였다.

(9) 김윤상

김윤상(윤)은 1934년에 군산시에서 태어났다. 어느 날 윤은 극장에서 한국 뉴스영화에서 보도한 합기도 시범에 매료되어 군산에서 합기도 도장을 운영하고 있는 장개도의 제자가 되었다. 장개도는 지한재의 제자였는데 미국으로 갈 기회가 생겼을 때 그는 윤에게 도장을 팔았다. 윤은 대한민국합기도협회 설립 준비를 위한 회의

김윤상

에 참석하여 합기도를 최용술의 지도
력 아래에 통합하는 것에 동의했다. 윤
은 이때 최용술을 처음 만났다. 윤이
이상수와 함께 최용술에게 합기도를
배우러 가서 몇몇 기술을 그에게 선보
이자 최용술은 윤에게 지한재 스타일
로 배웠으니 검은띠를 벗고 하얀띠를
매고 다시 시작하라고 명령했다. 윤과
이용수는 아무 말도 하지 않고 하얀띠
로 수련을 시작했다. 대구에서 멀리 떨어져 살고 있었기 때문에 최
용술에게 정기적인 세미나 도중 일주일 동안에 그리고 학교 방학
도중 한 달 동안에 배우고 집으로 돌아가 한 달 동안 연습을 했다.
그 후 다시 돌아가 복습을 하고 새로운 기술을 배우는 열의를 보
였다. 최용술은 지도할 때 경상도 사투리에 일본말도 섞어서 이야
기해서 윤은 가끔은 그가 무슨 말을 하는지 이해하기가 힘들었다.
제자들은 최용술에게 기술 설명에 대한 진정한 의미를 물었다. 그
런데 그 기술에 그 어떠한 이름도 붙이지 않았기 때문에 기술에 대
한 새로운 이름을 만들어내야 했다. 1978년에 최용술이 토지소유
자와의 의견 충돌 때문에 도장을 접어야 했을 때 그들은 최용술에
게 여관방에서 합기도를 배워야 했다. 최용술은 윤과 이용수의 배
움에 대한 진실성에 매우 감명을 받아서 군산시에 도장을 개관하
라고 조언했다.

1980년에 윤은 두 명의 측근들과 함께 새로운 도장을 건립하고
최용술에게 알리기 위해 대구로 갔다. 최용술은 윤의 새 도장에 매

우 만족해하면서 용술관이라는 도장명을 지어주었다. 그리고 최용술은 윤에게 이렇게 말했다. "죽을 때까지 너는 도복을 입어라. 나의 모든 기술들을 용술관에서 발견할 수 있게 해야 한다. 그래야 내가 죽은 후에도 많은 사람들이 이곳에 와서 내 기술을 배울 수 있을 것이다. 나의 무예를 합기도가 아닌 '합기유술'로 불러야 한다." 그리고 저녁 식사 도중에 최용술은 윤과 이용수에게 급행열차를 타고 오라고 충고했는데 이는 자주 수업을 받으라는 뜻이었다. 그 후로 최용술은 용술관에 일년에 두 번 들렀고 윤과 이용수 또한 대구에 일년에 두 번 방문하면서 계속 운동을 배웠다. 윤과 이용수는 1984년 4월에 합기도 9단을 받았다. 그리고 최용술이 윤에게 도주의 직함을 받으라고 했지만 윤은 "스승님이 여전히 살아 계시므로 지금 도주를 받는 것은 예의가 아닙니다. 일단 아드님에게 도주를 맡기시고 그 후에 제가 할 수 있으면 도주를 이어받겠습니다"라고 말하며 정중히 거절했다. 그 때 최용술은 아들과 며느리를 가리키고 말했다, '나의 모든 기술은 용술관에 남아있다. 두 번째 도주 명칭을 얻으려면 그곳에 가서 배워라." 그리고는 1985년 1월 15일에 최용술은 그의 아들 최봉율을 국내 합기도 도주로, 장진일를 해외 합기도 도주로 각각 임명했다. 최용술은 1986년 10월 26일에 타계했고 그의 아들도 1년 후에 사망했다. 아들이 갑자기 죽자 최용술의 아내인 이혜자는 둘째 아들인 최태영이 너무 어렸기에 윤에게 도주가 되기를 요청했다. 윤은 여러 번 거절했지만 결국에는 2002년에 3대 도주에 취임하였다. 윤은 최용술의 합기도 술기를 홍보하고 전수할 목적으로 한국합기유술협회를 설립했다.

윤은 최용술의 성격을 다음과 같이 회상했다. "그분은 매트 위에선 마치 호랑이 같았지만 도장 밖에서는 겸손한 시골 노인이었다. 그분은 우리를 위해 떡을 사주곤 하셨다. 그분이 우리를 위해 감자바위 관광을 준비해주었고 겨울에는 된장국을 사주었다. 그분은 매우 겸손한 분이었다. 어느 날 우리는 이렇게 질문한 적이 있다, "왜 우리의 무예를 합기도라 부릅니까?"라고 하자 그분은 "나도 모른다. 내 제자들이 그렇게 하라고 요청해서 나도 그렇게 했을 뿐이다. 나의 무예의 실제 이름은 야와라이다. 야와라는 아이키도가 아닌 대동류유술이다." 윤은 합기도지도에 대해서 다음과 같이 말했다. "나는 최용술 스승님으로부터 배운 무예를 가르치고 있다. 그것은 바뀌어서는 안 된다. 누군가가 나에게 합기가 무엇이냐고 물었다. 나는 합기는 죽음이라고 대답했다. 다시 말해서, 삶과 죽음의 상황처럼 모든 에너지를 한 곳에 쏟는다는 말이다. 합기 에너지를 사용할 때, 마치 죽기 전에 선보이는 마지막 기술인 것마냥 던지기 기술을 실행해라. 우리가 기술을 시행할 때, 일본인이 하는 것처럼 상대방의 힘에 대응하는 것뿐만 아니라 한국식 방식의 에너지 사용 방법을 적용하는 것 또한 나의 가르침에 포함되어 있다. 나는 많은 사람들을 합기유술을 통해 만났으며 호주를 포함한 여러 나라에 방문할 기회가 있었다. 이것에 대해 최용술 스승님에게 매우 감사하게 생각한다."

(10) 오세림

오세림(오)은 1942년에 지한재와 동향인 안동시에서 태어났다. 오는 지한재에게 유권술을 3년 동안 배웠다. 그러고 나서 지한재는 서울로 갔고 유용우가 안무관 유술도장을 물려받았을 때 오는 새로운 사범에게 지속적인 훈련을 받았다. 그 후 오세림은 대통령의 경호원이 되어 경호 임무를 잘 수행하였다. 1979년 10월 26일, 그와 다

오세림

른 경호원들이 대통령을 경호하고 있었다. 대통령 주변에 그를 지키기 위해 워낙 많은 사람들이 있었기 때문에 오는 그의 사무실로 돌아갔다. 그런데 대통령이 총에 맞아 사망하고 거의 모든 대통령 경호원들이 사살되자 오는 도의적인 책임을 느끼고 그 일을 관두었다. 1987년에 그는 대한합기도협회의 회장으로 선출된 이후로 계속해서 자리를 맡아오고 있다. 오는 자동차 부품을 자동차 시장에 공급하는 CK회사를 운영하고 있다. 오는 이 회사의 사업으로 인한 경제적 여유 덕분에 대한합기도협회의 발전에 큰 공헌을 해오고 있다. 오는 지한재가 현대의 합기도를 창시한 사람이라고 믿는다. 최용술이 지한재의 선생이라고 믿었지만 지한재는 택견식 발차기를 배워서 유권술과 발차기 기술을 결합시킨 무예를 합기도라고 여기기 때문이다. 오는 최용술이 승단시험을 보기 위해 서울로 왔을 때 최용술이 왜 수련생들이 자신이 가르치지도 않은 기술들을

선보이는지 불평하는 모습을 목격했다. 최용술 장례식에 참가하여 관을 묻기 전 오는 지한재 합기도라고 자수로 쓰여진 비단으로 관을 덮었다. 모두가 이것을 보고 지한재가 최용술에게 야와라를 배우고 합기도를 창시했다는 의미로 받아들였다. 오는 서인혁 또한 최용술의 제자였지만 다른 무예를 배우고 접목하여 국술을 만들었다고 주장했다. 1950년대 최용술의 마지막 학생이었던 김정윤 또한 한국 무예를 공부했고 한풀을 만들었다. 최용술의 제자들이 그들만의 무예를 만들었다는 사실에 대해서 오는 다음과 같이 언급했다. 최용술이 가르친 무예를 합기도라고 부르는 이유가 제자들이 합기도 이름을 따라 자신들만의 도장을 열었고 전역에 너무 빨리 퍼지는 바람에 학생들이 이미 그것을 합기도라고 부르게 되었다, 그래서 지한재는 그의 선생을 존중해서 최용술에게 도주 명칭을 부여했다.

오는 대한합기도협회의 회장으로서 합기도의 수련이념과 원리를 체계화하려고 노력하였다. 합기도의 수련원리를 합기법과 합기술로 구분하였다. 합기법은 철학적이고 정신적인 훈련을 의미한다. 전통적 한국 철학문헌인 『삼일신고』에서 따온 통정(올바른 마음으로 행동을 통제할 수 있어야 한다는 의미), 지명(삶의 존재는 기 에너지에 달려 있다), 보정(인간의 본능은 신체에서 오기 때문에 건강을 위해서는 몸을 관리하는 법을 알아야 한다) 등의 세 가지 요소를 합기도 수련철학에 접목하였다. 합기도의 수련원리로서 합기술은 체술(빈 손과 발차기 기술), 기구술(무기 기술)과 활술(회복 기술)의 세 부분으로 구성하였다. 첫 번째 부분은 체술의 주요 부분으로는 타격, 던지기, 관절기 등이 있고 기구술은 검, 장대, 부채, 지팡이 등을 사용한 호신기술이 있다. 활술은 사람을 소생시키는 방법으로 기진맥진해서 숨이 가쁠 때 또는 부러진 뼈를 똑바로 맞추는 두 부분으로 구성하였다. 오는 경주 지역에 외국인들과 국내 사범교육과 합기도의 발전을 위한 연구를 할 수 있도록 사비로 중앙수련도장을 건립하였다.

16장.
합기도의 호신술기 체계의 확립

합기도 호신술기

(1) 물리적 생활환경의 영향이 큰 동북아시아 무예들

한 국가의 물리적 생활환경(하천이나 강변지역, 평원지역, 산간지방)은 그 지역에 거주하는 국민들의 신체구조와 신체활동에 절대적인 영향을 미친다. 농사를 짓거나 어업 생활을 하는 남방문화권은 농사를 지을 때 모를 심거나 수확을 할 때, 또는 노를 젓거나 고기를 잡을 때 손과 팔의 이용이 절대적이다. 반면 유목문화권에서는 큰 평원이나 사막지역을 장시간 동안 소나 말을 타거나 걸어서 이동하거나 산간 지방을 뛰어다녀야 하는 생활로 인해서 강한 골반과 튼튼한 하체는 필수적인 요소이다. 따라서 하체 지향적인 운동과 놀이문화가 잘 나타난다.

중국 무예

가령 중국의 소림무예는 남소림무예와 북소림무예로 나뉜다. 하천과 강이 많은 남부지방에서 노를 젓거나 낚시 등과 어업 위주 생활환경 때문에 손을 주로 쓰는 권법 위주로 발달한 무예가 남소림무예이다. 유목이나 수렵 위주의 북부지방은 말을 타거나 산간지방을 뛰어다니는 생활환경 때문에 주로 발차기가 발달한 무예가 북소림무예이다. 이러한 남소림 권법이 일본의 오키나와로 전해져 바다로 둘러싸인 섬나라로서 손동작에 더 강조를 두는 가라데가 발달해왔다는 연구들은 이미 알려진 사실이다.

이러한 관점에서 북방 기질을 가진 한국인은 발을 쓰는 것을 선호하는 신체문화의 특성을 보인다. 한국인들이 발달된 골반과 하체를 가져서 발의 사용을 더 선호하는 성향으로 인해 발차기 위주인 태권도나 택견이 발달했다는 주장은 일리가 있다. 하지만 일본과 한국은 손이든 발이든 그 나름대로의 타격기술을 가진 무예들을 형성해 왔다. 따라서 일본 아이키도가 타격기의 강술을 배제한 것만으로 일본의 무예들이 타격기 위주의 강술이 발달하지 못했다는 것은 일반화의 오류를 범할 수 있음을 유의해야 한다. 대부분의 운동, 특히 구기 스포츠는 사지를 뻗는 신체활동이 주를 이루고 있다. 배구, 농구, 야구, 골프, 탁구, 축구 등은 공을 가격하거나 차기 위해서 팔과 다리를 뻗는 동작이 공통점을 이루고 있다. 무예 또한 손발을 이용한 타격기술이나 창과 검을 이용하는 무기술도 사지를 뻗는 동작이 대부분이다. 따라서 인간의 팔 근육의 당기는 힘은 이두박근과, 밀거나 뻗는 힘은 삼두박근과 관련이 있어서 삼두박근의 근력향상이 운동수행에 매우 중요하다. 예컨대, 야구선수가 타력을 강화하기 위해서나, 골프 선수가 장타를 치기 위해서 이두박근의 발달을 위한 바벨을 들어 올리는 운동은 거의 하지 않는다.

그런데 유난히 당기는 근육이 발달한 무예의 신체활동을 가진 일본인의 신체구조에 대해 요시마루 게이세츠가 쓴 『아이키도의 과학』이란 저서는 흥미롭다. 그는 일본이 유독 타격기술과 다른 유술들이 발달했는가에 대해서 설득력 있는 이론을 제공하고 있다. 인간의 팔 근육은 당기는 힘에는 이두박근, 밀거나 뻗는 힘은 삼두박근과 관련이 있다는 것은 서양의 신체해부학적 입장이다. 당기는 힘을 이두박근에서 굴근으로 정의하고, 밀치거나 타격하는 힘은 삼두박근에서 신장력(뻗는 힘)을 바탕으로 한 신근이라고 정의하고 있다. 요시마루는 일본인은 의자에 앉아 생활하는 외국인들보다 주로 다다미방에 앉아 생활하는 좌식 생활로 인해 허리와 등이 구부러지기가 쉽고 이는 팔의 굴근력이 강해지고 당기는 힘에 의존하는 경향이 있다고 주장했다. 이를테면 외국인들은 밀어서 나무를 깎거나 다듬을 때 밀면서 하는 톱질을 한다. 반면 일본인들은 대패질을 유독 당겨서 하고 땅을 팔 때도 밀어서 하는 삽질 대신 당기는 동작의 삽질을 하는 것을 예로 들고 있다. 이러한 일본의 신체문화는 무예 동작에서도 나타난다. 일본 무도를 대표하는 유도나 검도는 주로 당기는 힘을 이용한다는 특징이 있다는 것이 흥미롭다. 유도는 당기면서 밧다리나 업어치기를 하고, 검도는 서양의 펜싱이나 중국의 검술에서 양날을 가진 검(劍)으로 주로 찌르는 동작이 아닌 안쪽으로 당겨서 베는 동작이 주를 이루다 보니 검의 한쪽에만 칼날이 있는 일본도(刀)를 쓴다.

무예 연구가 허인욱은 한국과 일본의 검의 전통적 패용방식(검을 차는 방식)으로 일본인과 한국인의 신체 동작의 차이점에 대해 흥미로운 설명을 하였다. 일본은 검날을 위로 향하게 한 후, 허리띠에 꽂는 형태이다. 검날이 위로 향하도록 하고 검을 두 개씩 허리에 찬다. 반면 조선의 검 패용 방식은 끈을 이용해서 검 손잡이가 뒤로 가게 한다. 도포와 갓을 쓴 조선인은 왼쪽 겨드랑이 부분에 검 손잡이가 뒤로 가고 검 날이 아래로 향하도록 패용한 모습을 볼 수 있다. 이는 검을 허리에서 검을 빼는 동작이 굴근이 발달한 일본인들은 편하기 때문이다. 반면 조선에서의 검을 몸의 뒤에서 뽑는 동작이 굴근보다는 신근의 동작을 더 필요로 한다. 검술의 경험이 없어도 두 가지 방식을 시도해보면 쉽게 이해가 된다.

물론 일본의 전통씨름인 스모는 밀치기 기술도 많이 있고 한국의 씨름 또한 당겨서 들어올리는 기술들이 있다고 반박할 수도 있다. 하지만 일본 무도인 검도와 유도는 밀치거나 치는 기술보다 당기는 힘을 더 강조한다는 것을 부인할 수는 없다. 유도에서는 상대방을 당겨서 메치거나 업어치는 기술이 대부분을 이룬다. 그리고 검도에서 진검 수련은 치는 것이 아니라 칼을 안쪽으로 당겨서 베어야 한다. 이러한 성향으로 인해서 일본은 사무라이(무사계급)가 지배하는 긴 통치시대를 거치면서 당기면서 던지고 꺾는 유술들이 발달되어 오면서 굴근력을 강조한 일본인들의 신체구조와 맞물려 치고 때리는 신장력을 배제한 유도와 아이키도라는 근대무예가 탄생하였다고 볼 수 있다.

일본 무도

한국도 일본처럼 오랜 좌식 생활을 해 온 환경에서 굴근이 더 발달할 수 있다. 그런데 왜 한국의 국기인 태권도나 택견은 주로 발기술을 강조하면서 뻗거나 내지르는 신장력을 강조한 기술들이 대부분일까? 한국 고대 무예서적에 늘 등장하는 수박이나, 수벽치기가 대표적인 무예 형태로 발전해 왔는데 이는 주로 손으로 치거나 격파하는 권법이다. 그리고 민족의 전통적 놀이였던 탁견(현재의 택견)은 발을 뻗어서 차는 발차기 위주의 무예였다. 발차기를 선호하는 한국인의 특성은 남방계열인 일본인과 다른 북방계열의 생활환경에서 찾을 수 있다. 농사를 짓거나 어업 생활을 하는 남방문화권은 생활환경에서 농사를 지을 때 모를 심거나 수확을 할 때, 또는 노를 적거나 고기를 잡을 때는 손과 팔의 이용이 절대적이다. 반면 북방문화권은 유목문화권으로 큰 대륙을 장시간 동안 소나 말을 타거나 걸어서 이동하거나 산간 지방을 뛰어다녀야 하는 생활 때문에 강한 골반과 튼튼한 하체는 필수적인 요소이다. 따라서 하체 지향적인 운동과 놀이문화가 잘 나타난다.

대표적인 것이 한국 명절에 볼 수 있는 제기차기, 널뛰기, 닭싸움, 또는 그네타기 등으로 모두 발을 쓰는 놀이 동작이다. 강력한 허리의 힘을 기반으로 골반을 뻗어서 파괴력을 내는 태권도 옆차기는 한국인이 최고의 자세를 가지고 있다는 것은 널리 알려져 있는 사실이다. 세계에서 유래를 찾아볼 수 없는 발차기 위주인 택견이나 태권도가 한국의 대표적인 무예가 된 것은 이러한 북방 기질을 가진 한국인의 발을 쓰는 것을 선호하는 신체문화에서 비롯되었다는 주장은 꽤 설득력이 있다. 이러한 맥락에서 합기도는 남방기질 위주인 일본의 대동류유술에 북방기질을 반영한 다양한 발차기와 권법을 활용한 타격기술이 접목돼 한국인의 신체문화가 녹아 있는 무예로, 아이키도와 차별화되는 독자성 가치를 지닌 근대 한국무예로 자리잡았다.

택견

이러한 측면에서 합기도 기술이 일본의 아이키도 기술과는 다르게 진화되고 발달되어온 주요한 이유는 한국과 일본의 생활 환경과 관련하여 신체를 다르게 사용하는 민족적 특성에서 나오는 신체문화의 분석을 통해서 이해될 수 있다. 즉 고대의 전쟁무예에 같은 뿌리를 가진 대동류유술에서 아이키도는 방어중심적인 무예로 타격기술을 배제하고 유술 고유의 특성을 계속 유지하고 있는 반면 합기도는 오히려 다양한 권법과 발차기 등의 강술을 접목시킨 새로운 형태의 유술로서 각자 다른 무예로 발전되어온 이유는 이러한 각국의 특성화된 무예의 신체동작에서 비롯되었다.

다음으로 설명할 동남아시아와 인도의 무예들에 대해서 자세하게 설명을 하고 있는 국내 저서들은 찾아보기 힘들다. 따라서 영문저서인 크리스 쿠루델리(Chris Crudelli)의 『The Way of the War-rior』, 마이클 마리스제스키(Michael Maliszewski)의 『Spiritual Dimensions of the Martial Arts』, 그리고 돈 드래그(Donn F. Draeger)와 로버트 스미츠(Robert W. Smith)의 『Comprehensive Asian Fighting Art』 등의 저서를 참고하여 필자가 비교 분석한 동남아시아와 인도 무예의 개괄적인 설명을 하기와 같이 서술하였다.

(2) 종교적 관습의 영향이 강한 동남아시아 무예들

종교성 짙은 동남아 무예

동남아시아 문화의 특징은 다양한 종교적 관습들―샤머니즘, 기독교, 이슬람, 시크교, 힌두교, 불교―등을 기반으로 하여 토착문화, 중국문화, 이슬람 문화, 유럽문화가 공존하는 환경 속에서 민족적, 언어적, 그리고 문화적으로 풍부한 다양성이다. 이러한 종교문화적 다양성으로 인해 주로 불교와 유교의 영향권이 큰 중국의 전통무예의 영향을 받았던 동북아시아와는 다르게 동남아시아 무예는 아시아 문화의 두 주축인 인도와 중국, 양국의 전통 무예들의 영향을 같이 받으며 각자의 뚜렷한 특성과 문화적 정체성을 가진 다양한 격투체계로 발전하였다.

거의 모든 동남아시아 지역이 오랜 세월동안 서양 국가들의 식민지 지배에서 오는 갈등과 억압을 겪어오는 역사 속에서 각국의 전통적인 무예들은 서양 제국주의에 맞서는 민족주의적 투쟁 방식이면서도 서양문화에 동화되는 상반된 태도를 반복해왔다. 따라서 무예들은 각국의 토착문화 또는 전통문화와 유입된 종교적 관습과의 갈등, 배척, 융화, 동화 등의 변증법적 과정을 통해 여러 형태로 번성해 왔다.

동남아시아 무예들은 실전 겨루기를 강조하는 강술 무예로부터 자기발전과 수양을 위한 부드러운 유술 무예까지 그 범위가 광범위하다. 그런데 동남아시아의 토착적인 많은 무예들의 공통된 특징은 음악을 동반한 종교적 의식과 같은 무용형식으로 시작된다는 것이다. 이러한 종교적 색채가 강한 전통들은 여전히 현재에도 수행되고 있다. 예를 들어 권법과 발차기 그리고 팔꿈치와 무릎을 사용하는 직접적이고 효과적인 킥복싱인 무예타이(Muay Thai)는 단순하지만 아주 실전적인 강술 무예로서 동남아에서 유일하게 서방 국가들에 의해 식민지화되지 않은 태국의 내면적인 강인함을 보여준다. 태국의 무예타이는 격렬한 시합 전에 자신의 보호를 기원하고 상대방의 마음을 흩트리기 위해 마술을 거는 듯 춤을 추는 것과 같은 불교식 예식을 행하는데, 최면을 거는 듯한 독특한 음악이 항상 수반된다. 태국의 대표적인 무예는 무예타이인데 다른 대표적인 무예로는 무예타이의 원조격으로 무기술 위주인 '크라비 크라봉'이 있다. 태국에 인접해 있는 불교 국가인 캄보디아에는 '보카톨, 프라델 시레이, 크메르 전통레슬링' 등의 불교적 의식을 지닌 다양한 무예들이 있다.

인도네시아와 말레이시아의 대표적인 무예인 실랏(silat) 또한 민속음악이 연주되는 동안 시합을 행한다. 인도네시아의 실랏은 펜칵실랏으로 800여 개의 실랏의 분파를 이루고 있다. 인도네시아의 실랏은 이슬람 이외에도 힌두교와 전통무속신앙과 관련된 전통적인 무예 실랏을 비롯하여 '키에성쿤타오, 신도' 등 다양한 근대 무예스타일이 있다. 말레이시아는 특히 이슬람교의 교리와 의식을 더 강조하는 실랏의 형태를 띠며 벌실랏(Bersilat)으로 불리기도 한다.

미얀마 무예인 '퐁이 타잉(Pongyi thaing)' 또한 힌두교와 불교의 비폭력적인 교리에 따른 수련을 강조하는 유술적 무예의 특징을 가지고 있다. 이 무예의 주된 수련목적은 수련자의 심신과 정신을 발전시키려는 수양적인 측면이 강하다. 또한 고대 미얀마의 요가형태 무예인 반도요

무예타이

가는 이전에는 적의 공격으로부터 방어를 위한 전쟁무술의 형태였

다. 하지만 시간이 지남에 따라 건강과 양생을 위해 신체의 질병을 예방하는 마음을 갈고 닦아 갈등과 투쟁으로부터 벗어난 평화스러운 마음을 추구하는 종교적인 수행의 형태로 바뀌었다. 베트남은 프랑스를 비롯한 서방의 식민지시대를 겪는 혼란스럽고 격동적인 역사를 겪으면서 문화적으로나 사회적으로 불교의 영향을 많이 받은 중국식 무예들이 산재해 있었다. 이러한 중국식 무예는 가문을 따라 몰래 비전되었고 특히 1859년부터 1954년까지 프랑스의 통지를 받는 시기에는 비밀스럽게 전해져 왔다. 그 외에 베트남의 토착 무예로서 '투싼, 라오스의 무예인 링롬, 보비남, 쑤엉누' 등이 전래되었다. 베트남의 근대 무예들은 종교적인 성향보다 식민지에서 벗어나기 위한 국가주의적 성향이 강한 대중성 무예이다. 그 중에서 보비남은 1939년에 건립된 베트남을 대표하는 국가 무예이다.

(3) 동양무예의 근원인 인도무예에 대한 고찰

동양무예는 주로 중국무예를 진원지로 한 일본무예와 한국무예로 이해하는 경향이 있다. 하지만 중국의 고대 무예에 영향을 끼친 것이 인도무예라는 역사적 사실을 우리는 간과하고 있다. 중국문명과 인도문명은 아시아 문명의 중심적인 두 축을 이루고 있다. 중국 문명의 영향권에는 한국, 일본 등의 동북아시아와 태

인도 무예

국, 베트남, 인도네시아 등의 동남아시아지역이 있다. 반면 인도문명권은 필리핀, 말레이시아, 인도네시아 등의 동남아 지역과 파키스탄과 방글라데시 등의 서남아시아 지역이다.

인도는 세상에서 가장 인구가 밀집한 민주주의 국가이며 지리적으로 7번째로 큰 땅을 가지고 있는 국가이다. 동북쪽으로는 중국, 네팔, 부탄과 국경을 접하고 있고 동쪽으로는 방글라데시와 미얀마, 그리고 서쪽으로는 파키스탄과 국경을 접하고 있다. 인도는 네 개의 세계 주요 종교인 시크교, 불교, 힌두교, 그리고 자이나교가 탄생한 곳이기도 하다. 그 종교들의 오랜 역사와 다양한 문화는 많은 철학들, 위대한 사상가들 그리고 용감한 전사들, 그리고 영향력 있는 무예가들을 잉태시켰다.

인도는 동양무예의 출생지로 여겨진다. 구체적인 실증적 역사 자료의 부족으로 정확한 사실인지는 논란이 있지만 오늘날 중국무예의 모태가 된 중국의 소림사 무예는 달마(중국말로는 따모)라고 불리는 인도 불교승의 무예동작들로부터 비롯되었다고 알려져 있다. 서기전 440년에 남인도 팔라바 왕국의 수도에서 카스트 중 전사 계급이었던 달마는 어린 나이에 불교의 가르침을 받았으며 고대 인도 무예인 맨손과 무기를 다 쓰는 칼라리파야투(kalarippayattu)에 능숙했다고 한다. 그는 이후에 중국으로 건너가 지금은 선종이라 불리우는 불교학파를 세워 전파했다. 하남성 지역의 송산에 위치한 소림사에 도착한 달마는 초기에는 입장이 불허되었다. 그러나 전설에 따르면 소림사 주변에 있는 동굴에서 9년 동안 면벽 수도하며 그동안 묵음 수행을 했다. 이러한 달마의 헌신과 지혜를 깨달은 소림사 스님들은 그가 소림사에 들어오는 것을 허락했다. 달마는 소림사에 머물면서 오랜 명상의 수도 후에 신체적 힘과 활력이 부족해 약해지고 병든 스님들을 강하게 하기 위하여 선의 사상들(원칙들)과 요가식 무예들을 가르쳤다. 이후에 달마는 신뢰를 받았고『역근경』과『세수경』이라는 책을 썼다. 이 책들은 효과적인 기공 수련에 관한 설명서이며 근대 소림 무예의 기본을 형성하고 있다고 여겨지고 있다.

인도의 다양한 물리적 환경들, 이를테면 산악들, 광대한 평원들, 정글들, 그리고 사막들 등은 그 나라의 무예형성에 주요한 영향을 끼쳤다. 다양한 문화들 속에서 무예들은 지형, 종교적 믿음들, 그리고 각 특별한 지역의 철학적 수행들에 영향을 받았다. 인도무예와 관련된 제한된 활용 가능한 자료들을 분석할 때 유의해야 할 일은 무예전통에 관련되는 인도인의 신체관에 대해서 특히 명상 종교적인 수련들을 언급한 내용을 읽고 이해를 해야 할 필요가 있다는 것이다. 가령 요가무예는 육체적인 건강뿐만 아니라 자유의 목적을 강조한다. 고대 인도는 풍부한 역사만큼이나 부유한 국가였다. 그리고 인도는 역사적인 무역 루트들에 의해서 많은 제국들을 그 지역에 끌어들이는 원천지였다. 활발한 상업적인 교류로 인해 많은 다른 근원지들로부터 새로운 종교적 사상들과 무기들 그리고 격투 기술들이 인도로 유입되었다. 예를 들어 레슬링이 불교의 출현 전에 이미 인기 있는 스포츠였던 사실은 외부 세계 이를테면 그리스, 페르시아 또는 로마의 사람들과 접촉을 가졌다는 추정을 가능하게 한다. 이러한 사실을 통해 무예사에 있어서 인도무예가 서양무예의 근원지인 로마와 그리스 지역의 무예들과 상호 영향을 끼쳤을 흥미로운 가능성에 대해서 유추해 볼 수 있다.

1) 인도 무예의 특징

인도 무예

촐라(The Cholas) 왕국과 타밀 체라(Tamil Chera) 왕국의 역동성은 인도 무예의 발전에 아주 중심적인 역할을 했다. 10세기에서 12세기까지 이들 왕조의 권력이 절정에 다다른 시기 동안에 인도왕조는 아시아에 걸쳐서 특히 남인도지역에서 문화적, 군사적, 경제적으로 발전소이며 원천지였다. 말레이 군도까지 확장한 타밀왕조는 탁월한 해상활동을 통해 동남아시아 지역과 중국, 그리고 중동지역에까지 활발하게 무역을 했다. 촐라 왕국의 군국주의적 전쟁기술이 뛰어난 이유는 이렇게 외부세계와의 왕성한 교류에 기인하였다. 촐라 왕국의 군사력과 전투력에 관한 진보된 기술은 외부세계와의 접촉이 주된 이유였기 때문이다. 또한 남부 인도를 지배했던 타밀체라 왕국은 15세기까지 메소포타미아, 페르시아, 그리스, 로마, 이집트와 많은 아랍왕국들과 활발한 무역을 했다. 향료, 보석, 재목, 비누 등과 같은 물건들의 거래를 통해 무기, 갑옷, 맨몸격투술 등을 망라하는 전투기술들도 이 시기에 함께 전해졌다.

오늘날 인도에서 인기 있는 많은 무예들은 종교적 운동들과 강력한 연관성을 가지고 있다. 서양 무예학자인 크리스는 인도무예에 대한 상황을 다음과 같이 잘 설명하고 있다. "가트카(Gatka)는 시크교와 연관된 무예로서 푸니아브(Puniab) 지방에서 일반적으로 수련되어오고 있다. 가트카 무예는 원래는 시크교 전사들이 전쟁터에서 그들의 지역사회를 보호하기 위하여 사용한 전쟁 무예였다. 하지만 지금은 그 지역의 다른 종교적 기반을 가진 무예와 합쳐졌다. 단지 축제나 대중적 집회에서 전통음악에 맞추어 행해지는 스포츠나 시범적인 성격을 띤 무예로만 수련되고 있다. 그런데 불교의 출현으로 인해서 격투활동에 규제가 생겼다. 불교 법전인 출라박가(Cullavagga)에서는 레슬링이나 주먹 다툼, 활쏘기나 검술의 사용을 금했다. 그렇지만 이런 조치들이 효과적이었는가에 대해서는 의심의 여지가 많다. 반면에 무슬림의 정복시기인 13세기와 14세기에 이슬람교의 의식에 맞춘 근대식 레슬링의 형성이 이루어지는 등 이슬람 시대 동안에는 격투성 무예들이 번성하였다."

2) 인도의 맨몸무예 기술들

주먹을 사용한 격투술들이 '리그베다' 등의 인도 고전 작품들 속에서 언급되고 있는 것으로 보아 다양한 종류의 복싱이 고대에 행해졌다. 1890년대에 이르러 서양식 복싱이 인도의 거의 모든 구식 복싱을 잠식하고 대체했다. 단지 300여 년 이상을 베나레스 지역에서 수련해 온 '무키' 복싱만이 존재하고 있다. 그러나 베나레스 지역 이외 지방에서 무키 복싱은 크게 인기를 끌지 못하였다. 개인전이 매년 개최되었는데 부상이 빈번하고 중상을 입었기 때문에 개인적인 시합은 금지되었다. 무키 복싱은 인도의 맨몸 격투술 중에서 가장 거칠고 잔인한 격투술로 알려져 있다. 발차기가 없는 이 복싱은 실전적인 효과성을 위하여 발차기에 의지하지 않고 큰 타격을 주는 격투술

인도 맨몸무예

이었다. 인도의 고대에는 '빈오트'란 맨몸격투술이 있었는데 오늘날은 거의 수련되지 않는다. 복싱 파이터들은 무술림 시대의 문학에도 언급되고 있는데 어떤 사람은 맹수와 싸울 때 한 팔만을 사용했다고 나와 있다. 오늘날 빈오트 무예는 다양한 무기에 대항하여 양팔을 사용하는데 배우기가 어렵고 연습하기가 매우 위험하다. 빈오트는 아마도 현존하는 이러한 격투술 중에서 가장 오래된 것이라고 할 수 있다.

관절기와 관련된 인도 무예에 대해서는 구체적인 사료나 내용들이 없지만 인도의 '반데쉬'와 같은 관절기술 체계의 기원은 수백 년 전으로 거슬러 올라간다. 이는 무기술을 사용할 때 기술적인 부분으로 접목되었다. 근접거리에서 무기술은 팔이나 다리 관절이나 목 관절 등의 활용에 아주 효과적이었기 때문이다. 시합에서는 상대방의 무기를 탈취한 선수가 승자가 되었다. 수백 개의 관절기 기술들이 맨몸무예 격투술에서 사용된 것으로 추정된다. 대부분의 무기술 연습에서 관절기술은 상대방을 죽이지 않고 제압하거

나 물리치기 위한 전문 기술들로 사용되었다. 서양무예학자 돈 드래그는 인도의 레슬링에 대해서 다음과 같이 잘 서술하고 있다. "인도의 레슬링에 관한 초창기의 역사에 대해서는 거의 알려진 바가 없다. 하지만 중세 이후에는 인도의 어느 다른 무예들보다 훈련 내용들과 규칙들, 그리고 기술들에 대해서 레슬링을 가장 자세하게 언급한 기록물들이 많은 것이 인상적이다. 레슬링은 수 세기 동안 인도와 파키스탄에서 국가적 스포츠로 존재하였다. 인도 대륙에서 레슬링은 불교가 시작된 서기 전 500년 이전에 번창하였는데 심지어 아리안족의 침입이 있었던 서기 전 1500년대 전까지만 하더라도 자연스러운 운동의 형태로 사용되었다. 왕족들 앞에서 상대방이 죽을 때까지 격투를 벌였다. 왕들도 격투대회를 후원했을 뿐 아니라 직접 격투술을 수련하기도 했다. 그 당시에는 전사들이 침대에서 죽는 것을 죄악으로 여겼다." 인도의 고대 레슬링은 오늘날 극히 드물게 살아남아서 존재하고 있다. 레슬러들은 부유한 후원자를 끌어들이고 생계를 유지하기 위한 구경거리와 활동으로 그 시대에는 많이 유행했다.

(4) 한국의 문화적 특성에 따라 진화되고 발달되어 온 합기도 술기들

동북아시아와 동남아시아 무예들의 특성들을 살펴보면 한 국가의 무예가 형성되는 과정에서 무예는 그 국가의 종교적, 문화적 특성이 반영된 신체문화로 그 국가의 지리적, 민족적, 문화적 성격이 무예동작과 밀접한 상관관계가 있음을 알 수 있다. 이를테면, 넓은 대륙성 기질을 가진 중국 무예와 섬나라 기질을 가진 일본무예의 또 하나의 뚜렷한 차이점은 화려하고 다양함을 지닌 중국무예동작에 비해서 일본무예동작은 단순화되고 정제된 일격필살의 특징을 지니고 있다. 불교나 이슬람교 또는 힌두교와 같은 종교적 삶이 생활화되어 있는 동남아시아 무예보다 일본과 중국의 동북아시아 무예들은 종교적인 색채를 많이 띠지 않는 신체문화적인 특성이 강하다. 가령, 이어령 박사의 『축소지향적 일본』이란 저서는 일본의 문화적 특성을 흥미롭게 설명하고 있다. 일본은 창조보다 모방에 능숙하며 모방을 하는 과정에서 간결하게 작게 만들어가는 데 뛰어나다는 것이다. 접는 우산이나 트랜지스터 라디오, 미니 카메라, 소형 로봇, 분재 등이 대표적인 예이다. 이러한 문화적 특성은 일본무도의 동작에도 잘 나타난다. 가라데나 검도 또는 유도의 정제된 겨루기와 간단하고 깔끔한 한판 지향적 승부가 공통적이다. 반면에 자연 그대로의 흐름과 순리를 강조하는 노장사상문화와 복잡한 격식과 형식을 중요시하는 중국의 유가사상문화적 특성들이 우슈(Wu Shu)나 소림사 무술 등의 다양하고 화려한 중국의 무예동작에 녹아있음을 알 수 있다.

그러면 한국문화의 특성이 한국무예의 동작에는 어떻게 나타나는가? 심오하고 분석적인 한국무예에 대한 지속적인 연구가 필요하다. 그런데 한국의 근대무예 중의 하나인 합기도는 일본과 중국 무예 문화의 특성을 같이 가지면서 한국화되어 발달했다는 것에 주목할 필요가 있다. 합기도의 정통적인 호신 술기는 단수(單手)에 의한 간단명료한 일본무예적인 실전성을 지니고 있는 반면 다양한 발차기나 낙법이나 무기술 또는 형(型) 등의 합기도 기술들은 중국

문화의 심미적인 화려함을 보여주기도 한다. 이러한 양국의 효율성과 예술성을 고려한 타격기와 유술을 조화롭게 결합해서 새로운 독자적인 무예동작을 발달시켜 온 합기도 기술들이 종합격투기식 잡탕 무예가 아니라 한국적 문화 특성에 맞게 형성되고 진화되어 온 훌륭한 한국적 무예임을 인정해야 한다.

(5) 합기도 술기의 체계성 문제에 대한 기존의 논의들

합기도가 독자성을 갖춘 한국무예로의 정립에 있어 가장 걸림돌이 되는 비판은 합기도 술기는 표준적이고 통합된 체계가 부재하다는 것이다. 합기도 술기들은 타 무예들의 기술이 혼합되는 과정속에서 정확하게 정해진 기술의 명칭이 없고 단지 신체별, 이를테면 손목술, 의복술, 방권술 등에 의한 1수, 2수, 3수 등 순번 개념으로 정립해서 수련되며 협회마다 그 형태나 순서가 다르다는 문제점이 있다. 최용술이 전파한 합기도 기술들은 일본 대동류유술과 차이점이 있어 다른 유술과 관련이 있다는 비판도 있다. 특히 합기도가 대동류유술과는 관련성이 없다는 문제들이 제기되기도 했다. 이를테면 순번과 같은 직수위주의 기술은 숫자를 사용하는 일본의 소림사 권법과 유사하다는 주장도 있다. 또한 현재 합기도 기술이 대동류유술 118개조라고 잘못 인식하는 우를 범하고 있다는 김의영의 주장도 있다.

합기도 술기 모습

반면 한국에 전파된 대동류유술은 장인목이 일본에서 다케다 소가쿠의 제자인 마츠다 유타카의 밑에서 11년 동안 수련하여 전수받았다는 송일훈의 연구가 있다. 또한 최용술과 장인목에 의해서 유입된 대동류유술이 근대 합기도의 형성에 미친 과정들을 실증적인 관점에서 밝히려는 김정환의 연구도 있다. 대동류유술은 아이키도보다 다양한 손목이나 팔꿈치의 관절 꺾기 기술들을 가지고 있다. 합기도는 이러한 대동류유술의 기술들을 한국화시켰다. 여러 가지 손목수 기술들과 관절기술들을 응용해서 쓸 수 있는 의복수, 끌어안겼을 때, 방권술, 방족술, 단봉술, 포박술 등 다양하고 응용화된 꺾기 기술들을 만들어냈다. 합기도를 수련하고 연구한 사람들은 합기도의 술기의 기법이나 동작들은 대동류유술과 관련이 있다는 사실을 대부분 수긍하고 있다.

황종대와 김동규는 합기도와 아이키도 간의 주요한 기술관련 차이점들을 잘 분석하여 비교 설명하고 있다. 첫째는 두 무예가 다른 창시자의 특징을 가진 점, 둘째는 합기도의 최초 수련생들이 주로 고등학교 학생들이었던 반면 아이키도는 성인들이었다는 점, 셋째는 아이키도는 선제공격이 없고 공격에 대한 대응을 위주로 하는 반면 합기도는 발차기와 먼저 공격법이 있는 점과 다양한 발차기가 있다는 점, 그리고 마지막으로 합기도는 기술적인 통합을 이루지 못한 반면 아이키도는 시작부터 기술적 통합이 이루어진 점 등으로 설명했다. 그들은 또한 기술적인 문제뿐만 아니라 지도체계의 문제도 지적하고 있다. 이를테면 합기도는 기술수련은 단편적이고 반복연습보다는 다양한 발차기나 그 외의 기술들을 함께 수련하는 경향이 강하다. 반면 아이키도는 기술이 단수로 하는 수련 위주이고 반복연습을 강조하는 경향이 있다는 것이다. 합기도 술기 연구와 체계적 정립에 대한 문제점을 김이수는 구전에 의해 전수되어 합당한 기법의 복원은 불가능하고 합기도 술기들의 역사적인 자료마저 찾아보기 어려운 상태에서 합기도 기법들이 각양각색으로 변하여 현재에 와서는 어느 것이 옳은지 그른지를 판단하기 어렵다고 진단하고 있다. 따라서 근거 자료 없이 역사적 기록을 왜곡하여 신빙성 없는 기술을 하고 있어 많은 수련생들에게 혼란을 주고 있다는 것이 심각한 문제라고 지적하고 있다.

합기도의 각 협회별로 나름대로 표준화된 술기 등을 수련하고 있지만 통일되고 표준화된 합기도 술기의 수련 체계가 부재하다. 더욱이 각자의 스타일을 고수하거나 변형함으로써 여러 가지 유파로 파생되어 경기단체 2개, 단증을 발급하는 법인체 51개 등 많은 합기도 단체가 무분별하게 자신들의 합기도가 전통성을 지녔다고 주장하면서 명백한 사상과 기술적 체계 없이 우후죽순으로 생겨났다. 이러한 합기도 협회의 분열과 난립으로 인한 통일된 기술적 체계의 부재는 합기도의 독자성을 지닌 한국무예의 형성에 아킬레스건과 같은 약점으로 작용하고 있다. 그나마 바람직한 현상은 그동안 합기도의 역사부분에만 치우쳤던 학문적이고 이론적인 연구들이 윤대중, 송일훈, 김의영, 황종대, 김동규 등과 같은 합기도 학자들에 의해서 기술적인 측면들에 대한 연구들이 발표되기 시작하였다는 것인데, 특히 합기도 협회별 기술의 분석과 정립을 위한 학문적인 시도들은 고무적인 현상이다. 이러한 학문적 시도들은 합기도 술기체계의 통합이라는 큰 목표 달성으로 나아가기 위한 자구적인 노력의 일환으로 합기도인들뿐만 아니라 일반 무예인들에게도 대중적으로 더 많이 알려질 필요가 있다.

황종대와 김동규는 합기도 기술을 단전호흡, 술기(치기와 차기, 꺾기와 던지기), 낙법, 수기, 발차기, 겨루기, 격파, 활법 등으로 구분하였다. 또한 합기도 단체별로 대표적인 협회(대한 기도회, 대한합기도협회, 그리고 국제연맹)에 따라 합기도 술기체계를 비교분석하는 바람직한 연구들도 나왔다. 송일훈은 합기도의 대표적인 3개 단체의 기술적인 특성을 구별해서 다음과 같이 잘 설명하고 있다. "1963년에 설립된 대한 기도회에서는 대만 국술과 최용술의 합기도와 혼합하여 새로운 형태의 기술을 만들었다. 시합 유형은 겨루기, 무기술, 형, 호신술 등의 다양화를 추구했다. 대한 합기도협회는 호신술과 발차기에 중점을 두었고 겨루기가 없었다가 겨루기 방식을 다시 채택했다. 국제 합기도연맹은 특히 국제화에 성공하였으며 공격보다는 방어, 건강과 호신에 중점을 두고 있다." 또한 김의영, 윤대중, 김의영 등의 합기도 연구가들도 분석한 국내 합기도 단체 간 기술형성의 특성을 하기와 같이 밝혔다.

"대한기도회의 합기도 술기들의 특징과 용어들은 심법, 기법, 신법을 기본으로 하여 안법, 보법, 수법, 그리고 족술, 유술, 연행술, 부채술, 포박술, 단장술 등이다. 족술의 특징은 택견의 발차기 기술과 당시 당수도의 기술들을 접목하여 합기도의 발차기가 만들어졌다. 또한 상대의 급소를 집중적으로 공격하는 기법들이나 맥차기 15기법 같은 것은 서인혁이 18기와 쿵푸를 습득하는 과정에서 적용되었다."

"대한합기도협회의 술기는 공격술, 권술과 족술로 구분된다. 지한재에 의해 1957년 족술이 처음 도입되었고 대동류 발차기는 택견 발차기와 비슷하다. 발가락으로 찍는 것, 정강이로 누르는 기술, 호미걸이와 같이 거는 기술과 하단 발차기가 주류였고 대동류유술의 기술 중 12가지 발기술을 최용술이 지도했다고 알려져 있다. 발차기 기술을 '발질'이라는 용어로 제기 차기식 발질은 기초동작의 단련기법으로 설명하고 있다. 뒷꿈치 차올리기, 옆차넣기, 안다리 차기, 바깥다리 차기, 족기 지르기, 뒷꿈치밑으로 돌려차기 다양한 발차기가 있다. 호신술은 도수대도수-맨손으로 하는 기법, 도수대무기-맨손과 무기의 기법무기, 대무기-무기와 무기로 하는 법, 공방기-공격과 방어의 기법, 관절기법-꺾기, 던지기, 누르기, 조르기, 당신기법-때리기, 차기, 지르기 등이 있고 무기술에서는 단검, 장검, 장봉, 지팡이, 창, 끈, 투석 등이 사용되었다."

"국제연맹 합기회는 일본 아이키도의 영향을 많이 받은 것이 특징이고 초창

기에는 발차기 기법이 적용되지 않고 천지전환단전법, 천지전환법, 천지역
류법, 천지 심화법 등의 원리에 의한 전환법 위주의 술기 등이 주류를 이루
었다. 그러나 시간이 지남에 따라 다양한 발차기 및 권법의 술기들이 접목
되었고 특히 '한검도'라는 검법의 수련을 가미시켰다."

합기도는 아이키도와 기술 수련적인 측면에서 유사성보다는 차
이점이 많다. 손목 술기 등의 관절기 기술이나 전환법, 또는 호흡법
에 있어서 부분적으로 아이키도와 비슷한 부분이 있어 보인다. 하
지만 수련의 방식이나 기술을 행할 때에는 몸의 동작이나 꺾는 방
식에 있어서 확연히 차이점이 있다. 게다가 합기도는 경기화가 이
루어짐에 따라 경기를 위한 수련기법의 다양화로 기술적 변화도
많이 생겨났다. 합기도 술기의 다양화와 응용화의 장점은 뛰어난
호신술기로서의 실전적 기술에 따른 실용성이다. 방어지향적이고
조화를 추구하는 무도의 특성을 강조하는 아이키도와는 달리 합
기도는 종합 무예의 성격을 띠고 있어서 경호무도, 경찰 체포술, 특
공 무술 등의 다양한 형태들로 진화되고 발전해 왔다.

반면 합기도 술기의 다양화는 술기체계의 난립으로 인한 통일성
이 없는 기술체계와 단일화된 대표단체를 구성하지 못하는 가장
주요한 원인으로 비판의 대상이 되기도 하였다. 기술의 통일성이
없어지고 단체나 지역적 계열(館)에 따라 다른 수련체계들이 형성되
면서 지도하는 사범에 따라 같은 기술의 원리를 가지고 있지만 검
증되지 않은 너무 많은 기술들과 통일되지 않은 용어가 혼용되는
부작용을 초래했다. 이러한 혼란을 가중하는 여러 문제점들을 해
결하기 위해서 초기의 형성된 합기도 기본기술들을 근간으로 합리

적인 기술 체계로 재정립해야 할 필요성들이 제기되었다. 물론 이미 여러 합기도 단체들의 각자의 스타일에 따라 구성하고 수련하고 지도하면서 고착화된 다양한 술기들의 통합 방법은 현실적으로 요원하다는 비관적인 관점이 분분하다.

합기도 발차기

독특한 관절기와 발차기, 치기, 지르기와 같은 타격기술 및 겨루기 등이 기술적으로 아이키도와 차별화시킬 수 있는 정체성을 가진 한국무예로 확립할 수 있는 근거라는 일반적인 주장만 되풀이하는 데 그쳐서는 안 된다. 좀 더 구체적이고 표준화된 합기도 술기체계의 정립을 위한 노력을 더 이상 지체하지 말고 효율적이고 가능한 방법에 대해서 고민하고 시작해야 한다. 합기도술기의 표준적이고 통합적인 체계적인 작업은 합기도가 한국무예로서의 독자성 가치를 구축하기 위한 필요조건이다. 가장 바람직한 방안은 합기도 단체들의 통합을 통한 기술적인 체계성의 정립이지만 현실적으로 쉬운 일이 아니다. 따라서 일단은 주요 합기도 단체들의 합기도 술기 용어들의 통일화 또는 우선 각 단체의 합기도 승단용 심사 기술들의 통합적 성격을 지닌 부분의 표준화 등의 현실적인 방안의 시도에 대한 노력과 협의가 이루어져야 한다.

(6) 표준화된 체계성을 지닌 합기도 술기!

한 무예가 대중성과 지속적인 생명력을 지니는 가장 큰 이유는 그 무예의 실용적인 호신효과 그리고 건강학적 효과를 지닌 기술 때문이다. 따라서 합기도가 지난 수십 년 동안 대중적인 인기를 지니면서 지속적으로 발전해 온 것은 합기도의 수련철학이나 지도이론보다 체계적으로 다양화시켜 온 합기도 술기 때문이다. 합기도는 대동류유술이나 아이키도와는 전혀 다른 관절기와 유술기술들에 권법이나 발차기 등의 타격기가 접목되었다. 그로 인해 방어적 기술형태인 관절기와 유술기의 기술에서 공격적인 기술형태인 발차기(족술)와 각종 무기술(지팡이술, 단봉술, 부채술, 검술), 특수호신술(연행술, 포박술) 등을 수련하면서 실전을 강조하는 수련체계를 갖추게 되었다. 이러한 수련체계성은 군부대나 경찰 또는 경호부문뿐만 아니라 일반생활에서도 실전 호신술로 활용되기 시작하였다. 이런 합기도 기술들의 다양성과 실용성이 대중적인 발전에 크게 기여해 오고 있다는 결정적인 증거이다.

합기도 기술들

하지만 합기도의 양적인 팽창과 대중적 발전의 이면에는 합기도 단체들의 난립으로 통합된 심사과정이 없어지고 특히 수련연령이 낮아지면서 성인들을 위한 술기들의 수련 비중이 낮아졌다는 어두운 면이 있다. 게다가 무예의 급속한 스포츠화로 인해서 낙법의 예술성을 강조하는 체조식 수련이나 경기용 발차기나 보여주기식 호신술 연무 위주로 합기도 수련체제가 변하는 문제점도 생겨났다. 이러한 수련환경과 지도체제의 변화 때문에 합기도의 술기체계가 표준화되지 않고 통일성이 없는 잡탕식 무예로 오인을 받게 된 것이 문제이다. 이러한 연유로 합기도를 수련해 본 경험이 없는 사람들이나 타 무예인들이 합기도에 대해 가지는 가장 잘못된 편견 중 하나가 통일되고 표준화된 합기도 술기의 체계가 없다는 것이다. 이 주장들의 핵심은 다음과 같다. 합기도 기술들은 근원인 대동류 유술과 연관성이 없고 여러 무술들을 혼합했기에 표준화되고 통일된 기술체계가 없다. 단체나 지역적 계열(관)에 따라 다른 수련체계들이 형성되면서 지도하는 사범에 따라 검증되지 않은 너무 많은 기술들과 통일되지 않은 용어가 혼용되는 부작용을 초래했다고 주장한다. 특히 태권도의 국기원처럼 하나의 통합된 단체에 의한 표준화된 합기도의 술기 수련의 심사 기준이 없는 상황에서 이러한 문제점들이 고착화되었다는 것이다.

반면 일본의 아이키도의 기술들은 통합된 시스템을 구축해서 선진적이고 우수한 술기들로 되어 있다고 여긴다. 게다가 합기도의 기술수련이 단편적이고 반복연습보다는 다양한 발차기나 그 외의 기술들을 함께 수련하는 반면 아이키도는 기술이 단수위주, 반복연습을 강조하는 경향의 차이점을 두고 마치 아이키도의 지도체계가 더 뛰어난 것처럼 홍보하는 것을 맹목적으로 믿는 문제이다. 과연 합기도가 아이키도보다 기술체계나 지도체계가 제대로 잡히지 않기에 열등한가? 필자와 같이 합기도를 오랫동안 수련하고 지도해온 무예인은 이러한 왜곡되고 잘못 알려진 합기도의 술기체제의 부정적 의견들에 대해 안타까움을 금치 못하고 있다. 따라서 이러한 합기도 술기 체계가 없다는 의견이 잘못되었음을 아래에서 꼼꼼히 밝히고자 한다.

1) 합기도는 대동류유술의 술기와 관련성이 없다고?

합기도 기술은 합기도 기술의 뿌리인 대동류유술과 합기도 기술은 거의 연관이 없고 현재 합기도 기술은 순수한 합기도 기술이 아니라 타 무도의 기술이 혼합되었다고 몇몇 무예학자들은 주장한다. 최용술이 전파한 합기도 기술들은 일본의 대동류유술과 많은 차이점이 있다면서 다른 유술과 관련이 있다는 비판도 있다. 즉 순번과 같은 직수위주의 기술은 숫자를 사용하는 일본의 소림사 권법과 유사하다는 최종균의 주장과 현재 합기도 기술이 대동류유술 118개조라고 잘못 인식하는 우를 범하고 있다는 김의영의 주장 등을 통해 합기도가 대동류유술과는 관련성이 없다는 문제들이 제기되었다.

합기도의 다인방어 술기

삼국시대에 신라에서 일본으로 전해졌다는 대동류유술의 술기들에 대해서는 대중적으로 잘 알려지지 않아서 아이키도와 대동류유술을 동일시하는 사람들이 적지 않다. 하지만 일본 대형서점에서는 아이키도와 대동류(합기)유술에 대해서는 책과 DVD로 다르게 출판되어 있다. 또한 유튜브 동영상을 통해서도 쉽게 발견할 수 있듯이 아이키도와 대동류유술은 엄연히 다른 무예이다. 대동류유술의 가장 큰 특징은 아이키도보다 손목이나 팔꿈치의 다양한 관절 꺾기 기술들을 가지고 있다는 것이다. 이러한 여러 가지 손목

수 기술들과 관절기술들을 바탕으로 합기도는 응용해서 쓸 수 있는 의복수, 방권술, 방족술, 단봉술, 포박술 등 다양하고 응용화된 꺾기 기술들을 만들어냈다. 또한 보폭(步幅)이나 체술의 움직임에서 대동류유술과 합기도의 공통된 술기들을 어렵지 않게 발견할 수 있다. 가령 아이키도 술기는 전환법을 행할 때 원반경이 크고 보폭이 넓은 회전법을 사용하는 반면, 대동류유술과 합기도는 좁은 보폭과 신속한 전환법 동작들이 많이 사용된다. 이는 난이도가 높은 기술일수록 보폭은 1~2보 혹은 정지된 상태에서 짧고 간결한 동작으로 사선과 사각을 주로 구사하는 대동류유술의 전환법과 매우 유사하다. 따라서 합기도와 대동류유술을 수련하고 연구한 사람들은 합기도의 술기의 기법이나 동작들이 대동류(합기)유술과 관련이 있다는 사실을 확신한다.

<표 11> 합기도와 아이키도의 술기 비교

합기도 (치기, 꺾기, 던지기)		아이키도(던지기, 꺾기)		
기술의 구성과 기술명칭		기술의 구성과 기술명칭		
맨손술기	무기술		맨손술기	무기술
1. 손목술 (빼기, 치기, 꺾기) (1) 바깥 손목술 (2) 안 손목술 (3) 양 손목술 (4) 옆손목술 (5) 뒷손목술 (6)한 손에 두손목술	1. 검술 (방검술)	던지기	입신던지기	1. 아이키검
			사방던지기	2. 운검법
			회전 던지기	3. 전후베기
		꺾기	1. 정면타 1교	4. 사방베기
			2. 어깨잡기 1교에서 4교	5. 돌려베기
			3. 정면공격 (1) 1교와 2교 각 3가지 (2) 3교와 4교 각 2가지	6. 발 바꾸며 정면 돌려베기
2. 의복술	2. 봉술 (장봉과 단봉)		4. 뒤에서 공격 (1) 1교와 2교 각 3가지 (2) 3교와 4교 각 2가지	
3. 방권술 (치기, 꺾기, 던지기)	3. 단장술	던져꺾기	5. 손목 뒤집기 (1) 정면공격 5가지 (2) 뒤에서 공격 2가지	
4. 방족술 (차기, 꺾기, 던지기)	4. 부채술	응용기술	6. 응용 던지기 10가지 (좌기, 반신반립기 포함) 7. 응용 꺾기 10가지 이상 (좌기, 반신반립기 포함) 8. 던져 꺾기 5가지 이상 (좌기, 반신반립기 포함) 9. 도검 관련 던지기 기술 2가지 10. 장 관련 던지기 기술 2가지 11. 단도 관련 꺾기 기술 2가지 12. 단도 관련 던져 꺾기 2가지 13. 도검 관련 던져 꺾기 1가지 14. 장 관련 던져 꺾기 1가지	7. 찌르기
5. 방투술 (꺾기, 던지기)	5. 포박술			
6. 연행술(꺾기)	6. 권총술			
7. 체포술(꺾기)				
8. 전환술(꺾기, 던지기)				
9. 좌술(꺾기, 던지기)				
10. 와술(꺾기, 던지기)				
11. 선술 (치기, 꺾기, 던지기)				
12. 응용술 (치기, 꺾기, 던지기)	1. 되꺾기 2. 연속 기술 3. 맨손과 무기 혼합술			
13. 발차기	(1) 일반 발차기			
	(2) 특수 발차기			

2) 합기도 술기는 체계성이 없다고?

합기도 수련 기술들은 단전호흡, 호신술기(맨손술기와 무기술)와, 낙법, 발차기, 겨루기, 격파, 활법 등으로 범주화된다. 위의 〈표 11〉은 합기도 술기(발차기 포함)와 아이키도 술기에 관한 기술들의 구성과 명칭들을 비교할 수 있게 잘 구성돼 있다. 표에서 알 수 있듯이 합기도는 아이키도와 기술 수련적인 측면에서 유사성보다는 차이점이 많다. 손목 술기 등의 관절기 기술이나 전환법에 있어서 부분적으로 아이키도와 비슷한 부분이 있지만 수련의 방식이나 기술을 행할 때에는 몸의 동작이나 꺾는 방식에 있어서 확연히 차이점이 있다. 더욱이 합기도는 경기화가 이루어짐에 따라 경기를 위한 수련기법의 다양화로 기술적 변화도 많이 생겨났다. 아이키도는 앞으로 나아가거나 뒤로 빠지는 직선적인 체술보다 보폭을 크게 가지는 내전환과 외전환의 체술을 기본으로 하는 술기들이 대부분을 이룬다. 그리고 먼저 공격하는 선술이 없고 방어위주이면서 각 기술의 수를 한정시키기에 다양한 술기를 행하기에는 한계점이 있다. 반면 단순 반복을 통한 숙달을 강조한다. 이는 일본의 가라데의 가타(형)나 유도의 업어치기 위주의 수련이나 검도의 머리, 손목, 허리치기의 반복동작과 같은 정해진 틀과 가지 수에 맞추어 수련하는 일본무도의 특징을 지닌다.

반면 합기도 수련체계는 손목술, 의복술, 방권술, 방권술, 선술 그리고 연행술, 체포술, 무기술과 같이 더 다양함을 띤다. 이러한 공격하는 신체부위나 동작에 따라 분류되어있는 점은 수련의 반복과 난이도에 따른 기술 연습에 매우 효과적이다. 또한 정해진 기본기술의 정해진 개수 이외에 상황에 따라 응용할 수 있는 수련의 필요성으로 기술의 가지 수를 정하지 않는다. 가령 손목술에 쓰이는 치기와 꺾기 및 던지기 기술들은 의복술과 방권술, 방족술뿐만 아니라 단봉술이나 단장술 등의 무기술에서도 동일한 체술 및 전환법 등의 기술로도 활용되기 때문에 술기의 반복 수련과 적용 수련의 두 가지의 효과를 가질 수 있는 장점이 있다. 그런데 문제는 단기간 내에 많은 기술을 배우려 하거나 지도하려는 욕심이 지나치면 낮은 숙련도에서 오는 올바른 호신술기의 습득이 불가능하다. 하지만 반복 수련이 아닌 다양성을 강조한 깊이가 얕은 수련은 어떤 무예에서도 숙련도에 문제를 가지기 마련이다. 예를 들어 아이키도에서 서투른 전환체술, 태권도에서 엉성한 발차기자세, 제대로 구사할 수 없는 유도의 던지기 등과 같이 타 무예들에서도 공통적으로 가지는 문제들이다.

합기도 술기의 체계성을 입증하는 고무적인 현상들은 윤대중, 김의영, 황종대, 김동규 등과 같은 합기도 학자들에 의해서 기술적인 측면들에 대한 연구들이 발표되기 시작했다는 것이다. 황종대와 김동규는 합기도 기술을 단전호흡, 술기(치기와 차기, 꺾기와 던지기), 낙법, 수기, 발차기, 겨루기, 격파, 활법 등으로 구분하였다. 또한 합기도 단체별로 대표적인 협회(대한 기도회, 대한합기도협회, 그리고 국제연맹)에 따라 합기도 술기체계를 비교분석하는 바람직한 연구들도 나왔다. 김의영, 윤대중, 김의영 등의 합기도 연구가들은 국내 합기도 단체들의 기술 비교를 통해 단체간 공통되거나 차이가 있는 기술형성의 특성들을 분석하고 체계화하였다. 이러한 연구물들은 합기도 기술에 대한 지속적인 연구에 필요한 자료의 의미가 있을 뿐만 아니라 합기도 술기들이 체계화되어 왔음을 반증하는 것이다. 아래의 〈표 12〉는 체계화시킨 합기도 기술들에 대한 대표적인 내용들이라 할 수 있다.

<표 12> 합기도 술기와 무기술의 종류와 개념

종류			개념
맨 손 술 기	손 목 술	기본술	모든 술기의 기본으로서 상대가 손목을 잡았을 때 풀기 위주의 술기
		바른 손목술	'바깥 손목술' 상대와 마주했을 때를 기준으로 상대의 왼손이 자신의 오른손목을 잡았을 때나 상대의 오른손이 자신의 왼손을 잡을 때 제압하는 술기
		반대 손목술	반대 손목을 엇갈려 잡는 것이라고 해서 '엇손목술'이라고도 한다. 상대와 마주했을 때를 기준으로 상대의 왼손이 자신의 왼손을 잡았을 때나 상대의 오른손이 자신의 오른손을 잡았을 때 제압하는 기술
		한 손목에 두 손목술	상대와 마주했을 때를 기준으로 상대의 두 손으로 자신의 한 손을 잡았을 때 제압하는 술기
		양손목술	상대와 마주했을 때를 기준으로 상대의 오른손이 자신의 왼손을, 상대의 왼손이 자신의 오른손을 잡았을 때 제압하는 술기이다. 상대가 두 손으로 자신의 두 손을 잡았을 때 제압하는 기술.
		옆손목술	상대와 같은 방향 또는 다른 방향을 볼 때를 기준으로 측면에서 옆 손목을 잡았을 때 제압하는 술기
		뒷손목술	상대와 같은 방향을 볼 때를 기준으로 상대가 뒤에서 한 손목이나 두 손목 또는 양 손목을 잡았을 때 제압하는 술기
	방권술		상대가 주먹으로 공격할 때 방어하면서 동시에 제압하는 기술
	방족술		상대가 발차기로 공격할 때 방어하면서 동시에 제압하는 기술
	의복술		상대방이 앞, 뒤, 좌, 우에서 의복을 잡거나 끌고 가려 할 때 제압하는 기술
	악수술		상대방이 악수할 때 제압하는 기술로서 상대를 교란하거나 안심시켜 제압하고자 할 때 사용하는 기술
	연행술		특수 목적에 사용되는 기술로서 상대의 관절과 맥을 제압하여 필요한 목적지까지 연행하고자 할 때 사용되는 기술
	체포술		범법자의 격투 또는 흉기 등의 사용행위를 제압하는 기술로서 최소한의 물리적인 방법으로 범인을 보다 효과적으로 제압, 체포하는 데 필요한 기술
	전환술		직선적인 기술뿐만 아니라 부드러운 곡선, 즉 전환을 이용해 제압하는 기술
	좌술		바닥이나 의자 등에 앉아 있을 때 상대의 공격이나 위협으로부터 되받아 제압하는 기술

맨손술기	와술	누워 있을 때 상대의 공격이나 위협으로부터 되받아 제압하는 기술
	다인 처리술	두 명 이상의 상대를 제압하는 기술
	선술	상대방의 공격에 앞서 먼저 제압하는 술기로서 특수목적 수행 시 주로 사용하는 기술
	응용술	앞, 뒤, 좌, 우 등에서 껴안는 등의 여러 가지 상황을 대비하고 설정하여, 그에 맞는 제압방식을 익히는 기술
무기술	봉술	단봉, 중봉, 장봉, 쌍절봉 등으로 공격하거나 그것을 활용한 제압 기술
	단장술	'지팡이술'이라고도 하며, 우산이나 지팡이 등 중간 정도의 막대로 상대의 급소를 찌르거나 굽어지는 부위 등을 이용하여 제압하는 기술
	부채술	부채를 도구로 단봉술을 응용하거나 전환술을 활용하여 부채 끝에 힘을 모아 상대를 제압하는 기술
	포박술	'용추술'이라고도 하며 용이 꼬리를 휘감듯이 수건, 허리띠, 상의, 넥타이 등을 도복띠처럼 활용하여 크게는 상대의 전신을, 작게는 상대의 주요관절부위나 맥 등을 묶어 제압하는 술기
	권총술	상대가 총으로 위협할 때 제압하는 술기
	검술	상대가 단, 중, 장검으로 공격해 올 때 제압하는 술기뿐만 아니라 정신수양이나 신체단련을 위주로 칼(刀)을 빼고 칼(刀)을 넣는 것을 기반으로 하여 모든 검을 다루는 기술을 통칭함.
** 같은 맨손기술과 무기술이라도 술기의 명칭을 달리할 수 있으며, 다른 술기도 존재할 수 있음		

출처: 황종대〈2006: 52~56〉, 황종대〈2010: 117~118〉

3) 아이키도는 합기도보다 더 평화적이고 우수한 술기를 가지고 있다?

평화와 조화를 추구한다는 수련철학을 가진 아이키도 인들은 합기도는 타격기술의 접목으로 인해 평화지향적인 무예의 특성이 사라졌다는 편파적이고 주관적인 주장도 한다. 합기도는 상대방을 배려하는 무예가 아닌 상해를 입히는 과격한 형태의 기술 수련으로 상대방에게 부상을 입히는 경우가 많고 완전한 제압 시에도 상대를 타격하는 경우가 많다고 아이키도 연구가들은 주장한다. 가령 합기도는 상대방을 배려하는 무예가 아닌 과격하고 잔인한 형태의 기술 때문에 수련과 연무 때 상해를 많이 입으며 제압 시에도 상대를 타격하는 경우가 많아서 합기도 수련생과 학생들의 인성형성에 나쁜 영향을 미친다고 발표한 어떤 아이키도 연구가의 학술 논문은 아이키도 인들 사이에서 합기도기술의 왜곡과 폄하의 정도가 얼마나 심한지를 잘 반영하고 있다. 더군다나 이러한 논문에 대해 반박하는 합기도의 후속 연구가 나오지 않는 현상이 더 안타깝다.

이는 상호간 공방에 의한 무예의 본질적인 속성을 간과한 말이다. 평화지향적 무예의 기법도 어떻게 사용하느냐에 따라 달라질 수 있기 때문이다. 어떠한 무예 기술도 어떻게 쓰임에 따라서 과격하고 폭력적이 될 수 있다. 가령 일본의 액션영화에서 보여주는 잔인한 폭력성이 난무하는 아이키도의 술기들을 보라. 아이키도 유단자인 스티븐 시갈이 보여주는 뼈를 부러뜨리거나 피가 낭자한 폭력적 액션장면에 대해서는 어떻게 생각하는지 평화적인 수련이념을 지향하는 아이키도 인들에게 묻고 싶다. 상대방을 해하지 않고 조화로서 상대방의 공격의지를 꺾어 공격성을 중립화하는 것이 아이키도 수련이론이다. 더 나아가서 수련을 통해서 신체, 정신, 기 등의 세 가지 기능을 조화시키는 데 응용하며 몸과 마음, 자아와 타인, 물질과 정신, 인간과 우주를 하나로 만들어 나가는 것이 아이키도 수련의 목적이다. 이론적인 수련철학으로서는 깊이가 있고 멋있게 들릴지 모르지만 실제적으로는 아주 이상적이고 비현실적인 이론이 될 수 있다. 초를 다투는 상대방과의 격투의 공방 수련 속에서 상대방과 조화나 평화를 생각하며 술기를 수련하는 것이 과연 가능한 것인가라고 무예인들에게 질문을 하면 그들 중 몇 사람이 수긍을 할 것인가? 폭력성을 지닌 격투기술을 미화시키는 데 있어서 한계점과 딜레마에 대해서 무예를 수련한 사람이라면 그 불합리성에 공감을 할 것이다.

각 무예 기술들의 우열을 상대적으로 비교하는 것은 무예의 본질을 망각한 어리석음으로 무예인들이 반드시 지양해야 할 자세이다. 이러한 맥락에서 아이키도 기술이 합기도보다 더 우수하다는 잘못된 인식의 수정을 위해서는 합기도와 아이키도의 주요한 기술 관련 두 가지 차이점에 주목할 필요가 있다. 첫 번째로 두 무예의 형성과 발달 과정의 상이성이다. 우에시바 모리헤이는 일본의 고대 무술들, 즉 칼과 창을 이용한 기술과 다양한 유술 등을 수련하였다. 여기에다가 단기간 수련한 대동류유술을 포함해서 종합하여 체계화시킨 방어 중심 근대무예인 아이키도를 창시하였다. 따라서 창시자가 정립한 원칙적인 수련이념으로 인해 기술통합, 변형 및 응용의 과정이 아주 적다는 것이 아이키도의 특징이다. 반면 합기도는 최용술이 전파한 대동류유술의 술기들을 근간으로 해서 그 후에 실전적인 다양한 권법이나 발차기가 접목되었다. 특히 아래의 〈표 13〉에서 보여주듯이 합기도에는 다양하고 실전적인 발차기가 있다. 이렇게 여러 가지 강술(공격적이고 타격위주의 기술)과 유술(방어적이고 상대방의 힘을 이용한 던지기나 꺾기 등의 기술)로 발달해 가는 과정에서 합기도는 기술 분화가 이루어진 특징을 지니고 있다.

두 번째로 합기도에는 있지만 아이키도에는 없는 기술이 차고 때리는 타격기와 먼저 공격하는 기법인 선술이다. 아이키도는 마치 선술(먼저 공격)보다 후술(방어 공격)이 평화적인 고차원의 상위 술기로 설명하는 경향이 있다. 이는 격투에서 공방의 원리를 간과한 것이다. 어떤 무예도 선술은 다인방어 또는 자신보다 무력이 뛰어난 상대방에게 필수적이고 효과적인 기술이다. 관절기와 던지기의 수련에 있어서 같은 술기라도 먼저 공격할 때의 기술과 방어할 때의 기술의 사용은 확연히 다르다. 가령 펀치로 가격한 다음의 손목 꺾기와 상대방이 가격하는 펀치를 방어하면서 하는 손목 꺾기는 다른 각도로 술기를 행해야 한다. 또한 타격기술 후에 연결되는 꺾기나 던지기와 방어 후의 꺾기와 던지기 기술의 수련방식은 엄연히 다르다. 따라서 합기도는 아이키도보다 방어용만이 아닌 타격기나 선술과 접목된 술기들로 구성된 다양한 술기들을 가지고 있다는 특징이 있다.

<표 13> 수련형태와 난이도에 따른 합기도 발차기의 종류

단식 발차기	한곳의 목표를 공격하는 발차기, 상, 중, 하단으로 분류
연결, 복식 발차기	한 발로 두 번 이상 또는 양발로 두 번 이상 연속공격을 실시하는 발차기 전, 후, 좌, 우 4방으로 분류
특수 발차기	점프나 회전 등을 이용하여 공격하는 고난도의 발차기 제자리 발차기와 점프 발차기 등으로 분류
** 같은 발차기의 종류라 해도 명칭을 달리할 수 있으며 다른 종류의 발차기나 의미도 존재할 수 있음	

출처: 황종대(2011). 「한국 합기도 기술의 종류와 형태에 관한 소고」

국내 합기도 기술들을 재정립하여 합리적인 기술 체계를 만들어야 할 필요성보다는 기존의 초창기 합기도 술기체계에 따라 수련하는 것이 합기도의 술기 정립의 지속성과 발전을 위해서 더 중요하다. 다만 현재 너무 난립한 합기도 단체들의 각자의 스타일에 따라 구성되고 수련하다 보니 정통적인 합기도 기술을 상실할 우려가 커지고 있는 현실이다. 따라서 이러한 어려운 상황을 타개하기 위한 현실 가능한 방안으로 주요 합기도 단체들의 술기 용어의 통일화 또는 각 단체의 합기도 승단용 심사 기술의 통합적 성격을 지닌 부분적인 표준화 등을 고려해야 할 필요가 있다.

17장.
한국무예철학에 맞는 합기도이념과
수련원리의 재정립 필요성

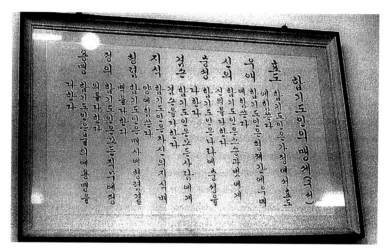

합기도인의 맹세

(1) 합기도 수련이념과 원리의 탈일본화의 절실성

현재 합기도의 수련형태는 유술 지향적이었던 초창기의 합기도와는 완전히 다른 모습을 띠고 있다. 즉 상대방이 가격하거나 잡았을 때 손목이나 관절을 누르거나 꺾음으로써 제압하여 상대방을 움직이게 하지 못하게 하는 기술(Immobilization)과 양손이나 옷깃이 잡혔을 때나 몸을 앞뒤에서 잡혔을 때 상대방을 던지거나 내치는 기술(Projection)의 특성을 지닌 대동류유술의 기술들을 유지하면서 더 나아가 실전적인 다양한 타격기술인 권법과 발차기가 접목되어 한국 특유의 무예로서 진화하고 발전해왔다. 반면 아이키도는 '우에시바 모리헤이'에 의해서 일본의 고대 무술들, 즉 칼과 창을 이용한 기술과 대동류유술을 포함한 다른 다양한 유술 등을 종합하여 체계화헌 일본의 근대무예 중의 하나이다. 아이키도의 무예이념은 공격하는 기술들과 차고 때리는 타격기술을 배제한 방어 중심적이고 평화지향적이다. 무예의 기본 속성인 상호공방에 의한 격투술을 넘어서는 하나의 독립된 정신적인 요소를 강조하는 무도로서 아이키도는 타 무예와의 차별화에 성공한 일본의 근대무예의 산물이다.

합기도와 아이키도의 공통된 수련은 기(氣)를 이용하며, 방어적이고 상대방의 힘을 이용하는 던지기나 꺾기 등의 전통적인 유술기에 있다. 그러나 합기도는 이러한 유술을 유지하면서 여러 가지 강술들, 공격적이고 타격 위주의 기술들을 접목한 수련체계를 지니고 있다. 그럼에도 불구하고 합기도 수련이념과 원리는 여전히 일본의 아이키도 무도철학의 이념과 차별화가 완전히 이루어지지 않았다. 합기도는 수련 기술의 차별화와 독립화가 이루어진 반면에, 여전히 남아있는 동일한 한자어의 무명과 유사한 수련이념들 때문에 아이키도의 개념과 기술적 원리에서 완전히 벗어나지 못했다. 이러한 연유로 뛰어난 기량을 가진 우수한 국내외의 합기도 사범님들의 배출에도 불구하고 합기도를 아이키도로 동일시하는 오류가 빈번히 발생하고 있다.

특히 '합기'라는 용어를 너무 철학적이고 추상적으로 해석하려는 강박관념에서 탈피하지 못하고 있다. '천지의 기운의 화합'이라고 규정한 일본인들의 합기에 대한 수련철학의 허구를 올바르게 비판하고 과감하게 벗어나야 한다. 한국의 신체문화에 따라 형성된 합기도의 수련이론의 정립이 필요하다. 오랜 기간의 무예 수련에도 경험적으로 느끼기 힘든 신비주의적인 천지의 기를 받아들이고 자연의 순리에 따른다는 등 형이상학적이고 전근대적인 해석에서 탈피하지 못하고 있다. 그 이유는 합기도에 관한 합리적이고 이론적인 연구가 미비해서 일본의 시대착오적인 허구성 이론을 부분적이지만 맹목적으로 따르고 있기 때문이다. 사실 몸으로 터득하는 과정과 기술들을 머리로 이해하고 글로 표현한다는 것이 매우 어렵다. 하지만 무예의 수련기술의 원리의 이론적 정립은 그 무예의 지속성과 존속당위성을 위해서 필수적인 조건이다. 따라서 합기도의 술기들이 아이키도와는 완전히 다른 무예로 진화되고 발전해 왔듯이 합기도의 수련이론의 원리도 그것에 맞게 다시 정립되어야 하는 것은 시대적 사명이다.

<표 14> 합기도와 아이키도 수련의 원리 비교

	아이키도	합기도
수련의 원리의 요소	4요소: '원·무·화·기'(김이수)	3요소: '원, 류, 화'(황종대 & 김동규)
수련의 철학적 원리 (자연주의와 평화주의의 수련이념을 공통으로 함)	1. 무: 무기를 들지 않은 맨손으로 2. 원: 회전법을 이용하여 3. 화: 상대방의 힘을 거스르지 않는 상호간의 조화로써 4. 기: 호흡력 즉 내적인 에너지(기)를 이용한 호신술기	1. 원(전환법): 전환법을 사용하여 상대방의 중심을 잃게 하여 제압할 수도 있고 전환 자체만으로 상대방을 퇴치 2. 류(역류법): 물과 같이 유연하게 상대 힘과 기의 흐름을 거스르거나 절단하지 않으면서 내가 움직이고자 하는 방향으로 바꿔주는 동작을 의미 3. 화(심화법): '상대와 합하라'라는 뜻으로서 상대가 밀면 당기고, 당기면 밀어내는 식으로 자연의 순리를 이용해 무리가 가지 않고 상대방의 힘에 저항하지 않고 활용

아이키도와 합기도 수련의 원리를 비교한 위 도표에서 보듯이 합기도와 아이키도는 인간의 내적 에너지인 기를 활용하여 전환법(회전법)의 체술에 의해서 상대방의 힘을 역이용하는 수련이라는 공통적인 원리를 가지고 있다. 그러다 보니 자연스러움에 기초를 둔 자연주의와 상대방과의 조화와 배려를 강조하는 평화주의를 강조하는 아이키도 수련이념을 합기도 수련이념과 동일시하는 경향이 있다. 그런데 주목하고 인지해야 할 사실은 이러한 조화와 평화지향적인 아이키도의 이념은 옛날부터 내려오던 무도철학이 아니라 일본의 세계 2차 대전의 패배에서 나온 반성과 각성의 부산물이라는 것이다. 원래는 대동류유술과 같은 다케우치류, 기토류, 세키구

치류, 오신류 등의 일본 근대 이전의 고류 유술들은 수많은 내전을 치르면서 생겨난 잔인하고 무자비한 살생 기술들이었다.

일본무도의 세계 제국화를 꿈꾸며 전 세계에 공격적이고 침략적으로 가라데를 보급한 역사적 사실과 특히 세계 대전 중에 보여준 끔찍하고 잔인한 일본군의 만행이 일본의 무사도 때문임을 확인한 미국은 2차 세계대전 패전 후에 일본의 전 지역에 한정적으로 일본 무도금지령을 내렸다. 그러나 공격을 하지 않고 상대방과의 조화를 꾀한다는 아이키도는 이율배반적이지만 일제의 침략전쟁에 대한 반성적인 무도철학을 앞세워 지속적인 수련의 기회를 가질 수 있었다. 일본은 침략 전쟁의 이미지를 지우기 위해 아이키도의 홍보를 국가적으로 하고 덩달아 러일 전쟁 참전 군인이자 아이키도의 창시자인 우시에바 모리헤이를 성직자 수준으로 신격화하면서 수련이념은 조화와 평화를 추구하는 종교철학적인 성향을 띠게 되었다. 따라서 아이키도의 화합과 평화지향적인 무도이념은 기술들의 속성에서 나온 것이 아니라 시대상황에 대처하기 위해 기술수련이 이론화된 역사적 사실을 우리는 주지해야 한다.

한국의 신체문화에 적합한 합기도의 수련이념과 원리를 정립하는 어려움은 시대적 상황에 기인했다. 일제시대에 가라데, 유도, 검도와 같은 일본 근대식 무도가 무차별적으로 수용돼 식민지 교육의 일환으로 사용되던 중 갑작스럽게 해방을 맞은 상황에서, 합기도는 일본에서 대동류유술을 수련한 최용술과 장인목 등이 국가정책 차원이 아닌 개인의 사설 도장에서 시작했다. 이러한 환경에서 대부분의 한국 근대 무예들의 수련이념은 일본식 무도 원리에 영향을 받을 수밖에 없었다. 그로 인해 일본무도의 색깔에서 탈피한 한국식 무예로서의 합기도의 형성은 한계점을 가졌다. 다행히 태권도는 가라데와 차별화된 수련이념과 원리에 대한 적극적인 연구 노력으로 결실을 이루었다. 그러나 합기도는 기술적인 차별화와 독자성에서는 성공한 반면 수련이념이나 원리에서는 아직 일본식 스타일에서 완전히 탈피하지 못하는 안타까움을 남겼다. 따라서 해방 후 70여 년간 아이키도와 전혀 다른 기술체계와 수련 시스템을 구축해 온 합기도는 이제라도 한국무예철학과 신체문화에 적합한 수련이념과 이론의 재정립이 이루어져야 한다. 따라서 합기도의 정체성을 공고히 하기 위해서 고유하고 차별화된 기술체계와 수련체계의 근간이 될 수 있는 합기도 수련이념과 원리의 정립이 이제 필수적인 사명임을 모든 합기도인들은 인식하고 노력해야 한다.

(2) '합기'의 개념에 대한 올바른 이해의 필요성

1) 일본에서 '합기'란 무예용어에 대한 의미의 변화

합기도 무명은 아이키도의 한자어와 동일한 이유로 합기도의 정체성의 확립을 위한 개명의 필요성 여부에 대한 논란은 여전히 진행형이다. 그런데 이러한 개명의 찬반을 논하기 전에 '합기'라는 용어의 개념의 형성과 의미의 변화과정에 대한 정확한 탐구를 바탕으로 한 올바른 인식이 요구된다. 우리는 지금까지 '합기'란 용어의 해석에 대해서는 일본무도지향적인 무예사료 또는 아이키도에서 주장하는 측면에만 너무 의존하는 경향이 있지 않은가에 대한 깊은 성찰이 필요하다. 특히 우에시바 모리헤이가 합기의 용어를 종교적이고 철학적인 개념으로 승화한 아이키도의 수련원리가 합기도의 수련원리로 오해되어 합기도의 독자성 가치를 지닌 정체성에 여전히 부정적인 영향을 끼치고 있다.

우리가 일본의 무예사료로부터 지금까지 알고 있는 '합기'에 대한 일반적인 역사적인 이해는 다음과 같다. "합기(合氣)라는 용어가 발견된 것은 일본의 메이지 다이쇼시대의 검술서적이다. 그 후에 1922년경에 대동류유술을 다케다 소가쿠가 우에시바 모리헤이에게 가르치면서 작성한 목록에 대동류유술에 합기(合氣)라는 명칭을 첨가(添加)하였는데 이는 오모토 교단의 교주 데구치 오니시부로가 '합기'라는 용어를 붙여 이름에 붙이라 권하면서 다케다는 그때부터 대동류합기유술이라 이름을 붙이게 되었다. 우에시바 모리헤이는 이후 자신이 창시(創始)한 무도의 이름을 '합기무술' 또는 '합기무도'로 명명하였다. 1942년 그의 무도가 일본정부산하인 대 일본무덕회에 소속되면서 아이키도(合氣道)란 무명으로 최종 결정하였다."

그러나 위에 언급한 내용에서 문제점은 합기의 용어의 원래의 의미가 무엇인지, 왜 근대의 에도 시대에 합기의 의미 변화가 형성되었는지 대한 구체적인 설명이나 상황적 설명을 배제하거나 간과하고 있다는 것이다. 따라서 '합기'라는 용어의 원천이 무엇이며 그 의미와 무예 수련에 적용된 개념이 어떻게 변화되고 사용되어 왔는지를 실증적 사실에 의거하여 밝히는 작업이 중요하다. 합기의 어원과 사용동기, 그리고 과정에 대해서 아이러니하게도 돈 드래그 (Donne Drager), 로버트 스미스(Robert W. Smith), 크리스 크루델리(Chris Crudelli)와 같은 동양무예를 연구한 서양무예학자들이 잘 밝혀내고 있다. 주목할 일은 기, 합기, 기합과 같은 용어들은 고대 무예에서는 단지 무력을 향상하기 위한 기술적인 용어로 취급되었다는 것이다. 엄격하고 혹독한 무예 수련을 위해 집중하기 위한 수단 이상의 것이 아니었다. 따라서 기, 합기, 기합은 무사들에게 수련 시에 사용하는 기법으로서 어떤 특별한 강조점을 두지 않았고 또한 비밀스러운 가르침으로 여겨지지도 않았다. 이러한 용어들은 많은 고대 무예기법들을 묘사한 딱딱한 족자(the makimono)에서 발견되었는데 여기에서 합기는 수련 시에 필요한 단순한 기법이었지, 신비한 비법을 가진 특별한 무엇인가가 아니었다.

이러한 기술적인 용어였던 '합기'의 의미에 변화가 온 것은 일본의 시대적 상황의 변화에 크게 기인하였다. 도쿠가와 이에야스가 통일을 이루면서 일본은 그동안의 분열과 내전의 시대를 끝내고 평화시대인 에도시대를 맞이하였다. 수많은 내전을 통해 잔인한 검술과 유술의 육체적인 수련에만 젖어 있었던 지배계급이었던 일본 무사들은 전쟁을 하지 않는 평화시대를 맞이하여 살생이 목적이었던 무예에 품위와 예절 의식을 주입해 귀족주의적인 특성을 가미하였다. 이러한 상황 속에서 무예는 거친 기술수련 위주보다는 종교적인 색채를 지니며 학문화되고 조직적이며 의식적인 동질감을 주입하려는 경향을 띠기 시작했다.

무예의 학문화와 귀족화는 한국에선 조선 후기에 문인인 유학자들이 주도한 것과는 달리 일본에서는 귀족 계급이었던 무인 사무라이들이 담당했다. 조선이 건국의 이념을 유교로 정하고 문의 시대를 연 것처럼 통일을 이룩한 일본은 국가통치 이념의 정립을 위해 그 당시의 명나라의 유학인 성리학의 주요학풍이었던 주자학을 조선을 통해 받아들였고 이는 지배계급이었던 사무라이들에게 큰 영향을 끼쳤다. 그런데 간과해서는 안 되는 역사적 사실은 일본이 주자학을 받아들일 때 결정적인 역할을 한 학자가 퇴계 이황이었다는 것이다. 일본의 주자학 수용과 전개 과정에서 퇴계 이황의 사상이 담긴 그의 저서들이 에도시대 초기에 일본에 전래되면서 일본 학자들에게 큰 자극과 깊은 감명을 주었다. 그 후로 이황은 유학을 공부하는 학자나 사무라이들에게 존경과 흠모의 대상이 되었으며 일본에 주자학이 정착하는 데 커다란 공헌을 하였다.

"아이키도의 본질인 '기'의 개념은 주자학 중 이원론의 전례 없이는 설명이 불가능하다. 기는 주자학의 이기론(理氣論)에서 원칙이라는 '이'에 상반되는 물질적 힘의 '기'로써 묘사된다. 기는 또한 주자학자인 가이바라 에켄(Kaibara Ekken)이 주자학의 이원론을 명확하게 규명하고 기를 일원론으로 규정한 그에 의해서 재해석되었다. 그는 합기의 개념을 가지 표면에 쌓인 눈을 털어버리는 버드나무의 가지와 유사하다고 비유하였다."라고 돈 드래그는 언급하고 있다. 일본 무도에 대한 유교학문인 주자학의 이론적이고 학문적인 접목은 메이지 시대에 접어들면서 학자들과 무예 연구가들이 기존의 '기', '합기', 그리고 '기합'과 같은 기술적 용어에다가 풍부한 상상력과 과장된 생각들을 더해 이론적으로 개념화되었다. 예컨대, 합기의 추상적인 개념을 설명한 가장 오래된 책은 1899년에 출판된 『무도의 비밀-아이키술(Budo Hiketsu-Aiki no Jutsu(The Secret of Budo-The Art of Aiki)』이다. 이 책에서는 세상에서 가장 심오하고 신비스러운 것을 합기술이라고 단정지었다. 그래서 "합기는 일본의 모든 무예들의 비밀스러운 원칙이 되어야 하며 합기술을 습득하는 사람은 무예의 천재에 견줄 만하다"라고 언급하고 있다.

그 후로 합기를 형이상학적으로 다루는 책들이 계속 출판되었다. 도쿄에 있는 다치카와(Tachikawa) 도서관의 기록을 통해 합기유술이나 기합술 등에 관계된 책들은 대중들에게 엄청난 인기가 있었다는 사실을 알 수 있다. 1913년에 출판된 『the Jujutsu Kyoju-sho Ryu no Maki』이라는 유술 관련 저서에서는 합기의 정의에 대해서 가장 잘 설명하고 있다. 이 책에서는 "합기는 약점, 태만, 악행의 의도, 또는 공포 등의 의식이 없는 무감정의 상태"라고 묘사하고 있다. 심지어 오키나와로부터 전해진 가라데도 합기의 영향을 받았다. 1917년에 출판된 『Iinstant Application of Karate, the Art of Self-defense』란 책에서도 '합기의 비밀스러운 원리는 기의 사용으로 싸움 없이 상대방을 무찌르는 것이다'라는 내용이 나온다. 또 같은 해에 출판된 책 『호신술의 비밀의 원칙들(The secret Principles of the Art of Self-defense)』에서는 '합기는 적에게 주도권을 선취함으로써 공격을 저지하는 데 사용되는 기법이다"라고 서술하고 있다. 1921년에 출간된 서적인 『the Ninjutsu Kaisetsusho』라는 닌자술 관련 서적에서도 합기와 기합에 대한 논의들이 언급되어 있다.

기 또는 기합과 같이 단순히 기술적인 무예용어들 중에 하나였던 '합기'를 위대한 철학성을 지닌 이론적인 개념으로 해설을 가능하게 한 '합기'에 대한 인기와 관심은 우에시바 모리헤이가 아이키도를 창시하는 과정에서 그의 무도철학과 수련이념의 정립에 지대한 영향을 끼쳤다. 우에시바는 퇴계 이황의 심성론을 기본으로 하여 기를 '창조적인 생명의 힘'으로 묘사한 그 당시의 유명한 주자학자인 가이바라의 '기의 일원론적 해석'을 따랐다. '세상의 모든 인간들은 하늘과 땅의 자식으로 태어난다. 그래서 하늘과 땅은 우리

모두의 위대한 부모들이다. 인간의 의무는 자연에 봉사하는 것이다. 선행은 동정심을 가지고 인간과 사물에 대하여 축복을 가져오는 것이다가 카이바라의 유교철학이념이었다. 이러한 개념에 우에시바는 모든 것을 품어주는 사랑의 원칙을 토대로 일원론적인 도덕적 철학을 부가하였다. 이것이 바로 우리가 알고 있는 아이키도의 평화와 조화를 추구하는 수련이념의 토대가 되었다.

(3) 합기도에서의 '합기'의 현대적 개념

현대사회에서 기는 많고 다양한 의미들을 지니고 있다. 서양의 물리학적인 관점에서의 기는 활력, 호흡, 정신, 아우라, 그리고 신경에너지 등으로 설명된다. 인간의 몸 안에서의 기의 기능은 '신경계의 전선을 통해서 앞뒤로 흐르는 전기와 같은 것' 또는 '혈액, 호흡, 그리고 마음과 연관된 심리적이고 물리적인 힘이고 호흡순환 리듬에 의해 발생되는 생물리학적인 에너지'로 묘사된다. 반면 동양의학적 관점에서 기는 동양의 최고 명의서인 『동의보감』에서 다음과 같이 잘 설명되고 있다. "기는 낮에는 양의 부위인 피부의 안과 근육 사이를 돌고 밤에는 음의 부위인 몸의 안(혈액 안이나 오장육보)을 돌면서 몸의 구성과 활동에 근본이 되고 목숨을 보존해주는 생명의 근원 기능을 하는 것이다. 이러한 기의 수련은 질병을 막고 건강하고 오랜 삶을 이어가는 근본이 된다. 예컨대 사람의 심신 허약은 기의 불충분한 순환에서 오고 공격적이고 욕망이 큰 사람의 기의 흐름은 불안정하며 급하게 산성화되어 정신을 병들게 한다. 건강하고 안정된 기의 흐름의 유지는 피부와 몸의 기관의 노화와 산화를 방지하고 원활한 혈액순환을 이끈다."

무예에서 기는 상대방과의 공방의 기술에 있어서 힘을 조절하고 모으는 내적인 에너지로도 쓰인다. 합기의 의미는 이러한 내적 에너지인 기를 방출하고 사용하는 것을 의식적으로 통제하는 방법이라 할 수 있다. 에너지의 올바른 사용을 위해서는 호흡법이 중요한데 중국 고대의 여러 무예들은 이를 내공(인간의 내면에 있는 공력)이라 하여 매우 중요시했고 근대에 여전히 수련되는 태극권, 영춘권, 팔괘장 등에서 기의 활용법을 엿볼 수 있다. 또한 동양의 전통적인 기 수련법으로는 기공체조, 태극권, 국선도 등이 있는데, 이들 수련법은 호흡운동을 기반으로 하고 있다.

합기도에는 단전호흡 수련이라는 독특한 기의 활용법이 있다. 단전호흡은 수련법에 따라 신체행위가 다양한데 호흡을 조절하는 숨가짐(調息), 마음을 가다듬는 마음가짐(調心), 자세와 동작을 바르게 하는 몸가짐(調身) 등을 기본요소로 하고 있다. 이 세 가지 요소들은 서로 밀접한 관계를 갖고 있어서 자세가 흐트러짐이 없어야 정확한 호흡을 할 수 있고 호흡이 제대로 되어야 마음을 가다듬을 수 있다고 무예 연구가인 신용철과 임경택은 설명하고 있다. 단전호흡법을 이용한 합기도 수련법은 이러한 맥락에서 아주 중요하다.

동양무예에서 기의 개념은 양적인 개념보다는 질적인 개념에 맞춰져 있다는 데 특징이 있다. 즉 얼마나 많은 양의 기를 사용하느냐가 아니라 최적의 기를 사용하느냐가 주요 관건이다. 기의 활용인 합기는 인간의 의식과 신체의 조절에 연결되어 있는 호흡조절로 설명할 수 있다. 가령 동양무예에서 기의 축적과 활용을 위한 수련은 서양 스포츠에서 근간을 이루는 에어로빅(유산소) 운동과 비유된다. 최대한의 산소량을 활용하여 근력과 지구력을 향상하는 유산소 운동은 스포츠 기량의 증대를 위해서는 필수적이다. 반면 동양 무예의 호흡 훈련은 산소를 가장 효과적으로 사용하여 인체의 건강을 최우선적으로 여기는 것을 목적으로 한다. 무리한 운동을 지양하고 개인의 특성에 맞는 운동량과 효과를 극대화시키는 것이라 할 수 있다.

합기도에서 정확한 호신술기는 호흡력에 의한 기합으로부터 올바른 힘의 집중만이 효율적으로 상대방을 가격하거나, 꺾거나, 내칠 수 있는 것이다. 고대 무예에서 근대 무예에 이르기까지 호흡력은 모든 무예 수련의 기본이다. 하지만 강술과 유술의 호신술기에 이용할 수 있는 호흡법을 활용한 기의 수련을 체계화하는 합기도의 수련원리는 다른 무예와 차별화할 수 있는 독자성의 가치를 지니고 있다.

(4) 합기도의 수련이념과 원리의 재정립 의미와 방향

1) 대한합기도협회의 합기도 수련이념과 원리

50여 개 이상 난립해 있는 각각의 합기도 단체들이 주장하는 합기도의 수련이념과 원리들은 일본 색채가 짙은 성향에서 여전히 완전히 벗어나지 못하고 있다. 가령 많은 단체들이 표방하는 합기도 수련의 이념 및 원리는 "합기도는 우주의 변화를 기의 흐름으로 파악하고 그 원리를 깨달음으로써 인간과 우주가 하나 되고자 하는 상으로 기를 단전에 모아 그 힘을 자유자재로 운용하여 초인적인 능력을 발휘고자 하는 심신일여를 추구하는 무도이다" 등의 유사한 내용을 지닌 공통된 합기도 수련이념과 원리를 표방하고 있다. 그런데 문제는 이러한 수련이론과 원리가 아이키도와 뚜렷한 구별이나 차이점이 없다는 것이다.

대한합기도협회가 기존의 일본색채에서 탈피하기 위해 『삼일신고』와 같은 한국사상철학에 따라 합기도 수련이념과 원리를 확립하겠다는 시도는 한편으로는 억지스럽다는 비판도 있지만 매우 고무적이고 의미 있는 업적이라 할 수 있다. 대한합기도협회는 『삼일신고』, 「진리훈」에서 기술하고 있는 인격완성의 세 가지 참된 요소를 인용하여 합기도 수련이념을 인간의 본질인 마음(心)을 통해 덕을 갖추려는 통성(通性), 인간의 본존인 기(氣)의 올바른 활용을 통해 지혜를 갖추는 지명(知命), 그리고 인간의 본태인 육체의 균형과 조화를 통한 보정(保精)을 구현함으로써 힘과 지혜, 그리고 덕을 완성하는 데 두고 있다. 또한 합기도 수련의 원리를 합기법과 합기술로 나누어 다음과 같이 구체적으로 규명하고 있다. 1. 합기법: 삼법인 지감(止感), 조식(調息), 금촉(禁觸)을 회통하여 힘, 지혜, 덕을 얻고자 하는 정신적인 수련. 2. 합기술: 육체의 단련술로서 원-방-각의 중심 원리를 유-원-화의 자연원리에 대입시켜 14경락과 365혈을 원활히 하고자 함이다. 합기술에는 체술(수기술, 족기술, 체기술), 기구술(봉, 검, 창을 이용한 술기), 활술(근, 골, 혈에 따른 인체의 구조학적 한국의술)이 있다.

2) 무예철학기술론의 응용과 적용의 필요성

합기도 수련의 이념과 원리는 전통무예로서 합기도의 유지와 존속에 필수적인 요소이다. 따라서 한국무예로서 합기도의 무예철학과 수련이념과 원리의 올바른 정립은 합기도가 한국의 우수한 무예로서 확고한 정체성을 정립하는 데 토양과 기반을 제공한다. 따라서 합기도 수련이념과 원리는 '기의 수련을 대상으로 하는 힘과 기술의 원리'라는 부동의 절대불변 고정적인 개념을 바탕으로 함은 의문의 여지가 없다. 하지만 현대적 의미의 합기도에서는 호신 술기는 중심적으로 부분적 요소가 될 수 있지만 합기도 전체라고 볼 수는 없다. 따라서 전체로서의 합기도에 적합한 변화와 응용성과 함께 원칙성 있는 더 포괄성을 지닌 합기도의 수련원리가 필요하다.

합기도의 뛰어난 수련방식과 교육적 가치와 생산적 가치를 지닌 수련이념과 원리가 미래지향적인 공헌을 하도록 끊임없는 탐구와 노력을 기울여야 한다. 이러한 맥락에서 타격기와 유술을 같이 병용하는 근대무예인 합기도는 이제 기존의 유술만의 수련원리에서 과감하게 벗어나야 한다. "호신을 목적으로 체내의 기를 운기(運氣)하여 힘을 쓰고, 상대의 근(筋), 뼈(骨), 기(氣), 혈(穴)을 이용하거나 역이용하여 제압함을 원칙으로 치기와 차기, 꺾기와 던지기로 나뉘어 있으며 종류별로는 단전호흡, 술기, 낙법, 수기, 발차기, 겨루기, 격파, 활법으로 구분하고 있다"고 황종대와 김동규는 현대화 개념의 합기도 기술의 정의를 명료하게 설명하고 있다. 타격기 위주인 태권도와 가라데, 유술위주인 아이키도와 유도와는 다르게 합기도는 전통적인 무예 수련의 속성을 가진 4단계에 의한 수련 체계성을 지니고 있다. 1단계는 손과 발의 효율적 사용(권법이나 발차기)이다. 2단계: 손과 발 이외에 신체의 다른 부위 사용(던지기, 꺾기)이다. 3단계: 무기(검, 봉, 지팡이 등)의 사용이다. 4단계는 공격보다는 상대방의 힘을 활용하여 상대방을 해하지 않고 그의 공격의지를 무력화시키는 것이다.

그런데 주의해야 할 사항은 위 4단계의 수련체계가 마치 합기도가 여러 무예들을 섞어 놓은 종합무예라는 잘못된 인식이다. 이는 무예 수련의 기법들을 너무 스포츠화된 관점에서 보기 때문이다. 다양한 수련체계가 있다고 종합무예로 여기는 것이 결정적 오류라고 증명하는 것은 다름 아닌 고대 무예의 진원지인 중국의 소림무예뿐만 아니라 인도나 일본 그리고 동남아 지역의 대부분의 전통무예들이 다양성을 지닌 수련체계들을 가지고 있다는 실증적 사실이다. 현대화된 합기도의 수련이념과 원리의 연구를 위해서 3대 주요한 무예철학기술론인 김용옥의 「허(虛)와 실(實)의 원리」, 양진방의 「강(強)과 유(柔)의 원리」, 그리고 이창후의 「삼재강유론(三才剛柔論)」에 필자는 주목하였다. 그동안 이 3대 무예철학기술론은 태권도의 수련원리 이론적 정립에 큰 기여를 해왔다. 하지만 강술(타격기) 공방 위주인 태권도보다는 강술(타격기)과 유술(꺾기와 던지기), 그리고 무기술에 이르기까지 광범위한 무예기술의 범주를 가진 합기도에 이러한 무예철학기술론의 적용과 응용이 더욱더 적절한 의미가 있다고 사료된다.

(5) 합기도 기술의 강유(剛柔)의 원리 적용

1) 강유의 원리에 대한 정확한 이해

무예의 동작이나 기술을 언어적 설명으로 기록하는 것은 쉽지가 않다. 무예기술은 몸으로 익히는 것이지 머리로 이해하는 것이 아니기에 기법과 체술을 직접 체득한 사람만이 느낌과 감각으로 알수 있기 때문이다. 몸으로 수련하여 익힌 무예기술들을 인지적으로 이해하는 데는 한계점이 있다. 하나의 기술을 끊임없는 반복 수련을 통해 몸이 터득했을 때 익혔다고 할 수 있는데 이를 지식으로 자세히 구현하는 것이 불가능하다. 논리적 기술이 아니라 현상학적 기술을 통해 체험담을 구체적으로 서술하는 한계점이 있기 때문이다.

무예 기술들을 수련하는 원리에 관한 인지적인 측면을 설명해주는 이론 중의 하나가 강유(剛柔)의 원리이다. 강유의 개념은 서로 대립된 속성을 가진다. 하지만 이러한 상반된, 즉 긍정과 부정의 양면성이 상충과 조화를 거듭하면서 변증법적인 상호보완성으로 발전하는 것이 강유의 원리를 통한 발전이다. 강유의 조절은 단지 힘의 발휘에만 국한된 것이 아니라 운동의 효율성과도 밀접한 관련이 있다. 이러한 맥락에서 무예의 공방기술은 강유이론의 원리에 따라 기술에 필요한 힘의 효과적인 발휘와 효율적인 전달에 있다. 강유의 원리는 단순히 신체적으로 강하고 약함을 의미하는 것이 아니다. 강(剛)은 힘의 사용에 있어서 굳셈과 집중을, 반면에 유(柔)는 부드러움과 힘의 흐름을 따르는 것을 의미한다. 모든 무예의 기술들은 이러한 강유의 원리에 따라서 공방이 이루어진다. 그런데 무예의 기술들을 강과 유의 무조건적인 이분법으로 구분하는 인식은 잘못된 것이다.

무예의 기술은 강술(剛術)과 유술(柔術)로 구분된다. 맨몸무예에서의 강술과 유술에 의한 무예종목으로 구분해보면 태권도, 가라데, 킥복싱과 같은 강술위주의 무예기술은 주로 치고 때리는 타격기 기술로서 얼마나 힘을 집중해서 강력한 타격력을 발휘할 수 있느냐가 관건이다. 유도, 레슬링, 또는 아이키도와 같은 유술은 던지기나 내치기 기술 위주로서 힘의 흐름 조절, 이를테면 상대방의 힘을 역이용하는 유연한 힘을 어떻게 정확하게 활용하느냐가 중요하다. 강술은 기법의 사용에 따라 강기(剛技)와 유기(柔技)로 다시 세분화된다. 가령, 강술인 태권도에서 앞차기나 옆차기의 가공할 타격력을 위한 수련 기법은 강기이고 앞돌려차기 또는 뒤돌려차기처럼 유연한 회전력의 극대화에 초점을 맞추는 수련기법은 유기라고 할 수 있다. 유도의 던지기처럼 상대방을 강하게 잡는 악력이나 잡아당기는 힘을 위한 수련기법은 강기이고 상대방의 힘을 이용해서 유연하게 업어치거나 내치는 수련기법은 유기이다. 합기도의 관절기에 있어서도 상대방의 손목이나 팔의 관절을 힘 있게 꺾거나 누르는 수련기법은 강기이고 올바른 각도나 방향으로 꺾거나 제압하는 수련기법은 유기라고 할 수 있다.

합기도 유술 술기

　강기 수련에 있어 집중된 굳센 힘을 발휘하기 위해서는 우선 사용하는 신체 부위의 단련이 중요하다. 태권도나 가라데 또는 킥복싱에서의 무쇠와 같은 손과 다리의 단련은 이러한 맥락에서 이해될 수 있다. 또한 상황에 적절한 몸자세의 숙달은 필수적이다. 예를 들어 상대방의 신장이나 체중에 따라서 구사되는 발차기는 자신의 몸자세의 높낮이 또는 상체를 약간 숙인 상태나 완전히 뻗은 상태의 올바른 몸자세에서 효율적인 강기의 발차기가 가능하다. 유기 수련의 핵심은 불필요하고 방해되는 힘을 빼는 것과 부드럽게 연결되는 기술들의 숙달이다. 힘을 뺀다는 의미는 느리고 부드러우며 이완된 상태로 힘을 뺀 상태에서만 상대방의 움직임을 거스르지 않고 상대방의 힘을 역이용한다는 것이다. 예를 들어 유도의 업어치기나 아이키도의 던지기나 내치기 기술들은 전환법의 체술로서 행하는 유기의 대표적인 기술이다.

2) 합기도 수련의 강유의 원리

사실상 강유의 원리는 중국 음양의 이치를 강유의 원리에 접목한 태극권뿐만 아니라 강술 위주인 태권도 수련원리의 접목에 대한 심층적인 연구들이 무예학자들에 의해 시행되어 왔다. 그래서 강술과 유술의 특성을 같이 가지고 있는 합기도의 수련원리에 강유 원리의 접목은 더 적합하고 의미 있는 연구가 될 수 있다. 합기도 수련의 기본 원리는 세 가지 전제조건의 특성을 지닌 범주화로 구성될 수 있다. 첫째, 합기도 술기는 인간의 몸의 구조를 잘 파악하고 이해함으로써 상대방의 몸의 구조에 순응해서 시행되어야 한다. 둘째, 적절한 힘의 사용과 함께 내적 에너지인 기의 원활한 운용을 반드시 수반해야 올바른 합기도 술기가 가능하다. 그리고 마지막으로 합기도 술기는 상대방의 체격과 동작의 민첩성에 따라 적절한 변용과 적용이 가능해야 한다 등이다.

몸의 구조에 순응한 시행은 공격이나 방어를 통한 올바른 합기도 술기를 행하기 위해서는 상대방의 몸의 구조, 이를테면 신체의 관절 구조 또는 혈(급소)의 위치에 대한 지식을 통해서 취약한 부분에 대한 정확한 파악이 필수적이다. 이러한 몸의 구조에 대한 지식이 없으면 합기도 술기의 공방에서 소모적이고 비효과적인 기술들로 인해 체력이 소모되고 집중력이 떨어지면서 치명적인 손상을 입을 수 있다. 이러한 문제는 무예에서 상대방과의 공방 기술에 있어서 힘을 조절하고 모으는 내적인 에너지인 기의 원활한 운용으로 극복될 수 있다. 기의 활용은 합기도 술기의 힘 조절뿐만 아니라 정확성에 필수적인 요소이다. 합기도에서 정확한 호신술기는 호흡력에 의한 기합으로 올바른 힘의 집중만이 상대방을 꺾거나 내칠 수 있는 것이다.

합기도 술기는 상대방의 체격과 동작의 민첩성에 따라 적절한 변용과 적용이 가능해야 한다. 예를 들어 자신의 몸과 상대방의 몸의 크기나 신장력의 차이가 많이 나느냐 그렇지 않느냐에 따라 합기도의 술기 중 타격기와 꺾기 중 어떤 것이 적절한가를 결정하는 게 매우 중요하다. 상대방을 꺾어서 내치거나 던지기만의 기술을 구사하는 일본의 아이키도는 유의 원리위주의 수련 특성이 강하다. 이러한 유술적인 기술에 권법이나 발차기 등의 강술적인 타격기술이 접목되어 혼용됨으로써 합기도의 수련원리는 위에서 언급한 몸의 구조 이해, 기의 원활한 운용과 적절한 공방기술의 운용 기본 원리에 의거한 강유의 원리의 적용과 활용이 필수적이다.

합기도 기술은 초창기의 꺾고 던지기만의 유술지향적인 기술에서 손이나 팔꿈치 등으로 공격하는 수기와 상대방의 하체부위에서 상체까지 공격하는 단식과 복식, 그리고 연결 및 특수기법 등의 다양한 발차기가 접목되어 선술이나 방어술로 쓰일 뿐만 아니라 급소 누르기, 꺾기, 던지기로 이어지는 동작과 마무리 기술에 활용된다. 그런데 기존의 대표적인 합기도 수련의 3대 원리인 전환법의 원(상대방의 중심을 잃게 하여 제압할 수도 있고 전환 자체만으로 상대방을 퇴치함), 역류법의 류(상대의 집중된 힘을 흐르는 물과 같이 부드럽게 제압함), 심화법의 화(화합을 통하여 상대의 힘을 역이용하는 것)는 일본의 아이키도의 수련원리와 거의 유사하며 강과 유의 원리 중에서 유의 원리만을 의미한다. 이는 합기도 기술 중의 권법과 발차기의 타격기와 선술의 강의 원리를 기반으로 하는 합기도의 수련원리가 배제되어 있어 완전한 합기도의 수련원리를 충족하지 못하고 있기 때문이다. 따라서 합기도 기술 수련에 있어 강의 원리의 정립도 필요하다. 합기도 기술의 강기는 상대의 전체를 무너뜨릴 수 있는 결정적인 지점에 힘과 기법을 집중하는 것이다. 합기도의 전형적인 강기 중에는 수도(손칼)로 찌르거나 찍어차기(앞돌려차기)가 있다. 술기 중에서도 상대방의 상박팔을 손목으로 눌러서 제압하는 칼넣기도 자신의 힘을 상대의 약한 부분에 집중함으로써 상대의 관절을 부러뜨리는 것으로 일본의 아이키도에서는 볼 수 없는 강기의 대표적인 예이다.

합기도 강술 발차기

강기를 사용하는 합기도 기술들의 수련에는 '심신 일치에서 오는 집중감의 습득과 정확한 자세(체술)의 구현'이라는 2가지의 원리가 수반되어야 한다. 정신과 힘의 집중과 올바른 강력한 힘의 전달을 위한 정확한 자세에 의해서만 상대방을 무너뜨릴 수 있는 강력한 강기가 발휘되기 때문이다. 무예의 강기의 사용은 "강기의 움직임이 상대의 약한 곳에 자신의 강한 힘을 집중시키기 때문만이 아니라 그 힘조차도 근육의 힘을 사용하지 않고 자세를 통해서 만들어내기 때문이다. 그러므로 자세가 곧 기법이다. 강기의 기법은 움직임에 있다기보다는 움직임 속의 정확한 자세에 있다'라고 이창후는 잘 표현하고 있다. 무예의 공방에 있어서 강유의 개념은 서로 적대적이기도 하고 상호작용적이기도 하다. 가령 합기도의 던지기나 전환법에 의한 유기는 그 기술 전체의 흐름을 끊는 굳세고 빠른 되치기나 타격기로 대응해야 한다. 반면 상대방의 저돌적인 권법이나 발치기 공격에 대해서는 몸에 불필요한 힘을 빼고 그 공격들의 흐름을 이끎으로써 부드러움으로 굳셈을 이길 수 있다. 빠름으로 제압한다.

음양(陰陽)은 상호대립과 상호의존이라는 모순적 관계 속에서 조화를 통하여 우주만물의 모습과 이치를 설명하듯이 무예에 있어서 강과 유의 조화도 이와 같은 원리이다. 무예의 겨루기에서 강함만으로는 유를 이기지 못한다. 반대의 경우도 마찬가지이다. 단지 대립 상태의 유와 강이 조화하는 유능제강(柔能制剛)은 무예 수련이나 겨루기에서 강을 추구하는 수련만큼 부드러움에 비중을 둔 유의 수련도 중요함을 의미한다. 합기도의 기술들은 이러한 유와 강의 조화를 잘 보여준다. 상대의 약한 곳에 많은 힘을 효과적으로 집중하고 사용하는 신체의 부위를 단련하는 것이 강기의 원리이다. 반면 상대방의 움직임을 거스르지 않고 즉 상대의 힘을 역이용함으로써 더 센 힘을 거스르기보다는 작은 힘으로 무력화하면서 자기가 원하는 방향으로 그 힘을 사용하는 유기의 원리이다. 유의 원리만을 강조하는 아이키도와는 달리 합기도는 강과 유의 원리의 원활한 결합과 조화가 강조된다. 예를 들어 합기도의 방권술에서 상대방의 주먹을 막지 않고 가격하려는 방향으로 계속 가게 둠으로써 상대방의 균형을 잃게 하는 유기를 행한 이후에 상대방의 팔 관절을 올바른 자세와 집중된 힘으로 꺾는 강기의 연속적인 기술로 상대방을 제압할 수 있다.

이러한 맥락에서 합기도의 완벽한 술기들은 강기(타격기술과 꺾기)와 유기(던지기나 내치기 또는 전환법에 의한 관절기)의 조화로운 조절과 연결을 통해서 이루어진다. 따라서 합기도 기술들은 상대방의 기술과 상황에 따라 타격기(강기)에서 던지기(유기)로, 또는 전환법에 의한 꺾기(유기)에서 타격기(강기)로 자연스러운 연결동작을 통해 상대방에게 반격할 기회를 주지 않고 완전히 제압하는 방식으로 수련되어야 한다. 기존 합기도의 수련원리는 유의 원리에만 치중하여 합기도의 강기를 배제한 불안정한 기술 원리이다. 따라서 강과 유의 균형과 조화에 따른 올바른 합기도 기술 수련의 원리의 정립은 합기도가 유의 원리만을 강조하는 아이키도의 일본 무도의 색깔론에서 벗어나서 명실상부한 한국무예로서의 올바른 입지를 공고히 하기 위한 사명임을 우리는 인식해야 한다.

(6) 합기도의 수련원리의 바람직한 인간관계 형성으로의 적용

도장에서 무예 수련이 과연 바쁘게 생활하는 현대인들에게 일상적인 삶 속에서 어떠한 역할과 도움이 되는가에 관한 실증적인 연구들은 거의 없다. 기존 무예의 현대사회에 대한 공헌과 역할은 일반 대중들에게는 진정으로 와 닿지 않는 너무 형이상학적이거나 거시적인 관점만 다루어오고 있다. 가령, 오늘날 동양무예의 역할들을 체육교육적, 윤리적, 그리고 사회교육적인 위치로 단정하여 규명하고 있다. 무예인들 중에는 사업이나 교육적으로 성공한 사람들이 많다. 이들 대부분이 무예 수련과 자신의 성공담과 연관시킬 때는 무예를 통한 심신수련이 그들의 삶에 여러 가지 시련들을 헤쳐 나가는 데 큰 도움이 되었다고 술회한다. 하지만 구체적으로 무예의 수련이 어떤 상황에서 어떻게 왜 도움이 되었는지에 대한 구체적인 설명은 찾아보기 힘들다. 무예 수련이념과 방식이 우리의 일상적인 생활과 직접적인 관련성이 없기 때문에 무예를 주변문화로 여전히 머물게 하는 주요 요인으로 작용하고 있다.

사실 동양무예의 기술이나 이념을 실생활에 접목하려는 여러 번의 시도는 있어 왔다. 예를 들어 데이비드(David)와 짐(Jim)이 저술한 『란도리 법칙』이란 저서에서는 일본의 아이키도 수련철학을 비즈니스에 적용한 변화경영의 지혜를 서술하고 있다. 알란 백(Allan Back)과 김대식은 『실천무도철학』이란 저서를 통해 무예 수련을 통한 교훈적인 삶의 방향을 전달하고자 하였다. 하지만 대부분의 무예 관련 책은 사진이나 그림을 통한 기술들을 나열하거나 너무 비현실적으로 난해한 동양철학사상을 바탕으로 한 종교적인 색채가 강한 무예이론들만 논하고 있는 한계를 벗어나지 못하고 있다.

무예 수련이념의 일상생활 인간관계 형성과 유지에 대한 사회과학적인 적용과 접목은 무예의 실용 학문적 기능을 함양할 수 있다. 이러한 맥락에서 무예 수련의 방식이나 수련이념을 올바르고 바람직한 인간관계의 형성과 유지에 어떻게 적용하며 발전시킬 수 있는 것인가에 대해서 필자는 설명하려고 한다. 이는 필자가 수십 년간 합기도를 수련하고 지도해 오면서 나름대로 노력과 시도를 해 온 체험을 바탕으로 한 것이다. 물론 태권도, 유도, 검도 등과 같은 다른 무예들에게도 모두 적용이 될 수 있다고 사료된다. 모든 무예들의 수련은 시선, 거리조절, 의사결정, 기법 등 4가지로 나눌 수 있다. 이 네 가지의 수련원리에 따라서 우리는 어떻게 의미 있고 생산적인 인간관계를 맺는 삶을 이어갈 수 있는 것인가를 구체적으로 하나하나씩 설명하려 한다.

<표 15> 합기도 수련원리의 인간관계에 적용

무예 수련이념	바람직한 인간관계의 형성 및 유지
A. 시선(Perception)	사람들을 대하는 자신감과 긍정적 몸가짐의 반영 (긍정적 또는 부정적 인지)
B. 거리조절(Controlling Distance)	사람들과의 관계 형성에서 친숙해가는 과정을 반영 (공간적, 타이밍, 심리적 거리감)
C. 의사결정(Making Decision)	사람들과의 관계 형성의 유무에 대한 의사결정 (친밀한 관계 정도의 단계를 결정)
D. 기법(Techniques)	사람들과의 관계 만들기 및 유지를 위한 방법 등을 반영 (관계를 맺고 지속해 나가는 과정상의 방법들)

① 시선(Perception)

시선은 무예 수련에 임하는 데 있어서 필수부분이다. 무예를 수련할 때는 상대방의 시선을 통해서 그의 자신감이나 수련에 임하는 태도를 감지할 수 있다. 예를 들어 합기도 호신술의 상호 연습 시에 상대방이 자신감이 결여되어 있거나 심신의 좋지 않은 상태는 그 무예인의 시선을 통해서 나타난다. 시선은 합기도 겨루기를 행할 때 결정적인 역할을 한다. 가령 겨루기에 임하는 선수가 연습량이 부족하거나 파이팅 정신이 결여된 자신감의 부족 또는 몸 상태가 좋지 않을 때에는 이러한 부정적인 요인들이 그의 시선에 반영된다. 상대방은 이러한 약화된 시선을 자신의 시선(인지)으로 파악하면서 승부에 대한 승리를 확신하는 강화된 시선으로 시합 이전에 기선을 제압하려고 한다. 효율적이고 발전적인 합기도 술기의 수련뿐만 아니라 무력을 검증할 수 있는 합기도의 겨루기에서 승리를 위해서는 강력한 시선을 갖출 수 있는 무예인이 되어야 한다. 시선(인지)의 강화는 단지 마인드 컨트롤과 같은 정신적인 훈련으로만은 불가능하다. 겨루기 기술들의 습득을 위한 힘들지만 끊임없는 반복 수련은 체력의 증진과 기술적인 무력만 향상시키는 것이 아니다. 강인한 체력과 뛰어난 호신능력으로 무장된 진정한 자신감은 무예인의 시선의 긍정적 강함을 만들어 낸다.

무예 수련에서 시선의 원리는 우리의 인간관계의 형성에도 동일하게 적용된다. 자기애가 부족하고 주변 상황을 부정적으로 여기는 사람들은 생기가 없는 어두운 시선을 보여준다. 이러한 어둡고 부정적인 시선(인지)은 주변 사람들과 소통에 문제가 생기고 또한 친밀한 관계 형성을 위해 접근하는 사람들도 멀리하게 한다. 자신에게 주어진 업무나 과제 수행을 성실하게 하지 않는 것은 자신감의 결여와 심신의 불안정으로 자신에게 주어진 상황이나 조건들에 대해서 불평불만을 늘어놓는 것과 다름없다. 좋은 인간관계를 맺으려는 상대방은 이러한 패배의식을 가진 사람을 멀리하게 되어 친밀한 관계를 맺을 수 있는 사람들로부터 멀어지게 된다. 성실하고 꾸준한 합기도의 반복 수련을 통해 긍정적이고 자신감으로 가득 찬 시선 만들기는 일상생활의 태도에도 적용될 수 있다. 자신에게 주어진 업무 또는 과제의 반복 속에서도 주변의 상황에 대해서 불평하고 불만을 가지지 않고 성실하고 창의성 있게 일을 하는 사람의 시선과 태도는 그 사람에 대한 긍정적인 느낌과 신뢰성을 불러일으켜 그 사람과의 친밀한 관계를 맺으려는 사람들로 자연스럽게 둘러싸이는 친화적인 생활 분위기를 형성한다.

② 거리 조절(Controlling Distance)

무예 수련에 있어서 거리조절은 승패를 결정하는 결정적인 요인으로 작용한다. 거리감에는 공간적 거리감, 타이밍 거리감, 그리고 심리적 거리감의 세 가지가 있다. 그런데 무예에서 거리의 개념은 상대방과의 공간적 거리감에만 치중하는 경향이 강하다. 아무리 뛰어나고 강력한 발차기를 구사할 수 있더라도 상대방에게 그 위력이 미치지 못하면 그 발차기 기술은 효용가치가 없다는 이유 때문이다. 따라서 겨루기 시합을 대비한 훈련에서는 상대방과의 거리를 조절하기 위한 풋워크 또는 스텝의 훈련 등에 많은 시간을 투자한다.

공간적 거리감만큼 중요한 것이 무예 공방의 균형을 잃게 하면서 반격의 최적 순간을 포착하는 타이밍 거리감이다. 예를 들면 합기도의 방권술의 수련에서 상대방의 펀치를 방어하는 동시에 올바른 공간 거리를 확보해야 한다. 그 공간 거리는 상대방의 힘을 흘리면서 균형을 잃게 하는 최적의 거리감이다. 또한 이러한 최적의 거리에서 상대방이 반격할 틈을 주지 않고 무력화시키는 팔의 관절기도 정확하게 구사할 수 있다. 심리적 거리감에는 합기도의 호신 겨루기에서 승패를 좌우하는 매우 중요한 요인이며 전략이다. 상대방의 시선이나 동작들에서 읽히는 감정들, 이를테면 서두름, 망설임, 두려움, 거만함 등에 대해서 어떻게 심리적으로 유연하고 효과적으로 대응하느냐가 심리적 거리감의 조절이라 할 수 있다. 서두르고 공격적인 성향이 강한 상대방에게는 유연함과 방어를 지향하는 심리적 거리감을 두어야 한다. 반면 너무 방어적이거나 망설이는 상대방에게는 기세가 강한 공격지향적인 심리적 거리감을 가져야 한다.

동양무예의 전통적인 수련방식은 이러한 세 가지 거리조절 감각 향상을 위한 훈련에 대부분의 시간을 투자한다. 가령 스텝이나 풋워크 기량 향상을 통한 공간거리감, 다양한 약속공방 수련반복을 통한 타이밍 거리감, 마인드 컨트롤과 같은 정신력 강화훈련을 통한 심리적 거리감 조절의 증진에 초점을 맞추는 수련방식들이 대부분 무예 수련의 내용들이라 볼 수 있다. 이러한 거리조절은 우리가 일상생활에서 무수히 접하는 인간관계에도 적용이 된다. 사업적이나 교육적인 이해관계에서 필요한 인간관계를 맺거나 유지하려 할 때, 또는 친근함을 느끼게 하는 누군가와 친구관계를 맺거나 유지하려고 할 때 그 사람과의 거리조절이 매우 중요하다.

공간적 거리감은 그 사람과의 만남이 이루어지는 물리적 환경이나 만남의 횟수를 의미한다. 인간관계를 처음 맺을 때 우리는 설레임과 기대감으로 인해 다소간은 우호적이고 편한 환경을 선호하며 만남의 횟수로써 친밀감을 쌓으려는 경향이 있다. 하지만 상대방의 상황과 입장을 배려하고 이해하면서 만남의 장소나 횟수를 고려하는 공간적 거리감의 조절이 필요하다. 상대방과 편치 않은 장소에서 잦은 만남을 가지려고 하는 의도는 다가가려 할수록 상대방이 꺼려하면서 뒤로 물러나는 불편한 관계를 만들게 된다.

이는 마치 합기도수련에서 공간적 거리가 너무 멀거나 가까운 이유로 자신이 원하는 올바른 술기를 수행하기가 힘든 이치와 같다. 상대방에게 부담과 피해를 주지 않으면서 상황과 형편에 맞는 관계의 장소와 횟수를 가지려는 노력이 중요하다. 상대방과의 긍정적인 공간적 거리감이 지속적인 인간관계를 유지하게 하기 때문이다. 타이밍 거리감은 만남의 시기나 상황이 될 수 있다. 예를 들어 타이밍 거리감의 조절 실패는 사랑하는 연인들과의 관계를 힘들게 하는 요인으로 많이 작용된다. 상대방에 대한 지나친 애정과 욕구로 인해 자신 위주로 상대방을 강요하면서 만남의 시기나 상황을 만들어가는 경우가 있다. 특히 소유욕이 강한 사람일수록 이러한 성향이 더 심하게 나타난다. 결국 지나친 애정에서 오는 이러한 적절치 못한 타이밍 거리감의 조절 실패는 연인과의 지속적인 관계 결별을 초래한다는 사실은 우리가 주변에서 흔히 볼 수 있는 현상들이다. 또한 비즈니스 세계에서 탁월한 영업력을 보이는 세일즈맨들이 공통적으로 보여주는 성공 전략은 타이밍 거리감의 탁월한 조절이다. 잠재적 고객이 자신의 판매 상품에 대한 구매력을 결정지을 수 있도록 강요하지 않고 참을성 있게 그 고객이 원하는 만남의 시기나 상황을 잘 파악하며 관계를 이끌어간다. 마치 합기도 수련 시에 상대방의 균형을 잃게 하고 무기력하게 하여 최적의 기술이 먹히는 이치와 같다. 비즈니스 세계에서는 뛰어난 영업사원은 평소에 잠재성 고객들과 상품 판매와 관계없이 진실하고 꾸준하게 연락하면서 관계를 맺는다. 그러한 과정 속에서 고객이 필요한 시점에 구매력을 일으키게 하는 '성실성 마케팅전략'은 성공적인 타이밍 거리감 조절의 대표적인 사례라고 할 수 있다.

　심리적 거리감은 만남의 내용이다. 친구를 맺고 싶어하는 상대방에게 느끼는 감정은 초기에 친근감의 호의적인 감정에서 우정이 깊어질수록 친밀감과 편안함, 행복함 등으로 발전한다. 이러한 긍정적이고 즐거운 감정들로 인해서 친구와의 정기적인 만남은 시간이 지남에 따라 서로에 대해서 속마음을 내보이고 싶을 만큼 깊어지고 발전적이 되면서 심리적인 거리감이 아주 밀접해진다. 반면 학교에서의 선생님과 제자와의 관계 또는 직장에서의 상사와 부하직원 간의 관계는 직위상의 권위나 업무나 교육상의 권위로 형성된다. 따라서 이들의 관계에는 친근함과 더불어 어려움, 불편함, 꺼림 등의 감정들도 뒤섞여서 있다. 만남의 내용도 업무지향적이고 교육적이기에 서로간에 존경과 애정이 작용하면서도 심리적으로는 거리감을 가지게 된다. 적절하고 지혜로운 심리적 거리감의 조절은 우리가 일상생활에서 무수히 접하는 다양한 인간관계의 지속성 여부를 결정하는 주요한 잣대가 된다. 긍정적인 공간적 거리감(쾌적하고 잦은 만남의 즐거움)과 최적의 타이밍 거리감(기다려지는 행복한 만남)으로 형성된 행복한 인간관계는 우리의 삶을 풍부하게 해준다. 하지만 이러한 즐겁고 생산적인 인간관계의 성공적인 지속성과 유지를 위해서는 현명한 심리적 거리감의 조절이 수반되어야 한다
　합기도 겨루기에서 불안정한 심리적 상태 때문에 제대로 기량을 펼쳐보지도 못하고 승부에서 패배하듯이 일상생활에서도 자신의 부정적인 상황이나 마음의 고통이 상대방과의 소통을 어렵게 만든다. 이러한 일방통행적 인간관계는 심리적 거리감 조절의 실패로서

소중한 사람들과의 귀한 인간관계를 잃어버리는 결과를 초래할 수 있다. 따라서 행복하고 유익한 인간관계 형성과 유지를 위해서는 배려 깊고 안정된 심리적 거리감의 조절을 위한 노력이 필요하다.

③ 의사결정(Decision Making)

무예의 수련이념에 있어서 시선과 거리조절 다음의 단계인 '의사결정'이란 공격을 하느냐 아니면 방어를 하느냐의 판단과 결정을 내리는 것을 의미한다. 무예 승부를 결정짓는 최적의 공방에 대한 의사결정력은 무예의 공통적이고 필수적인 중요한 목표라고 할 수 있다. 합기도뿐만 아니라 태권도나 유도와 같은 무예의 겨루기에서도 공방의 여부에 대한 의사결정은 승패를 가름하는 결정적인 요소로써 동일하게 적용된다. 특히 생사를 다투는 진검 승부에서는 강한 시선과 적절한 거리감 조절 속에서 먼저 공격을 하느냐, 아니면 방어를 하고 공격을 하느냐에 대한 의사결정은 죽느냐 죽이느냐의 절대절명의 순간에서 결정적인 요인이 된다. 따라서 오랜 기간 동안의 끊임없는 반복 수련의 과정을 통해서 다양하면서 실전적인 무예기법을 향상하기 위한 노력들은 '올바른 공방 의사결정력'을 키우기 위한 과정임을 무예인들은 공감할 것이다. 이러한 무예의 공방 의사결정은 일상생활의 인간관계의 측면에도 적용된다. 우리는 매일매일 접하는 모든 사람들과 업무 지향적 관계와 인간 지향적 관계라는 두 종류의 관계를 맺으면서 삶을 영위한다.

업무 지향적인 관계는 쌍방 간의 이해관계와 손실과 이익을 고려해야 하는 관계를 뜻한다. 대표적인 업무 지향적 관계는 판매자와 소비자 간의 경제적 관계이다. 비즈니스 세계에서 의사결정은 소비

자행동이나 판매자의 조직행동에서 필수적인 요소이다. 왜냐하면 판매자는 수많은 고객들 중에서 판매자가 출시한 상품이나 제공하는 서비스에 대해서 구매를 하거나 이용할 수 있는 잠재적 고객들을 선택하는 의사결정을 내려야 한다. 이는 마치 합기도의 호신 겨루기에서 상대방의 동작에 대해서 공격 기술이나 방어 기술 중 선택을 하는 이치와 같다. 가령 잘못 선택한 공격이나 방어로 인한 결정이 겨루기에서 패배의 치명적인 요인이 된다. 마찬가지로 판매자가 팔려고 하는 물건을 구매하지 않거나 제공한 서비스를 이용하지 않을 고객을 선택하여 결국은 시간과 비용을 들여도 거래가 이루어지지 않아 손실을 보게 된다.

인간 지향적인 관계는 서로에게 이해관계를 따지기보다는 우정으로 맺어진 친구와의 관계이다. 우리는 매일 사소한 관계에서 중대한 관계에 이르기까지 얼마나 많은 의사결정을 내려야하는 피로한 삶을 살고 있는가? 이러한 힘든 삶의 여정에서 본인의 의사결정보다는 하늘(자연)의 의사결정으로 이루어진 것들 중 하나가 '진실한 친구'로 여기는 경향이 있다. 진정한 친구는 필요에 따른 선택하는 과정, 즉 거리감의 조절이라는 귀찮은 과정이 없이 그냥 편하게 느끼기에 만날 수 있기 때문이다. 그러한 진실한 친구는 오랜 세월을 알고 지낸 자신을 잘 이해하는 어릴 적 친구일 수도 있다. 또는 자신이 어려움에 처해 있을 때에 대가 없이 진심으로 도와준 친구일 수도 있다. 아니면 그냥 같이 있으면서 편안하고 부담이 없는 친구일 수도 있다. 다만 진실한 친구의 선택과정은 판매자가 구매자를 선택하는 경우와는 상이한 속성을 지닌다. 왜냐하면 업무 지향적인 관계는 단정적이고 이성적인 요인들이 작용하는 반면에 인간 지향적인 관계는 선험적인 시간과 친근감이나 우정과 같은 감정적인 요인들이 더 중요하기 때문이다. 하지만 이러한 진정한 친구 또한 업무 지향적이고 인간 지향적인 관계를 맺고 있는 많은 사람들 중에서 의사결정의 과정을 통해서 결국은 자신이 선택하거나 선택되는 것이 아니겠는가?

상대방과의 무예의 승패를 좌우하는 의사결정은 일상생활에서는 우리가 접하는 사람들 중에서 업무 지향적이든 인간 지향적이든 필요충분한 조건의 인간관계를 맺기를 원하는 상대방을 선택하는 수단으로 적용될 수 있다. 그러므로 꾸준한 합기도 반복 수련을 통해서 배양되고 증진된 올바른 의사결정력의 원리를 일상생활에 접목함으로써 생산적이고 유익하고 행복한 인간관계의 형성에 기여할 수 있도록 노력해야 한다.

④ 기법(Techniques)

무예 수련에서 마지막 단계는 기법이다. 즉 최적의 공방의 선택인 의사결정 이후에는 최상의 무술기법을 사용함으로써 상대방을 제압해야 한다. 이러한 무예기법은 일상생활에서는 최적의 의사결정으로 맺은 인간관계를 지속적으로 갈등 없이 상호호혜적인 관계를 유지하기 위해 어떠한 방법을 써야 하는가와 같은 이치이다. 무예 수련의 이념에서 기법을 최우선적이 아니라 왜 마지막 단계에 둔 것에 대해서 의아해하는 무예인들도 적지 않을 것이다. 왜냐하면 대부분의 무예인들에게 자신이 수련하는 무예가 우수한 차별성의 근거, 또는 자기 무력의 탁월성의 기준을 뛰어난 무예의 기법에 두기 때문이다. 게다가 무예 수련의 입문의 이유, 또는 힘든 수련 지속의 가장 강력한 외적 동기는 무예가 보여주는 실전적인 기술과 더불어 심미적이고 예술적인 기술들을 습득함에 있다. 이러한 기술들 환상적인 태권도의 발차기 동작들, 격한 실전성을 보여주는 무예타이의 킥복싱 동작들, 쿵후에서의 화려하면서도 박진감 넘치는 체조 같은 검술 등을 포함한다. 그런데 아이러니하게도 무예 수련을 그만두는 가장 큰 동기 또한 뛰어난 무예인들의 특정 무예기법을 따라할 수 없는 능력의 한계성이나 그러한 기법들을 습득할 수 없는 좌절감에서 온다.

완전무결하고 무적인 무예 기법은 액션 영화나 무협소설에서나 가능하다. 현실적으로는 존재할 수 없는 가공된 무예인의 초인간적인 무예 기법이나 무력에 심취되어 무작정 따라하거나 추종하는 것은 어리석은 행동이다. 이러한 비현실적인 무예 기법들에 대한 열망과 집착은 무협지적인 무예사관에 젖어 있는 편견에서 비롯된다. 완벽한 무예 승부의 단계는 강인하고 안정된 시선하에서 올바른 거리조절이 이루어지고 최적의 공방 의사결정 단계를 거친 후에 최상의 적합한 기술을 구사하는 것이다. 그런데 이전의 단계들을 무시하고 어떠한 특별한 무예 기법을 써야 하는가에만 집착한다면 뛰어난 상대방과의 무예 겨루기는 스포츠이든 실전이든 백전백패함을 경험이 있는 무예인이라면 누구라도 공감할 것이다.

무예 수련의 기법 단계는 인간관계를 맺고 유지하는 방법에 비유될 수 있다. 가령, 비즈니스 세계에서는 기법은 판매자가 구매자에 대한 마케팅기법을 의미한다. 판매자가 소비자들에게 원하는 상품들을 구매하도록 하기 위해서는 판촉광고 및 홍보, 할인 판매, 고객만족서비스 제공 등의 전략을 사용함으로써 더 많은 고객들이 제품을 구매할 수 있도록 유도한다. 물론 이러한 적극적 마케팅 기법 사용은 판매자가 소비자들에게 신뢰성과 안정감을 주는 이미지(시선)로 적절하게 접근(거리조절)하여 제품을 구매할 수 있는 고객들의 선택한 이후에 이루어져야 한다. 인간지향적인 관계인 진실한 친구들과의 관계에서의 기법은 갈등의 소지가 될 수 있는 돈 거래와 같은 경제적 문제 또는 요구만 하는 일방적인 문제에서 벗어나 있다. 진심에서 우러나오는 관심과 애정을 보여주기 위한 변함없는 진실한 마음과 태도들이라 할 수 있다. 사실 '창업(만들어 내는 것)보다 수성(지켜가는 것)이 더 훨씬 어렵다'고 서술한 중국 고전 서적인『정관정요』의 교훈을 되새겨야 한다. 진실한 친구와의 우정을 지속하기 위해서는 그냥 좋아하는 마음만 가지고 행동하지 않으면 힘들다. 합기도 기법들, 즉 술기들을 완전히 습득하는 것은 효율적인 기술 프로그램에 따른 끊임없는 반복 수련을 통해서 가능하듯이 친구와의 변치 않는 우정으로 맺어진 진실한 관계를 유지하기 위해서는 상대방에게 기쁜 일이 생길 때는 진심으로 같이 축하해 주고 힘들거나 어려울 때 적극적으로 위로해주고 도와주는 모습을 보여주는 것이 친구와의 우정 기법이라 할 수 있다.

무예 수련의 단계적 이념들을 일상생활의 인간관계에 비유하고 적용하는 것이 혹자들은 너무 비약적이고 무모하다고 여길 수 있다. 더욱이 신체문화적인 속성을 지닌 무예 수련에서의 시선, 거리조절, 의사결정, 기법의 개념을 일상생활 속에서의 인간관계의 형성과 유지라는 정신문화에 접목해서 설명하는 것이 상황에 적절치 않고 상충되는 면이 있다는 비난도 있을 수 있다. 하지만 무예 수련의 이념이나 목적을 단순히 신체적 기능의 우월성만을 강조하는 격투기적 속성에만 치중한다면 그 결과 무예는 인간생활에 있어서 인간의 악한 본성인 폭력적이고 공격적인 성향과의 연관성만 떠올리게 하는 부정적인 개념을 극복할 수가 없다.

합기도와 같은 무예의 꾸준한 수련을 통해 얻는 결실은 무예가 신체적인 건강함과 뛰어난 호신기술을 가져다주는 신체문화적인 공헌 이상이 될 수 있다. 즉 합기도 수련원리가 일상생활에의 접목과 응용을 통해서 바람직하고 유익한 인간관계의 형성과 유지에 기여함으로써 행복하고 의미 있는 삶의 실현 가능성을 가져오는 것이 현대 사회가 요구하는 무예의 가장 값진 역할이 될 수 있다. 하루가 다르게 첨단적인 과학기술의 발달로 감성적인 신체기능보다는 지식과 정보로 무장된 인지적인 기능에 의해 지배되고 매몰되어 생겨나는 현대 사회의 병폐들을 치료할 수 있는 대안 중 하나가 무예가 될 수 있다. 이러한 취지에서 '지덕체의 조화를 통한 인간의 발달'을 추구하는 합기도 수련원리의 일상생활에서의 인간관계에 유익한 사회과학적인 접근의 시도 및 노력은 매우 의미가 있다.

18장.
합기도의 세계화

미국 대학에서의 합기도 지도

(1) 동양무예의 서양지역의 전파 및 유입에 관한 특징

합기도의 세계화를 본격적으로 논하기 전에 유념해야 할 선행과

제가 있다. 그것은 동양무예가 서양지역에 알려진 역사적 사실들과 또한 무예라는 매개체를 통해 동양과 서양 간에 어떠한 문화적 변용이 발생하고 진행되었는지를 인식하고 이해하는 것이다. 왜냐하면 동양무예의 세계화의 일반적인 의미는 동양무예가 서양지역에 전파되고 유입됨을 의미하기 때문이다. 동양무예로서 한국의 신체문화가 녹아 있는 합기도의 세계화는 고대 그리스나 로마의 철학이나 정치사상이나 독일의 위대한 음악 등의 정신문화의 세계화와는 다른 차별화된 특징들과 과정을 보여주었다. 또한 한국기업인 삼성의 스마트 폰이나 현대의 자동차와 같은 상품처럼 품질과 가격의 우수성으로 세계시장을 구축한 물질문화와도 다르다. 신체문화로서 합기도의 세계화는 정신문화나 물질문화의 세계화와는 상이한 속성과 특징을 지니고 있음에 주목할 필요가 있다.

무수하게 치러진 전쟁들을 통해 다양한 무예의 종류와 기법들이 발달해 왔음을 역사는 잘 보여주고 있다. 주로 병장기를 이용한 살생의 목적으로 사용되어 왔던 전쟁무예는 생사를 가르는 수많은 격투술의 축적과 발전하는 꾸준하게 발달을 거듭한 무기들과 더불어 동서양을 막론하고 지속적으로 진화하고 발전해 왔다. 전쟁의 상황에 맞게 더욱더 효율성과 효과성을 지니며 정교해진 전쟁무예는 전쟁 지역의 확장을 초래하였다. 이를테면 마케도니아의 알렉산더 대왕과 프랑스의 나폴레옹 대제 그리고 몽고제국의 징기스칸 등이 일으킨 정벌 전쟁을 통해서 동서양지역에서 동양무예와 서양무예가 격돌하였음을 실증사적으로 우리는 알고 있다. 하지만 동양무예가 서양으로 전래된 것은 단지 전쟁에 의해서만은 아니었다.

동양무예가 서양인들에게 알려지는 계기들은 무수하게 치러졌던 전쟁들, 종교적 문화 전파, 그리고 무역 교류 등에 의한 세 가지로 이루어졌다. 따라서 동양무예의 서구지역 유입과정은 정치, 경제, 사회, 문화 등의 측면에서 네 가지의 큰 역사적 사건들로 양진방은 다음과 같이 분류하고 있다.

  (1) 문화적 측면: 인도의 불교와 관련된 신체 수련문화의 전파 가능성

  (2) 정치적 측면: 흉노와 몽고의 유럽정복 전쟁을 통한 동양 전투술의 경험

  (3) 경제적 측면: 실크로드를 통해 이루어진 동서무역을 통한 동양무예의 무기들(주로 병장기들)의 교역

  (4) 정치와 사회적 측면: 15세기경에 진출한 유럽인들의 중국과 일본지역에서 현지 무예가들과의 접촉

  (5) 경제적 측면: 1800년대 중반부터 시작된 미국서부지역의 금광 채굴작업을 위한 중국인 노동자들의 유입과 일본인들의 농업 이민(경제와 문화)

위의 사실에서 보여주듯이 동양무예의 서구지역의 진출의 배경은 정치, 경제, 사회, 문화 등의 포괄적인 측면에서 이루어졌기에 동양무예사 연구는 사회과학과 인문과학을 망라하여 총체적으로 접근해야 한다. 따라서 동양무예의 서구사회의 전파와 유입에 대한 근본적인 이유나 전체적인 과정을 고대와 중세시대에는 전쟁과 격투술의 단편적인 국면에만 한정시켜서는 안 된다. 또한 각 시대의 무예를 다룰 때에도 체육이나 스포츠교류의 관점에만 치우치는 과오를 범하지 않아야 하는 귀중한 실증적 교훈을 명심해야 한다.

(2) '서양문화의 동양화'의 기반을 제공한 동양무예

　이질적인 외래문화가 전통과 환경을 가진 어떤 지역에 소개되고 전파될 때는 토착문화의 예민성이나 개방성의 정도에 따라 충돌하거나 수용하는 과정을 거치게 된다. 문화수용은 평화적이고 조화적인 관계에서 이루어지는 반면 문화충돌은 전쟁이라는 필수적인 과정을 겪게 된다. 예컨대, 서양의 빵이나 샐러드 같은 음식이나 서양식 옷은 동양지역에서 큰 어려움 없이 주요 음식이나 의복으로 정착되었다. 반면 기독교의 전파 같은 종교의 전파는 현지의 전통종교와의 갈등으로 양국 간의 전쟁도 초래되었다. 하지만 시간이 지남에 따라 충돌을 일으킨 종교나 철학 같은 정신문화도 갈등과 적용, 그리고 혼합 등의 변증법적인 과정을 통해 동화되었거나 아니면 현지에 맞게 변질되는 문화의 변화적응 단계를 거친다는 것을 우리는 역사적인 사건들을 통해서 잘 알고 있다.

　문화를 보는 관점은 문화보편주의(절대주의)와 문화상대주의 상반된 두 가지가 있다. 문화를 귀하고 천함을 가르는 우열성이나 등급으로 평가하는 문화보편주의(절대주의)와 문화를 상하의 우열개념이 없는 다양성을 인정하는 문화상대주의가 있다. 동서양의 문화에 대해서는 각자의 다양성과 고유성 있는 가치를 지니고 있다는 문화상대주의의 태도를 취하는 것이 옳다는 것이 일반적인 중론이다. 하지만 서양열강의 중국이나 동남아시아에 대한 침략적 제국주의의 역사는 군사와 무기적 우월성을 합리적이고 과학적이라는 명분으로 무장하여 식민국가들의 사회경제적 발전에 공헌하는 서구문화 지배의 필요성을 정당화하고 합리화시켜 온 문화절대주의의 산물이었다. 그 결과 첨단 과학기술로 무장한 물질문화의 속성을 지닌 서양문화의 거대한 영향 속에서 대부분의 동양문화가 일방적으로 서양문화에 종속되고 지배된다는 '동양문화의 서양화'의 문화종속이론이 정당화되었다.

이러한 일방적인 전달과 사용을 강요하는 서양의 물질문화와는 달리 동서양의 무예 문화는 동양과 서양의 다양성과 고유성을 인정하는 문화적 상대주의의 특성이 강한 측면이 있다. 그래서인지 동양무예라는 매개체를 통한 동서양 문화의 접촉에 대한 여러 가지 흥미 있는 주장들이 있다. 가령 동양문화의 서양화의 기초를 마련하는 것이 기독교인 반면 서양문화의 동양화의 기반을 최초로 제공한 것은 동양무예였다고 주장하는 김용옥의 동서양 문화접촉관은 설득력이 있어 보인다. 기독교의 전파를 통해 서구사상이 동양지역에 정착을 해왔듯이 동양무예는 미국에서 인지, 수용, 변용의 세 단계를 거친 문화 접목과정을 거쳐왔다는 것이다. 따라서 동양무예는 서구의 스포츠문화 속으로 변용되는 동양무예의 서양화를 초래하고 동시에 기존의 서구 스포츠 문화 속에 동양적 체육관이 이식되는 서양체육의 동양화의 결과를 가져왔다.

(3) 합기도는 국제화가 아니라 세계화되었다

합기도의 세계화는 합기도가 지난 반 세기동안 국내뿐만 아니라 해외에서 한국무예로서의 역할을 어떻게 해왔는가를 증명하는, 한국의 근대 무예사에서 필수적인 부분이다. 또한 합기도 세계화의 시작과 과정, 그리고 그 업적은 한국무예로서 합기도의 정체성 확립에 주요한 과제가 된다. 왜냐하면 합기도가 한국무예로서 확고한 정체성을 형성해왔다는 실증적인 사실은 일본무도 아이키도와의 무명 개명 논란이 불필요함을 입증하는 결정적인 증거가 되기 때문이다. 그런데 합기도의 세계화를 논하기 전에 '세계화(Globalization)'와 '국제화(Internationalization)'의 의미를 우리는 명확하게 인식할 필요가 있다. 사실, 우리는 국내화의 반대 개념으로 세계화와 국제화를 동일한 의미로 사용하는 경향이 있다. 하지만 세계화와 국제화의 각각의 의미는 엄연히 다르다. 국제화는 국경의 개념을 가지고 국가 간의 자원과 문화 등을 상호 호혜주의적 원칙에 따라 자유롭게 상호 교환하는 관계를 만들어 나간다는 의미를 지닌다. 세계화는 국경을 초월하여 모든 인류가 피부색깔이나 언어, 문화, 음식, 생활습관 등의 사회문화적 차이를 뛰어넘어서 더불어 행복을 추구하는 것이다.

가령, 세계대전을 일으킨 독일의 나치즘, 일본의 군국주의, 이탈리아의 파시즘 등의 제국주의 국가들은 군사력을 통한 국제화를 이룬 반면 세계평화의 공존이라는 세계화에는 실패한 나라들이라 할 수 있다. 따라서 국제화는 현실적인 국가 간의 경제적이고 정치적인 관계를 지향하고 세계화는 이상적인 국가 간 관계를 지향하는 특성을 가진다. 국제화는 여전히 한 국가의 고유하고 독특한 문화가 다른 국가들에게 일방적으로 전달되고 종속되면서 동질화를 강요하는 경향이 있다. 반면 세계화는 각 국가들의 문화들이 상호작용을 통해 서로 동화되고 적용되고 응용되는 과정에서 국경을 초월한 지구촌이라는 큰 커뮤니티가 형성된다. 이러한 맥락에서 보면 일제시대에 군국주의적인 사상이 담긴 무도과목인 검도, 유도, 황국신민체조 등이 강제로 한국에 유입되어 학교에서 체계적으로 교육되면서 한국무예 문화의 저변에 자리잡은 것은 한국에서 일본 무도의 국제화라고 할 수 있다.

필자의 외국인 합기도 제자들의 세계 합기도 대회 수상

합기도가 서양 국가들에 도입되고 전파되는 과정은 국제화보다는 동양과 서양의 신체문화의 상호작용을 통한 적용과 응용 과정을 거친 세계화로 볼 수 있다. 이러한 맥락에서 합기도가 서구권 국가들에서 세계화되어가는 과정은 두 가지로 설명될 수 있다. 첫째, 동양무예의 본질인 호신능력, 인내심, 예의범절 등의 함양을 위한 합기도수련의 무예교육이 서양교육문화의 한 부분으로 동화되었다. 둘째, 합기도가 서양스포츠의 내재적인 특성인 도장경영의 고급화, 기술의 현대화, 훈련방식의 전문화, 수련목적의 세속화와 같은 합리적이고 경쟁적인 스포츠로 변화되면서 조직적이고 체계적으로 서구형 스포츠화의 모습을 띠기도 하였다.

(4) 합기도와 태권도의 세계화의 공통점들

합기도 세계화의 시작과 과정을 실증적으로 설명하기 위해서는 태권도의 세계화 과정을 이해하고 참고할 필요성이 있다. 왜냐하면 세계화의 시작 시기가 비슷하고 또한 사범들에 의한 개인적인 전파 방식도 유사하기 때문이다. 또한 합기도를 지도한 사범들은 가라데, 유도, 검도 등을 수련한 태권도 사범들처럼 여러 운동을 같이 지도하는 공통점이 있었다. 이러한 측면에서 태권도와 합기도의 세계화 과정에서 공통적인 특징들을 살펴보자. 해외에 태권도가 보급되어 전파되는 과정은 2가지의 형태를 띠었다. 첫째는 국가적인 후원 속에서 군대나 협회 차원에서 이루어진 공적인 보급이었다. 두 번째는 뛰어난 기량을 가진 사범을 통한 사적인 보급이었다.

첫째, 초창기에는 국가적인 기관이나 관련 협회에서의 공적인 파견이 아니라 한국 사범들이 유학, 노무자, 이민 등의 개인자격으로 출국하여 무예지도를 함으로써 시작되었다. 60년대 초반까지는 유학생의 신분으로 학비 보조를 위해 태권도 지도를 한 사범들은 미국과 남미에 진출한 이준구, 조시학, 전인문, 김대식, 신현옥, 신종국, 이행웅, 손덕상 등이고 유럽은 박선재, 권재화, 박영철, 박훈웅 등이 진출하였다.

둘째, 한국인 사범들 대부분은 당수도 또는 유도, 검도와 같은 일본 무도를 배운 사람들이었다. 태권도와 합기도가 근대무예로서 형성되기 이전에 광복을 맞이한 그 시대에는 대부분이 일본무도를 수련했던 사실을 생각하면 당연한 현상이었다. 태권도 사범들 대부분은 외국에 오기 전에 한국에서 가라데나 유도 또는 검도를 수련하였다. 합기도 사범들도 합기도를 배우기 전에 이런 일본무도를 수련한 경력을 가지고 있었는데 김희영은 유도, 최세오는 공수도, 봉수한은 검도와 유도의 유단자들이었다.

셋째, 태권도와 합기도의 세계화는 한국의 경제와 외교, 문화 등에 적지 않은 공헌을 하였다는 점이다. 태권도는 베트남전쟁을 계기로 국가적인 차원에서 보급되고 올림픽의 정식종목이 되면서 한국의 외교와 문화전파에 큰 공헌을 하였다. 미국의 국회의사당에 태권도장을 설치하여 미국 국회의원들에게 태권도를 지도한 이준구, 그리고 미국 대통령 클린턴의 태권도 사범이었던 이행웅 등 정치 외교적으로도 태권도의 역할은 지대했다. 더 나아가서 태권도를 통해 한국의 역사, 문화 등의 한국 정신을 알리고 각종 세계대회의 조성 및 참가 그리고 세미나 순회시범을 통한 한국스포츠 문화 전파 등 민간적인 외교적 성과 또한 두드러졌다.

합기도의 경우 미국에서 장진일이 1986년에서 1998년까지 UN산하 체육관에서 많은 외교관과 UN 직원들에게 합기도를 가르쳤다. 하지만 합기도의 세계화로 이룩한 가장 주목할 만한 공헌은 미국과 아시아의 합기도 액션 영화를 통한 문화 전파, 그리고 외교관계를 통한 중동지역의 건설 수주 등을 들 수 있다. 한봉수는 1969년 6월에 미국 독립의 날에 Pacific Palisdes의 공원에서 합기도 시범을 했고, 이를 본 영화 배우이자 감독인 Tom Laughlin이 합기도 액션을 영화에 포함하기로 하였다. 베트남 참전 용사가 미국의 고향에 돌아와 부패와 싸우는 내용인 『Billy Jack』이라는 영화에서 한봉수가 합기도 액션을 선보이면서 합기도가 크게 알려졌다. 그 후에 한봉수는 할리우드 영화(『클레오파트라 존스』, 『생크스』, 『컨터키 프라이드』 등)의 액션고문으로 직접 합기도 술기를 가르쳐 주는 활동을 하였다. 이로 인해 할리우드영화에서 합기도가 인기를 얻자 중국 쿵푸 영화들은 합기도의 기술들을 배우고 사용하기 시작하였다.

지한재의 홍콩에서 합기도 영화 촬영

    1969년에 지한재는 미국에 갔을 때 태권도 준리 사범을 통해 이소룡을 소개받았고 지한재의 합기도 시범에 매료된 이소룡은 그를 골든하베스트 영화사에 소개하여 그는 황인식과 더불어 홍콩의 골든하베스트 영화의 무술고문으로 활약하였다. 그의 첫 영화는 이소룡의 『사망유희』에서 이소룡의 상대역이었다. 이소룡 사후에 그는 미국에서 일본 점령군과의 격투신이 나오는 영화를 찍었는데 제목은 합기도로 하길 바라는 그의 바람과 달리 『레이디 쿵푸』란 제목으로 상영되었다. 이후 제자 김진팔과 함께 당시의 유명한 홍콩 액션배우인 성룡, 홍금보, 원표 등에게 합기도 술기를 가르치기도 했다.

    황인식은 뛰어난 합기도 발차기로 유명했는데, 1970년대의 중국 액션배우들 이소룡, 홍금보, 성룡, 원표 등은 그를 통해 합기도의 하이킥에 매료되어 그에게 합기도를 배웠다. 특히 성룡은 서울에서 합기도 검은띠를 취득하기도 했다. 그 당시 낮은 발차기 위주의 쿵푸액션와 비교해 옆차기, 뒤차기, 뛰어 두발 높이차기, 뛰어 옆차기, 뛰어가위차기 등의 다양하고 다이나믹한 합기도 발차기는 선풍적인 인기를 끌었다. 이러한 인기에 힘입어 황인식은 이소룡(『맹룡과강』)과 성룡(『사제출마』)의 영화에서 상대역으로 출현하여 합기도를 전 세계에 알렸다.

    1970년대에 중동건설붐이 일어났을 때 대우 건설을 비롯한 많은 건설회사들이 수주를 따기 위해 친밀한 관계 형성을 통한 현지화의 방안으로 합기도 사범들을 중동 현지에 파견했다. 특히 조성호는 리비아에서 비밀경찰 및 대통령 경호원들에게 합기도 지도를 하면서 카다피 대통령과 친분을 쌓았다. 이때 많은 국내 건설사들이 리비아의 건설 수주를 따내기 위해 카다피와 친한 조성호 사범에게 접촉을 시도하였는데 그중 당시 김우중 대우건설 사장이 조성호 사범을 통해 큰 건설공사 수주를 따냈다. 이에 대한 보답으로 김우중은 대한민국 합기도 협회장을 맡으며 대우 본사 건물에 협회 본관과 중앙도장을 설치하며 적극적인 후원을 하기도 하였다.

(5) 태권도의 세계화 과정과 특징들

태권도의 세계화 과정을 자세하게 잘 언급하고 있는 이호성의 『한국무술 미 대륙 정복하다』, 최점현의 『대한미국태권도 오천년사』, 그리고 서성원의 『태권도 숲을 거닐다』 등의 태권도 서적들 덕분에 아래와 같이 태권도 세계화의 과정과 특징을 본서에 담을 수 있었다.

미국에는 일본의 가라데가 태권도보다 먼저 도입되어 지명도가 있었기에 미국에서 태권도를 처음 소개를 할 때는 '당수도' 또는 '코리안 가라데'란 무명을 사용하여야 했다. 1960년 초반에 미국에 간 이준구, 조시학, 이행웅, 황세진과 같은 태권도 사범들은 태권도 대신에 '코리안 가라데'란 무명으로 지도를 시작했다. 가라데 이름을 쓰게 된 이유는 1950년대 초반에 최영의(오야마 마츠다츠)의 가라데 순회 공연으로 전 세계적으로 가라데 인기가 급증하였기 때문이었다. 따라서 가라데에 비해 10년 늦게 미국에 보급된 태권도는 그 당시 각 도장에서 가라데의 한문 독음인 당수 또는 공수라는 명칭을 미국에서 각자 도장 개설 시 그대로 사용하였다. 또한 미국 내에 범죄율이 증가하면서 호신술의 필요성이 부각되었고, 한국과 일본에서 당수도와 가라데를 배우고 귀국한 미군들의 영향도 크게 작용하였다.

게다가 그 당시에는 태권도가 수련형태나 내용에 있어서 가라데와 차별화된 형태를 가지지 못하여 가라데의 틀에서 크게 벗어나지 못했다. 게다가 일본의 가라데가 훨씬 이전에 미국에 진출해 있었기에 가라데와 태권도를 구분하지 않고 그냥 동양무예로 인식하는 서양인들에게는 '코리안 가라데'로 지도하는 것이 효과적이었다. 그 후로 점차 일본 가라데 수련 인구가 중국의 쿵푸 수련으로 돌아서면서 인기가 급부상한 한국 가라데의 무명을 점차적으로 태권도로 바꾸어 갔다. 태권도의 세계화에 대한 세부적인 사항은 태권도 언론 기자인 서성원과 태권도 학자인 성제훈과 임군덕, 이호성, 최첨현 등의 저서와 연구논문에 잘 묘사되어 있다. 태권도 세계화 관련 내용들을 요약하면 다음과 같다. 태권도의 본격적인 세계화는 초창기에 미국을 중심으로 아시아와 유럽 등 다양한 지역들에서 동시다발적으로 시작되었다. 한국인에 의해 해외에 처음으로 한국의 무예가 소개된 것은 1949년 8월 미육군보병학교에 유학 중이던 최홍희가 현지에 태권도를 소개한 것이었다. 그 후에 1952년에 파견된 남태희와 우종림이 태권도를 지도했다.

미국에서는 1954년 미국인의 양자로 입양된 유병철이 미시간지역에서 태권도를 지도한 것을 시작으로 1957년 유학생인 이준구가 텍사스 주립대학 내에 서클을 만들어서 태권도를 지도하다가 1962년 6월 워싱턴 DC에 첫 도장을 개관하였다. 또한 오산 미군부대에서 당수도를 지도하던 이행웅은 Richard Reed의 초청으로 1962

년 네브라스카의 오마하로 가서 태권도를 지도하기 시작하였다. 조시학은 1958년 미국 시카고에 정착하여 1961년에 Korea Karate Institute를 세웠다. 1960년대에 미국에 진출한 태권도 사범들은 김기황(1963), 심상규(1964), 공영일(1967), 유병용(1968), 김병수(1968: 《블랙벨트》의 기자), 정석종(1969), 강서종과 김재준(1969) 등이 있다. 유럽에 진출한 태권도 지도자 1세대는 박선재, 권재화, 박영철, 박훈웅 등이 있었다.

주목할 만한 점으로 태권도 아시아지역의 세계화는 미국이나 유럽지역과는 달리 군에서 최초로 시작되었다고 볼 수 있다. 즉 1957년 한국에 방문한 베트남 고딘 디엠 대통령이 태권도 시범을 본 후에 한국의 태권도 시범단을 공식적으로 초청하여 16명의 태권도 연무 시범단이 베트남의 전역을 다니면서 시범을 보인 것이 태권도의 해외 보급의 첫 문을 열었기 때문이다. 또한 1958년에 조직된 국군태권도 시범단이 동남아 순회 시범을 하면서 다른 나라에도 소개되기 시작했으면 1960년대에는 베트남 전쟁을 계기로 태권도 시범단과 교관단이 파견되었다. 또한 베트남에서 민간차원 태권도 지도는 남태희 소령과 김승규 대위가 민간인에게도 태권도 보급하면서부터였다. 이 당시에 호치민에서 사설 무예도장을 운영하는 한 관장이 태권도지도를 요청하여 민간인에게 태권도 지도가 시작되었다. 동남아지역에서 태권도가 전파되는 여러 나라들이 이웃한 관계로 한인 사범들은 초기에 1-2년 정도 머물다 다른 나라들로 옮기며 보급하는 양상을 띠었다. 이후 60년대와 70년대에 태권도가 보급된 아시아 국가들은 말레이시아, 싱가폴, 홍콩, 태국, 필리핀, 터키, 인도, 이란 등이다.

1970년대의 태권도의 세계화 과정에서 1970년대에는 태권도의 본질을 역사적으로는 한국전통무예 '택견'에 뿌리를 두고 기술적으로는 '차기'에 역점을 두고 양식상으로는 '경기'를 표방함으로써 일본의 가라데와의 차별화를 통해 한국무예로서의 정체성을 확립하려고 노력했다. 이러한 취지하에 1970년대 초 대한태권도협회는 여러 계파들을 통합하여 중앙도장 국기원을 건립하고 기술과 이론을 정비하고 경기 규칙과 운영방법을 개선하며 다양한 국제대회(세계선수권 대회; 1973, 아시아 선수권 대회; 1974, 유럽선수권 대회; 1976, 팬암 선수권 대회; 1978, 아프리카 선수권 대회; 1979)등을 유치함으로써 한국의 국기로서 태권도의 세계화에 총력을 다하는 모습을 보여주었다.

이러한 노력에 힘입어 1973년에는 서울에서 세계태권도연맹(WTF)이 발족하여 프랑스, 홍콩, 대만, 크메르, 미국, 아이보리코스트, 말레이시아, 싱가포르, 보르네이 등 전 세계의 국가들이 가입하였다. 1974년에는 태권도가 미국체육회(AAU)에 정식으로 가입하여 처음으로 해외에서 공신력을 가지는 계기가 되고 1975년에는 국제경기연맹(GAISF: General Assembly of International Sports Federation)에 가입하는 데 성공하는 쾌거를 이루며 1980년대에 올림픽 종목화의 기반을 차근차근 다져나갔다. 또한 이 시기에 태권도 사범들, 특히 경기인 출신 지도자의 해외 진출이 크게 증가하면서 태권도를 수련하는 외국인들의 숫자가 폭발적으로 늘어나기 시작했고 그중 외국선수들의 기량도 크게 향상되었다. 다만 아쉬운 것은 대한태권도협회(WTF)와 국제태권도연맹(ITF) 간의 불화로 인해 통합이 무산되면서 각각이 독자적인 세계화 방법으로 진행하게 되는 것이다. 그 후에 통합의 노력이 있었지만 번번이 남한과 북한의 정치적인 대립 때문에 뜻을 이루지 못했다.

1980년대에 이르러 태권도의 세계화는 절정에 다다랐다. 1980년 7월에 모스크바 총회에서 국제올림픽위원회(IOC)가 WTF를 승인하고 1988년 서울 올림픽에서 올림픽 시범 종목으로 채택되어 32개국에서 남자 선수 120명, 16개국에서 여자선수 63명이 참여한 것을 시작으로 2000년 시드니 올림픽에서 태권도가 정식종목으로 자리잡음으로써 국제적 무예 스포츠로서의 위상을 확립하였다. 또한 국기원 산하 국가대표시범단은 1989년부터 국가별 방문을 통한 홍보와 시범으로써 태권도의 세계화에 큰 역할을 해 오고 있다.

(6) 합기도의 세계화 과정 및 방법과 특징들

합기도 세계화의 시작은 국가 간의 군대 시범단 파견도 겸했던 태권도와는 다르게 뛰어난 한국인 합기도 사범들의 개인적 활동 위주로 시작되었다. 그들 대부분은 유학생, 기술노동자, 또는 이민 등의 개인자격으로 출국하여 해외에 정착한 뒤 학교 또는 공공기관의 체육관이나 강당을 임대하거나 개인적인 합기도 도장에서 합기도를 지도했다. 물론 시간이 지나면서 현지에 설립한 합기도협회나 단체들을 통해 조직적인 모습을 갖추면서 태권도와 같이 협회 파견과 나아가서 한국정부차원에서의 파견 등 다양한 형태를 띠게 되었다. 합기도의 세계화의 방법은 영화의 액션 연기, 다양한 무예 잡지, 현지의 대학이나 경호관련 공공기관에서의 합기도 시범 또는 세미나, 일선 도장에서의 합기도 지도 등의 네 가지의 유형을 통해서 이루어졌다.

홍미로운 사실은 합기도 세계화에 있어서 국내의 고질적인 문제였던 부패한 합기도 사범들이나 도장 간의 상업주의적 경쟁이나 갈등이 없었다는 점이다. 이는 합기도의 보급지역과 전파 방법이 개인의 특성에 따라 달랐기 때문에 합기도 사범 상호간 마찰이 없이 오히려 서로에게 격려와 칭찬을 하는 긍정적인 관계 형성을 통해서 합기도의 세계화 진행은 매우 고무적으로 진행됐다. 또한 합기도 사범들은 태권도 사범들처럼 당수도나 유도, 검도 등의 일본 무도를 수련한 경력이 있었지만 모두가 해방후에 국내에서 초창기의 합기도 도장에서 합기도 고유의 발차기와 호신술기를 수련하고 지도하였기에 외국에서도 처음부터 합기도란 무명으로 기존의 가라데나 유도와는 차별화되는 합기도 호신술을 가르칠 수 있었다.

여기에서 짚고 넘어가야 할 사실은 태권도가 개척시기에 태권도란 이름 대신에 '코리아 가라데'란 무명을 써야 했던 현실에 반해 합기도는 처음부터 당당이 합기도(Hapkido)란 무명을 사용한 사실이다. 그 당시에 일본의 아이키도에 대한 국제적 인식도가 낮은 이유도 있지만 그보다는 한봉수가 미국에서 지한재가 아시아에서의 액션 영화에서 보여준 멋진 합기도 술기와 발차기 덕분에 합기도는 명실상부한 한국의 무예로서의 입지를 공고히 하였다. 세계화 과정에서 합기도가 일본의 아이키도와 무명 논란이 없었던 것을 생각할 때 현재 국내에서 불거진 동일 한자어로 인한 무명 논란은 외국에서는 서로 한국과 일본의 국수주의적이며, 비생산적이고, 소모적인 논쟁으로 비추어질 수밖에 없다.

한봉수의 합기도 액션 연기

　지난 반세기에 걸쳐서 세계화에 성공한 한국의 대표적인 무예인 태권도와 합기도는 세계화의 방법에 있어서는 유사한 점이 많지만, 기술적인 측면에서는 완전히 다르게 세계화를 추진하였다. 태권도는 전통무예의 속성에서 벗어난 경기전문화, 합리화를 추구하며 서구 스포츠적인 제반 요소를 수용하여 체계화되고 조직적인 형태의 스포츠무예로 세계화를 이루었다. 반면 합기도는 부분적으로는 이러한 태권도의 스포츠화를 지니면서도 본질적으로는 실전적인 호신술기를 강조하는 전통무예의 속성을 유지하였다. 국제적 경기 유치를 통한 전파보다는 태권도와는 차별화되는 역동적이고 실전적인 발차기와 다양한 호신술기의 보급에 중점을 두었다. 따라서 합기도의 세계화 과정에서 합기도 사범들은 외국의 특수계층들인 경호원 교육기관이나, 경찰서, 사관학교 등에서 합기도를 보급하면서 수련생들과 끈끈한 사제 관계를 맺게 되었다. 이러한 친밀한 관계는 해당국가의 민간 외교에 중요한 보조 역할을 하였다. 대표적인 민간외교로서의 성과들로는 수단, 리비아, 쿠바, 미얀마 등의 비동맹국가에 파견되어 대통령경호실, 특수군부대, 경찰 등에 합기도를 지도한 사범들 덕분에 국가들과의 관계가 친밀해지고 특히 현지 건설 수주 등의 경제적인 발달에도 공헌하였다. 또한 각자 현지인 합기도후계자들을 양성하여 합기도에 지속적으로 발전해 나가는 기반을 마련하여 왔다. 특히 미국에서는 육군사관학교의 정식 체육종목으로 채택되기도 했으며, 미국과 영국의 국가 경호기관에 합기도를 지도하면서 조지 부시 미국대통령과 영국 찰스 황태자에게 합기도명예단증을 수여하기도 하였다.

미국에서의 합기도 술기

1980년대 이후로 합기도 세계화는 국내외의 다양한 합기도세계대회 개최 및 시범단의 파견 그리고 현지의 합기도 사범들의 순회 세미나 등의 형태로 진행되었다. 합기도는 미국과 홍콩을 중심으로 서서히 중동지역과 서유럽으로 뻗어나갔다. 오늘날 합기도의 세계화가 이루어진 지역들은 북미(미국, 캐나다), 남미(멕시코, 아르헨티나, 브라질, 콜롬비아, 베네주엘라, 칠레 등), 동남아시아(태국, 말레이시아 등), 서남아시아(인도, 파키스탄), 서유럽(영국, 프랑스, 스페인, 포르투칼, 독일), 북유럽(네덜란드, 덴마크, 벨기에), 동유럽(우즈베키스탄, 러시아), 오세아니아(호주와 뉴질랜드), 아프리카 일부 지역 등으로 확장되어 동서양을 아우르는 명실상부한 합기도 지구촌을 구축하였다. 전 세계적으로 진출한 무수한 동양무예들 중에서 합기도가 한국무예로서 반세기도 안 되는 짧은 기간 동안 양적으로나 질적으로 괄목한 만한 세계화의 업적을 이루었다는 사실을 우리는 주지해야 한다.

(7) 합기도의 세계화에 공헌한 합기도 사범님들

합기도의 세계화의 절대적인 공헌자는 경기화나 조직의 시스템을 주도한 국가나 협회보다는 뛰어난 합기도 기술과 지도역량을 지닌 합기도 사범들이라고 할 수 있다. 물론 태권도도 세계화에 적지 않은 영향을 끼친 훌륭한 사범들도 있지만 경기화되고 스포츠화 되어가는 과정에서 개인보다는 단체나 조직의 역할의 비중이 절대적으로 커졌다. 반면 합기도도 단체나 협회의 영향력이 증대되었지만 여전히 일선에서 합기도를 지도하고 보급한 사범들의 역할과 비중에 대한 설명 없이는 합기도의 세계화의 과정과 특성을 설명할 수가 없다. 그런데 합기도의 세계화를 위해서 세계 각지에서 합기도를 지도하며 전파한 사범들을 일일이 소개하려면 두 가지 문제에 당면한다. 첫째, 모든 합기도 사범들에 대한 구체적이고 올바른 정보를 얻기가 불가능하다는 점과 둘째, 여기 지면상에 사범들을 일일이 소개하기에는 너무나 많은 분량의 문제이다.

따라서 이 자리에서는 합기도의 세계화의 기반에 공헌을 하였거나 영향을 끼친 합기도 사범들에 한해서 소개하려고 한다. 이러한 합기도 사범들에 대한 구체적인 정보는 김영희 박사님이 영문으로 저술하신 『History of Korea and Hapkido』란 저서가 큰 도움이 되었다. 1960년대부터 2000년 초반까지의 기간 중에 해외에 살면서 합기도 전파와 보급으로 합기도의 세계화에 큰 공을 세우신 사범님들에 대해서 지역별로 살펴보기로 하자. 또한 이분들에 대한 분석적 비판을 통해 공적과 아쉬움 등을 함께 밝혀보기로 하였다.

1) 북미(미국과 캐나다)에서 활동한 합기도 사범님들

① 한봉수

한봉수

한봉수(韓)는 합기도를 미국에 전파하고 보급하는 데 절대적인 영향을 끼친 '미국합기도의 아버지'로 알려진 분이다. 한은 1931년 생으로 재학시절에 검도와 유도를 수련했고 1948년에는 YMCA에서 윤병인에게 권법을 배웠다. 6.25 전쟁에 참전한 뒤, 1958년에 그 당시 서울의 중부시장에 있던 합기도 도장 성무관을 통해 본격적으로 합기도계에 입문하여 최세오와 함께 성무관 도장에서 지한재로부터 합기도를 배웠다. 뛰어난 무력으로 인해 대통령 후보의 경호원으로 활약하기도 했으며 1961년에 서울 삼각지 주변에 그가 운영하는 합기도 도장을 개관했다. 이후에 오산의 미군부대 주변으로 도장을 옮기면서 6년 동안 미군들을 지도하였다. 이러한 미군들과의 인연으로 1968년에 제자였던 미국 장교 Thorndike의 초청으로 미국에 가는 기회를 맞이하였다.

1969년 6월에 미국 독립의 날에 Pacific Palisdes의 공원에서 한봉수의 탁월한 합기도 시범을 보고 매료된 영화 배우이며 감독인 Tom Laughlin이 합기도 액션을 영화에 포함하기로 결정하였다. 베트남 참전 용사가 미국의 고향에 돌아와 부패와 싸우는 내용인 『Billy Jack』이라는 영화에서 한은 처음으로 합기도 액션을 선보였다. 이 영화의 큰 인기에 힘입어 미국은 합기도에 열광하였다. 미국의 액션영화에서 주로 비무술인들인 서양인 배우들의 어설픈 액션이나 기존 중국의 쿵푸액션과는 색다르게 한의 합기도 술기는 탁월했다. 특히 그는 멋진 합기도 하이킥과 수려한 동양적인 외모로 미국인들에게 큰 인기를 끌었다. 1975년과 1977년에 미국의 대표적인 무예잡지인 『Black Belt』 올해의 인물로 지정되기도 하였다.

이를 계기로 그는 『클레오파트라 존스』, 『Shanks』, 『켄터키 프라이드』 등의 할리우드 영화들의 액션고문으로 활동하였다. 또한 중국 쿵푸 영화배우들이 합기도의 기술들을 배우고 사용하기 시작하면서 한이 직접 합기도 술기를 가르쳐 주었다. 나중에는 마오 밍(Mao Ying)을 비롯한 다른 중국액션 배우들도 지한재, 김진팔, 황인식에게 합기도를 배우면서 합기도는 명실상부한 세계적인 한국무예로서 발돋움하였다. 이후 그는 『Hapkido: Korean Art of Self-Defense』란 책을 출판하기도 했다.

합기도의 선풍적인 인기에 힘입어 1980년대에 한은 한국의 합기도 사범들을 미국에 불러들이고 국제합기도협회(International Hapkido Federation)를 설립해서 조직적으로 다양한 시범과 세미나를 통해 합기도를 지속적으로 전파하였다. 세미나에서는 단순히 합기도 기술들을 보여주는 것이 아니라 한국의 전통철학, 합기도 철학과 수련방식에 의거한 삶의 가치 방식 등에 대한 인문적 강의를 통해 합기도 정신을 질적으로 고취시켰다. 한은 늘 '우리는 미국의 합기도인들을 올바른 방향으로 이끌 책임을 가지고 있다. 합기도 수련은 단지 호신술 수련만 해서는 안 된다. 인성을 한 단계 올리는 인성경작의 합기도 수련이 되어야 한다'는 무예철학을 가지고 사회적으로 존중과 인정받는 문무를 겸비한 무예지도자 양성에 힘을 썼다. 또한 Eric Friske와 Daniel Cruz 같은 훌륭한 미국 제자들을 두고 한국 무예사범과 미국인 사범 사이의 훌륭한 가교 역할을 하였다.

한이 1990년대에 이룩한 합기도 세계화의 큰 업적은 세계무예지도자연맹(World Martial Arts Masters Union)을 설립한 것이다. 한은 이 연맹의 첫 번째 회장으로 선출되어 세계무술대회를 개최하였다. 멤버가 되기 위해서는 한국 무술 5단 이상의 자격을 가지고 있어야 했다. 이 연맹의 목적은 새로 도착한 한국 무예지도자들이 미국 생활방식에 적응할 수 있도록 돕는 것이었다. 약 백 명의 한국 무예지도자들이 이 연맹에 가입했으며 그들은 주로 남부 캘리포니아에 정착했다. 무예가 한국에선 존중받지 못했던 이유는 지도자들의 학문적인 식견의 부족이라 여긴 한이 연맹 멤버들에게 문무를 겸비한 진정한 지도자가 되기 위해 대학을 다니라고 충고했다.

한이 미국인들에게 합기도를 지도하면서 인식한 점은 서양인들은 합기도의 다양한 술기를 바탕으로 한 화려한 시범을 좋아하면서도 단순한 실전적인 기술 수련을 더 선호한다는 것이었다. 한이 지도한 합기도 기술들은 다양한 발차기뿐만 아니라 선술보다는 방어술 위주의 꺾기와 던지기 위주였다. 또한 단순히 기술적인 면에 국한하지 않고 한국의 신체문화가 녹아있는 합기도 수련을 통해 한국의 전통문화를 알리고 더 나아가 가치 있고 질 높은 삶을 영위하는 수단이 되는 합기도 수련이념을 추구하였다. 이러한 한의 미국인들에 대한 합기도 지도이념과 수련방식은 단순히 무력을 통해 상대방을 제압하는 것만 강조하기 쉬운 무예의 하위문화에서 탈피한 업그레이된 무예의 고급화 기틀을 마련하였다. 특히 서양세계에서의 합기도 지도의 올바른 방향과 모범적인 수련이념을 제공함으로써 합기도의 질적인 세계화에 기틀을 마련하였다.

반면에 미국에서 합기도의 성공적인 전파를 가능하게 했던 영화산업이 향후에는 지속적인 성공을 위한 노력의 발목을 잡았다. 할리우드에서 지명도가 없어서 『The Snow Tiger』란 영화를 제작하기 위한 기금 모집에 실패하면서 한은 경제적으로, 심리적으로 어려운 말년을 보내다가 2007년 1월에 타계하였다. 한이 초창기 미국에서 영화의 성공으로 합기도의 인기를 구축한 후에 제자들을 양성하고 합기도 지도를 통해서 인지도를 넓혀가는 합기도의 세계화를 지향했더라면 더 크게 성공하지 않았을까 하는 아쉬움이 크다. 하지만 그는 영화를 통해서 합기도를 대중적으로 미국에서 알리는 선구자적인 역할을 했고, 훌륭한 업적으로 합기도의 세계화에 지대한 영향을 끼쳤다.

② 지한재

지한재와 이소룡

지한재(지)는 근대의 한국무예로서의 합기도가 형성되는 데 결정적인 기여를 하였을 뿐 아니라 합기도의 세계화에 큰 공적을 남겼다. 1936년 생으로 안동출신이다. 1살부터 10살까지 중국의 심양에서 생활하다가 귀국했다. 이때 중국무예를 직간접적으로 경험한 것이 향후 합기도기술의 응용력에 영향을 끼쳤을 것이다. 대구공고 1학년 재학 시 최용술의 야와라 도장에 입관하였다. 지가 최용술에게 배운 기술들은 꺾기 위주였으며 발기술은 앞차기식의 곧은 발질, 안다리 또는 바깥다리로 차는 것 그리고 옆차기 정도였다. 최용술의 엄격하고 힘들지만 낱기술 위주의 개인지도식 무예지도 스타일 덕분에 지의 합기도 실력은 일취월장했다. 또한 다양한 발차기를 합기도 기술에 접목함으로써 일본식 유술과는 차별화된 한국형의 합기도 술기들을 만들어가는 데 큰 영향을 끼쳤다. 성무관 합기도 도장을 운영하면서 대통령 경호원으로 활약하던 지한재는 1969년에 미국에 방문했을 때 불세출의 액션스타 이소룡과 운명적인 만남이 가졌다. 지의 합기도 시범에 매료된 이소룡이 그를 골든하베스트란 유명영화사에 소개하였고, 지는 황인식과 더불어 홍콩영화의 무술고문을 역임하였다.

지는 1972년부터 1973년까지 홍콩에서 액션 영화를 찍었다. 그는 이소룡의 『사망유희』에서 상대역으로 합기도의 술기를 열연함으로써 합기도의 세계화에 큰 기틀을 마련하였다. 또한 1973년에는 이소룡의 친구인 소기린과 『기린장』이란 영화에, 1974년에 오우삼 감독의 『흑연비수』에 출연했다. 미국에서도 일본 점령군과의 격투신이 들어가는 영화를 찍었는데 그의 바람과는 달리 '합기도'란 이름 대신에 『레이디 쿵푸』라는 이름으로 상영되었지만 한봉수에 이어서 합기도를 알리는 데 결정적인 기여를 하였다.

한국에서는 1961년 대한합기도 협회를 창설하고 합기도의 양적인 급속한 발전에 기여를 한 반면 난립하는 합기도 단체들의 통합을 위해서도 노력하였다. 대통령 경호원 경력으로 인해서 정치적인 격랑 속에서 교도소 수감생활도 하는 우여곡절 끝에 1984년에 지는 미국으로 이민 와서 신무합기도를 창설하였다. 내공과 외공을 같이 수련하여 건강적인 측면도 강조하면서 감정적 차분함과 건강한 장기 유지의 수련이념을 접목하였다. 미국을 시작으로 유럽지역까지 , 성실한 외국 제자들의 도움을 받아 60여 국에 신무합기도는 퍼져나갔다. 고령의 나이인데도 지는 지금도 해외에 합기도 세미나를 다니며 여전히 왕성하게 합기도를 지도하고 보급하여 오고 있다.

합기도의 형성과 발전 과정에서 지만큼 호불호가 확실한 합기도인은 없다. 하지만 그가 합기도의 세계화에 남긴 업적에 대해서는 누구도 부인하지 못한다. 지의 제일 큰 업적은 최용술에게 배운 대동류유술을 한국화된 합기도의 기술과 지도기법으로 정착시키고 우수한 제자들을 많이 배출하는 등 중추적인 역할을 한 것이다. 특히 합기도의 형성기에 뛰어난 합기도 실력으로 미국과 홍콩에서 액션 영화를 통해서 합기도 세계화의 기반을 마련하는 데 큰 공헌을 하였다.

다만 합기도를 더 적극적으로 보급하고자 하는 의욕과 약간의 경제적인 욕심으로 외국인 제자들에게 너무 단증을 남발하여 합기도의 질을 떨어뜨렸다는 부정적인 시각도 있다. 또한 지는 스승인 최용술의 의사불통과 경제적인 집착에 대해서 불만을 내비치었지만, 그 또한 스승의 부정적인 측면들을 극복하는 훌륭한 지도자적인 자질은 보여주지 못했다. 즉 지가 탁월한 합기도 술기의 실력만큼 카리스마적인 리더십과 행정력으로 합기도의 질적 성장과 세계화에 일조하였더라면 하는 아쉬움도 없지 않다. 하지만 영화로써 합기도를 알린 한봉수와는 다르게 영화에만 집착하지 않고, 합기도의 발전과정에서 나름대로 기여를 하였다. 또한 국내외적으로 제자들을 양성하여 합기도 지도와 국제적 세미나를 통한 합기도의 보급에도 노력하는 열의를 계속 보여주면서 합기도의 세계화를 지속적으로 추구한 그의 합기도에 대한 공헌은 존경할 만하다.

③ 김희영

김희영(김)은 합기도를 시합이나 시범뿐만 아니라 저서집필과 세미나를 통해서 아카데믹하고 지적으로 세계화한 합기인이다. 김은 대학생 시절에 하야리아 미군부대에서 합기도 지도의 경력을 쌓으면서 원광화로부터 신무관에서 합기도 사범 자격을 취득하였다. 1963년 미국으로 이주하여 미국의 동남부에 있는 미조리 주립대학에서 체육교육과에서 유도와 합기도를 지도하

김희영

였다. 루이지에나 대학에서는 한국무예인 최초로 무예사로 박사과정을 마쳤다. 김이 합기도 사범으로서 인지도를 얻은 계기는 그가 시카고의 합기도 시범에서 한 미국인이 든 단검을 발로 차서 날려버리는 사건을 통해서였고 그는 이 일로 합기도 사범으로서 유명해졌다.

김의 합기도 세계화관련 활동을 살펴보면 1970년 초에는 루이지에나 주립대학에서 합기도 코치를 했다. 1973년에는 명광식의 합기도 책을 영어로 번역하고 시합과 세미나로 합기도를 미국에 전파하기 시작했다. 1974년에는 루이지에나 대학에서 국술 합기도 시범을 할 때 서인혁(국술 창시자)을 만나면서 인연을 맺었으며 1977년에

는 세계국술협회 사무총장을 역임하였다. 1978년 하와이에서 (75주년 이민사) 1월 둘째 주를 '한국의 날'들로 정했는데 대우, 삼성, 현대, 엘지 등의 제품 박람회에서 합기도 시범단을 조직하여 멋진 시범으로 합기도를 알렸다. 1981년에 처음으로 부산에서 개최된 세계무술대회에서 co-deirector로 시합 규칙을 만드는 데 일조하였다.

1987년에 김은 좀 더 합기도를 한국적인 무예로 거듭나게 하기위해 모든 한국무예를 포함한 '한무도'라는 무예를 창시하고 세계한무도협회를 설립하였다. 한무도 도장은 미국, 멕시코, 중남미, 호주, 동남아, 중동에 오픈되었으며 1990년대는 한무도 홍보를 위해세계 세미나 일주와 저서 편찬에 주력하였다. 1985년에는 국술책을 출판했으며 1991년에 그가 지한재와 함께 2년 동안 합기도기술들을 총합하여 출판한 『Hapkido Bible』은 전 세계 합기도인들에게표준적인 기본서로 쓰였다. 2000년대 초반에는 한국역사와 합기도역사에 대한 영문책을 서술하였다. 1999년 콜로라도의 덴버에서최홍희가 김의 '한무도' 창시에 대해서 격려와 축하를 해주며 남북한의 무예에 대한 연구를 부탁하였다. 이를 계기로 2000년에 평양을 방문하였다. 2002년에는 대통령 자문위원회의 멤버로 지정되었고 2007년에는 기도회의 국제 위원장으로 선출되었다.

김은 문무를 겸비한 합기도인으로 합기도를 실기뿐만 아니라 역사와 철학을 바탕으로 한 지적인 합기도의 세계화에 절대적인 공헌을 하였다. 특히 영문으로 저술한 여러 권의 합기도 관련 저서는 술기에만 국한될 수 있었던 합기도를 세계적으로 업그레이드시켰다는 사실에 주목해야 한다. 반면 합기도를 한국적인 무예로 거듭나게 하고자 한무도란 무예를 창시한 김의 의도는 충분히 이해하지만 합기도라는 무명으로 더 미래발전적인 세계화 활동을 했더라면 하는 큰 아쉬움을 합기도인들에게 남겼다. 하지만 김의 합기도의 세계화에 대한 공적은 지대하다. 다만 안타까운 사실은 계속 학문적으로도 계속 발전해 오고 있는 태권도와는 달리 박이현이나 명광석과 같은 합기도 저서를 집필할 수 있는 문무를 겸비한 합기도 사범이 국내외에서 극소수인 연유로 한층 성숙된 합기도 관련 저서의 영문 집필이나 출판이 거의 이루어지고 있지 않다는 점이다.

④ 최세오

최세오(최)는 개척기에 한봉수나 김희영만큼 합기도를 미국에 전파하는 데 큰 역할을 한 합기인이지만 뒤에 합기도 지도를 그만두고 다른 사업을 하였기에 의외로 잘 알려지지 않은 인물이다. 최는 용산고 시절에 공수도(지도관)에서 이용우에게 가라데를 배우다가 한양대에서 건축학 전공하면서 1958년에 지한재의 성무관에 입관해

최세오

서 봉수한과 같이 지한재에게 합기도를 배웠다. 1961년에는 대한실업협회에서 군수물자 무역부에 근무하면서 영어에 눈을 뜨고 미국 7부대와 한국군사기관에서 합기도를 지도하면서 박종규와 친분을 쌓으면서 경호원으로 일하며 미국으로의 진출을 모색했다. 그 후 미국 LA의 Woodbury College에서 실내디자인 공부하러 와서

디자이너로 Bark Hai 건축회사에서 근무하면서 저녁시간엔 Western Strre에 합기도 도장을 개설하고 합기도를 지도하기 시작했다. 1964년에는 4개의 지관을 열고 YMCA에서도 지도하다가 경영관리상의 문제로 지관들은 폐쇄하고 회사도 그만두면서 본격적으로 합기도 지도에 몰두하였다.

최의 합기도 지도내용은 손목술, 방검술, 50여 가지의 발차기 기술들이었는데 가장 큰 특징은 합기도 발차기였다. 다른 무술 쿵푸, 가라데, 태권도, 펜각실랏 등의 외국무예와는 다른 차별화된 발차기로 각광받으면서 미국의 여러 무예 잡지에 실리기도 했다. 특히 1970년 미국의 무예 잡지에 최의 합기도 발차기 기술들이 Snap K, Side-thrust K, Roundhouse K, Spinng Back K, Inside K, Outside K 등의 이름으로 소개되기도 했다. 이를 계기로 'All American Hapkido Federation'과 60여 명의 스포츠리더들과 함께 'the Korea Amateur Sports Association'을 설립하여 1971~1973년까지 회장을 역임하는 등 합기도의 인지도를 높히면서 합기도의 세계화와 관련하여 왕성한 활동을 했다.

그 뒤 경제적인 이유로 최는 1973년에 Viking 식당을 운영하고 1974년에는 Blooms Liquor Store를 운영하는 등 부가적인 사업을 시도하였다. 1980년대에는 아예 합기도 지도를 그만두고 소니조립 센타, 수건, 침대보 판매, 사우나 등 여러 사업을 벌였지만 거의 다 만족할 만한 성과를 이루지 못했다. 최 또한 김영희와 같이 대학을 다닌 지식인이면서 사업적 감각을 가진 디자이너로서 미국에서의 사업에 대한 열망과 시도는 당연하다고 할 수 있다. 다만 미국에서 탁월한 합기도인으로서 지명도가 있었던 최가 사업 때문에 합기도를 계속 지도하지 않게 된 것은 합기도의 지속적인 세계화의 관점에서는 아쉬움을 남겼다.

⑤ 박이현

박이현

박이현(朴)은 김희영과는 중, 고등학교 시절에 유도를 같이한 선후배관계가 인연이 되어 김희영의 초대로 1968년에 미국에 왔다. 박은 성균관대학 졸업생으로 매우 외교적인 성향이 강했다. 미조리 주립대학에서 김영희와 같이 합기도를 지도하였다. 이 시기에 많은 합기도 시범을 보였다. 그의 주특기는 back spinning kick이며 주로 합기도 발차기를 지도했는데 지도내용은 42가지 킥, 15가지 로우 킥, 14가지 미들킥, 그리고 13가지 하이킥이었다. 석박사 취득 후에 조교수가 된 박은 무예관련하여 여러 편의 논문을 발표하였다. 그 중에 그의 주요 논문 제목들을 보면 「The organizational Structure & Function of MAs in the past & present times」, 「Teaching Techniques of the MAs, Self-Defense for the PE curriculum」, 「What is the movement of Edcation in the MAs」 등이 있다. 박의 이러한 무예의 학문적인 기여로 인해 미국 대학에서는 무예가 체육과목의 중요한 부분이 되어갔다. 박은 엄밀한 의미에서는 다른 합기도 사범들과는 달리 미국에 오기 전에 한국에서 정통으로 합기도를 장기간 수련하지는 않은 것 같다. 하지만 김영희와의 각별한 관계에다가 박의 학창시절에 오래 수련한 유도 경력 때문에 합기도의 술기인 꺾기와 던지기를 배우기는 용이했다. 게다가 뛰어난 합기도 발차기를 구사하였기에 미국에서 합기도 지도를 하는 데 큰 어려움이 없었다. 김영희처럼 박도 무예관련 논문으로 박사학위까지 취득하는 지적인 합기도인으로 합기도의 세계화에 적지 않은 족적을 남겼다.

⑥ 명광식

명광식

명광식(명)은 당수도와 유도를 수련한 후 지한재의 성무관을 통해 합기도에 입문하였다. 명은 성무관의 지관에서 사범으로 지내고 독립하여 윤무관 합기 도장을 운영하면서 베트남에서 합기도 시범단으로 파견되기도 하였다. 1971년에는 명은 합기도 저서를 김정택과 공저하여 출판하는 열의를 보였다. 1973년에 미국에 건너가 신시네티 오하이오와 루이지에나, 디트로이트 등 여러 곳으로 돌며 도장 운영하고 합기도 시범을 보였다. 명은 디트로이트 미시간으로 이사한 후 그곳에서 1981년까지 합기도 도장을 운영하다가 로스엔젤레스에 정착했다. 세계합기도협회(World Hapkido Federation)를 창설하여 많은 제자들을 양성했다.

1987년부터 명은 합기도를 전파하기 위하여 전 세계를 돌아다녔다. 또한 합기도 기술들을 보여주는 많은 책들과 비디오들을 영문으로 제작하여 합기도 사범들에게 좋은 교재가 되었다. 명은 세미나에서 기본적 기법의 훈련을 강조했다. 그는 이 기법들을 숙달하기 위해서는 각 기법을 천 번 이상 반복 연습하라고 권유했다. 명은 말했다. "모두가 서두르고 있다. 사람들은 더 빨리 가기를 원하고 인내심이 없다. 그들은 노력도 하지 않고 더 빠르고 쉬운 길만 찾는다. 그들은 검은 띠를 따는 것을 마치 식당에서 패스트푸드를 주문하는 것처럼 생각한다. 무술은 쉽고 재미있는 연습으로 가능하지 않다. 진정한 무예의 유단자가 되려면 학생은 올바르게 지도하는 도장에서 최소 3년간 일주일에 3번 정도 지속적인 연습을 해야 한다." 또한 명은 무예는 평생 동안 수련을 해야 하기 때문에 사범들은 기법에만 중점을 두지 말고 합기도의 철학과 같은 중요한 부분에도 신경을 써서 지속적으로 철학을 공부하고 이해하면 전통적인 합기도를 보존할 수 있다고 늘 주장했다. 또한 많은 합기도 사범들이 합기도의 원래 기법이나 철학을 모르기 때문에 다른 무예 기술들을 섞는 오류를 범하는 실수를 피해야 한다고 명은 언급했다.

명은 김희영, 박이현과 함께 합기도를 책이나 동영상의 기록을 통하여 합기도 수련의 체계화에 노력한 많지 않은 합기도 사범 중의 하나다. 특히 5권으로 제작된『표준 합기도 교범』은 합기도의 술기들을 한글과 영문의 혼용을 써서 상세하고 체계적으로 잘 정리하고 있다. 그런데 난립된 합기도협회들로 인해서 여러 가지 합기도 기술들이 통일성이 없이 난무하고 여러 종류의 합기도 책이 국내외에서 남발되는 현실에서 이러한 합기도 교범이 보편적으로 활용되기에는 한계점이 있었다. 하지만 1990년대 후반 이전까지는 뛰어난 합기도의 실기에 비해서 학문적이고 철학적인 합기도 이념에 대한 연구가 거의 이루어지지 않은 척박한 합기도의 이론적인 분야에서 합기도를 연구하고 체계화하려는 명의 열정과 노력은 합기도의 세계화에 큰 족적을 남겼음은 누구도 부인할 수 없다.

⑦ 현광식

현광식(현)은 1년 여의 유도수련 후에 13세라는 어린 나이인 1958년에 합기도에 입문하여 김정윤에게 지도를 받았다. 현은 서울대학교에서 음악을 전공한 엘리트로서 공군에서 특수요원들에게 합기도를 지도하였다. 1969년에 미국에 와서 1971년에 시카코에 첫 도장을 오픈하였다가 1973년에 지금 도장인 Western & Diversey Street로 이전하였다. 현은 실전적이며 실효성 있는 합기도 기술을 강조하여 종아리, 발목 또는 무릎을 가격하는 로우킥 등의 실제 격투술 지도에 치중하였다. 이러한 그의 합기도 스타일로 덕분에 6000명 이상의 경찰 및 경호관리들에게 합기도를 지도하였다. 합기도의 세계화의 업적에 있어서 합기도를 실용적인 격투술로서의 가치를 입증한 점이 현의 주요한 공적이라 할 수 있다. 태권도, 유도 그리고 가라데 등 대부분의 근대 무예들이 스포츠화되어 가는 시대적 상황에서 무예 전통적인 동양무예의 본질인 실전성을 강조함으로써 현은 합기도를 타 스포츠무예들과의 차별화된 합기도의 세계화에 기여하였다.

<표 16> 미국에서 활동한 합기도 사범들

성 명	소속 및 국내 활동	합기도의 세계화를 위한 미국 활동
장진일	송무관에서 태권도 수련 후에 성무관에서 지한재에게 합기도를 배움	1986~1998 NN Gym에서 많은 외교관과 UN 직원들에게 합기도 지도
김종수	성무관 출신으로 미국 가기 전에 3개의 국내도징을 성공직으로 운영함.	1973년에 도미, 캘리포니아 남부에서 합기도 홍보. 합기도 지도 시스템의 세분화 시도: 성인반은 근육, 체중조절, 힘, 유연성 위주, 여자 성인부는 호신술 위주. 아동반은 기억력, 목표 성취 습관, 자기 규율 등의 지도 내용으로 차별화
권태만	지한재와 유용우에게 합기도 배움(안동도장). 지한재의 화신백화점 주변 도장 합류. 첫 도장을 미군기지에 있는 부평에 오픈 --> 미군 가르치며 영어 습득	남캘리포니아 대학에서 합기도 지도. Torreence에 가서 도장 오픈하고 김정수와 '국제합기도협회' 설립함. 주특기는 8개 급소술에 능숙하여 5개의 급소기술 집중적으로 지도. 그의 합기도 수련철학은 합기도 수련은 싸우기 위해서가 아닌 행복하게 살기 위함.
정원선	태권도/유도 하다가 1958년에 지한재의 도장 입관. 차지철과 박종규 지도하고 베트남에서 합기도 지도. Back Spinning Kick이 그의 트레이드 마크	시카고에 첫 도장을 오픈하고 미국중서부에 많은 지관 운영함. 1980년과 1999년에는 지한재, 명광식, 장개도와 함께 세미나 활동에 주력함.
장개도	성무관 출신으로 군산에서 체육관 운영). 미국 가기 전에 도장을 김윤상과 이용수에게 넘김	미국에서 청소년 범죄관련 상담원으로 일함. 대학, 무술도장 그리고 체육기관에서 '기'에 관한 강연하며 다님
강무영	검도와 당수도를 수련한 후에 지한재의 성무관에서 수련하여 3단 획득. 성무관 북부지관에서 사범을 지낸 후 1970년에 무영관을 오픈함.	샌디애고에서 도장을 운영하며 공군학교와 Drug Enforcement agents에게 합기도 지도하였음. 합기도 술기뿐만 아니라 중국무기 삼단봉에 능숙

배효근	한무관 태권도 유단자에서 신무관에서 화원광에게 합기도 배움. 베트남에서 합기도, 단검술 가르침. 대한항공에서 근무	Marryland에 도장 오픈해서 태권도, 합기도, 검도 지도함
이호만	양평에서 궁중무술 수련했음. 스승인 김종만은 국술합기도에 뛰어남	워싱톤에서 제자들과 리무진 타고 돌면서 도장 홍보. Ckinton 시에 30,000 스퀘어 스포츠 센타 설립. 5개의 다른 무술과 fitness activity 가르침
김동진	당수도 검도 수련한 후 이도윤 밑에서 합기도 배움. 검도는 도호문 검사 밑에서 검도 수련. 일본에서 검술과 주짓수를 5년(1984~1989)간 배우면서 아이키도와 합기도의 기술적 차이점을 인식함.	피지에 초청받아 근무(1989~2001) Salt Lake 시에서 보안관에게 합기도 지도. 메릴랜드 대학에서 합기도/주짓수/검도 지도하다가 개인 도장 오픈 Pulles 공항의 공군들에게 합기도 지도
김인완	충남 부여 출신으로 태권도를 시작으로 지한재 사범님에게 합기도를 배움. 89년 도미하여 필라델피아 지역에서 도장을 열고 합기도를 태권도와 겸하여 가르쳤다. 2003년에 플로리다의 탬파 도장으로 옮겨 실전성에 기초한 합기도를 지도하며 순회 합기도 세미나를 개최해 오고 있음.	특수직(FBI, ATF, Police officers)에 종사하는 사람들에게 개인 지도를 통하여 간결하고 효과적인 실전용 합기도 지도에 열중. 현재까지 지한재 사범님의 세미나에 게스트 사범으로 역할.

⑧ 캐나다의 박지인과 김우택

박지인은 캐나다에 합기도를 도입한 최초의 사범이다. 지한재의 신무합기도 출신으로서 국술과 연관하여 합기도를 홍보하고 지도하였다. 김우택은 1989년에 캐나다로 와서 토론토 지역에서 합기도를 전파하였다. 현지의 외국인 합기도 사범들이 검은띠에 대한 명확한 규정이 없음을 인식하고 이를 마련하려고 노력하였다. 합기도 지도 내용 중에서 기 호흡과 명상수련에 열중하였다. 캐나다는 호주와 유사하게 넓은 국가 면적에 비해서 인구가 그리 많지 않기도 하고 무예에 대한 인식과 비중은 미국보다는 영국적인 특성이 강하다. 합기도 도장을 전문적으로 운영하면서 경제적 이득을 취할 수 있는 미국의 무예시장과는 다르다. 비용이나 경제적인 면에서 전문도장 운영보다는 체육관이나 학교의 강당을 임대해서 일주일에 한두 번 지도하는 무예교육의 시스템이 더 발달되어 있다. 이러한 환경에서 합기도의 적극적인 보급을 통한 대중성의 확보에는 어려움과 한계점이 있기에 합기도의 세계화를 구축할 수 있는 유능한 합기도 사범들이 캐나다에는 많이 가지 않았다.

2) 아시아지역에서 활동한 합기도 사범들

① 황인식

대한합기도협회의 사무총장 김영진의 제자출신인 황인식은 한

봉수와 지한재와 더불어 영화를 통한 합기도의 세계화에 절대적인 공헌을 한 사범이다. 이소룡의『맹룡과강』과 성룡의『사제출마』란 영화에서 상대역으로 출연해서 그의 뛰어난 합기도 기술들이 세계적으로 주목을 받았다. 특히 황인식의 현란하고 탁월한 여러 합기도 발차기들, 이를테면 옆차기, 뒤차기, 뛰어 두발 높이차기, 뛰어 옆차기, 뛰어가위차기 등이 소개되면서 영화 액션발차기의 흐름을 바꾸어 놓았다. 황인식 이전에는 권법과 낮은 발차기가 중국의 쿵푸액션 영화에서 주를 이루었기 때문이다. 이를 계기로 1970년대의 중국액션배우들이었던 이소룡, 홍금보, 성룡, 원표 등은 황인식의 합기도의 하이킥에 매료되어 합기도를 배웠으며 특히 성룡은 서울에서 합기도 검은띠를 따기도 하였다. 태권도식 발차기를 이준구에게 배웠던 이소룡 또한 스피닝킥과 발로 막는 발차기 등의 합기도 기술을 황인식에게 지도받았다.

② 김진팔(진)

김진팔은 1941년에 서울 근교에서 태어났다. 진은 청소년일 때 대구로 건너가서 청도관에서 태권도를 시작하여 유단자가 되고 서울로 왔다. 진은 서울에서 성무관 합기도 도장을 찾아가 자기 소개를 한 후에 지한재에게 합기도 시범을 요청했다. 진은 지한재의 다양한 시범들과 특히 처음 보는 지한대의 발차기 기술에 매우 감명을 받았다.

김진팔

그는 그 후에 열심히 수련하여 성무관의 수석 사범이 되었다. 대통령 경호원의 일원이 되어 1962년에서 1965년까지 일했다. 그 후에 진은 한국 육군으로 복무했으며 베트남의 한국 대사관을 지키기 위해 그곳으로 떠났다. 베트남에 있는 동안 그는 미국해양기지 (Marine Personal Security Unit)와 미군 부대에서 합기도를 지도했다. 진은 군에서 제대하여 1967년에 한국으로 돌아갔지만 계속 합기도를 가르치기 위해 베트남으로 다시 돌아갔다. 그는 민간인들을 위한 합기도 도장을 열었다. 그런데 호치민에 있는 그의 도장에서 수련하는 관원들이 천 명이나 될 정도로 성황을 이루었다. 진은 그곳에서 3년 동안 계속해서 가르쳤고 1970년에 한국으로 돌아왔다. 진은 말했다, "불행히도, 베트남 전쟁이 끝나고 공산주의자들이 장악하기 전에 사범들이 많이 떠나는 바람에 합기도 지도수련을 그만두어야 했다."

진은 홍콩에 Flying Tiger 합기도 도장을 열었다. 그는 1973년부터 1976년까지 Kea Fa International 영화 회사에서 제작한 여덟 개의 홍콩 무술 영화에서 주연배우를 맡았다. 대표적인 영화는 영화 『흑표』와 『철장』 등이 있다. 진은 아내와 함께 홍콩에서 한국 식당도 운영하면서 그의 도장에서 성룡, 안젤라 마오, 홍금보, 원표 등을 포함한 많은 홍콩배우들에게 합기도를 가르쳤다. 그 영화배우들은 전부 중국 무예인들이지만 높이 점프해서 차는 기술을 하지 못했기 때문에 좀 더 역동적인 발차기를 보여달라는 요구를 받았다. 진의 높이차기 스타일은 너무 인기 있어서 'Flying Tiger'라는 별명을 얻을 정도였다. 그 명칭은 결국 그의 합기도 도장 이름이 되었다. 진은 지한재를 홍콩 무술영화 시장에 소개시켜주었다.

하지만 이소룡의 죽음으로 액션영화의 인기가 줄면서 단지 소수의 영화들만이 흥행했다.

진의 합기도 발차기는 힘과 스피드의 겸용의 필수성을 강조했는데 이러한 그의 힘든 지도 수련방식 덕택에 성룡은 빠르면서 강한 발차기를 구사하게 되었다고 회고록에서 스승이었던 진에게 감사의 뜻을 피력하기도 했다. 진은 성룡에게 발차기를 지도한 일화를 다음과 같이 회상했다. "성룡이 처음 나의 도장에 왔을 때, 그의 발차기 기술은 좋지 않았다. 그의 묘기는 대부분 텀블링과 중국쿵푸식의 체조 동작들이었다. 하지만 그의 유연성과 텀블링 경험으로 그는 합기도를 빨리 습득했다". 이로 인해서 성룡은 합기도 검은띠를 따고 자기방어 발차기 기술을 전문으로 했다. 진은 심지어 20명의 스턴트맨들에게 합기도를 직접 가르치기도 했다. 진은 전투신에서 현실성을 추구하며 그의 스턴트맨들은 합기도 발차기, 관절기와 던지기에 매우 숙련되어 있었다. 1977년에 진은 중동의 바레인(Bahrain)의 왕자와 그의 궁전 경호원들을 가르치기 위해 바레인으로 갔다. 1982년에 진은 미국으로 이민을 가서 홍콩에서의 지인의 도움으로 캘리포니아에 정착했다. 그곳에서 합기도 도장을 열고 미국 경찰특공대(SWAT)팀과 해병대들을 가르쳤다. 그는 또한 세계통합무예협회(World United Martial Arts Federation)을 설립했다.

진은 1993년에 미국의 수도 워싱톤에 만 평방 피트의 대형 합기도 도장을 개관했다. 그의 아들의 도움으로 백악관의 체육센터(White House Athletic Center)에서 합기도를 지도했으며 미국의 경호관련 기관(Drug Enforcement Agents, Marshals in tactical arrests)과 조지대학교의 농구팀에게 합기도를 가르쳤다. 또한 캐나다와 유럽에도 연계된 합기도 도장들을 소유하고 있다. 진은 합기도 유단자를 유지하는 데 있어서 특이한 정책을 갖고 있었다. 첫째, 스승 아래에서 2년 동안 연습하지 않은 모든 검은띠의 등급은 명예직함으로 바뀐다. 연합은 그들이 강사 아래에서 달마다 8시간을 연습할 것을 요구한다. 둘째, 명예직함으로 바뀐 검은띠는 승단할 수 없다. 하지만 명예 검은띠는 지도자의 감독 아래에 6개월 동안의 연습과 재시험을 통해서 완전한 등급으로 다시 돌아갈 수 있다. 셋째, 지도사범과 협회의 승인 없이 합기도를 지도하거나 강의를 할 시 검은띠는 무효가 된다.

홍콩의 무술액션배우였던 성룡, 원표, 홍금보 등이 세계적인 액션스타로 발돋움한 반면 황인식과 진은 뛰어난 합기도 기술로 이룩한 지명도에 비해서 그 뒤로는 두각을 나타내지 못한 주된 이유는 개인의 연기력 등의 문제도 있지만 그보다는 홍콩이나 중국에 비해서 한국의 액션영화의 낙후성과 전문성 부족이라 할 수 있다. 전문적인 무예인이 액션영화의 주역이 되지 못하고 보조배우나 스턴트맨의 역할만 담당해야 하는 게 한국의 액션영화 문화이다. 이런 상황에서 황인식이나 진의 뒤를 이은 대중적인 합기도 영화인들의 등장이 불가능한 것은 당연할지도 모른다. 특히 이들은 합기도 협회 창설이나 체계적인 도장 운영보다는 경제적 목적을 위한 단발성의 합기도 지도로 끝났다는 아쉬움이 있다. 따라서 체계적인 합기도 지도 시스템을 통한 그들의 뛰어난 합기도 기술들을 전수받은 제자들의 양성이 이루어지지 않은 점은 합기도의 세계화 측면에서는 안타까운 일이라 하지 않을 수 없다.

③ 조성호

조성호(조)는 김무홍의 신무관 제자 인데 그의 중동국가에 대한 진출은 마 치 영화이야기처럼 드라마틱하다. 베 트남에서의 군복무를 마치고 휴식을 위해 떠난 여행에서 조는 우연히 만 난 사우디 아라비아의 부자인 젊은이 가 그의 합기도 실력에 매료되어 사우 디로 초청하였다. 그런데 사우디로 가 는 도중에 잠시 리비아에 머무르면서

조성호

우연하게 그곳 비밀경찰 및 대통령 경호원들에게 합기도 지도를 부 탁받게 되어 리비아에서 합기도 사범을 하였다. 특히 카다피 대통 령의 경호원들을 지도하면서 카다피와 친분을 쌓았다. 그 당시에 는 국내의 많은 국내 건설사들이 리비아의 건설 수주를 따내기 위 해 카다피와 친한 조에게 접촉을 시도하였다. 특히 대우건설 김우 중 사장이 리비아 현지 건설 수주를 많이 획득하는 데 조와 카다 피 대통령과의 친분은 결정적인 도움이 되었다. 이에 대한 보답으 로 김우중은 대한민국 합기도 협회장까지 맡으며 대우 본사건물에 협회 본관과 중앙도장을 설치하며 적극적인 후원을 아끼지 않았 다. 중동건설붐이 일어나면서 대우 건설을 비롯한 많은 건설회사 들이 수주를 따기 위한 현지화의 방안으로 사우디 아라비아, 리비 아, 이란 등 중동 국가들에 합기도 사범들을 파견하여 현지의 지역 경찰, 관료, 학생들에게 호신술을 가르쳤다. 따라서 1970년대에 중 동국가에서의 합기도 사범들은 양국 간의 문화교류와 비즈니스에

큰 가교 역할을 했고 갈등이 생길 때는 심지어 조정자 역할까지 맡았는데 조가 가장 큰 공헌을 하였다.

3) 유럽과 호주지역에서 활동한 합기도 사범들

유럽지역과 호주에서의 무예 수련문화는 미국이나 아시아지역과는 상이한 구조와 특징을 지닌다. 우선 미국은 경제적인 이익을 추구하는 전문적인 무예도장들이 적지 않은데 그만큼 무예시장이 크다는 것을 의미한다. 반면 유럽과 호주지역에서는 무예 수련을 다른 스포츠활동처럼 생활체육의 하나로 여기는 경향이 강하다. 따라서 스포츠 클럽이나 학교나 공공기관의 실내체육관을 임대하여 일주일에 한두 번 정해진 시간에 무예를 지도하는 경우가 대부분이다. 따라서 국내와 같이 각 무예의 협회주관이 아니라 한국무예협회와 같은 통합적인 단체가 대표성을 가지는 경향이 있다. 예를 들어 프랑스에서는 태권도, 합기도, 수박도, 당수도 등의 한국무예가 포함된 FETDA협회가 공식적인 대표성을 지닌다. 유럽의 각 국가들과 호주에서 합기도를 지도하며 보급한 주요한 합기도사범들의 활동에 대해서 하기의 〈표 17〉에서 간략히 요약해 보았다.

〈표 17〉 유럽과 호주지역에서 활동한 합기도 사범들

사범 성명	전파 국가	활동 사항
김재원	스페인	중앙대학 출신으로 김무홍에게 합기도를 배움.. 유럽에서 최초의 합기도 사범. 마드리드에서 합기도 지도 시작

최원철	스페인	김무홍에게 김재원과 함께 합기도 배움(외국어대학 재학 시절) 바르셀로나에서 태권도와 합기도 지도. 스페인 왕인 Corles와 IOC 위원장 아들인 안토니오 사마란치에게 합기도 가르침. 기독교 목사이며 지관 도장들을 운영함.
이관영	프랑스	태권도 출신으로 합기도를 수련하여 지도. 프랑스에서의 첫 합기도 사범. 1969년에 정보요원으로 프랑스에 감. 지한재를 자주 초청하는 등 합기도 보급에 힘씀
이범주	벨기에	무덕관에서 당수도를 라인동에게 인무관에서 합기도 배움. 1974년에 정치과학 공부하러 벨기에에 감. Billy Jack의 영향으로 발차기를 가르쳐달라는 요청이 들어와 학교재학 시 합기도와 당수도 지도. 무예전문 지도자로 변신.
김소봉	독일	지한재의 성무관에서 합기도 배움. 유럽에서 합기도를 태권도, 당수도와 더불어 지도. 하지만 합기도를 최우선적으로 강조하며 지도. 독일어로 쓴 그의 합기도 책은 유럽의 합기도 사범들에게 좋은 지침서가 됨.
김명팔	독일	김무홍의 신무관출신인 박현수와 김우택에게 합기도 배움. 독일에서 합기도 지도. 김소봉과 같이 합기도 지도를 우선함. 유럽에서의 합기도 세미나 후원.
서명수	네덜란드	독일에서 네덜란드로 이주. 태권도 무덕관 출신으로 태권도 전파에 열중하며 명재남의 국제연맹(IHF) 합기도를 네덜란드에 전파. 부인은 WTF의 국제심판
김목양	영국	서울대 재학시절에 국술과 합기도 수련. 기도와 국술 이름을 하쳐 '술기도'라고 칭함. 영국에서 처음으로 합기도를 지도하면서 합기도 전파에 가장 큰 영향을 끼침. 런던에 본관을 두고 지관 운영(캠브리지 대학과 Norwich 시에 지관 세움). 제자인 유단자들이 합기도 여전히 전파
김범	영국	프랑스 경찰들에게 합기도 지도하다가 2000년 초에 영국으로 감. 영국에서 합기도 세미나 개최함--> 한봉수, 김진팔, 아버지(김덕인) 초청. 영국의 태권도 잡지에 합기도와 한국의 역사와 문화에 대해서 많은 기사를 써서 합기도의 질을 업그레이드함
김용섭	호주	호주에서 지적인 합기도 사범. 서울대 출신으로 문무 겸비 멜버른에 IHF 도장 : 정신적 영적 수련 시스템 창안. 무술 지도 외에 평화 운동가. 합기도의 미래를 진정으로 걱정

김성도	호주	김성동와 2명의 형제(김성수와 김성덕)은 아르헨티나에서 합기도 지도하다가 호주에 이주함. 'the Australian Hapkido Association' 건립하고 전역에 전파.
이성수	호주	태권도 지도관 출신으로 최용술의 제자 박남수에게 합기도 배움. 호주에 초청받아 가서 지금까지 거주. 'the International Hapkido Moo Hak Kwan' 창설 북쪽 지역을 제외하고 모든 주에 합기도 도장 세움. 전 세계에 다니면서 합기도 전파. 그리스, 인도, 파키스탄, 영국에 지관을 둠

4) 외국인 합기도 사범들

합기도는 한국인 사범들에 의해 전 세계에 보급되고 전파되었지만 합기도의 세계화를 지속시키고 발전시킨 주요한 공헌자들 중에는 외국인 합기도 사범들의 공적도 무시할 수 없다.

제임스 벤코(James Benko) 사범은 1959년에 이기진에게 한국무예를 배웠고 한국에서 미국특수군인의 멤버로서 베트남에서는 '백마부대'와 '타이거 부대'에서 근무한 미국용병이다. 1970년에는 '세계 심력관 합기도 협회'를, 1971년에는 국제 합기도 협회를 건립하였으며 합기도 사범들을 위한 New program을 만드는 등 미국의 합기도 발달에 큰 공헌을 하였다.

제임스 게리슨(James Garrison) 사범은 유도, 주짓수, 아이키도, 태권도 등을 수련한 후 김상국에게 본격적으로 합기도를 배웠다. 게리슨 사범은 물리치료사이며 교육자로 '각각의 무예는 다른 기술들을 지니지만 동일한 철학을 지니고 있다'는 무예관을 가지고 합기도, 아이키도, 주짓수, 우슈, 태권도 등을 나누어서 별개로 지도하였다.

존 펠레그림덤(John Pellegrinidms) 사범은 이태리인으로 유도, 쿵푸, 주짓수를 합기도 배우기 전에 수련하였다. 지성종에게 합기도 배우고 서인선의 제자가 되었다. 실용적이고 실전적인 합기도 기술을 추구하였다. 1991년에 the International Contact Hapkido Federation을 건립하여 많은 지역에 세미나를 다니며 격투성 합기도의 수련과정을 표준화하는 데 큰 공헌을 하였다.

마이클 올머샤우설(Michael Wollmershauser) 사범은 1971년 뉴욕에서 박정환에게 합기도를 배워서 1973년부터 가르치기 시작하였다. 1979년에는 한국에 와서 임현수에게 합기도를 배우고 최용술에게 초단증을 받았다. 미국에서 'the American Hapkido Association'를 조직하여 주오 미국의 동북지역에서 합기도를 전파하였다.

켄 맥퀜지(Ken Mckenzie) 사범과 존 고드윈(John Godwin) 사범은 지한재가 신무합기도를 유럽, 호주, 남미, 아프리카, 미국에 전파할 때 큰 도움을 준 사범들이다. 켄 사범은 합기도/태권도 도장을 뉴저지(New Jersey)에 존 사범은 당수도/합기도 도장을 델웨어(Delware)에서 운영하고 있다. 이 둘은 '북미신무합기도협회(the North American Sin Moo Hapkido Federation)'를 조직하여 공격적 마케팅으로 많은 지관을 보유하고 있다. 한국에 자주 와서 무예, 음악, 전통 등을 배울 정도로 한국문화를 익히는 데 적극적이다. 2006년에는 북한의 평양의 태권도홀에서 합기도 시범을 보이기도 했다.

제이알 웨스트(J. R. West) 사범은 김정수와 백남국에게 합기도와 태권도를 배웠고 베트남의 타이거 부대에서 근무하였다. 1970년에 그는 제대하고 미국에 와서 김희영의 밑에서 계속 합기도를 지도하고 미국 전역을 다니며 합기도 세미나를 개최하고, 2년마다 열리는 전국합기도 세미나를 후원하였으며 미국 무술협회 회장을 역임했다. 그의 부인 레니 세브런(Rene Sebren)도 합기도 전파에 기여를 했다.

파리 살리스크(Fari Saliski)은 캐나다의 합기도 사범이었다. 비디오, 훈련도구, 수련 매뉴얼, 그리고 그의 책『합기도: 완벽한 무예(Hapkido: the Complete Martial Art)』등을 통해 합기도를 적극적으로 홍보했다. '한국합기도 호주와 한국 합기도 국제(the Korea Hapkido Australia & Korea Hapkido Internattional)' 협회의 설립자이기도 하다.

설지 바우빌(Serge Baubil) 사범은 서인선의 제자로 캐나다 지역에서 존경받는 인물이다.

게오프 부스(Geoff Booth) 사범은 김성수와 지한재에게 합기도를 배운 훌륭한 사범이면서 뛰어난 사업가이기도 하다. 호주의 리버풀에 '부스의 합기도 학원(Booth's Hapkido Academy)'을 운영하고 있으며 이 도장은 국제합기도 동맹 & 호주 그룹(the International Hapkido Alliance & the Australian Group)의 본관 역할을 하고 있다.

호주의 뛰어난 사범들인 케비온 브라운(Kevion Brown), 바리 레스탈(Barrie Restall), 필 에이젼버그(Phil Eizenberg), 다니엘 마리(Daniel Marie)는 호주합기도협회(the Australian Hapkido Association)을 잘 관리하고 이끌어 가고 있으며 양질의 합기도책을 저술하고 기획하였다.

합기도의 보급에 공헌을 한 유럽인 합기도 사범들로는 스페인의 안드레 카보넬(Andre Carbonell)과 빈스(Vince)와 에두라도 파레케스 카르보(Eduardo Faretes Calvo) 사범, 영국의 프레드 아담스(Fred Adams)와 샘 플럼(Sam Plumb), 아일랜드의 마산 고로바니(Massan Ghorobani) 그리고 스위스의 저그 제이글러(Jurg Zeigler) 등이 있다.

19장.
합기도가 정체기를 벗어나기 위한
미래발전 지향적인 방안들

합기도의 철학 논의

합기도가 당면한 문제점들을 규명하고 해결하기 위한 방안들의 제안은 그 동안 학계나 일선 도장에서도 꾸준하게 제기되어 왔다. 하지만 이러한 방안들은 바람직한 방향을 제시했지만 현실적으로 시행하거나 적용시키기에는 시도조차 하기가 힘들었음이 지금까지의 안타까운 실정이다. 특히 일선 도장의 관장들이나 사범들은 이러한 방안들에 대한 필요성을 절실히 인식하고 있지만 대부분이 영세하여 경제적 문제들을 해결하기 위한 관원들의 모집에 급급한 상황이다. 이러한 현실 속에서 소속한 단체들이나 협회와의 갈등을 통해서라도 자체적으로 합기도의 문제들을 해결하기 위한 시간과 돈을 들이는 시도가 거의 불가능한 것이 현실이다.

물론 지금까지 제시된 방안들이 실용적으로 시행될 가능성이 보이지 않더라도 이론적으로나마 지속적으로 계속 문제점 파악과 방안들을 모색하여 제공하다 보면 어느 시점에서는 착수와 시행이 이루어질 것이라는 희망적 의견도 있다. 하지만 지난 수십 년 동안 같은 악순환만 되풀이되다 보니 '이제는 합기도는 끝났다'라는 체념적이고, 부정적인 시각이 팽배한 것이 현실이다. 따라서 기존의 문제점들에 대한 해결방안을 재탕하여 다시 서술하는 것보다는 좀 더 현실적으로 냉철하게 비판하고 좀 더 긍정적이고 건설적인 관점에서 고민한 해결 방안들의 시행을 여기에서는 다루려고 한다.

(1) 합기도 역사의 재정립을 위한 인식전환의 필요성과 이유

신체문화로서의 전통무예의 형성은 어떤 무예가 시행된 나라의 전쟁, 문화, 풍속, 지역성 등에 영향을 받기 마련이다. 하지만 문제는 근대무예 형성에도 이러한 전통무예의 형성의 개념을 무작정 적용하려는 시도이다. 근대무예는 이전의 고대무예들의 기술들의 혼합이나 응용을 통해서 만들어졌다. 그런데 일부에서는 특정 무예에다가 관련된 문화, 지역, 역사적 사건들을 결부시켜 억지식으로 정통성을 만들려고 하는 경향이 있어왔다. 더욱 문제가 되는 것은 적지 않은 전통무예의 역사적 정통성이 실증적 자료나 기록의 부재로 인해 가상으로 만들거나 왜곡되어 왔다는 점이다. 태권도와 합기도 같은 한국의 근대무예들이 역사적인 정통성을 정립하려는 의도하에서 전혀 관련이 없는 역사적 사건이나 자료들을 결부시켜 진실을 왜곡했던 일들로 인해 많은 비난과 질책을 받고 올바른 수정을 요구당하고 있는 것이 우리의 슬픈 근대무예사의 자화상이다.

또 하나의 무예사의 신뢰성을 잃게 하는 고질적인 문제는 무력이 뛰어난 특정 인물을 위인화시키는 신비주의적적인 무협지 사관이다. 특히 어떤 무예를 창시한 특정 인물에 대한 신격화한 무용담은 마치 무협소설에 나오는 주인공의 색깔을 띠게 한다. 물론 근대 무예를 창시한 뛰어난 무력과 존경스런 인품을 가진 무예인들이 있다. 그러나 그들의 무공을 과장하고 행적을 애국적 민족주의자로 미화시켜 국수주의적 색채를 지니는 무예사를 장식하는 경향이 심심찮게 보이고 있다. 예를 들어 엽문이나 곽원갑, 황비홍 같은 뛰어난 기량을 갖추었던 무예인들이 중국무예 영화 속에서 이러한 모습으로 비쳐지고 있다. 합기도의 역사를 다룰 때에도 대동류유술의 다케다 소가쿠와 아이키도의 창시인인 우에시바 모리헤이, 그리고 합기도의 창시자인 최용술에 대해서 이러한 무협지적인 관점으로 접근하고 있지는 않은지 성찰할 필요가 있다. 신빙성이 부족한 역사적인 자료들과 사실여부가 검증되지 않은 인물들의 행적들로 인해서 합기도가 일본무도로부터 완전히 차별화되고 독립된 역사를 정립하는 데 걸림돌이 되고 있다. 합기도의 역사에서 논란이 되고 있는 주요 내용들은 대동류유술의 시초로 알려진 신라삼랑원의광과 신라와의 관계, 대동류유술과 합기도의 관계, 다케다 소가쿠와 최용술의 관계, 최용술과 합기도와의 관계 등이다. 이런 문제들은 계속 진위 여부에 대해서 누구도 반증할 수 없는 확고한 증거나 역사적 사실이 규명되지 않는 한 논란이 지속될 것이다.

하지만 필자가 여기에서 주장하고 싶은 것은 이러한 계속된 논란에 대한 부정적인 시각과 관념을 긍정적으로 전환하자는 것이다. 논란이 되는 사항이 있다는 사실은 근대무예로서의 합기도가 계속 관심과 주의의 대상이 되고 있다는 반증이 아니겠는가? 세상에는 수많은 무예들이 출현하고 있지만 대부분 효용과 가치를 상실하고 역사의 뒤안길로 사라져 왔다. 이에 비하면 합기도는 국내외적으로 인정받은 만큼 생명력을 가진 근대무예가 아니겠는가? 이러한 긍정적이고 미래지향적인 합기도의 인식전환을 위한 전제조건으로 지금까지 논란의 쟁점이 되고 있는 사항들에 대해서 다음과 같은 관점이 필요하다.

1) 신라삼랑원의광과 신라와의 관계

이 논쟁은 합기도의 역사적인 정립에 관련뿐만 아니라 한국과 일본의 무예사의 민감한 문제이기도 하다. 왜냐하면 한국의 고대무예에 근원을 둔 신라삼랑원의광에 의해 설립된 대동류유술이 일본에 전이되어 향후 한국에 다시 유입된 합기도 기술의 근원이 되었다면 한국의 무예사는 다시 쓰여져야 하기 때문이다. 반면 한국의 고대 무예의 특성을 지닌 대동류유술이 오랜 세월을 일본의 문화적 기반 위에서 전투적이고 실전적 성향을 바탕으로 한 가문의 비기로 계승 발전되어 왔음을 인정한다면 근대무예인 아이키도에 영향을 끼친 일본의 무예사도 수정이 불가피하다. 따라서 한국과 일본의 무예사 규명에 결정적인 기반을 제공하는 중요한 안건이기에 그만큼 사실 여부에 대한 논쟁이 격렬하다. 필자는 앞의 8장의 일본무도에 대한 이해에서 신라삼랑원의광이 왜 신라인인가에 대한 상반된 주장에 대해서 자세하고 구체적으로 기술하였다. 더 나아가서 논리적으로 신라삼랑원의광이 신라인일 수밖에 없는 이유까지 꼼꼼히 밝히는 주장도 했다. 하지만 이를 규명할 결정적인 고증적 자료제시가 되지 않는 상황에서 신라삼랑원의광은 신라와는 전혀 무관하다는 아이키도 측의 반박은 계속될 것이다. 그래서 사실 규명을 하려는 후학들에 의해서 연구 작업은 계속 이루어질 것은 자명하다.

그런데 여기서 우리가 주목할 점이 있다. 만약 일본의 아이키도가 주장하듯이 원의광과 신라와의 관계여부가 완전히 허위로 밝혀졌다면 이렇게 지속적으로 논쟁의 중심선상에 있지도 않다는 것이다. 이 의미는 신라삼랑원의광의 신라국적에 관한 진위여부에 대한 논란은 지속적인 연구결과로 관련성에 더 무게를 두고 있음을 입증하는 것이 아니겠는가? 그러니 당장 결론을 내야 한다는 입장에서 갑론을박의 논쟁 속에서 허우적거릴 필요가 없다. 본 안건이 합기도의 역사를 최용술이 한국에서 합기도를 지도한 시점으로 하는 근대사를 정립하는 데 있어서 필요충분조건이 되지 않기 때문이다. 즉 근대에 창시된 합기도와 고대한국의 무예와의 관련성 여부는 참고 사항일 뿐이다. 설사 전혀 관련이 없다고 하더라도 근대역사를 기점으로 하는 합기도의 역사적 정립에 전혀 문제가 되지 않는다. 다만 한국의 고대무예와의 직접적인 관련성이 있다는 긍정적인 인식은 합기도 역사를 정립하는 데 향후 연구 사항으로 의미가 있을 수 있다.

2) 대동류유술과 합기도의 관계

대동류유술이 합기도의 기술 형성에 근본을 제공한 것은 자명한 사실이다. 그런데 대동류유술 또한 합기도의 역사적 정통성에 대한 논란에서 자유롭지 않다. 대동류유술의 기원에 대해서는 논란이 되고 있는 세 가지의 주장이 있다. 첫 번째는 신라삼랑원의광을 시조인 타케다 가문에서 내려온 고류무예라는 주장이다. 두 번째는 대동류유술은 다케다 소가쿠가 여러 일본의 무예기법을 종합해 창시한 신흥무예라는 주장이다. 세 번째는 신라에서 비롯된 무예로 일본으로 건너가 대동류유술로 발전한 이후에 최용술 도주가 한국에 가져와서 다시 합기도로 재탄생시켰다는 주장이다.

일반적으로는 실증적인 견지에서는 두 번째 주장인 다케다 소가쿠가 창시한 대동류합기유술이 설득력을 얻고 있다. 그런데 여기서 우리가 간과해서는 안 될 점이 있다. 그것은 대동류유술의 기원이 한국의 신라무예에서 비롯되었든 일본의 고류무예에서 비롯되었든 합기도의 근대적 역사정립에 크게 중요하지 않다는 것이다. 다만 대동류유술은 근대 무예인 합기도가 형성되어가는 과정에서 근원적 기술을 제공했다는 사실만 인정하면 한다. 합기도는 대동류유술의 전체를 그대로 답습한 무예가 아니다. 다케다 소가쿠의 대동류유술이 여러 가지 일본의 고류무예들의 기술들을 포함하고 있듯이 합기도 또한 대동류유술의 술기뿐만 아니라 발차기, 권법 등 다른 다양한 기술체계를 구성하고 있다. 따라서 대동류유술의 기원여부에 따라서 합기도가 일본무도인가 아닌가라는 논쟁의 강박관념이 합기도의 역사 왜곡을 초래하고 있음을 각성해야 한다. 합기도가 근대무예로서 탄생할 때 대동류유술은 단지 합기도의 근원적인 기술을 제공하였을 뿐이다. 대동류유술은 합기도의 전체 기술들의 형성에 영향을 끼친 여러 무예들 중의 하나였을 뿐임을 인정하고 받아들여야 한다.

3) 다케다 소가쿠와 최용술의 관계

다케다 소가쿠와 최용술의 관계 진위여부에 관한 내용들은 앞의 8장과 14장에서 자세히 기술했다. 최용술을 다케다 소가쿠의 제자가 아니고 대동류유술을 배운 적이 없다는 논쟁이 여전히 진행 중이다. 일본의 대동류유술과 아이키도의 역사 기록에 최용술이 나타나지 않는다는 사실과 최용술은 왜 대동류유술의 기본 술기라 할 수 있는 검술지도를 거의 하지 않았느냐는 등이 논쟁의 핵심내용이 되고 있다. 소가쿠와 최용술의 사제지간의 진위여부에 대한 논쟁은 양측의 상반된 주장으로 인해서 여전히 평행선을 달리고 있다. 이 부분에 관해서는 14장의 합기도 역사적 정립의 올바른 방향 제시에서 자세한 최용술의 일대기와 함께 구체적으로 기술하였는데 요점만 설명하면 다음과 같다. 일본의 아이키도 측은 두 사람의 관계를 증명할 수 있는 구체적인 고증적 자료와 기록이 없다는 사실을 주요한 이유라고 고집하고 있다. 반면 합기도 측에서는 이에 대해서 구체적이고 논리적인 주장으로 기록의 부재는 일본 측의 고의적인 역사기록의 누락과 왜곡이라고 반박하고 있다. 또한 다케다 소가쿠와 최용술의 수련행적이나 관계에 대한 최용술과 그의 제자들을 통한 구체적 진술들이 있다는 점과 최용술이 지도한 전환의 보폭이나 관절기의 꺾는 동작들이 소가쿠가 지도한 대동류유술의 기법들과 거의 동일하다는 점, 그리고 최용술이 거짓으로 가공하기에는 너무 구체적인 소가쿠와의 관련된 일화들을 말했고, 그의 노후에는 계속 스승인 소가쿠를 간절히 그리워했다는 사실 등으로 미루어 보건대 다케다 소가쿠와 최용술의 관계를 부정하기에는 너무 구체적이고 논리적이다.

　물론 최용술이 한국에서 지도한 무예가 다케다 소가쿠에게 배운 대동류유술이면 그가 창시한 합기도의 기술적 근원을 명확히 하는 데 도움이 된다. 하지만 명심해야 할 점은 '합기도는 대동류유술만을 계승한 무예가 아니다'라는 것이다. 최용술이 일본에서 배운 무술이 대동류유술이든 다른 유술이든 합기도의 형성에 있어서 기술의 기반을 마련하여 준 것은 사실이지만 합기도의 기술 체계는 최용술의 기술만이 아닌 여러 유술과 강술들의 기법들이 적용되고 응용되어 발전되어 온 사실을 간과해서는 안 된다.

(2) 합기도의 역사 정립은 최용술이 한국에서 무예를 지도한 시점부터 시작해야 한다

　무예 역사성의 중요성의 부각은 무예의 개념에 대한 변화를 의미한다. 고대무예는 격투 기술의 효율성을 강조하는 싸움의 수단에 불과했다. 그러나 근대에 들어와 인류학자들과 역사학자들은 무예가 형성되고 발전된 국가의 문화와 철학, 그리고 이데올로기를 계승 발전시키는 매체로서의 사회문화적 체계라고 무예의 개념을 재설정하였다. 이러한 무예의 근대적 개념으로 인해 무예의 역사 연구의 필요성을 강조하면서 전통성이 매우 중요한 요소가 되었다.

따라서 많은 근대무예들이 각자의 역사적 전통의 확립이라는 명분하에 시대착오적인 수련이념이나 원리를 고수하려는 강박관념에 빠져들었다. 해방 이후 한국의 무예계는 이러한 역사성의 전통가치에 중요성을 부여하면서 일본이나 중국의 무예와 차별화하기 위하여 한국의 전통무예의 확립에 골몰하였다. 한국의 무예계에 불어닥친 이러한 전통무예의 열기로 인해 많은 근대 무예들이 전통 콤플렉스의 열정과 몸살을 앓기 시작했다.

사실 고대 무예는 어느 나라가 원조인가의 국적을 따지지 않는 보편적인 격투도구나 기술로서의 인식이 강했다. 한국의 대표적인 무예서인『무예도보통지』에는 한국뿐만 아니라 중국의 무예와 일본의 검법들이 모두 망라되어 있음이 좋은 사례이다. 그러나 전통무예의 역사성 강조는 국수주의적이고 민족주의적인 성향이 강한 역사관의 부작용을 초래하였다. 한 무예가 어떤 국가의 전통문화로서 정체성을 확립할 때 그 전통을 뒷받침해 줄 수 있는 객관적인 역사적인 토대가 있는가에만 몰입하는 문제가 발생했다. 특히 한일 사이의 대립적인 역사관계로 인해 태권도나 합기도의 전통성을 논할 때는 한국의 문화민족주의 경향이 첨예하게 나타났다. 태권도는 그동안 한국의 전통무예로서의 정체성을 찾고 일본의 색채를 벗어나기 위해서 '태권도'라는 무명으로 통일시키고 일본의 가라데와 차별화하기 위해서 새로운 품새를 만들고 태권도 경기화를 성공시키려는 노력을 경주하였다. 이러한 태권도는 한국의 전통무예로서의 위상 회복을 위해 여러 시도를 하고 있다. 충주세계무술축제, 수원과 화성 문화재의 전통무예전, 진천군에서의 화랑태권도문화축제, 태권도공원조성사업 등과 같은 전통관련 여러 행사와 사

업을 추진하는 모습을 보여주고 있다

반면 합기도는 어떠했는가? 여전히 일본무도와의 정체성 문제에 허덕이고 있다. 전통주의 무예사관에 집착한 무예역사학자들이 한반도에 존재했던 모든 맨몸 무예를 합기도와 관련시키는 억지식 연구들을 양산했다. 급기야 근대무예인 합기도의 원천을 삼국시대의 화랑도, 고려시대의 수박이나 택견 같은 고대무술과 억지로 끼워 맞추기 또는 일본 대동류유술의 한국의 재유입론과 같은 논란을 만들어왔다. 그런데 더 심각한 문제는 무예관련 정부 관계자, 무예 역사 연구자, 무예전문 번역가 등도 합기도의 역사에 관한 이러한 잘못된 문제들을 바로 잡으려는 노력 대신에 그냥 간과하거나 수수방관하고 있다는 점이다. 여전히 일본의 아이키도와 한자어가 동일한 무명의 사용과 일본무도의 사상철학을 그대로 베껴 썼다는 비판으로 인해서 합기도는 일본무도라는 편견과 잘못된 인식이 여전히 만연하고 있다. 그럼에도 불구하고 합기도가 한국의 전통무예로서 어떻게 계승되어 왔는가를 고찰함으로써 합기도의 역사를 전통무예의 관점에서 정립하려고 한다면 실증적인 역사기록이나 자료를 바탕으로 한 사실주의 역사관의 한계를 벗어나지 못하는 악순환이 계속될 것은 자명하다. 게다가 첨예하게 대립각을 세우고 갈등과 반목을 일삼고 있는 한일 간의 역사 속에서 자유롭지 못하기에 객관적이고 사실적인 합기도의 역사 정립은 불가능하다. 따라서 합기도역사는 반일 수구적인 민족주의와 민족우월주의에 매몰되어 계속 역사 왜곡의 딜레마에서 벗어나지 못할 위험성이 크다.

이러한 해결의 기미가 보이지 않는 합기도의 역사성에 대한 문제를 어떻게 해결해야 하는가? 우선 사실주의적이고 실증주의적인 역사관에 입각하여 합기도의 역사적 정체성을 확립하려는 합기도 연구학자들의 주장에 주목해 보자. 그들은 합기도 역사의 시발점을 최용술 이후로 규정한다. 최용술은 합기라는 용어에 대해서 전혀 언급이 없었고 합기라는 용어가 사용되기 시작한 시기는 1950년 이후부터라는 실증적인 이유 때문이다. 최용술의 제자들이 합기도 용어의 처음 사용과 함께 승급심사, 연무시범, 대련경기, 연무경기 등의 구체적이고 체계적인 기술체계를 이루고 수련하기 시작된 시기를 합기도의 역사의 시작점으로 주장한다. 전통이란 단지 한 민족이 형성되기 시작한 원초부터 지금까지 변함없이 이어온 개념만이 아니다. 전통은 얼마 되지 않은 시점에서 외래적인 것이라도 받아들여 많은 시행착오를 겪는 시간이 지나고 나면 토착화되어 고유한 전통이 될 수 있다. 따라서 시간이 지나면 합기도는 전통무예로 거듭나기에 합기도의 역사를 그 이전 시대의 관련성이 희박한 무예 역사와의 과감한 단절을 합기도 연구가들은 주장한다.

이러한 맥락에서 합기도 역사의 시작은 최용술이 한국에서 제자들을 육성하면서 형성되고 발전한 시점부터가 되어야 한다. 최용술이 한국에서 야와라나 유술 등의 무명으로 지도한 시기에는 무예의 유파들이 종류별로 엄밀히 구분하지 않고 심지어 서로 다른 것으로 여겨지지 않았던 시대였다. 따라서 각각의 무예들이 갖는 문화적 가치에 대한 개념이 거의 없었다. 단지 유파에 관계없이 다양한 기법 체계들을 모두 무예라는 포괄적인 무예개념으로 이해되었다. 이러한 상황에서 시간이 지나면서 최용술이 지도한 일본 무도의 특성이 강한 유술에 중국무예와 한국 고유 무예가 융합되어 다양한 발차기 및 권법, 형 등이 접목되어 합기도가 형성되고 발전하기 시작했다.

(3) 긍정적이고 미래 발전적인 관점 지향을 위한 합기도 문제점들에 대한 재해석

1) 기존에 제시되었던 합기도 문제들과 해결방안에 대한 고찰

작금의 한국의 무예계는 지나치게 태권도 중심적이고 태권도 지향적이다. 즉 태권도가 마치 한국의 모든 무예를 아우르고 대표하듯이 문화적으로나 경제적으로 절대적인 우위를 점하고 있는 현실에서 타 무예들의 비중과 위치는 초라하기 그지없다. 이러한 어려운 현실 속에서도 합기도는 태권도 다음으로 도장 숫자나 수련인구가 많은 대중성을 확보해 왔다. 그러다 보니 많은 문제점들을 내포하고 있는 합기도에 대한 비판과 질타는 어느 다른 무예보다도 거세고 가혹하다. 하지만 합기도의 발전을 위한 노력의 일환으로 1990년 후반부터 최근까지 합기도학자들은 합기도의 문제점들을 규명하고 해결하기 위한 방안들을 모색하고 제안하는 연구물들을 간헐적이지만 지속적으로 발표해오고 있는데 이들 중에서 주요 내용들을 보면 다음과 같다.

<표 18> 기존의 합기도 문제점들과 해결방안들

연구학자 성명	합기도의 현안문제점들	해결방안들
진성우	* 합기도의 불명확한 정체성으로 인해 합기도의 분열을 초래한 문제점들: 1. 홍보 및 인식기회의 부족 2. 유사단체의 난립과 무분별한 법인체의 증가 3. 공신력이 없는 수준 이하의 대회 및 행사의 증가.	* 합기도의 통합을 위한 대책들: 1. 합기도인이 중심이 되어야 한다. 2. 합기도의 관련 모든 자격증의 하나의 창구화 3. 도장 경영자격을 위한 사범들의 철저한 검증 4. 국가행정력을 기반으로 하는 합기도의 공인화 및 전문화
최종균	1. 합기도가 지닌 문제점들은 다른 무예들도 가지는 공통적인 것이다. 2. 합기도 가장 큰 문제의 본질적인 원인은 합기도 지도자의 자질 부족	1. 합기도 명문관장들 중심으로 한 통합시행 2. 합기도 무명의 개명을 통한 통합모델의 제시
조기철과 김형철	1. 합기도 무명의 무분별한 수용과 사용 2. 분열된 합기도 단체들에 의한 합기도기술체계의 혼란의 가중화	1. 명칭에 대한 개선 방안 : 현재 사용 중인 한기도, 국술과 같은 명칭으로 흡수통합 방안 2. 합기도의 단일화 개선방안 1) 대표성을 지닌 중립노선의 협의기구 구성 2) 과학적이고 체계적인 방법의 해결능력의 전문 인력 육성
차명환, 허건식 김종필	1. 합기도 단체들 문제점들: 조직의 갈등, 정치인 개입, 각 협회의 우월성 과시, 단체들 간의 홍보 미흡 2. 합기도 기술 문제점: 경기기술화 정통기술 고수와의 대립 3. 합기도 지도 교육 문제점: 상업성 교육과 지도자교육 미흡	1. 합기도통합을 위한 발전 방향: 단체통합, 국가지원 정책, 협회의 홍보활성화 2. 합기도 기술 발전 방향: 술기개선 및 통일대회 육성 3. 합기도교육발전 방향 지도자교육 및 심사기준강화와 일선도장의 교육 및 홍보 강화

지금까지 밝혀지고 꾸준하게 제기되어 온 합기도의 고질적인 문제점들을 종합해보면 다음과 같다.

가. 합기도 무명의 왜색 논란

나. 무분별한 합기도 유사단체 및 합기도법인체의 증가로 인한 합기도협회들의 난립

다. 합기도 기술의 체계성 부족과 통합성 부재

라. 양적인 팽창에 따른 자질이 부족한 합기도 지도자의 양산

마. 공신력이 없는 수준 이하의 경기 및 행사의 증가 등으로 합기도 질적인 하락

바. 합기도 역사의 모호성과 신비주의로 인한 전통무예의 외면

사. 대한체육회의 종목 자격 상실

아. 학문적 연구의 부족으로 인한 합기도의 이론적 체계성 부재

지난 반세기 동안 한국 근대무예의 역사에서 합기도의 평가는 긍정적이고 발전 지향적이 아닌 부정적이고 비관적인 평가들로 가득 차 있다. 여전히 경제적이고 명예로운 기득권 유지를 위해 통합의 기미를 보이지 않는 난립한 단체들, 우수한 합기도 기술체계성의 분열, 그리고 아이키도와 무명에 관한 개명 논란 등의 부정적인 요인들에 의한 부정적인 비판들로 만연해 있다. 사실 합기도뿐만 아니라 태권도를 비롯한 거의 모든 무예들이 위에 언급한 문제점들 중 한두 개 이상은 다 가지고 있는 것이 현실이다.

무예 수련의 목적이 여가를 즐기기 위한 취미활동으로 전환되고 스포츠 경기화 되어가는 변화 속에서 어떤 무예이든지 여러 가지 문제점들이 생겨나는 현상은 당연하다. 그럼에도 불구하고 합기도

의 문제점들만이 유독 부각되고 있는 것은 합기도가 그만큼 여전히 많은 관심을 받는 대중성을 지닌 무예임을 반증하는 것이 아니겠는가? 위에서 언급한 문제점들을 타개할 수 있는 해결방안을 모색하고 시행하려는 노력들이 한정적이나마 지속적으로 이루어져왔다. 그러나 문제들을 효과적으로 해결하기에는 상충되는 이해관계나 갈등을 조절할 수 있는 지도체제가 없기 때문에 현실성과 실용성을 가진 해결 방안의 마련이 거의 이루어지지 못하고 있다. 게다가 우려스러운 점은 합기도가 당면한 문제점들이 시간이 흐를수록 비관적이고 부정적인 관점으로 비추어지기 시작하여 사실과는 다른 잘못된 방향으로 고착화되고 있는 심각성에 있다. 게다가 대한아이키도회가 한국에서 아이키도의 대중성을 넓히려는 의도로 합기도의 부정적인 문제점들을 부각시키고 공론화하여 상황이 더 악화되고 있다. 대한아이키도회가 한국에서 여전히 취약한 아이키도의 대중적 입지를 극복하기 위한 방안의 일환으로 대한체육회라는 주요 제도권에 진입하기 위해 애쓰는 과정에서 기존 합기도 계의 활동에 대해 존중하는 모습을 저버리고 몇 년 전부터 돌변하기 시작했다. 특히 인터넷을 통해서 지속적으로 합기도에 대한 공격과 비판 수위를 높이고 있다. 그런데 문제는 검증되지 않는 음해성의 왜곡된 정보도 이용하여 합기도에 대해서 비관적이고 부정적인 인식을 갖게 하고 있다는 점이다. 게다가 타 무예지도자들의 합기도에 대한 비난은 수위를 넘어 합기도의 정체성까지 건드리고 있다. 가령 최근에 경호무술의 창시자라는 사람이 왜 일본무도인 합기도를 도장에서 한국무예처럼 지도하느냐는 터무니없는 국수주의적인 망언 때문에 일선도장의 합기도 지도자들이 공분을 일으켜서 논쟁이 격화되는 어이없는 일들도 발생했다. 게다가 일부 아이키도인들도 가세하여 합기도의 정체성에 혼란을 주기 시작했다.

높은 대중적인 인지도를 구축해온 합기도에 대한 업적과 공헌도에 대한 부정적인 평가절하와 과소평가의 만연함은 합기도 도장의 경영에도 악영향을 끼쳤다. 더 우려스러운 것은 합기도에 대한 긍지와 자부심이 쇠퇴하거나 사라져가고 있는 합기인들의 위기의식이다. 이러한 상황을 타개하기 위해서 최근에 일선의 합기도 도장의 관장들과 사범들이 직접 나서서 자구적이고 자정적인 방안을 모색하는 움직임이 나타났는데 자발적으로 지역적인 술기통합 또는 공동심사, 포럼형식을 통한 합기도 발전을 위한 토론 등을 통한 활동을 추진하는 고무적인 현상이 그러한 예들이다. 한편으로는 이러한 문제점들을 키워 온 적지 않은 책임은 합기도인들에게도 있다. 하지만 합기도가 당면한 문제들에 대해서 해결의 기미가 보이지 않는다고 망연자실하게 그냥 두고만 보고 있어서는 안 된다. 현실 가능한 대안을 계속 모색하며 해결해 가려는 꾸준한 노력들은 계속되어야 된다. 또한 이러한 노력들을 위해서는 기존의 문제점들에 대해서 비관적이고 부정적인 관점을 벗어버리고 긍정적이고 미래 지향적인 관점으로의 인식과 시행방법의 전환이 본질적으로 이루어져야 한다. 이러한 취지에서 위에 언급한 합기도의 현안에 대해서 긍정적이고 발전적인 관점에 의한 재해석을 아래와 같이 해보도록 하자.

① '합기도 무명(武名)의 왜색 논란'은 한국의 근대무예인 합기도에 더이상 문제점이 될 수 없다!

아이키도와 한자어로 동일한 합기도란 무명에 대한 개명에 대한 찬반양론은 합기도의 정통성 논란의 중심에서 여전히 진행형이다. 9장에서 합기도의 무명 개명에 대한 양측의 입장과 주장에 자세하게 설명하였다. 그리고 합기도의 정체성을 개명으로 확보하자는 찬성론이 현실적으로 더 우세한 것은 사실이다. 그런데 문제는 개명에 대한 양측의 입장에 대한 나름대로의 이유와 명분이 확고하다는 점이다. 또한 국가적인 차원에서의 강제적인 시행 조치가 있지 않는 한 양측 간에 타협을 보거나 양보하기에는 너무 민감한 한일간의 관계 속에서 현실적으로 불가능하기에 이 논란은 계속될 전망이다.

하지만 이러한 무명의 개명 논란이 합기도의 긍정적인 발전을 위해서 도움이 되지 않는다는 점은 누구나가 공감하고 있다. 오늘날까지 합기도와 아이키도가 각각의 근대무예로서 형성되어 발전되어 온 기간이 벌써 반세기가 지난 70여 년이 흘렀다. 이제는 국내외적으로 합기도와 아이키도가 수련형태나 기술에 있어서도 완전히 다른 무예임을 누구나 부인을 못하는 자명한 사실이다. 물론 이러한 개명의 불필요성을 반영하는 현실적인 주장도 합기도는 한국무예로 거듭날 수 있다고 주장하는 개명론자들에게는 설득력을 주지 못한다. 따라서 더 구체적이고 현실경험적인 관점으로 접근해 보자. 첫째, 유도, 가라데, 검도가 일본무도의 속성을 가졌다는 이유만으로 수련을 그만둔 적이 있는가? 둘째, 합기도를 수련하면서 합기도란 이름이 일본무도인 아이키도와 동일한 한자명을 가졌다고 불편한 수련 느낌을 가진 경험이 있는가? 셋째, 합기도 술기들을 하나하나씩 지도하거나 배우면서 일본무도를 수련하고 있는 것이 아닌가라는 강박관념이나 고정관념으로 합기도 수련의 동기부여가 갑자기 사라진 적이 있는가? 만약에 이러한 질문의 내용 때문에 합기도수련의 결정에 결정적인 영향을 미친다면 개명은 꼭 해야 한다. 하지만 이러한 질문들에 대한 답은 대부분 'No'일 것이다.

한 특정 무예 수련을 선택하거나 그만두는 이유는 그 무예의 이름 때문이 아니라 무예 지도자, 또는 수련형식이나 기술에 대한 호불호에서 비롯됨을 우리는 너무나 잘 알고 있다. 합기도란 무명을 좋아하든 싫어하든 합기도의 존속여부의 결정적인 요인인 수련의 목적이나 동기에는 문제가 되지 않는다. 따라서 합기도 개명여부는 단지 무예를 이론화시키고 개념화시키기 위한 하나의 부분적인 과정일 뿐이다. 이론화와 개념화는 늘 찬반양론 속에서 옳고 그름의 정당화를 위한 정-반-합의 변증법적인 과정을 거치기 마련이다. 그러므로 합기도 개명 여부를 합기도의 부정적인 문제점들 범주에 넣는 것 자체가 오류이다. 결론적으로 합기도가 계속 대중성 있는 생명력을 가진 무예로 지속되는 데 개명의 논란은 전혀 문제가 되지 않음을 인식하여야 한다.

② 합기도의 분열된 유파와 난립된 단체들의 현상에 대해 긍정적인 관점의 전환적 인식을 가져보자!

합기도 단체들이 분열되고 난립하고 있는 현상은 앞에서 언급했듯이 합기도 형성기의 지도방식과 수련체계에서 비롯된 당연한 산물이다. 최용술은 영세한 도장에서 개인지도방식으로 제자들의 특성에 맞게 낱기술을 가르쳤다. 이러한 개인지도방식은 제자들의 합기도 기량을 일취월장하게 만든다는 장점이 있다. 왜냐하면 한 명의 사범이 다수의 수련생들을 대상으로 직접교수법에 따라 사범의 시범을 모방하고 반복하는 단체 지도식 수련에서는 아주 뛰어난 실력자들을 길러내는 데는 시간적 공간적 한계가 크기 때문이다. 그러나 개인지도는 제자들 간의 의사소통을 통한 친밀함과 소속감을 키울 수 없고 기술적인 체계성과 통일된 시스템을 갖춘 도장문화의 형성이 불가능하다는 취약점이 있다. 이로 인해서 최용술에게 개인지도를 받은 제자들이 독립하여 도장을 차려 지도할 때에는 도장마다 합기도의 술기 수련의 형태나 기술들이 달라질 수밖에 없었다. 더욱이 통일된 술기체계에 따른 심사제도가 정립되어 있지 않기 때문에 각 도장의 사범의 임의 판단에 의해서 급이나 단을 주는 심사를 주는 시스템으로 합기도 도장의 수가 늘어나고 수련인구가 늘어남에 따라 분열은 가속화되었다. 이렇게 성립 시기부터 수련체계와 기술들이 다양화된 상황에서 합기도는 통합된 하나의 협회가 아닌 수련스타일과 기술체계가 상이한 도장들로 이루어진 협회들의 난립은 당연한 결과였다.

현재 50여 개에 이르는 합기도 단체들이 있다. 그런데 단기간 내에 양적으로 증가한 합기도단체들과 법인 형태들이 세계, 국제, 한국, 대한, 협회, 연맹, 연합 등의 다양한 용어를 쓰는 문제점이 나타나면서 혼란을 가중시키고 있다. 실질적으로는 사회단체 또는 사단법인이 대부분으로 어느 특정 지역을 대표하거나, 몇 개의 도장만으로 이루어져 있다. 이러한 많은 합기도 단체들에 대한 가장 심각한 문제는 그들의 설립 이유의 대부분이 특정 개인의 권력욕이나 심사비나 승단비와 시합개최나 행사를 통해 돈을 벌려고 하는 욕심에서 나왔다는 것이다. 하지만 합기도의 진정한 발전을 위해서 합기도단체 통합의 필요성을 절감하면서 통합에 대한 여러 가지 방안이 제시되어 왔다. 그러나 기존의 합기도 단체장들이 권위와 경제적인 기득권을 결코 양보하거나 포기하지 않는 이유로 구체적인 시행이 현실적으로 불가능하다.

하나로 통합된 합기도 단체의 존립이 대학체육회의 정식종목이 되기 위한 전제조건이 되면서 합기도 단체들의 난립의 문제성은 더 크게 부각되었다. 합기도의 대한체육회의 정식회원 가입은 단순히 합기도가 한국무예로서의 정체성을 확립 이상의 현실적인 중요성을 지니고 있다. 대한체육회의 정회원이 되면 대규모의 전국적인 합기도 시합을 유치하기 위한 행정적이고 재정적인 지원이 증가된다. 더욱이 도장 운영에 있어서 부가세 감면 등의 면세 이익을 받을 수 있고 학교체육종목 또는 생활체육종목으로서의 위상 강화로 인해 합기도 저변의 확대성 효과 등을 기대할 수 있다. 이러한 대한체육회의 정식회원으로서의 혜택들은 수련생의 감소로 어려움을 겪고 있는 합기도 도장들에게 많은 도움이 될 수 있기에 현실적으로 매우 중요한 문제이다.

그럼에도 불구하고 공신력 있는 통합된 합기도단체 설립을 위한 여러 차례의 노력들이 실패하면서 대한체육회의 정식회원이 될 수 있는 기회가 2번이나 좌절되는 과정을 겪었다. 2008년에 합기도 단체들이 모여 통합을 논의한 후 우여곡절 끝에 설립된 '대한합기도연맹'이 대한체육회 인정단체가 되면서 합기도의 대한체육회 정식종목의 오랜 숙원을 푸는 쾌거를 이룩했다. 하지만 그 후에도 20여

개의 법인단체가 난립해 여전히 갈등을 빚고 있던 합기도에 대해 2011년에 대한체육회 인정단체 승인을 취소당하는 굴욕을 겪었다. 2016년에 대한체육회의 회원자격 심사가 다시 열리는 기회가 찾아오면서 또 다시 이번 기회를 놓칠 수 없다는 위기의식이 팽배해졌다. 따라서 전국의 합기도 일선 관장들은 한국이 종주국인 합기도는 명실상부한 대한체육회의 정회원이 되어야 한다는 강력한 메시지를 전달하기 위해서 문화체육부 건물 앞에 모여서 유례없는 집단적인 평화시위를 열었다. 하지만 또 다시 통합단체로 제시한 대한민국합기도 중앙협회가 대표성이 부족하다는 이유로 준회원에서 결격단체로 강등당하는 수모를 또 한번 겪어야 했다.

대한체육회 회원의 재가입의 실패에 대한 책임은 우선적으로는 대표성 있는 통합단체를 설립하지 못하고 반목과 불화로 일삼은 합기도 단체장들에게 있다. 하지만 대한체육회 가입의 기회를 통해 인지도와 수요의 확대를 노리려는 아이키도의 방해성이 다분한 공작도 일부 책임이 있다. 지난 반세기 동안 아이키도는 국민생활체육의 공헌도가 전무하고 수련인구도 아주 미미하며 아이키도의 한국지부인 대한아이키도회의 설립은 기껏해야 20여 년 정도밖에 되지 않는다. 그럼에도 불구하고 대한아이키도회는 2008년에 합기도가 대한체육회 회원이 되었을때 갑자기 합기도 무명의 소유권 운운하며 분쟁을 일으키고 대한민국에서 국제합기도연맹이 공인한 정회원 단체는 대한아이키도회가 유일하다고 주장하는 민원을 문화체육부에 제기하기도 했다. 결국 여러 가지 이유로 합기도는 2011년 대한체육회 정식회원에서 퇴출되는 비극적인 결과를 초래했다.

2016년에 또 다시 찾아온 합기도의 대한체육회 회원가맹신청 과정에서 전국조직 규모만 갖춰진다면 대한아이키도회만이 대한체육회 회원종목단체 규정에 부합하는 자격을 갖추고 있다는 내용을 담은 공식적인 항의 서한을 대한체육회에 보냈다. 이는 합기도의 대한체육회 정회원가맹에 대해서 아이키도가 민감하게 반응하고 저지하려는 의도는 명백하다. 이러한 아이키도의 행동은 한국에서의 입지를 넓히려는 측면에서 이해할 수 있다. 하지만 합기도가 대표성을 지닌 단체가 부재하다는 명분을 강화해 합기도가 또 다시 대표성이 결여된 단체로 전락한 원인 중의 하나로 작용했음은 자명하다. 더 가관인 것은 합기도 무명소유권에 관한 근거 없는 국제재판소송을 운운하며 위협하는 태도를 노골적으로 드러내고 있다는 것이다. 가뜩이나 합기도의 대한체육회의 정회원 가맹이 힘든 상황 속에서 이러한 대한아이키도회의 만행에 대해 합기도인들은 격한 분노를 느끼고 있다.

그런데 '합기도만이 여러 단체들로 분열되어 있는가?' 그리고 '다양한 단체들의 존속이 합기도 발전에 나쁘기만 한 것인가?'라는 화두들에 대해 진지하게 생각해 볼 필요가 있다. 합기도처럼 다른 무예들도 다양한 유파와 단체들이 있다. 특히 태권도, 택견, 검도 또는 아이키도 등은 마치 하나의 통합된 단체라는 인식이 퍼져 있어 늘 합기도단체들을 비난할 때 비교대상이 되곤 한다. 하지만 이들도 여러 단체들로 분열되어 있다. 가령 태권도 또한 국기원, 국제태권도 연맹, 세계 태권도 연맹, 아시아 태권도 연맹, 코리아태권도예술단, 태권도진흥재단 등 다양한 단체가 있다. 민족무예인 택견도 결련택견계승회, 대한택견연맹, 원형보존회, 한국전통택견협회 등이 있다. 검도는 국제검도연맹, 대한검도회, 대한해동검도협회, 한국해동검도협회 등이 있다. 아이키도 국제연맹이라는 하나의 통합된 단체를 가진 것처럼 행동하는 아이키도 또한 여러 유파와 단체들이 있다. 그들 중에서 독창적인 기술체계를 인정받고 있는 대표적인 유파를 지닌 단체로는 아이키카이, 양신관, 일본아이키도회, 기아이키도 등이 있다.

오늘날까지 수많은 무예들이 창시되고 다양한 유파와 단체들로 분열되거나 사라져 오고 있다. 또한 기존의 무예들로부터 다양한 신생무술이 파생되고 창시되어 오고 있다. 동양무예의 근원지라고 할 수 있는 중국은 소림사 무술도 다양한 유파와 단체들로 갈라지고 통합되는 이합집산의 과정 속에서 지금은 70여 가지에 이르는 무예들이 존재하고 있다. 일본 또한 오래 전부터 형성된 여러 가지의 교류 유술이나 고류검술이 근대무도로 변환하는 과정에서 다양한 유파와 단체들이 설립되기도 하였다. 또한 동남아시아의 무예인 인도네시아와 말레이시아의 실랏이나 태국의 무예타이도 하나의 협회로서 통일된 수련체계를 가진 무예가 아니라 여러 유파와 단체들을 가지고 다양한 지도수련 시스템을 가지고 있다.

물론 합기도가 통합된 단체를 가지면 대한체육회와 같은 국가적 기관의 지원이 확대되고, 체계화된 합기도 기술과 교육 발전, 그리고 체계적 경제적인 홍보의 활성화가 가능하고 합기도의 입지와 위상이 증진되어 일선도장들에게도 경제적으로 도움이 되는 여러 가지 현실적인 이점들을 기대할 수 있다. 가령 상대적으로 국기원이라는 조직을 통해 이러한 혜택과 발전을 성취해 온 태권도를 보면 합기도의 통합에 대한 필요성은 더욱 더 절실하다. 하지만 지금까지 합기도 통합을 위한 노력들이 정치적이고 경제적인 기득권을 선점하려는 단체장들 간의 헤게모니 쟁탈과 불화 등으로 여러 번 무산되는 경험들을 통해서 실제적으로 불가능하다는 자괴감과 좌절감이 합기도계에 만연한 현실이다. 특히 심각한 문제는 합기도 단체들의 난립에 대한 부정적이고 비관적인 관점으로 인해서 합기도가 뛰어난 기술들과 수련시스템으로 태권도 다음으로 국내외에 대중성과 인지도를 구축해 온 장점들이 묻혀버리고 있는 안타까운 현실이다.

가능성이 희박한 이론적인 문제 해결책들의 반복은 마치 공허한 메아리와 같아서 합기도의 진정한 발전을 위해서는 아무런 도움이 안 된다는 점을 현실적으로 직시해야 한다. 그 대신 합기도 단체 난립의 상황에 대하여 과감하게 긍정적인 관점으로서의 전환적 인식이 필요하다. 어찌 보면 다양한 합기도 단체들 현상은 거의 주요한 무예들에게 나타나듯이 무예의 본질적 속성인 다양성과 다원화에서 비롯된 당연한 결과라고 할 수 있다. 일괄적이고 통합된 단체나 수련시스템을 가진 무예는 그 실효성과 생산적인 가치를 잃으면 한순간에 사라져 버릴 수 있는 위험성도 있다. 역사를 통해서 대중의 관심과 흥미를 잃어버리거나 시대적인 불필요성 때문에 혹은 국가차원에서 반강제적인 규제를 통해서 역사상의 뒤안길로 사라진 무예들이 적지 않다. 이러한 소멸을 방지하기 위해 소림사 무술이나 태극권 같은 고대 무술들이나 일본의 고류 검술이나 유술들뿐만 아니라 수박, 상박, 각저, 택견 등과 같은 한국의 고대무예들은 존속하기 위해 끊임없는 명칭이나 수련방식의 변형과 관련 단체들의 형성 등을 거쳐 왔음을 우리는 무예의 역사를 통해서 확인할 수 있다.

합기도 또한 기술적으로나 수련형식에서 이러한 다양성과 다원성을 지니고 있기에 반세기라는 짧은 기간에도 불구하고 합기도의 수련인구의 증가와 국외에서의 세계화는 전례 없는 속도로 진행되어 왔던 것이 아니겠는가? 특히 합기도가 거의 모든 근대무예들이 스포츠화되고 경기화되는 시대적 흐름을 따르면서 한편으로는 전통적인 무예의 수련방식을 유지하여 인지도가 있는 끈질긴 생명력이 있는 무예로 발전해 왔다는 사실을 주지해야 한다. 이러한 과정에서 몇몇 합기도 사범들이 합기도 대신 다른 무명을 사용하거나 유사합기도의 성향을 지닌 신생무예들을 창시하는 경향들도 나타났다. 이 또한 합기도가 다양성으로 인해서 대중성에 성공한 근대무예임을 입증하는 것이 아니겠는가? 물론 시급한 현안은 합기도 단체들의 난립에서 양산되는 문제점들을 해결해 나가는 방안을 모색하고 실천해야 한다는 것이다. 하지만 많은 합기도 단체들로 인해서 마치 합기도가 이제 생명력을 잃어버리고 마치 더 이상 진정한 무예로서의 가치를 상실했다는 극단적이고 비관적인 생각을 버려야 한다. 지금 이 시간에도 전 세계 곳곳에서 합기도란 이름으로 많은 합기도 단체들의 소속에서 다양한 합기도 수련이 이루어지고 있다는 것이 가장 중요한 사실이다.

③ 합기도는 기술적인 체계성을 가지고 있다. 다만 문제는 그 기술체계성에 따라 수련하지 않기 때문이다!

어느 특정한 물질이든 정신이든 양적인 팽창은 질적으로 하락하는 문제로 이어진다. 이로 인해서 예상치 못한 부작용이 발생하여 본질적인 가치를 지닌 정체성을 잃어버리거나 변질해 버리는 현상을 우리는 심심찮게 목격하거나 경험해 왔다. 단시간의 급속한 양적증가로 인한 문제점들로 인해 비난, 무시, 마찰, 갈등 등의 격랑을 겪으면서 잘못을 바로잡고 본질의 회복과 발전을 위해 성찰, 수용, 적용, 응용, 변화 등의 작업을 거쳐 정체성을 회복하고 질적으로 한 단계 성장하는 것을 우리는 변증법적인 발전이라 일컫는다. 가장 대표적인 물질로는 현대인의 삶의 패턴을 완전히 바꾸어 놓은 '스마트 폰'이 있다. 편리하고 신속한 커뮤니케이션의 매력으로 인해 스마트 폰 사용의 폭발적인 증가는 수십 년간 생활의 필수품이었던 일반 전화나 공중전화의 존재를 일순간에 무용지물로 만들었다. 그러나 비인간적이고 이기적인 의사소통에서 오는 인간관계 문제점, 업무나 공부에 지장을 주는 주의산만함, 홍수 같은 정보로 인해 신뢰성이 상실되고 집단불안 등의 문제점들도 발생했다. 스마트 폰 메이커들은 신속하고 편리한 커뮤니케이션의 스마트 폰의 긍정적인 가치를 떨어뜨리는 이러한 문제점들을 극복하거나 해결하기 위해서 첨단적인 기술력과 끊임없는 연구개발을 바탕으로 스마트 폰의 부정적인 기능이나 남용을 최소화하기 위한 지속적인 노력을 기울이고 있다.

이러한 맥락에서 신체문화인 합기도는 스마트 폰의 경우처럼 양적인 팽창으로 비롯된 문제점들을 지니고 있다고 볼 수 있다. 다른 어떤 근대무예들보다도 단기간 안에 수련인구와 도장수가 급격하게 양적으로 증가하면서 단체들의 난립, 합기도 기술과 수련형태의 다양화로 인한 변질, 지도자들의 자질부족, 합기도교육의 질적인 하락 등의 문제들에 노출되어 왔다. 그중에서도 통합된 합기도 기술과 용어가 없는 합기도 기술의 비체계성이 가장 현실적으로 심각한 문제점으로 부상되었다. 이에 대해 합기도 연구학자들은 실전성과 적절성을 고려하지 않은 백화점식 나열로 된 3000개가 넘는 무분별하고 검증되지 않은 잡다한 술기들에 관한 문제점들을 지속적으로 지적하고 있다. 또한 이러한 비효율적이고 시대에 맞지 않는 이러한 다양한 기술들을 수련하는 방식에 대해서 거세게 비판하여 왔다. 그로 인해 많은 수의 합기도 기술들이 마치 고유의 독자적인 기술성을 상실하고 체계성도 없는 무예로 비판받고 있다. 여러 가지 무예들을 혼합해놓은 짬뽕 무예라는 잘못된 인식이 생기면서 합기도의 고유한 정체성까지 흔들리고 있는 안타까운 지경에 이르렀다.

체계성이 부재한 합기도 기술들을 재정립하여 합리적인 기술 체계를 만들어야 할 필요성이 절실하다고 주장하는 이면에는 2가지 인식에 있어 일반화의 오류가 있다. 첫 번째 인식적 오류는 합기도가 타 무예의 기술들로 혼합되었다는 지배적인 견해이다. 현재 합기도 기술들은 큰 범주의 상위구조와 세부범주의 하위구조로 구성되어 있다. 상위구조는 단전호흡, 맨손술기, 낙법, 수기, 발차기, 무기술, 겨루기, 격파, 활법 등이다. 하위구조로 합기도 호신술기는 상대방의 동작을 꼼짝 못하게 제압(Immobilization)하고 상대방을 던지거나 밀쳐서 투사하는(Projection) 꺾기, 던지기 등의 유술, 권법과 발차기 등의 타격(Strike & Hit)의 강술, 그리고 봉술, 지팡이술, 부채술, 포박술, 권총술, 검술들로 이루어진 무기술 등이 있다. 그런데 일반적으로 오직 던지거나 꺾기 기법의 유술만이 합기도의 기술만이라는 여기는 경향이 강하다. 이는 합기도의 기술의 근원을 제공한 대동류유술이나 유술만 있는 아이키도의 기술들을 전체적인 합기도 기술들로 한정시키거나 연관시키는 오류에서 비롯된 것이다.

두 번째 인식의 오류는 합기도 기술의 명칭이 없기에 각 협회마다 다른 기술용어로 1수, 2수 등 숫자 나열식으로 수련되고 있다는 지적이다. 가령 술기는 호신술, 발차기는 족술 또는 발 쓰기 낙법 용어도 협회마다 다르게 사용되고 있고 호신술기도 방권술 초급 1수에서 5수 등의 순번술기 지도법의 문제점들을 지적한다. 기술용어에 순번을 매기는 것은 수련의 반복학습의 효율성과 외우기 쉽다는 이유로 타 무예들도 보편적으로 사용한다. 예를 들어 아이키도는 1교, 2교, 3교를, 태극권은 1식, 2식, 3식 등의 순번 기술용어가 있다. 따라서 합기도 기술의 정확한 용어가 없어서 순번식 명칭이 사용되고 있다는 의견은 무예 수련 방식에 대한 무지와 무예기술을 지나치게 이론적으로 확대해석하려는 과오에서 비롯된 것이다.

체계화(Systematism)의 사전적 의미는 "일정한 원리에 따라서 낱낱의 부분이 짜임새 있게 조직되어 통일된 전체로 되게 함"이다. 이에 의거하여 무예의 기술을 구성하는 여러 기법들을 일정한 수련원리에 의하여 계통적으로 정렬하고 통일화시키는 것을 무예기술의 체계화라고 정의할 수 있다. 그런데 무예가 스포츠경기화 되어 가는 과정에서 우리가 무예기술의 체계성의 의미에 대해 가장 범하기 쉬운 큰 오류는 기술의 체계성과 기술의 단순화 및 전문화를 동일시하는 것이다. 예를 들면 스포츠무예로서 거듭나고 있는 근대무예들의 기술들은 태권도는 발차기 위주, 유도는 던지기 위주, 검도는 베는 기술에서 치는 기술 위주 등으로 단순화되고 전문화되어 왔다. 그런데 이러한 기술의 단순화와 전문화가 마치 기술적인 체계성을 가지는 의미로 받아들여지는 것이 문제이다. 무예 기술들을 체계적으로 묘사하고 있는 중국의『기효신서』, 한국의『무예도보통지』, 일본의『오륜서』등을 보면 방대한 무술의 기법들을 실기뿐만 아니라 이론을 어떠한 정해진 원리에 입각하여 다양하게 다원적인 방법으로 정렬하고 통일화된 내용들을 설명하고 있다. 즉 체계적인 기술이 단순화되고 전문화된 기술을 의미하지 않음을 올바르게 인식해야 한다. 이러한 취지에 대해서 필자는 16장의 합기도의 호신술기 체계의 확립에서 합기도 기술이 체계성이 없다는 주장에 대해 논리적이고, 합리적으로 반박하였다. 더 나아가서 합기도는 기술적인 체계성을 갖추고 있는 이유들과 내용들에 대해서 자세히 기술하였다.

합기도는 아이키도보다 더 다양하고 다원적으로 체계화된 기술 구조를 가지고 있다. 이를 가장 잘 증명하는 결정적인 증거는 합기도 기술들을 근본으로 하는 적지 않은 신생무예들의 출현이다. 합기도의 전성기이며 확장기인 1980년대부터 등장한 경호무술, 특공무술, 화랑도, 원화도, 국무도, 궁중무술, 국술, 용무도, 한기도, 공권유술 등의 다양한 신생무예들의 창시자는 대부분이 합기도 사범들이었음에 주목해야 한다. 던지기, 꺾기 등의 유술과 발차기와 권법의 타격기인 강술 그리고 무기술까지 망라하는 무예기술들로 체계적으로 구성되어 있는 합기도의 기술시스템은 신생무예들이 그들 고유의 기술을 만들고 정립할 때 더할 나위 없는 교과서와 같은 기능을 제공하였다. 현대 무예의 지각 변동과 대중적인 열풍을 일으키고 있는 신생무예인 브라질주짓수의 대부분의 관절기 기술들도 합기도의 술기와의 동일하거나 유사성을 가지고 있다. 주짓수가 도입된 초창기에는 호신술을 지도하는 합기도 도장에서 주짓수를 가르치고 수련한 자연스러운 현상도 이러한 이유에 있다.

그러므로 엄연히 기술적인 체계성을 갖추고 있는 합기도는 여러 무예들의 기술들을 빌려다가 접목시킨 뿌리가 없는 짬봉 무예라는 잘못된 부정적인 관점에서 벗어나야 한다. 다만 문제는 체계화된 합기도 기술의 형식을 따라서 운동하지 않고 합기도 단체들의 각자의 스타일에 맞게 변형시킨 수련방식의 체계성과 일관성이 부족함이다. 따라서 합기도 술기 용어들의 부분적인 통일화, 합기도 승단용 심사 기술들의 통합적 성격을 지닌 부분적인 표준화 등의 방안들은 체계적인 합기도 기술의 유지와 시행을 위해 반드시 필요하다.

(4) 합기도에 관한 질 높은 학문적 연구는 합기도의 발전을 위해 필수적이다

1) 무예 서적의 여전히 서글픈 자화상

무예에 대한 꾸준한 대중적인 인기로 인해 각 무예의 수련이론이나 방법뿐만 아니라 무예에 대한 호기심이나 관심이 있는 사람들은 지식의 습득이나 정보를 구하기 위해 무예관련 서적을 찾곤 한다. 가령 무예영화 매니아들이 과거 이소룡의 영화에서의 발차기는 성룡을 거쳐 이연결을 통해 어떻게 변화되었는가? 그들이 사용하는 발차기나 호신술은 한국의 태권도, 택견, 또는 합기도와 어떠한 상호 관련이 있는가? 액션 영화촬영을 위해 컴퓨터 그래픽에 사용되는 무예들은 어떠한 것들이 있는가? 등과 같은 지식과 정보를 찾기 위해서 무예 관련 서적코너에 가면 기대감은 실망감으로 바뀐다. 왜냐하면 무예관련서적 코너를 차지하고 있는 대부분의 책들은 각 무예의 기술들을 단순히 사진이나 그림만을 나열해 놓고 관련된 기술의 과정의 설명 없이 간략히 언급만 하고 있을 뿐이다.

무예이론서들은 어떤 무예에 담겨있는 내면적인 철학이나 정신적인 깨달음에 관한 내면적 이론적 내용들을 이해하기 어려운 내용으로 설명하고 있다. 예를 들면 건강에 대한 관심이 늘어남에 따라 태극권이나 기공체조 같은 건강과 양생을 도모하는 건강무예가 각광을 받으면서 관련된 책들이 쏟아져 나왔다. 하지만 실질적으로 어떻게 수련을 하는지에 대한 구체적인 설명보다는 외국서적이나 고전에서 그대로 발췌한 것 같은 난해한 용어와 어려운 한자들을 풀어 놓은 관계로 책을 실용적으로 읽기가 쉽지 않다. 그나마 대학의 태권도 연구학자들이 태권도 수련과 관련된 건강이나 태권도사상과 철학이 담긴 양질의 논문이나 서적들을 출판하는 바람직한 현상들이 나타나고 있다. 반면 동양철학이나 수련의 이념을 담고 있는 무예 이론서들의 내용이 아직까지 너무 형이상학적이고 어려워 일반인들이 외면하고 있다.

이전에 어렵게 여겼던 경영, 경제, 문학 등의 전문 분야 책의 내용들마저 쉬워지는 요즈음도 왜 무예관련 서적들은 여전히 이해하기 어려운 내용들을 고집하고 있는가? 최근에 태권도 철학에 관한 책을 출판한 모 교수는 아직 학문적으로 충분한 자질과 기초가 성숙하지 않은 무예학계에서 너무 책을 쉽게 쓰면 무시를 당하기 쉽다고 언급했다. 따라서 어려운 내용을 씀으로써 그러한 비판을 피하고 공부하지 않는 무예관계자들에게 경각심을 불러일으키기 위해서라고 성토하였다. 이러한 주장에 부분적으로는 공감이 갈 수 있다. 그러나 무예란 분야가 신체적인 활동부분을 정신적인 표현으로 하기가 힘든 측면도 있다. 게다가 무예를 꾸준히 수련하면서 동시에 학문적으로나 이론적으로 무예를 표현할 수 있는 전문가들이 많지 않은 것도 누구나 이해하기 쉬운 명확한 내용의 책을 쓰기가 힘든 주요한 이유이다. 글을 쉽고 명확하게 쓴다는 것은 글을 읽는 사람의 입장에서 쓰려고 하는 작가의 노력이 필요하다.

글을 쓰는 과정에서 가장 경계하여야 하는 것은 잠재적으로 나타나는 학문적 내세움(오만함)을 든다. 특히 국내외적으로 석사나 박사논문 쓰기의 힘든 연구의 과정을 경험한 사람들은 이에 대한 성과와 보상 심리로서 자신이 얼마나 박식한 전문가인가를 증명하고자 난해한 글을 독자에게 보여주려고 하는 강박관념에 빠지기 쉽다. 그러한 연유로 간단하게 써도 되는 글의 내용을 어렵게 쓰는 경향이 강하다. 또한 글의 내용을 작가 자신의 지적인 평가 또는 작가의 주관적이고 편견적인 관점에서 평가한다. 그런데 문제점은 일반인들도 이러한 내용들을 이해할 것이라는 독단적인 생각에 빠지기 쉽다는 것이다. 따라서 알기 쉽게 써도 되는 내용을 어렵게 표현하는 과오를 쉽게 범한다. 가령 무예를 신체적으로 표현할 수 있는 문화로서의 간단히 '신체문화'라고 표현할 수 있다. 그럼에도 불구하고 무예의 개념을 '인간이 이성을 가진 동물보다 우월한 존재로서 신체적인 활동을 우주의 삼라만상의 원리에 맞추어 하나의 소우주로써 표현하고자 하는 인간의 고유의 정신과 철학이 깃든 신체로서 표현할 수 있는 예술이요 문화이다'라고 난해하게 표현한다. 글 쓰는 이는 이 내용에 대해서 독창적이란 자위감에 빠질지는 모르나 읽는 사람에게는 너무 의미가 포괄적이고 모호해서 뚜렷한 의미의 파악이 힘들다.

또 다른 이유는 글 쓰는 사람이 쓰고자 하는 내용에 대해 전문적인 지식이나 경험이 부족함을 들 수 있다. 예를 들면 무예 수련에 필요한 실질적인 발차기 기술에 대해 글을 쓸 때 제대로 발차기 수련을 해보지 않았거나 짧은 수련경력만 있는 사람들이 무예서적을 집필하는 경우이다. 그들은 무예 수련의 경험의 부재나 부족을 메꾸기 위해서 기존의 무예관련 책들의 내용들을 짜깁기하거나 관련이 없는 철학적 사상을 접목해서 너무 이론적이고 추상적으로 만든다. 게다가 오랫동안 수련하지 않거나 겨루기를 해보지도 않고 무예지도의 경험이 없어서 그냥 발차기의 종류들만 나열하고 각 발차기의 특성에 관한 구체적인 묘사는 하지 않는다. 또한 발차기 위주로만 운동을 한 사람은 다른 손동작과의 조화 및 비교적인 설명을 하는 것이 불가능하다. 그런데도 권법과 발차기에 대해서 모델용 사진들만 즐비하고 상세한 전문적인 설명이 없는 무예서적들을 쉽게 발견할 수 있다는 것이 놀라울 뿐이다.

또한 무예의 오랜 수련을 통해 정신적인 수양이나 교육적인 효과를 직접 체험을 하지 못한 사람이 글을 쓸 때는 무협지 같은 무예 고수인 어느 특정 인물에 치중하여 진위 여부가 불투명한 흥미 위주의 자극적인 내용들만 넘쳐난다. 하지만 현실적으로 이해하기가 힘들고 실행하기에는 엄두를 못 내는 내용으로 인해 일반 독자들의 관심에서 멀어지게 된다.

합기도 관련 책의 집필을 위한 목적으로 지난 수십 년간 국내외 서점에서 무예관련 서적을 구입해 온 필자와 같은 무예서적 구입

매니아들은 몇 년 전부터 서점에서 무예서적 내용들에 있어서 지각변동을 실감하고 있다. 가장 눈에 띄게 변화를 가져온 것은 기존의 태권도, 유도, 검도, 합기도 등과 같은 종목별 근대무예관련 서적들 중심에서 UFC 또는 주짓수 같은 책들과 유명한 격투기 선수들에 의해 쓰인 종합격투기 관련의 책들이 무예서적의 섹션을 거의 차지하고 있는 현실이다. 가령 UFC 유명선수들의 힘든 수련 과정이나 경험을 담은 전기문적인 책들이 등장하고 있고 주짓수나 유술적인 기술들이 상세히 단계별로 선명한 동작들을 보여주는 사진들과 기술에 관해 단계별로 자세하게 설명하는 동영상을 담은 DVD가 출시되고 있다. 그런데 대부분의 저자와 사진에서 시범을 보여주는 무예인들은 서양인들로 채워지고 있어 이제 동양무예라는 용어가 무색해질 정도이다. 필자가 80년대부터 지금까지 목격하고 있는 미국이나 호주 또는 동남아지역의 국제서점에서 영어로 여전히 꾸준하게 출판되고 있는 동양무예 분야 도서는 아이키도와 가라데 또는 사무라이 문화 등과 같은 일본무도 서적이 대부분을 차지하고 있다. 그나마 태권도 세계화의 영향으로 한국의 태권도 관련 서적들도 조금씩 등장하고 있는 것이 다행이었다. 그런데 주목할 사실은 대부분의 책의 저자들이 동양의 무예지도자들이 아닌 서양의 무예지도자들이 주류에 있다는 것이다.

필자가 작년에 미국의 한 서점에서 우연하게 한 영국인 무예연구가가 쓴 『The Way of The Warrior』란 책을 발견하고 신선한 큰 충격을 받았다. 그 책은 특정한 무예나 무예가를 설명하는 것이 아니라 세계의 각 나라에 있는 무예들의 종류들에 대해서 현지의 구체적인 사진들과 함께 상세히 설명하는 마치 무예백과사전과 같은 책이었기 때문이었다. 물론 영어로 쓰인 이유로 서양인들의 책 출판이 더 용이하다는 측면을 이해는 하더라도 이제 동양무예의 우수한 기술을 보여줄 뿐만 아니라 무예를 연구하고 분석하는 주체도 서양인들이 대세를 이룬다는 사실에 대해서 우리는 동양무예의 수련뿐만 아니라 무예관련 책의 집필의 위치와 수준에 대해서 반성하고 자각할 필요가 있다.

또한 무예서적의 내용은 다양화되고 현실화되어 가는 추세이다. 최근 일선의 태권도 관장들의 어려운 도장 운영의 타개책으로 기존의 전통적인 도장 운영, 즉 운동위주의 지도 방식에서 벗어나 현대 사회에 맞는 교육지도법, 도장 경영의 체계화나 마케팅을 위한 새로운 형태들을 보여주는 서적들도 출간되고 있다. 이를 상업적이라고 비판하기에 앞서 도장 운영이 가장 현실적으로 많은 부분을 차지하고 있는 현대 사회의 무예계의 현황을 반영하고 있다고 보아야 한다.

1960년대부터 지금까지 꾸준하게 출판되고 있는 무예 관련 서적들은 급변하는 정보화 세계화 시대에도 불구하고 가장 변화와 발전이 느린 분야임을 알 수 있다. 여전히 많은 무예서적들이 사진이나 조잡한 그림들로 묘사된 나열식 기술적인 내용들이 주를 이루고 있다. 그나마 현대사회의 시대적 요구에 부응하지 못하는 종교적인 윤리성과 도덕적 가치를 논하는 난해한 종교철학적 내용들을 담은 무예 서적들은 서서히 줄어들고 있다는 현상은 다행이다. 하지만 독자들의 대중적인 관심을 여전히 받지 못하고 있는 것이 서점의 구석진 한 코너에 자리 잡고 있는 무예서적들의 극복해야 할 서글프고 안타까운 자화상이다.

2) 무예서적의 발간은 무예의 학문화의 기틀을 제공하였다

고대시대의 무예분야는 국가적인 차원에서 집필한 삼국사기, 고려사, 조선왕조실록과 같은 역사서에 부분적으로 기술되어 있다. 조선 후기에 들어서서 여전히 개인보다는 국가적인 장려 차원에서의 『무예도보통지』와 같은 무예책들이 발간되었고 근대에 접어들면서 개인적인 집필에 의한 다양한 무예 저서들이 출판되기 시작했다. 이러한 과정에서 검증되지 않은 질적으로 떨어지는 많은 무예책들도 양산되었지만 시간이 지나면서 국내외에서 무예를 연구하고 지도한 무예학자들과 지도자들에 의하여 학문적인 이론으로 탄탄히 무장한 양질의 무예연구서나 무예실기서들이 나타나기 시작했다. 무예서의 집필과 발간은 무예의 이론적 연구에 자극과 동기를 조성하여 무예의 학문화의 기틀을 마련해 주었다는 데 큰 의의가 있다. 그런데 양질의 우수한 무예서들이 한국에서는 대부분이 태권도에 관한 서적들이다. 태권도는 그동안 국기로서 실기와 이론에서 괄목할 만한 성장과 발전을 하면서 근대 이후의 한국의 무예의 학문화를 거의 대표한다고 해도 과언이 아니다. 이는 다른 무예들에 대한 다양화와 다원화적인 심층적 연구가 부족한 아쉬운 현실을 반영하기도 한다. 따라서 특정 무예 종목에만 편향되지 않은 총체적이고 포괄적인 무예에 대한 연구가 필요하다.

태권도 다음으로 국내외에 대중적인 무예로서 발전해 온 합기도에 대한 이론적인 연구 또한 태권도에 비해서 아주 미약한 실정이다. 합기도 학문화의 현황과 실정에 대해서는 다음 장에서 자세히 다루기로 하고 우선 그동안 출판되어온 양질의 무예서들을 년도별로 하기와 같이 목록화해 보았다. 합기도저서들은 별도로 설명하기 위해 다음 부분에 목록화하여 기재하였다. 그리고 1990년대부터는 태권도 관련책들이 쏟아져 나온 관계로 1990년대와 2000년도는 태권도책들과 무예저서들을 분리하여 목록화하여 기술하였다. 물론 이들 중에는 누락되거나 빠진 무예서들도 있음을 독자들은 양지하길 바란다. 연도별로 출판된 무예서적들의 내용을 살펴보면 해방이후에 무예들의 형성배경과 성장과정뿐만 아니라 한국사회에서 변화되어 온 무예들의 역할과 위상에 대해서 무예를 지도하고 연구하는 분들에게 참고사항으로서 조금이나마 도움이 되기를 바란다.

3) 연도별 무예종목별 서적들 —

〈가〉 근대이전의 무예관련서적:

1. 『무예제조』(武藝諸譜: 1589)

2. 『무예신보』(武藝新譜: 1759)

3. 『무예도보통지』(武藝圖譜通志: 1790)

〈나〉 근대이후의 무예저서들:

1. 신채호의 『조선 상고사』

2. 정동길의 『무예도보신지』(1949)

3. 김위연의 『무예도보통지의 국역판』(1984)

〈다〉 1920년대:

이중하의 『조선의 궁술』(1929)

〈라〉 1950년대: 무예서적의 본격적인 집필과 출판은 1950년대 부터이다.

1. 가라테와 당수도 계열의 교본인 황기의『화수도교본』(1950)

2. 최석남의『권법교본』(1955)

3. 최초의 태권도 저서인 최홍희의『태권도교본』(1959)

4. 박준용의『유도교본』(1950)

5. 신치득의『유도교본』(1953)

6. 백완기의『유도』(1955)

〈마〉 1960년대:

1. 이교윤의『백만인의 태권도』(1965)

2. 최홍희의『태권도지침』(1966)

3. 이원국의『태권도 교본』(1969)

4. 이제황의 유도심판지침(1969)

〈바〉 1970년대:

문교부는 1973년부터 각종 체육관련 서적을 국가정책차원에서 편찬했는데 그중에는 무예종목들 저서는『검도펜싱』(1963),『씨름』(1973),『유도』(1976),『태권』(1976),『궁도양궁』(1978)』,『레슬링』(1978)이 있다.

〈사〉 1980년대:

1. 무사체육 등의 내용을 기록한 현성의『한국체육사』(1981)

2. 김위연의『무예도보통지의 국역판』(1984)

〈아〉 1990년대의 태권도관련 저서:

1. 김용옥의 『태권도철학의 구성원리』(1990)

2. 국기원의 『태권도교본』(1993)

〈자〉 1990년대의 무예관련저서:

1. 임동규의 『한국의 전통무예』(1990)

2. 고동영의 『한국상고무예사』(1993)

3. 근대이전의 무예 종목별 내용을 기술한 이학래의 『한국체육
   사』(1994)

4. 이용복의 『택견연구』(1995)

5. 최복규의 『전통무예의 개념정립과 현대적 의의』(1995)

6. 김정행, 김상철, 김상룡의 『무도론』(1997), 윤익암의 『아이키도』
   (1998)

7. 한병철과 한병기의 『칼의 역사와 무예』(1997)

〈차〉 2000년대의 태권도관련 저서들:

1. 이창후의 『태권도의 철학적 원리』(2000)

2. 이경명의 『태권도의 바른 이해』(2002)

3. 태권도의 『삼재강유론』(2003)

4. 『태권도 현대사와 새로운 논쟁들』(2003)

5. 송형석의 『태권도사 강의』(2005)

6. 이규석의 『태권도와 세계무술』(2005)

7. 이호성의 『한국무술 미 대륙을 점령하다』(2007)

8. 류병관의 『태권도와 전통무예 수련』(2007)

9. 강동원의『중세무예활동연구』(2007)

10. 송형석의『태권도사신론』(2008)

11. 최점현의『대한민국태권도 오천년사』(2008)

12. 김기홍, 한국선, 김동규의『태권도의 역사철학적 탐구』(2007)

13. 류병관의『태권도와 전통무예 수련』(2007)

14. 서성원의『태권도 숲을 거닐다』(2009)

15. 이경명의『태권도 가치의 재발견』(2009)

16. 송형석과 나채만의『태권도의 철학적 탐구』(2011)

17. 서성원의『태권도뎐』(2012)

〈카〉 2000년대의 무예관련저서:

1. 조일환의『한국전통무술과 정착무술의 실체』(2001)

2. 이나가키 마사히로(역자 황의룡, 장재이, 최종균)의『스포츠문화의 탈구축』(2003)

3. 김상철의『유도론』(2004)

4. 민승기의『조선의 무기와 갑옷』(2004)

5. 윤익암과 이승혁의『고류검술과 아이키도』(2001)

6. 김정행, 최종삼, 김창우의『무도론』(2002)

7. 나영일의『정조시대의 무예』(2003)

8. 오정교의『해동검도』(2004)

9. 박준석의『한국무예학통론』(2004)

10. 이진수의『동양무도연구』(2004)

11. 용인대학교무도연구소의『용무도』(2004)

12. 황원갑의『민족사를 바꾼 무인들』(2004)

13. 신성대의 『무덕』(2006)

14. 허인욱의 『우리무예풍속』(2005)

15. 허건식의 『무도연구기초』(2006)

16. 최종삼, 김영학, 최종균의 『일본무도론』(2006)

17. 김부찬의 『한국전통무예의 체육철학』(2006)

18. 김정행, 김창우, 이재학의 『무도지침서』(2007)

19. 김이수의 『한국문화 속의 신체문화』(2008)

20. 송일훈의 『한, 중, 일 격투무예연구』(2010)

21 전통무예십팔기보존회의 『무학』(2010)

22. 임철호의 『실전검도와 스포츠 심리학』(2010)

23. Allan Back과 김대식의 『실천무도철학』(2012)

24. Ryuta Osada(역자 남유리)의 『중세 유럽의 무술』(2013)

25. Ryuta Osada(역자 남유리) 『속. 중세 유럽의 무술』(2014)

4) 합기도 학문화의 현황과 문제점들

동양무예의 학문화는 한중일 무예가 각국의 역사와 전통의 특성들에 따라 발전하는 과정에서 불교, 도교, 유교의 종교적 개념들이 당대의 주류학문이었던 유학과 결합하면서 시작되었다. 하지만 근대에 유입된 서구스포츠 스타일의 대중적 관심과 인기로 인해서 전통무예는 대중들의 인식에서 등한시되고 위축되어 쇠퇴하는 경향을 보였다. 동양무예들은 서구스포츠 패턴을 따르면서 이들 대부분은 과학적인 체계성을 지닌 스포츠 경기 종목 중의 하나가 되어갔다. 이로 인해 무예연구는 하나의 독립적인 분야가 아닌 역사학이나 체육학의 하위영역으로 포함되어 대부분의 무예 연구들이 체육학 연구 분야의 범주에서 이루어지고 있다. 따라서 역사나 철학 등의 인문과학이나 운동과학이나 역학의 자연과학 분야보다는 스포츠 체육교육학, 건강학, 또는 체육생리학적 등의 체육학에 대한 무예연구의 비중은 커졌다. 이러한 맥락에서 하기에 서술한 목록화와 같이 다양한 분야를 다룬 합기도 관련 저서들이 국내외적으로 출판되고 석박사 논문이나 학회지의 소논문 등을 통한 합기도 연구물들이 꾸준하게 발표되고 있다.

5) 연도별 합기도 관련 서적들

〈가〉 1960년대:
최용술의 『합기술』(1961)

〈나〉 1970년대:
김정윤의 『한풀』(1974)

〈다〉 1980년대:
김상덕과 고백용의 『비전합기도』(1980)

〈라〉 1990년대:
1. 명광식의 『합기도 특수호신술』(1993)
2. 요시마루 게이세츠(역자: 강태정)의 『발경(發經)의 과학』(1994)
3. 대한합기도중앙협회의 『전통 합기도 백과』(1994)
4. 최희선의 『실전합기도교본』(1999)

5. 오정주의 『경찰체포 호신술 교본』(1999)

〈마〉 2000년대:

1. 김이수의 『합기연구』(2000)

2. 명광식의 『합기도교본』(2001)

3. 요시마루 게이세츠(역자: 강태정)의 『합기도(合氣道)의 과학』(2001)

4. 최상현의 『합기도 2단과 3단 술기교본』(2002)

5. 신상득의 『랑의 환국』(2005)

6. Edward F. Sullivan(역자 김의환)의 『경찰체포호신술학』(2006)

7. 장호의 『세계합기도백과』(2007)

8. 오세용, 임승혁, 박정환, 이영석의 『합기도 교본』(2006)

9. 최종균의 『대학합기도지도법: 이론편』(2009)

10. 권중기의 『합기도 상/하』(2009)

11. 이호철의 『원어민 영어강사의 이해: 합기도 외국인 제자들 이야기』(2012)

12. 최방호의 『대한민국합기도 호신술』(2012)

13. 김의영의 『합기도』(2013)

14. 황종대와 김동규의 『합기도 역사, 철학, 수행』(2013)

〈바〉 합기도와 아이키도의 영문 저서들

합기도 영문 서적	아이키도 영문 저서들
1. Bong Soo Han's 『Hapkido: Korean Art of Self-Defense』(1974)	
2. Robert K. Spear's 『Hapkido the Integrated Fighting Art』(1989)	1. Gozo Shioda's 『Dynamic Aikido』(1968)
3. Kwang-Sik Myung's 『Hapkido Special Self-Protection Techniques』(1993)	2. John Steven's 『The Essence of Aikido』(1973)
4. Scott Shaw's 『Hapkido: Korean Art of Self-Defense』(1997)	3. Morihiro Saitos' 『Traditional Aikido』(1973)
5. Hui Son Choe's 『Hap Ki Do: The Korean Art of Self Defense』(1998)	4. Moriteru Ueshiba's 『The Heart of Aikido』(1986)
6. Hui Son Choe's 『Hap Ki Do: The Korean Martian Art of Self Defence』(1999)	5. William Reed's Ki: 『A Road That Anyone Can Walk』(1992)
7. Marc Tedeschi's 『Hapkido: Traditions, Philosophy, Technique』(2000)	6. A. Westbrook and O. Ratti's 『Aikido and the Dynamic and Sphere』(1996)
8. He-Young Limm's 『History of Korea and Hapkido』(2008)	7. Tetsutaka Sugawara and Luijian Xing's 『Aikido and Chinese martial Art』(1996)
9. John Pellegrini's 『Combat Hapkido: The Martial Art for the Modern Warrior』(2009)	8. Lee Ah Loi's 『Tomiki Aikido』(1997)
10. Marc Tedeschi's 『Hapkido: An Introduction to the Art of Self-Defense』(2013)	9. C.M. Shifflete's 『Aikido Exercises』(1999)
11. Myung Yong Kim's 『Power Hapkido: 1st Dan Essentials』(2013)	10. Robert Pino's 『Corporate Aikido』(1999)
12. Grant Miller's 『The Hapki Way』(2016)	11. Kisshomaru Ueshiba's 『The Spirit of Aikido』(2012)
	12. Gozo Shioda's 『Total Aikido: The Master Course』(2012)
	13. Christian Tissier Sensei's 『Iwama Shinshin Aikido Basic Technique Vol. 1 & 2』(2013).

〈사〉 합기도 관련 연구 논문 및 학회지

A. 합기도 역사, 이념, 철학, 정체성 등에 관련 연구물

1. 김이수의 「합기도의 한국유입에 관한 역사학적 연구」(1995). 석
   사논문

2. 정의권의 「합기도의 움직임 미학을 통한 체육철학적 고찰」

(1996). 중앙대한국교육문제 연구소 논문

3. 김의영의 「합기도의 올바른 인식에 대한 연구」(1997). 용인대무
도연구소 논문

4. 박순진과 김의영의 「합기도의 성립과 관련된 유술 및 사상에
관한 연구」(1999). 《대한무도학회지》

5. 김이수의 무예로서 「합기도의 의미와 그 정신」(2000). 《선무학
술논집》

6. 허일웅, 김의영, 김이수의 「합기도의 생활체육화 활성화 방안」
(2000). 《대한무도학회지》

7. 김이수와 김종필의 「덕암 최용술에 관한 초고」(2001). 《대한무
도학회지》

8. 송일훈의 「한일 합기도사와 신체지의 이기론 연구」(2003). 《한
국체육철학학회지》

9. 최웅재의 「합기도참여와 스포츠 태동의 관계」(2004). 《한국스포
츠리서치》

10. 강유원과 김이수의 「합기도에 내재된 화, 원, 류의 사고」(2004).
《한국체육학회지》

11. 이성진과 김의영의 「합기도의 역사적 고찰」(2005). 《대한무도
학회지》

12. 송일훈과 김재우의 「대동류유술의 도래인 기원에 관한 연구」
(2005). 《한국체육학회지》

13. 황종대와 김동규의 「한국 합기도의 사상의 성립과 본질」
(2006). 《한국체육철학회지》

14. 최종균, 장재이, 정필운의 「한국 합기도의 현황과 지향과제에

관한 연구」(2006).《자연과학논총》

15. 박세림의 「대동류합기유술이 한국의 합기도와 일본의 아이키도에 미친 영향과 합기도와 아이키도의 비교연구」(2007). 석사논문

16. 이성노, 박철희, 박영노의 「한국합기도의 형성 및 발전에 관한 고찰」(2006).《한국체육과학회지》

17. 김이수의 「최용술의 일본수련기에 대한 재고」(2008).《한국체육학회지》

18. 황종대와 김동규의 「한국합기도의 구성원리와 술기에 내재적 철학적 의미」(2008).《한국체육철학회지》

19. 황종대와 김동규의 「한국합기도 철학의 단상」(2009).《한국체육철학학회지》

20. 황종대, 김기홍, 김동규의 「경호 무도로서 한국합기도 수행의 의의와 실용적 구현」(2009).《대한무도학회지》

21. 진성우 외 3인의 「한국 합기도 경기화가 한국 합기도에 영향에 관한 연구」(2009).《대한무도학회지》

22. 황종대와 김동규의 「한국합기도 단전호흡수행의 무도철학적 의미」(2010).《한국체육철학회지》

23. 황종대의 「합기도의 철학적 구성원리와 수행의 실제」(2010).《박사논문》

24. 김종필, 최종균, 송일훈의 「한국합기도 단체통합을 위한 정체성의 소고」(2010).《한국체육과학회지》

25. 황종대, 구강본, 김동규의 「한국합기도 활법수행의 무도철학적 의미」(2011).《한국체육철학회지》

26. 황종대, 주동진, 김동규의 「한국 합기도의 태동과 발전사」 (2011). 《대한무도학회지》

27. 김이수와 김명권의 「합기유술 용술관에서 덕암과 만나다」 (2012). 《한국스포츠인류학회》

28. 이호철과 류민정의 「한국무술 합기도 스포츠 클럽 참가에 대한 외국인 원어민 영어 강사(NEST)의 내적 및 외적 동기 탐색」 (2012). 《경남대 인문논총》

29. 이호철의 「합기도 수련의 여가활동 경험을 통한 네스트의 문화적응에 대한 담론」(2013). 《부산대 체육과학연구소 논문집》

30. 이호철의 「원어민 영어강사의 합기도 클럽 수련경험에 대한 교육적 의미 탐색」(2013). 박사논문

B. 합기도 기술 관련 연구물

1. 박해천, 박정식, 위승두의 「EMG(근전도) 분석을 통한 손목빼기 동작의 비교 연구」(1996). 운동과학

2. 양창수의 「태권도와 합기도의 돌려차기 동작 시 타격 목표의 높이가 운동역학적 요인에 미치는 영향」(1999). 박사논문

3. 진성우의 「韓國合氣道의 護身術修鍊方法에 관한 內容分析」(2000). 석사논문

4. 윤대중의 「합기도 단체의 조직형성 과정과 기술 비교」(2002). 석사논문

5. 송일훈의 「한, 일 합기도의 기술 비교 연구」(2003). 《대한무도학회지》

6. 이종갑의 「합기도 옆차기의 운동학적 분석」(2004). 한국체육교

육학회

7. 황종대와 김동규의 「한국 합기도의 사상의 성립과 본질」(2006). 《한국체육철학회지》

8. 김의영, 윤대중, 김의영의 「국내 합기도 단체 간 기술형성의 특성」(2006). 《대한무도학회지》

9. 황종대와 김동규의 「한국합기도의 구성원리와 술기에 내재적 철학적 의미」(2008). 《한국체육철학회지》

10. 박정환의 「한국 합기도 격기의 통합 격기규정 모델 제시」(2010). 박사논문

11. 박기범과 김태민의 「한국 합기도 기술의 경호무도 적용」(2010). 《대한무도학회지》

12. 황종대의 「한국 합기도 기술의 종류와 형태에 관한 소고」(2011). 《대한무도학회지》

13. 오정환, 김용학, 신의수의 「합기도 찍어차기 동작의 운동학적 분석」(2010). 《한국사회체육학회지》

C. 합기도 도장 운영 관련 연구물

1. 남종선과 김의영의 「합기도 수련생의 외상에 관한 연구」(1987). 《대한유도학교논문집》

2. 김규완, 정용우, 김해성, 노석규의 「청소년 합기도 수련생의 운동지속요인에 관한 기술적 분석」(1997). 《인천대학교 스포츠과학 연구지》

3. 김의영의 「합기도 수련생의 운동지속 요인에 관한 기술적 분석」(1997).

4. 노선표와 김중언의 「합기도 수련참여가 청소년의 사회심리적 정신건강에 미치는 영향」(1999). 《생활체육연구》

5. 류지량의 「합기도수련자의 인성발달과 실기능력의 관계」(2010). 박사논문

6. 김문헌, 김기한, 한광걸의 「합기도 수련자의 수련참여동기 분석」(2003). 한국사회체육학회

7. 이기세, 정형진, 신원의 「합기도체육관 선정에 대한 학부모의 의식 조사」(2004). 《한국스포츠리서치》

8. 최종균의 「합기도 체육관의 효율적인 경영을 위한 마케팅 전략 방안」(2004). 《선문대자연과학논총》

9. 이승호와 김승우의 「합기도 체육관의 아동교육기관으로서의 역할」(2006). 《체육연구논문집》

10. 이승호, 빙원철, 정연수의 「아동의 합기도 체육관 수련프로그램에 대한 선호도 연구」(2007). 《한국스포츠리서치》

11. 이승호, 빙워철, 공오택의 「합기도 수련이 아동들의 생활태도에 미치는 영향」(2007). 한국사회체육학회

12. 권중기, 신승호의 「합기도 도장 경영환경 및 6P's 비교분석을 통한 활성화 방안」(2008). 《한국사회체육학회지》

13. 신좌중과 류지량의 「초등학교 합기도 수련 만족도 및 몰입도가 수련지속의지에 미치는 영향」(2009). 《한국콘텐츠학회논문집

14. 류지량, 신좌중, 김재원, 원주연의 「합기도 수련생들의 인성발달을 위한 학부모의 인식에 관한 연구-대전 서구지역 초등학생들을 중심으로의 개발 분석」(2009). 《한국스포츠리서치》

15. 조용찬, 이현우, 신충식의 「합기도 이용자의 만족도 차이 분석에 따른 효율적 운영방안」(2009). 《중앙대 스포츠과학연구소 체육연구》

16. 이홍진과 이충중의 「합기도 수련과 청소년 교육에 관한 연구」(2010). 한국청년지도학회

17. 정지웅과 이홍진의 「합기도 수련이 청소년 사회성 발달의 관계연구」(2010). 한국청소년지도학회.

다양하고 다원적인 합기도의 학문화는 합기도가 생명력을 지닌 생산성의 가치를 지닌 한국의 무예로서의 존속와 유지를 위해 절대적으로 필요한 요소이다. 그런데 합기도 연구의 문제점은 역사적인 전통성의 진위여부 논란과 무명의 명칭과 기술적인 정체성에 대한 일본무도와의 개념적 논쟁을 다룬 역사학분야에 치중되어왔다는 점이다. 뛰어난 근대적 동양무예인 합기도에 대한 폭넓고 다양한 학문적 연구를 저해하는 주요한 요인들로는 합기도의 무협지사관과 합기도의 역사성 왜곡 등이 있다. 이러한 문제점들로 인해서 합기도는 전통무예에서 배제됨으로서 한국무예에 관한 학문적 연구대상이 되지 못하고 있다. 그 결과로 많은 수련 인구들을 가진 대중성을 지니고 있음에도 합기도에 대한 과소평가는 심각한 수준에 이르렀다.

6) 무협지사관에서 탈피하지 못하고 있는 합기도 역사관

무예의 역사를 고찰할 때 무예기법의 비전 및 영웅담이나 그 무예를 수련한 개인사와 무예 수련 방식을 전수하면서 형성된 사제

관계의 계보는 무예사의 중요한 실증적 요소로 다룬다. 그러나 객관성 있는 사료를 확보하지 못한 무예를 전통화시키기 위해 무협지사관을 활용하는 경향이 짙다. 하늘을 날거나 강을 걸어서 건너는 초자연적인 모습이나 비밀로 전수되는 무패의 권법, 그리고 스승과 제자 간의 배신과 기만 등의 예측할 수 없는 반전을 보여주는 내용들을 다루고 있는 무협지 소설이나 영화는 무예를 수련하지 않는 사람들도 무예에 대한 지식과 관심을 가지게 하는 매력적인 대중성을 지니고 있다. 단순히 신체적인 공방의 동작으로 지루할 수 있는 무예의 세계를 무예인의 무력을 신비화 또는 공상화 시키는 무협소설식 묘사와 서술은 객관화부족을 정당화하는 수단으로 무예사 연구방법에 공공연하게 사용되고 있다.

실증적인 신뢰성과 합리성을 바탕으로 한 무예의 올바른 역사의 정립을 위해서 무예학자들이 가장 지양하고 극복해야 하는 것이 무협지사관이다. 무예는 정해진 시간과 공간 안에서 개인의 특별한 교육을 통해서 얻게 되는 특별한 기술로 제도화된 신체 문화가 아니다. 무예는 시대를 초월한 지속성과 변화된 보존성의 속성을 가진 전통문화이다. 특정한 계보 없이 전승되는 윷놀이, 제기차기, 연, 씨름과 같은 민속 문화처럼 무예는 생활 속에 녹아있는 신체문화가 자연스럽게 보급되는 문화유산이라는 무예철학연구자 이창후의 주장은 무예가 무협지사관에서 탈피해야 하는 자명한 이유로서 설득력이 있다.

합기도의 역사고찰 방식 또한 이러한 신비주의적 성향의 무협지사관에서 완전히 벗어나지 못하고 있는 현실이다. 가령, 무협지적 무예사관에 근거한 인물이나 계파를 통해서 합기도의 역사를 규명하려는 의도가 보인다. 예를 들어 합기도의 역사서술의 내용 속에는 다케다 소가쿠와 관련된 대동류유술의 계보 또는 최용술 제자들의 합기도 계보를 증거로 사제관계의 중요성을 강조한다. 이는 유난히 무예의 계보나 분파를 따지는 것을 강조하는 일본무술사관의 영향 때문이기도 하다. 또한 무협소설에서나 볼 수 있는 한 특정무예인의 신비에 가까운 무예실력에 대한 묘사가 합기도의 역사적 서술에도 등장한다. 가령 구전으로 전해진 큰 목소리로 살아있는 닭을 죽게 만들거나 수많은 상대방을 혼자서 제압했다는 다케다 소가쿠의 가공할 만한 무력에 관한 일화들이다. 이러한 무협지사관에 젖은 합기도의 역사관의 심각한 후유증은 일본에서 대동류유술을 배운 최용술을 기점으로 그 제자들이 문파를 창립하면서 합기도의 시작의 뿌리를 일본에 두는 일본무도 유입론자들의 논리적 문제점을 정당화시키고 있다.

7) 극복해야 할 합기도의 역사성 왜곡

역사의 왜곡은 크게 2가지의 이유로 인해 시작된다. 첫 번째는 통치자인 지배자계급 위주의 역사문헌에서 오는 왜곡이다. 고대에는 과거 역대 지배자들이 그들의 과오를 덮거나 또는 공적을 부풀려서 묘사함으로써 그들의 정권의 정통성을 미화하거나 합리화시키려는 의도로 역사의 왜곡이 자행되었다. 태조 왕건이나 주몽 등의 인기 사극드라마에서 왕건이나 주몽의 행적들을 가공하거나 미화시킨 점이나 삼국시대 이전에는 일본이 한반도를 통치하였다는 임나일본부설과 고조선을 중국의 국가로 종속시키는 중국의 동북공정 등이 대표적인 사례들이다. 두 번째는 역사적 자료들의 왜곡이다. 역사적 사실을 객관적으로 명확하게 입증할 수 있는 실증적인 무예사료들을 찾기가 힘들 때 객관성을 만들어내기 위한 왜곡이 이루어진다. 이러한 왜곡의 특성은 서술하려는 특정한 역사적 이슈에 관련 없는 역사적 사건들과 사료들에게 억지식의 연관성을 부여한다는 것이다. 일본식민지사관에 의거한 조선의 당파성론을 예로 들 수 있다. 조선을 망하게 한 주요 이유를 당파 간의 분열과 투쟁을 일삼는 당파성을 지닌 한국의 국민성으로 고착시켜 현재의 남한과 북한 사이의 분단이나 정치인들의 갈등 등도 이러한 당파성에 결부시킨 왜곡된 관점이다.

이러한 정통성 미화와 실증적 역사자료의 거짓 짜깁기에 의한 역사의 왜곡은 합기도 역사에서도 공공연히 자행되어 왔다. 해방이후에 대부분의 한국의 근대무예들이 일본무도에서 비롯되었다는 콤플렉스를 없애고 한국의 고유한 전통무예로 거듭나기 위한 움직임이 일었다. 이러한 분위기 속에서 합기도가 전통무예가 되어야 한다는 강박관념은 전통주의에 입각한 합기도 역사관의 열풍을 불러 일으켰다. 한국전통무예론자들은 합기도는 삼국시대의 고대무예가 일본으로 전래되어 발전한 후에 다시 한국으로 역유입되어 오늘날까지 전승되었다고 주장하기 시작했다. 합기도의 전통성을 부각시키고 홍보하기 위한 노력들의 일환으로 대다수의 합기도 교본들뿐만 아니라 연구문헌의 자료에서도 합기도가 순수 전통 무예임을 강조하는 내용으로 채웠다. 이러한 취지에서 합기도의 근대사 고찰의 대부분은 일본의 비전식 근대 무술인 대동류유술과 신라무술로부터 전래된 진위 여부와 최용술과 장인목이 수련한 대동류유술의 기술들과 제자들에 전수되어 형성된 합기도의 내용들과의 연관성 등에 초점을 맞추고 있다. 이러한 합기도 역사의 규명과 정립의 과정에서 합기도의 역사의 왜곡성이 심화되었다.

1990년 후반부터 사실적이고 실증적인 근거를 바탕으로 하여 합기도 역사를 그대로 파악하고 서술해야 한다는 주장하는 사실주의를 강조하는 무예역사가들의 노력들이 본격화되면서 많은 객관적이고 논리적인 연구물들(합기도 역사, 이념, 철학, 정체성 등에 관련 석박사 논문이나 학회지 소논문 목록 참고)이 출간되는 고무적인 현상이 나타났다. 이로 인해 추상성과 왜곡으로 한국 무예사로부터의 고립성과 폐쇄성을 초래하고 역사적 의미를 상실한 합기도 역사의 문제점에 대하여 무예학자들에 의한 신랄한 비판이 거세어졌다. 또한 합기도의 역사를 바로잡자는 분위기가 형성되면서 건설적인 비판의 자성 움직임도 더불어 일어나고 있는 점은 바람직한 현상이다.

이러한 자성의 움직임은 국가별로 비교 우위를 따지는 무예가 아닌 포괄적 동양무예연구를 기반으로 한 합기도 역사연구자세의 필요성에서 비롯되었다. 우선적으로 고대 무예사의 문헌들이나 사료들을 고찰을 통해 합기도의 연관성을 조사하고 분석하는 연구방식은 한국의 역사 문헌에만 전적으로 의존함으로써 생겨나는 합기도 관련 무예사료들의 발굴에 소홀하고 간과하는 연구태도에 경각심을 불러일으켰다. 동서양을 막론하고 지배자의 입장에서 쓰이는 역사 문헌의 모든 내용들은 왕조나 권력층의 행적 위주인 상류계층 내용 지향적이다. 따라서 인구의 대다수를 이루는 일반 서민들의 사회문화적인 생활에 대한 구체적인 묘사나 설명은 거의 없다. 무예사에서도 예외가 아니다. 무예관련 문헌들은 각 시대의 무예들이 전쟁터에서나 일반 생활에서 서민들에 의해 어떠한 형태로 수련되고 활용되었는지에 대한 자세한 내용에 대해서는 전혀 기록되어 있지 않다.

그런데 유의해야 할 점은 전쟁을 통해서 서로 주고받는 격투 기술들은 각 무예기술의 구성에 절대적인 영향을 끼쳤다는 사실이다. 고대에는 국가 간의 수많은 전쟁을 통해 군사들 사이의 육박전에서 그들이 훈련하고 준비했던 검과 창을 이용한 무기술뿐만 아니라 치고 차고 때리고 꺾고 밀치고 던지는 맨몸무예의 살상용 기법들도 수없이 주고받았음은 추정이 아니라 확실한 사실명제이다. 만리장성을 경계로 농경민족인 한족과 유목민족인 흉노족과의 끊임없는 전쟁의 연속이었던 중국의 고대 전쟁사는 농경민의 전쟁무예기법과 유목민의 전쟁무예기법이 서로 충돌하는 과정에서 상호 영향을 끼치면서 중국의 무예 기술들이 형성되고 발달되어 왔다. 특히 최고의 중국 무예서인『기효선서』의 집필 목적이 일본 해적들인 왜구들을 소탕하는 데 주요 목적이 있었다는 기록에서도 알 수 있듯이 중국의 전쟁무예 기술들은 일본과의 수많은 전투에서 일본인들에게 반복적으로 사용되면서 전래되었다는 역사적 사실을 우리는 어렵지 않게 추정할 수 있다. 이를 증명하는 사례로『기효신서』나『무예도보통지』와 같은 무예서에는 중국권법과 일본의 검술 기예에도 포함되어 있다는 사실을 보여준다. 다만 이러한 과정들이 문헌상으로 기록될 수 없는 어려움과 한계성을 인식하고 그것을 묘사하고 서술하기 위한 분석적 연구방법도 병행되어야 한다.

타격기인 권법, 레슬링 기법인 솔각, 관절기 기법인 금나와 같은 중국의 고대 무예 기술들은 일본과 한국과의 수많은 전쟁을 통해서 일본의 고류유술이나 한국의 맨몸무예인 고구려의 수박, 백제의 수벽타, 신라의 화랑도의 격검술의 기술들이 만들어지는 데 결정적인 영향을 끼쳤다는 사실을 무예사의 실증적 연구로 삼아야 한다. 이러한 맥락에서 합기도 연구의 필수적인 요소는 합기도의 다양한 강술과 유술의 기술들과 중국과 일본의 무예기술들의 분명한 상호 연관성이다. 따라서 각국의 독자적이고 배타적인 고유의 무예들을 가지고 있다는 국수주의적인 무예사관에서 탈피하여 총괄적인 동양무예의 연구 접근은 합기도의 역사왜곡을 최소화시킬 수 있다.

8) 합기도 학문화연구의 올바른 방향성 모색

합기도를 일본무도와의 차별화에만 치중하여 전통적인 한국무예만을 고집하는 기존의 연구에서 과감하게 벗어나야 한다. 동양내의 국가 사이의 문화적 비교나 무술 유형별 비교론에서 벗어나 동양무예에 대한 이해의 기초를 마련하자는 무예학자 허건식의 주장은 이 시대의 무예연구자에게 필요한 학문적인 연구 자세라고 필자는 생각한다. 따라서 합기도가 일본무도인가 한국무예인가 하는 역사적 전통성 논란위주의 연구는 소모적이고 학문적 연구 발전에도 바람직하지 않을 수 있다. 합기도의 연구는 기존의 무예사나 무예철학에 대한 연구뿐만 아니라 동양무예의 사상철학이나 생활환경적인 신체문화에 따른 기술체계 이를테면 권법, 발차기, 형, 무기술, 호신술 등에 대한 연구 등도 이루어질 필요가 있다.

학문적으로 한국과 중국, 그리고 일본의 어느 나라든 각국의 역사나 종교 철학과 같은 정신문화에 대해서는 생산적이고 유익한 연구들이 많다. 하지만 신체문화의 속성을 지닌 한중일의 동북아시아무예들과 인도네시아, 태국, 말레이시아, 필리핀 등의 동남아시아 무예들을 총망라한 동양무예를 통합적으로 설명할 수 있는 개념과 이론체계가 아직까지 확립되지 않았다는 것에 주목할 필요가 있다. 오히려 동양무예를 수련한 영국이나 미국의 소수의 서양인 학자들만이 그들의 시각에서 피상적으로 동양무예를 논하는 서적들은 있지만 이러한 보편적인 동양무예에 관한 연구는 아직 미미하다.

최근의 태권도의 괄목할 만한 학문적인 발전에서 보여주듯이 체육교육학적인 범주에서의 무예사나 무예철학적인 인문학적인 연구뿐만 아니라 자연과학적인 연구도 병행되어야 한다. 이는 합기도의 술기 방식과 내용을 체육학적인 이론과 실험에 따라 연구하고 정립해나가는 방식을 의미한다. 합기도의 우수한 호신술 기술들의 수련방식이나 체계성 등을 스포츠 체육교육학, 건강학, 또는 체육생리학적 접목으로의 학문적 연구가 이루어져야 한다. 합기도의 이론적과 실기적인 학문 연구의 발전은 정체기에 빠져 있는 현재 합기도의 경제적인 활성화를 위해서 단기간에 가시적인 영향을 끼치지는 못한다. 그러나 장기적인 관점에서 보면 한국의 우수한 무예로서 확고한 정체성의 정립과 다시 활성화될 수 있는 토양과 기반을 제공하는 역할을 제공할 것이다. 더 나아가서 후대에도 훌륭한 동양무예의 특징을 지닌 합기도가 지속성과 대중성을 이어나가는데 기여를 할 것이다.

(5) 합기도 술기는 정통성을 유지해야 하는 동시에 시대의 흐름에 맞게 변화해야 한다

1) 전통기술의 의미에 대한 올바른 이해를 통한 합기도 전통술기 유지의 필요성

현대시대의 예술과 스포츠의 트랜드에 맞추기 위해 합기도의 전통적인 수련방식과 기술이 변형되는 데에 대한 우려의 목소리가 커지고 있다. 합기도가 생명력 있는 무예로 지속하는 데 있어서 치명적인 장애가 될 수 있기 때문이다. 예를 들어 합기도의 스포츠 경기화는 시합에서 승리만을 위한 수련방식에 치중하여 기존의 전통술기 체계들이 변형되는 문제점들이 발생하였다는 것이다. 또한 체조식 합기도 기법은 고유의 실전적인 무예의 속성을 상실하는 위험성을 초래하여 합기도 기술만이 가지는 정체성의 근간이 흔들릴 수 있다. 적지 않은 신생무예들이 유희적이고 스포츠적인 경향을 쫓아가면서 전통 무예로서의 고유성과 독자성 가치를 지닌 무예 기술들을 잃어버리거나 사라졌다는 것을 무예의 역사는 증명하고 있다.

따라서 합기도가 전통무예로서 생명력 있는 지속성을 유지하기 위해서는 합기도의 정통성을 지닌 술기들을 변형이 없는 반복수련을 통해서 잘 유지하고 전승해야 한다. 이러한 취지하에서 합기도 기술의 원형보존은 도주라는 명칭과 직제자의 계보하에서 정통 핵심술기들이 전수되고 있다. 현재 최용술의 합기도 원형술기들을 잘 보존하고 있는 분은 충청남도 금산에 '용술관'의 김윤상 3대 도주(최용술 1대 도주, 최용술의 아들인 최복열이 2대 도주)가 계보를 이어오면서 합기

도의 원형술기를 보존하고 전수·계승하고 있다. 합기도의 전통술기들을 유지하기 위해서는 변형되고 수정된 합기도 술기를 지양해야 한다고 보존론자들은 강력히 주장하고 있다. 그런데 합기도의 전통적 원형술기의 실질적인 보존과 유지에는 현실적인 어려움이 있다. 서면적인 기록보다는 직접적인 기술 전수로 인해서 사라져 버린 전통 기법의 복원의 가능성이 희박하다. 게다가 합기도 기법들이 각양각색으로 변하여 현재에 와서는 어느 것이 옳고 그른지를 판단하기 어렵다는 김이수의 주장은 이러한 합기도의 정통성을 지닌 술기들이 변색되는 것에 대한 합기인들의 우려를 잘 반영하고 있다.

합기도의 전통술기의 올바른 존속과 유지를 위해서는 우선 합기도 전통성 술기들의 개념에 대한 인식의 전환이 필요하다. 오늘날 합기도 술기는 최용술이 지도한 유술뿐만 아니라 권법과 발차기의 다양한 타격기들의 강술기법들과 검이나 단봉 등을 이용한 무기술도 포함되어 있다. 그럼에도 불구하고 최용술이 전파한 손목술을 중심으로 한 꺾기 위주의 유술기법들만 합기도의 원형술기로서 전통성을 가지고 있다는 생각이 만연하다. 해방이후 합기도가 꾸준하게 국내뿐만 아니라 외국에서도 꾸준하게 대중적 인기를 유지하고 있는 이유의 중심에는 단순히 초창기의 최용술의 꺾기 위주의 유술뿐만 아니라 실전성과 수련의 흥미성을 겸비한 다양한 발차기 등의 강술기법들도 있음을 인지해야 한다. 이러한 사실을 무시하고 초창기의 유술 위주인 합기도 술기만을 합기도의 정통성으로 여긴다면 합기도는 일본무도라는 왜색 논쟁에서 헤어날 수가 없다. 더욱이 근대 이후로 형성되고 발전되어 온 합기도의 기술들의 정체성을 부정함으로써 합기도는 다른 무예기술들을 섞어놓은 종합 무예들 중의 하나일 뿐이라는 편견적 오류로 인해 합기도는 정체기에서 쇠퇴기로 전락하는 운명을 맞이할 가능성이 높다.

무예기술의 전통성은 오랜 시간이 지나면 자연스레 형성되기 마련이다. 전통성의 사전적 의미는 "어떤 집단이나 공동체에서 과거로부터 이어 내려오는 바람직한 사상이나 관습, 행동 따위가 계통을 이루어 현재까지 전해진 것"이다. 따라서 합기도 세계화 과정에서 서양인들을 매료시켰던 다양한 합기도 발차기 기술들이나, 경찰이나 군대에서 인기리에 활용하고 있는 타격기가 포함된 체포술이나 제압술 등도 시간이 지나면 또 하나의 합기도의 전통성 술기가 될 수 있다. 물론 혹자는 이러한 정통성의 현대적 개념은 합기도의 원형술기와는 다르다고 주장할 수 있다. 일본에서 대동류유술을 수련한 최용술이 합기도의 형성기인 해방 이후에 한국에서 가르친 기술들이 시간이 흘러서 합기도의 원형술기가 되었다. 마찬가지로 태권도나 가라데와는 다른 기법과 수련방식을 보여주는 합기도 발차기 기술들이나 먼저 타격기로 공격을 한 다음에 꺾기와 던지기 기법을 구사하는 선술 등도 시간이 지나면 합기도의 원형기술로 정착되지 않겠는가? 다만 다양한 기술들 중에서 엄격히 선별하여 전통기술의 목록화하는 작업이 반드시 선행되어야 한다.

합기도의 전통 술기들을 후대에게 올바르게 계승하는 작업은 합기도가 생명력 있는 훌륭한 동양무예로서 유지되고 지속되기 위해서는 필수적이다. 따라서 합기도의 전통 술기들은 반복 수련과 지도를 통해서 변형되거나 수정되지 않게 보존되어야 한다. 그런데 전수하는 방법은 이제 옛날처럼 계보적인 체계를 따지면서 스승의 말이나 행동을 따라하는 비효율적인 방법을 따르지 않아도 된다.

첨단적인 컴퓨터와 영상기술을 가진 현대사회에서 합기도 정통술기들의 수련방식과 기술들은 체계적인 프로그램으로 컴퓨터에 입력하거나 생생한 동영상을 통해 기록하고 보존할 수 있기 때문이다. 다만 공공적인 차원에서 합기도의 전통성을 지닌 술기의 체계적인 정립과 유지를 구체화시키고 제도화할 수 있는 시스템의 구축도 병행되어야 한다.

2) 시대의 흐름에 맞는 합기도의 기술체계의 적용과 응용도 병용되어야 한다

최근에 무예의 전반적인 흐름은 크게 네 가지로 설명될 수 있다. 첫째는 스포츠 무예의 경기화이다. 현대 사회에서 무예의 스포츠화는 강력한 시대적 흐름이다. 왜냐하면 신체 및 인격을 육성하는 전통적인 무예의 교육적 역할과 더불어 대중적인 체육문화로 발전하기 위해서는 무예는 경기화된 스포츠로 활성화되어야 하기 때문이다. 이러한 맥락에서 합기도 또한 신체단련과 정신수양과 호신이라는 무예의 고유적인 수련 목적을 유지하면서 현대 사회의 대중스포츠 성향을 지닌 스포츠 무예로서의 변화는 필수적이라는 주장들이 거세어지고 있다.

두 번째로는 건강과 심미적 예술성을 추구하는 무예 문화이다. 형을 무용이나 기타 예술 형태로의 전환하고 무예 수련적 명상을 종교적 수행 혹은 카운슬링으로 대체하는 정신건강학적 방법 등이 제시되고 있다. 이러한 연유로 오늘날의 무예는 건강운동분야와 예술분야로 더 세분화되고 전문화되는 경향을 보이고 있는데 무예스포츠, 태권도 댄스, 에어로빅 킥복싱, 명상치료요법으로의 검도 등 새로운 무예 문화의 모습들이 나타나고 있다.

세 번째로는 무예의 기본속성인 호신적인 실전성을 지닌 무예의 급부상이다. 이러한 분위기는 사실 미디어를 통한 MMA 또는 UFC 와 같은 이종격투기 시합의 대중적인 인기에서 나온 영향이 결정적이라 할 수 있다. 포인트 위주인 태권도나 유도, 검도 등의 스포츠 무예나 짜고 하는 프로 레슬링 시합의 허구성을 일깨워주는 실전적인 종합격투기들로 인해 기존의 보여주기식의 무예 수련은 급격하게 대중성을 잃어가고 있다. 그 대신 실전이 증명된 무예타이의 킥복싱과 브라질주짓수 등의 무예들이 기존의 무예시장들을 잠식하는 지각변동이 일어나고 있는 모습이 현재 무예계의 자화상이다.

마지막으로는 무예의 수련 연령층이 낮아지면서 사회성과 도덕성을 강조한 일선 도장의 무예교육의 기능이 강화되었다. 일선 무예도장에서 어린이 수련생들에게 기술교육적인 기능뿐만 아니라 예절이나 인성 등에 관련된 교육적 기능을 다루게 되었다. 그러나 문제는 가정이나 학교에서처럼 오랜 시간을 머무는 것이 아닌 고작 한 시간 정도의 수련시간이다. 이 짧은 시간동안 실기적인 무예교육 이외에 이론적인 예절교육도 병행해야 하는 현실이다.

이러한 상황에서 합기도 수련의 형태가 심신 연마를 위한 무예 수련의 고유한 기능에서 다양한 스포츠 문화들 중의 하나로 전락하는 문제점이 생겨났다. 합기도는 생활체육종목으로서 스포츠 경기화가 확대되어 수련 기술들도 기존의 호신술과 경기 기술로 이원화되는 현상을 초래했다. 또한 건강증진이나 질병예방차원에서 단전호흡이나 요가성 동작들의 수련방식을 접목하여 기본적인 무예 수련의 본질을 상실하기도 했다. 게다가 예술성을 추구하는 여가나 취미 활동으로 전락하면서 보여주기식 호신술이나 덤블링, 더 높이 더 멀리 하는 구르기나 공중 회전낙법 등의 수련기술들의 비중이 높아졌다. 또한 일선 도장의 대부분이 아동수련생들로 채워짐에 따라 이들의 안전을 위해서 실전적인 위험성 호신 술기는 배제되고 아동만을 위한 놀이식 합기도 기술들로 변형되었다. 반면 성인수련생을 확보하기 위해서 주짓수나 킥복싱 등의 타 무예종목들을 합기도 기술과 연관시켜 수련하고 지도하는 종합무예도장의 수도 급격히 증가하였다.

따라서 합기도 정통성을 지닌 원형술기의 보존만이 이러한 문제적인 상황을 해결하는 유일한 방안이 될 수 없다. 무예기술의 변용은 이미 다른 무예들에서도 나타나는 일반적인 현상들이다. 가령, 창작 품새들이나 540도 발차기 또는 공중 회전 발차기 등의 기술들은 예전에 볼 수 없었던 새롭게 응용된 태권도 기술들이다. 전통기술을 강조하는 대한 검도 또한 본국검도나 조선세법의 기술들을 적용 첨가하고 있으며 신생무예인 주짓수 기술들도 끊임없이 더 효과적이고 실전적인 기술들을 연구하고 만들어내고 있다. 중국의 영춘권이나 태극권도 전 세계의 지명도 있는 마스터들에 의해서 기본적인 기술을 유지하면서도 응용된 기술들이 계속 창작되고 있다. 따라서 합기도만이 전통술기만을 고집하는 태도는 비합리적이며 바람직하지 않고 합기도의 지속적인 발전에 전혀 도움이 되지 않는다는 사실을 직시해야 한다. 합기도의 진정한 미래지향적인 발전을 위해서는 전통성 있는 술기들을 보존하고 유지함과 동시에 시대에 맞게 합기도 기술들을 적용하고 응용하는 작업이 병행되어야 한다.

20장

합기도의 현대적 수련의 의미에 대한 이해

합기도의 현대적 수련에 관한 필자의 강의

합기도는 두 종류의 유술 특성을 지니고 있다. 상대방이 가격하거나 잡았을 때 손목이나 팔 또는 다리의 관절을 누르거나 꺾음으로써 제압하여 상대방을 움직이게 하지 못하게 함과 양손이나 옷깃을 잡혔을 때나 몸을 앞뒤에서 잡혔을 때 상대방을 던지는 기술인 상대방을 내침이다. 이러한 유술적 특성에 권법이나 발차기 등의 타격기 강술이 가미되어 한국 특유의 무예로서 진화하고 발전했다. 기본 호신술에다가 실전적인 다양한 발차기가 접목되고 먼저 공격하는 선술, 주먹을 막는 방권술, 발차기를 막는 방족술, 상대방의 옷을 붙잡거나 붙잡혔을 때 쓰는 의복술, 단봉, 장봉, 지팡이 등을 이용한 무기술, 상대방을 끌고 가는 연행술 등 다양한 형태의 합기도 기술들이 있다. 이러한 여러 가지 강술(공격적이고 타격위주의 기술)과 유술(방어적이고 상대방의 힘을 이용한 던지기나 꺾기 등의 기술)을 치기, 꺾기, 던지기 등의 기법으로 수련하는 것이 현대적 의미의 합기도이다.

호흡법을 통한 기를 이용하여 상대방의 힘을 활용한 꺾기와 던지기 위주의 호신술에서 더 나아가서 발차기와 권법이 더해짐에 따라 상대방의 힘을 이용한 급소와 관절을 제압하는 호신술로써 치기, 꺾기, 던지기 등의 기술을 쓰는 무예가 오늘날의 합기도이다. 그럼에도 불구하고 합기도의 수련 철학과 이념에 있어서는 일본의 근대 유술인 아이키도와의 완전한 차별화에 실패하고 있다. 따라서 한국 고유의 특성에 맞게 발전되고 독특한 독자성을 지닌 무예로 발전해 오고 있는 합기도에 대한 명확한 현대적 의미의 정립을 위한 지속적인 노력과 더불어 대중적인 교육이 절실하다. 합기도 수련 단계의 이해는 합기도의 현대적 의미를 파악하는 데 큰 도움이 된다. 합기도 수련에는 일반적으로 다음과 같은 4가지의 단계를 거친다.

(1) 1단계 : 손과 발의 효율적 사용(권법이나 발차기)

(2) 2단계: 손과 발 이외에 신체의 다른 부위 사용(던지기, 꺾기)

(3) 3단계: 무기술 사용(창, 검, 봉)

(4) 4단계: 공격보다는 상대방의 힘을 활용하여 상대방을 해하지 않고 그의 공격의지를 무력화시킴

합기도뿐만 아니라 전통적인 무예는 위의 4단계에 의해서 체계적으로 수련하게 되어 있다. 예를 들어 고대 무예의 진원지인 중국의 소림무예의 다양성과 긴 수련기간은 이러한 맥락 속에서 이루어지고 있다. 그러나 맨몸무예가 주를 이루는 타격기 위주의 무예인 태권도, 킥복싱, 가라데 등은 손과 발의 효율적인 공방 기술의 습득에 있어서 1단계에 치중하는 경향이 있다. 또한 유도나 브라질 주짓주, 씨름 일종인 일본의 스모나 러시아의 삼보 등은 2단계에, 검도나 펜싱은 3단계에 치중한 현대 스포츠 무예적인 면을 강조하는 경향이 되어가고 있다.

합기도는 여전히 1, 2, 3단계의 수련내용들을 순차적으로 습득한 후에 4단계에 이르는 것을 목표로 하고 있다. 따라서 한 단계만 강조하는 스포츠 무예의 특성을 살리기 힘든 단점이 있다. 하지만 전통무예 수련 내용의 깊이를 더 체험할 수 있고 호신 효과도 더 뛰어날 수 있다는 이점이 있다. 따라서 1단계에서 3단계까지의 수련이 4단계를 위한 필수적인 기본이 되기에 타 무예보다 다양하지만 수련의 기간이 더 오래 필요하다. 1단계에서 3단계를 무시하고 바로 4단계 운동으로 가면 비실전적인 약점과 함께 내면적 에너지가 없는 무효한 무도로 전락할 수 있는 것이다. 예를 들어 일본의 아이키도는 이러한 1단계에서 3단계까지의 과정보다는 기를 이용해서 먼저 공격하지 않고 방어 위주로 공격의지를 무너뜨릴 수 있는 4단계를 지나치게 강조하는 경향이 있을 수 있다는 것이 필자의 소견이다. 이는 무예의 기본 속성인 상호 공방에서 나오는 실전성에서 얼마만큼 효과가 있는가에 대한 회의론이 제기될 수 있다. 4단계의 완성은 다른 근대 무예와 구별되는 아주 상위개념의 단계

인 동시에 1단계에서 3단계의 과정 속에서 이루어진다. 즉 4단계의
완성을 위해서는 1단계는 몸과 기술을 만들어가는 기초적인 외공
(육체적 강함과 기술적 향상) 훈련이다. 그 다음의 2단계와 3단계에서의
신체와 무기들의 응용동작과 기술들의 반복과정에서 올바른 호흡
법을 통한 내면적 에너지인 기의 축적과 활용을 이루어야 한다. 따
라서 이러한 맥락에서 1단계에서 4단계까지의 수련과정으로 강술
과 유술을 치기, 꺾기, 던지기 등의 기법으로 수련하고 더 나아가
서 내면적 에너지(기)를 활용하여 건강과 양생을 위해 평생 수련하
는 것이 합기도 수련의 현대적 개념이다.

* Understanding the modern approach to Hapkido Training

As one representative martial art, Hapkido has steadily devel-
oped but has managed to maintain the traditional concepts and
philosophy. Developments in Hapkido are reflected in the num-
ber of different Hapkido federations. However, the number of
different Hapkido styles has created confusion about traditional
techniques and training systems. Additionally, many Hapkido
techniques are used in other martial arts so there is an adapta-
tion of Hapkido techniques to other martial art styles. Changes
have occurred because some martial arts now focus predomi-
nately on the sport component.

However, the changes have resulted in martial arts tending
to appeal to specific groups and losing some of the traditional
basis. For example, Taekwondo now appeals to a younger age

group because the martial art has become predominately sport orientated. Hapkido, however, still appeals to a broad age group and skill levels even though Hapkido has also developed as a sport. Most popular martial arts now tend to focus on specific training stages as the following;.

Generally, martial arts' training incorporates 4 stages
1) Effective use of arms and legs(punching and kicking).
2) The use of other body parts(shoulder, waist, elbow etc).
3) Use of weapons(spear, sword, stick, etc).
4) Utilizing your opponent's power and deploying the appropriate technique to neutralize attack capabilities.

With some martial arts becoming more sport orientated there has been a shift away from traditional values and a greater emphasis placed on a specific skill requirement. Originally most martial arts required systematic training in each one of the 4 stages. Shaolin martial arts, one of the most ancient martial arts disciplines, is a typical example of a form of martial art which requires progression through the 4 stages.

However, the proliferation of martial arts has tended to emphasize the sport aspect and this, together with widespread commercialization, has seen some disciplines focus on specific training aspects. For example, Taekwondo focuses on the use of kicking and punching, Judo emphasizes throwing through using waist power and Kumdo focuses on the use of a sword. However, despite becoming a popular sport, Hapkido has retained an emphasis on all 4 training stages.

Before moving on to the 4th stage of training, mastery of the other 3stages is essential. Competence in utilizing your opponent's power and neutralizing his attacking capabilities requires development of inner energy (ki). This, however, requires initial mastery of the first 3 physical aspects. Hapkido remains one of the few truly popular martial arts that maintain a key focus on all 4 stages. Since Hapkido is closer to the original concept of a martial art then other popular martial arts, mastery in the 4 stages in Hapkido requires a greater amount of time than mastery of one or two stages in other martial arts disciplines. However, before the 4thstage is mastered, understanding the concept and relevance of Ki is crucial.

참고문헌

강유원, 김이수(2004). 합기도에 내재된 화, 원, 류의 사고. 한국체육학회
지, 43(5), 65-76.

구강본(2016). 한국스포츠의 패러다임 전환 프레임 분석. 한국스포츠학
회지, 14(4), 33-64.

권중기, 신승호(2008). 합기도 도장 경영환경 및 6P's 비교분석을 통한 활
성화 방안(2008). 한국사회체육학회지, 1(3).

김대진(2012). 인성교육을 위한 체육교육의 역할, 한국스포츠교육학회지,
19(4), 1-16.

김동규(2006). 무도의 개념정의와 가치지향을 근거로 한 자생적 과제. 한
국체육철학회지, 14(1), 149-160.

김두현(2006). 국민의 무술인식에 대한 실태 및 전인적 인격형성화 방안.
한국사상과 문화, 33, 340-374.

김덕수(2009). 무술논쟁 오버라이딩. 이담: 파주.

김병태(2007). 한국 전통무예의 수련목적과 현대적 의의. 대한무도학회
지, 9(2), 57-79.

김부찬(2006). 한국전통무예의 체육철학. 신아 출판사: 전주.

김용수, 박기동, 윤대중(2012). 중국 맨손무술의 변천과정과 유형에 대한
스포츠 인류학적 탐색. 스포츠인류학연구, 7(2), 115-145.

김용옥(1990). 태권도철학의 구성원리. 통나무: 서울.

김이수(1995). 합기도의 한국유입에 관한 역사학적 연구: 미간행 석사학
　　위논문. 명지대학교대학원. 서울

김이수(2000). 합기연구: 홍경 출판사: 서울.

김이수(2008). 최용술의 일본 수련기에 대한 제고. 한국체육학회지, 47(6),
　　27-37.

김이수, 김종필(2001). 덕암 최용술에 관한 초고. 대한무도학회, 3(1),
　　19-30.

김이수, 김명권(2012). 합기유술 용술관에서 덕암과 만나다. 한국스포츠
　　인류학회, 7(2), 185-203.

김의영(1997). 합기도의 올바른 인식에 대한 연구: 용인대무도연구소 논문.

김의영, 윤대중, 김의영 (2006). 국내 합기도 단체간 기술형성의 특성. 대
　　한무도학회지, 4(1), 89-102.

김정수(2007) 합기도 손목술기 종류와 동작방법의 분석. 미학위석사논
　　문. 대구가톨릭대학교대학원. 대구.

김정행, 김창우, 이재학(2007). 무도지침서. 대한미디어: 서울.

김지선, 허일웅(2010). 전통양생(養生) 무예선술(仙術)의 실버스포츠적
　　가치-동의보감(東醫寶鑑) 양생(養生)법을 중심으로-. 대한무도학회
　　지, 12(2), 1-14.

나영일(1997). '조선시대의 수박과 권법에 대하여'. 武道研究所誌, 8(2),
　　63-76.

나영일(2001). 한일 무도 연구 비교. 서울대학교체육연구소논집, 22(1),
　　23-40.

노선표, 김중언(1999). 합기도 수련참여가 청소년의 사회심리적 정신건강
　　에 미치는 영향. 생활체육연구, 9, 49-60.

대한합기도협회(2013). 전통무예 합기도사범연수교본. 사단법인 대한합기도협회: 서울.

데이비드 바움, 짐 해싱어(2003). 옮긴이: 백권호. 란도리의 밥칙. 더난 출판: 서울.

류병관(2007). 태권도와 전통무예 수련. 광림북하우스: 서울.

루스베네딕트(2010). 옮긴이: 김진근. 국화와 칼. 봄풀: 고양시.

류지량, 신좌중, 김재원, 원주연(2009). 합기도 수련생들의 인성발달을 위한 학부모의 인식에 관한 연구-대전 서구지역 초등학생들을 중심으로-의 개발 분석. 한국스포츠리서치, 20(5), 37-46.

류지량(2010). 합기도수련자의 인성발달과 실기능력의 관계. 미간행박사논문. 대전대학교대학원. 대전.

박기범과 김태민(2010). 한국 합기도 기술의 경호무도 적용. 대한무도학회지, 12(3), 343-359.

박세림(2007). 대동류합기유술이 한국의 합기도와 일본의 아이키도에 미친 영향과 합기도와 아이키도의 비교연구. 미간행석사논문. 명지대학교대학원. 서울.

박순진, 홍장표, 김의영, 장재이, 최종균(1999). 현대 무도의 지향과제에 대한 논의. 무도연구소집, 10(1), 195-204.

박순진, 김의영(1999). 합기도의 성립과 관련된 유술 및 사상에 관한 연구, 대한무도학회지, 1(1), 78-91.

박정준(2011). 스포츠는 인성을 길러 줄 수 있는가? 스포츠 인성교육의 이론적 경험적 근거와 과제. 교육과정연구, 29(3), 173-202.

박종명(2008). 태권도 수련의 교육적 가치 지향성 제고. 미간행석사학위논문. 영남대학교 대학원. 대구.

서성원(2009). 태권도 숲을 거닐다. 상아기획: 서울.

송일훈(2003). 한·일 합기도의 기술 비교 연구. 대한무도학회지, 5(1), 141-162.

송일훈(2008). 한·중·일 격투무예연구. 한국학술정보: 서울

송형석(2005). 태권도사강의. 이문출판사: 서울.

송일훈, 김재우(2005). 한국체육학회지, 44(2), 15-25.

송형석, 이규형(2009). 태권도수련과 도덕교육의 관계에 관한 소고, 한국체육철학회지, 17(2), 227-241.

송형석, 나채만(2011). 태권도의 철학적 탐구. 한국학술정보(주): 파주.

신동원, 김남일, 여인석(1999). 한권으로 읽는 동의보감. 들녘: 서울.

신상득(2005). 랑의 환국. 이채 출판사: 서울.

신좌중, 류지량(2009). 초등학교 합기도 수련 만족도 및 몰입도가 수련지속의지에 미치는 영향. 한국콘텐츠학회 논문집.

심승구, 조성균, 노동호(2005). 무술, 중국을 보는 또 하나의 窓. 중국무술 현지조사보고서.

심승구(2006). '중국무술의 어제와 오늘'. 軍史, 43, 233-296.

알랜 백(Allan Back), 김대식(2012). 실천무도철학. 백산출판사: 서울.

양진방(2002). 근대무술론. 대한무도학회지, 4(2), 43-56.

오세용, 임승혁, 박정환, 이영석(2006). 대학합기도 교본. 한국학술정보(주): 파주.

요시노 마코트(2004). 옮긴이 한철호. 동아시아 속의 한일 2천년사. 책과 함께: 서울.

요시마루 게이세츠(2001). 역자: 강태정. 합기도(合氣道)의 과학. 서림 문화사: 서울.

요시마루 게이세츠(1994). 역자: 강태정. 발경(發經)의 과학. 서림 문화사: 서울.

윤익암(1998). 아이기도. 서림문화사: 서울.

윤만형(2011). 체육과 스포츠에서의 도덕성 발달 연구에 관한 고찰, 한국 체육교육학회지, 5(1), 11-23.

이경명(2009). 태권도 가치의 재발견. 語文閣: 서울.

이대형, 김정식(2003). 체육교육을 통한 인성교육의 지도방안. 한국체육 교육학회지, 7(4), 17-37.

이동호(2010). 태권도에 있어 무도의 의미와 교육적 가치 탐색. 한국사회 체육학회지, 42, 25-37.

이성노, 박철희, 박영노(2006). 한국합기도의 형성 및 발전에 관한 고찰. 한국체육과학회지, 15(2), 69-78.

이성진, 김의영(2005). 합기도의 역사적 고찰, 대한무도학회지, 7(1), 35-48.

이승호, 빙원철, 공오택(2007). 합기도 수련이 아동들의 생활태도에 미치는 영향. 한국사회체육학회, 31, 495-501.

이재학(2005). 한국무도의 근대적 변천과정에 관한 연구. 미간행박사학위 논문. 용인대학교대학원. 용인.

이정학, 장성수(2009). 무도 수련의 교육적 가치 재발견. 대한무도학회지, 11(1), 49-57.

이진수(2004). 동양무도연구. 한양대학교 출판부: 서울.

이창후(2003). 태권도 현대사와 새로운 논쟁들. 상아기획: 서울.

이창후(2003). 태권도의 삼재 강유론. 상아기획: 서울.

이케가미 에이코(2008). 옮긴이 남영수. 사무라이의 나라. 지식노마드: 서울.

이행원(1983). 삼국시대의 체육에 관한 연구. 한국체육학회지, 22(1), 1039-1053.

이호성(2007) 한국무술 미 대륙 정복하다. 한국학술정보(주): 파주.

이호철(2012). 원어민 영어강사의 이해: An Understanding of NEST in Korea. 발해 그후: 서울.

이호철, 류민정(2012). 한국무술 합기도 스포츠 클럽 참가에 대한 외국인 원어민 영어 강사(NEST)의 내적 및 외적 동기 탐색. 경남대 인문논총, 30, 195-215.

이호철(2013). 합기도 수련의 여가활동 경험을 통한 네스트의 문화적응에 대한 담론. 부산대 체육과학연구소 논문집, 30, 1-16.

이호철(2013). 원어민 영어강사의 합기도 클럽 수련경험에 대한 교육적 의미 탐색. 미간행박사논문. 경남대학교대학원. 창원.

이충중(2006). 합기도 수련생의 생활태도에 대한 연구. 미간행석사학위논문. 명지대학교대학원. 서울.

전재진(2006). 태권도 수련의 교육적 효과와 만족도와의 관계 연구. 미간행석사학위논문. 경원대학교. 서울.

전통무예십팔기 보존회(2010). 무학 제1권. 동문선: 서울.

정재환, 정찬수(2009), 순환론적 역사관에 따른 무도의 가치변화 과정과 의의. 대한무도학회지, 11(3), 1-18.

정의권(1996). 합기도의 움직임 미학을 통한 체육철학적 고찰. 중앙대한국교육문제 연구소 논문. 서울.

조기정, 김형철(2012). 후 한국 합기도의 근원적 문제점 고찰과 개선방안. 대한무도학회지, 14(3), 111-122.

조용찬, 이현우, 신충식(2009). 합기도 이용자의 만족도 차이 분석에 따른 효율적 운영방안(2009). 중앙대 스포츠과학연구소 체육연구.

조쟁규(2003). 검도수련의 체육교육적 가치. 한국체육교육학회지, 8(1), 13-25.

지동철(2011). 무도수도의 본질과 정체성. 한국체육철학회지, 19(2), 53-73.

진성우, 이형일, 최종균, 이현우(2009). 한국 합기도 경기화가 한국 합기도에 미친 영향에 관한 연구. 대한무도학회지, 11(3), 83-94.

조일환(2001). 한국전통무술과 정착무술의 실체. 문예마당: 서울.

주영창(2009). 합기도 호신술로 얻어지는 지압(자극요법) 효과. 무예신문 2009년 2월 제76호 14면 발췌

차명환, 허건식, 김종필(2002). 합기도의 근원적 문제점 고찰과 개선 방안.

최점현(2008). 대한민국태권도 오천년사. 상아기획: 서울.

최종균(2002). 일본무도의 형성과정과 특징에 관한 연구. 미간행박사학위논문. 용인대학교대학원. 용인.

최종균, 장재이, 정필운의 한국 합기도의 현황과 지향과제에 관한 연구(2006). 자연과학논총.

최종균(2009). 대학합기도 지도법. 레인보우북스: 서울.

최종삼, 김영학, 최종균(2006). 일본무도론. 무지개사: 서울.

최웅재(2004). 합기도참여와 스포츠 태동의 관계. 한국스포츠리서치

최의창(2007). 체육교사교육에서의 인성교육 탐색-현황, 동향, 과제-한국스포츠교육학회지, 14(4), 1-23.

최의창(2010). 스포츠맨십은 가르칠 수 있는가?-체육수업에서의 정의적 영역지도의 어려움과 가능성-한국스포츠교육학회지, 17(1), 1-24.

鶴山晟檀(1988). 옮긴이 이대익. 중국무술종합권법. 신원문화사: 서울

허건식(2006). 무도연구기초. 서울: 무지개사.

허인욱(2005). 옛 그림에서 만난 우리무예풍속. 푸른역사: 서울.

황종대, 김동규(2006). 한국 합기도의 사상의 성립과 본질, 한국체육철학회지, 14(4), 239-258.

황종대, 김동규(2008). 한국합기도의 구성원리와 술기에 내재적 철학적 의미. 한국체육철학회지, 16(2), 255-269.

황종대, 김기홍, 김동규(2009). 경호 무도로서 한국합기도 수행의 의의와 실용적 구현. 대한무도학회지, 11(3), 291-304.

황종대(2010). 합기도의 철학적 구성원리와 수행의 실제. 미간행박사학위 논문. 영남대학교 대학원. 대구.

황종대, 주동진, 김동규(2011). 한국 합기도의 태동과 발전사: 大東流合氣柔術을 중심으로, 대한무도학회지, 14(1), 1-15.

황종대(2011). 한국 합기도 기술의 종류와 형태에 관한 소고. 대한무도학회지, 13(3), 17-31.

황종대, 김동규(2013). 합기도 역사·철학·수행. 영남대학교 출판부: 대구.

A. Westbrook and O. Ratti(1970). Aikido and The Dynamic Sphere. Charles E. Tuttle Co: Tokyo.

Chris Crudelli(2008). The Way of The Warrior: Martial Arts and Fighting Skills from around the World.

Dorling Kindersley Limited: London.

Darrell Max Craig(1995). Japan's Ultimate Martial Art: Jujitsu Before 1882. The Classical Japanese Art of Self-defense. Charles E. Tuttle Co: Boston.

Donn F. Draeger, Robert W. Smith(1969). Comprehensive Asian Fighting Arts. Kodansha International: London.

Donn F. Draeger(1973). Classical Budo: The Martial Arts Ways of Japan: Volume Two. Weatherhill: New York.

Donn F. Draeger(1974). Modern Bujutsu & Budo: The martial Arts and Ways of Japan. Volume Three. Weatherhill: New York.

He-Young Kim(2008). History of Korea and Hapkido. Hando Press: LA.

Howard Reid and Michael Croucher(1991). The Way of the Warrior: The paradox of the Martial Arts. The Overlook Press: New York.

Kimm, He-Young(2008). History of Korea and Hapkido. Hando Press: LA.

Marc De Bremaeker and Roy Faige(2010). Essential Book of Martial Arts Kicks. Tuttle Publishing, an imprint of Periplus Editions(HK) Ltd: Hong Kong.

Michael Maliszewski, Ph.D.(1996). Spiritual Dimensions of the Martial Arts. Charles E. Tuttle Co: Singapore.

Robert Pino(1999). Corporate Aikido. The Mc Graw-Hill: New York.

Tetsutaka Sugawara and Lujian Xing(1996). Aikido and Chinese martial Arts: Its Fundamental Relations. Sugawara Martial Arts Institute, Inc: Tokyo.

Wong Kiew Kit(1996). The Art of Shaolin Kung Fu. Element: Brisbane.